中国当代青年法学家文库

刘艳红刑法学研究系列

实质出罪论

刘艳红　著

Substantive Decriminalization Theory of Criminal Law

中国人民大学出版社

·北京·

总 序

近代中国命运多舛，历经战火和民主思想洗礼的法律学科百废待兴。中华人民共和国成立后法治建设也走过了一段曲折、艰难的道路。改革开放的春风吹拂大地，万象更新。伴随着经济的飞速发展，我国在立法、司法、执法、守法等法治建设的方方面面取得了长足发展，法治在社会治理的方方面面发挥着重要的作用。我国的法律体系趋于完备，各个法律部门具有“四梁八柱”功能的规则体系已经建成，无法可依的时代已经成为历史，中国特色社会主义法律体系已基本形成。可以说，在立法方面，我们用短短几十年的时间走过了西方几百年走过的道路。与此同时，司法体系已基本完备，司法作为解决纠纷、维护社会正义最后一道防线的功能日益凸显，依法行政和法治政府建设也有长足进步。法学教育欣欣向荣，蓬勃发展，法学院从最初的寥寥几所发展到今天的六百多所，在校法学学生已逾三十万人。

中国市场经济腾飞的四十年也是我国法学研究蓬勃发展的四十年。风雨百年过，智慧树常青。得益于法学前辈融汇东西的学术积累，经过学界同仁的不懈探索和创新，各个法学学科都涌现出了一大批杰出的法学家。他们不仅躬耕学问、立身治学，而且积极为国家法治建设贡献智慧。他们严谨治学，具有深厚的法学功底，深谙各部门法的骨骼和精髓，并归纳总结出自成一派的法学观点；他们借鉴域外，精通比较法学的逻辑和方法，在博采众长之后，致力于完善我国的相关法学理论。多年的刻苦钻研早已使他们成为中国当代法治和法学教育的大梁，并在著作等身之际桃李天下，培育出更多优秀的青年学者。

当下法学发展的社会环境更是得天独厚。中国以昂扬的姿态迈入新时代，在党的领导下，我国的经济与社会发展更加繁荣昌盛，经济总量已跃居世界第二位。在习近平总书记的领导下，社会治理模式愈见清晰，“一带一路”宏伟倡议彰显大国担当，“中国梦”植根于每一个百姓的心里。全面依法治国被确立为国家治理的基本方略，建设法治中国、全面建设法治国家开始成为社会发展大方向和主旋律。党的十八大强调法治是治国理政的基本方式，并围绕全面推进依法治国、加快建设社会主义法治国家的战略目标，规定了法治建设的阶段性任务，强调要更加注重发挥法治在国家治理和社会管理中的重要作用。党的十九大报告更是以宪法为纲，突显了法治在社会发展中不可替代的基本性作用，全面依法治国使中国站在了新的历史起点。

对于我们法律人而言，这不仅是最好的时代，也是新的起点。历经半个多世纪，中国的法学发展从中华人民共和国成立初期的百废待举，学习西方的法律内容和格局，到如今逐渐形成自己的理论体系和话语体系，经历了从“照着讲”到“接着讲”的过程，法学已全面服务于国家治理，并深切关注人类命运共同体的前途和命运。随着科学技术的飞速发展和社会矛盾的日益变化，法学研究也面临着前所未有的挑战。随着我国经济转轨、社会转型，社会结构和执法环境发生了深刻变化，如何以问题为导向，如何利用法律思维解决现实社会问题，成为当代法学与实践相结合的新思路和新机遇。

法学学科以法的发展为研究对象，以公平正义为主要价值追求，不同于其他学科之处在于其实践性。“问渠哪得清如许？为有源头活水来”。法学学者要注重理论研究，但不可囿于象牙塔中，而应当走进生活、走向社会，密切关注我国的法治建设实践。法学学者需要守经，既坚守法治理念，守护法治精神，维护社会正义，也要与时俱进、不断创新，切不可因循守旧、故步自封。法学学者需要注重对域外有益经验的借鉴，但不可定于一尊，奉某一外国法律制度为圭臬，忽视本国法治实践，照搬照抄外国的法律制度。面对任何社会问题，法学学者都有义务和责任展开相应的法治思维，以法治的方法解决我国的现实问题。在互联网和各项新的科学技术飞速发展、日新月异的今天，法学学者不仅要思考当下所遇到的法律问题，也要思考未来的法治走向和可能面临的问题。这些都对青年学者们提出了更高更新的要求。所幸我们的法学学者一直在孜孜不倦地努力，不断贡献着智慧与力量。

中国人民大学出版社邀请我组织这套“中国当代青年法学家文库”，我欣然同意。这套书收录了我国当代青年法学研究者中的佼佼者们的代表作。入选著作具有以下特征：既秉持我国法学研究的脉络和精神传统，又反映我国当代法学研究的创新发展水平；既注重对基础理论的深入研究，又注重解决重大社会现实问题；既注重立足于中国学术研究，又有广博的域外研究视野；既博采众长，又落足于中国法学学科体系、话语体系的创新发展。这些作品综合运用了多种研究方法，探索了中国法学研究可能的学术转向，既有效吸收其他学科的研究方法和研究成果，也使法学研究的方法和成果能够为其他学科的学者所借鉴。我希望这套文库的问世，能够为国家法治建设建言献策，为中国法学理论的构建添砖加瓦，为世界法律文化的发展注入中国元素，为中国法治文化的传承贡献一份应有的力量。

是为序。

2018年4月

目　录

导　论

如何做到合法入罪与合理出罪，是犯罪论体系构建的两大核心课题。在我国刑事法治发展的过程中，大量的立法、司法与理论资源被投入前者即如何入罪上，导致出罪问题始终未能得到应有的关注。出罪虽然是刑法中的例外情形，但从完整的刑法体系构建来看，它是犯罪论体系的重要内容，对不该当构成要件、不具有违法性或者有责性的行为不作为犯罪处理是实质法治的当然体现。

无罪判决率低是我国刑事司法实践的重要特征，它一方面折射出我国刑事司法具有精细化的基本特点，另一方面也反映出司法实践中间或存在着入罪思维。2012 年—2016 年间，我国无罪判决率始终在 0.1%以下，分别是 0.06%、0.07%、0.07%、0.08%、0.09%[①]；根据 2017 年全国法院刑事案件被告人判决生效情况统计表，无罪判决人数占生效判决人数的 0.09%。[②] 极低的无罪判决率反映出司法实务部门对无罪判决的谨慎态度。相比较而言，大陆法系国家的无罪判决率一般在 5%左右，英美法系国家的无罪判决率在 20%左右。从正面来看，极低的无罪判决率，在一定程度反映了我国打击犯罪的全面性和准确性；然而，近些年来我国现实存在着大量的冤假错案和社会争议性案件，从这个角度来分析，也正说明极低的无罪判决率之下掩藏着巨大的司法隐情，并进而可能会将司法权威引入困境。

---

① 具体数据参见《2013 年中国法律年鉴》《2014 年中国法律年鉴》《2015 年中国法律年鉴》《2016 年中国法律年鉴》《2017 年中国法律年鉴》。

② 具体数据参见《2018 年中国法律年鉴》。

在我国，极低的无罪判决率反映了我国实务界重入罪、轻出罪的现状。与之相对应，我国的刑法理论界也相对更注重对入罪机制的研究，对出罪机制的系统研究比较少。众所周知，入罪和出罪在刑事司法活动中应该是两个互相对立而又有机组合的司法活动。而我国的刑法理论更多的是为入罪提供根据，出罪理论乏善可陈。既有理论对出罪机制的研究比较零散，多集中在违法阻却事由领域，缺乏从犯罪构成要件体系的角度进行立体的出罪机制研究。极低的无罪判决率与我国各级司法机关将无罪判决率作为考核指标有关。不仅地方各级人民检察院和人民法院将极低的无罪判决率视为引以为傲的成绩，甚至最高人民法院也会将极低的无罪判决率作为其年度工作报告中的重要业绩。应近年来中央政法委的要求，中央政法各单位和各地政法机关 2019 年对各类执法司法考核指标进行全面清理，其中包括取消无罪判决率这一不合理的考核指标。当前刑法理论界和司法实务界对于极低的无罪判决率已经开始有所警觉，大多数人认为无罪判决主要是通过刑事诉讼程序被消解掉了。人权保障精神、无罪推定原则、疑罪从无的理念在司法机关没有得到应有的尊重；刑事诉讼法的证据裁判规则没有得到严格遵守，导致非法证据在诉讼过程中没有被排除等；近年来人民检察院“撤回起诉”方式盛行，日渐取代了人民法院的“无罪判决”，且检察机关在撤回起诉后，往往作出“存疑不起诉”处理，这使很多应由法院作无罪判决的案件在审查起诉阶段被提前消解掉了。

然而，目前法学实务界和理论界对极低的无罪判决率的理解还仅限于显性现象的层面。笔者通过对我国大量刑事判决书进行研究发现，极低的无罪判决背后还存在深埋地下的隐性现象。这些隐性的案件并不像因刑讯逼供、非法证据等原因导致的冤假错案那样引起公众的关注，它们是掩盖在显性冤假错案之下的隐性“冤假错案”。之所以被称为隐性的“冤假错案”，首先是因为这些案件并不被公众所熟知。实践中这类冤假错案越来越多地被曝光。[①] 其次是因为通过刑事

① 李扬. 论影响我国无罪判决的关键性因素——对百例无罪判决的实证分析. 政法论坛，2013 (4).

实体法分析，这些案件本应被认定为无罪，然而最终却被认定为有罪。实际上我国很多无罪判决就是通过刑事实体法被消解掉了。所谓通过刑事实体法被消解掉是指，我国司法机关在实体法的解释和适用上存在诸多难以自圆其说的“模糊地带”，从而导致很多刑法上的出罪机制，比如罪刑法定原则、“但书”、正当防卫以及意外事件等等，无法发挥其本身的出罪功能。取消无罪判决率这一考核指标，不仅需要各级司法机关在刑事诉讼程序中树立人权保障的观念，严格遵循无罪推定、疑罪从无以及非法证据排除等原则和规则，更需要审判机关在审理过程中正确解释和适用刑法所明确规定的出罪机制。要实现后者，则需要系统研究当前我国司法机关在追求极低的无罪判决率的过程中，是如何对法律进行解释的；对应当出罪而予以入罪的案件进行精确剖析，寻找其中法律解释的现实问题，并提出相应的解决对策。以我国刑事判决的实证数据为基础，分析刑法出罪机制，能够窥探我国刑事司法的真实运作图景，发现我国刑事司法积极入罪时存在的每一个问题，并为我国刑事司法合理定罪提出可行性方案。

日本是无罪判决率比较低的国家之一，日本刑事司法有近乎99.9%的高定罪率，可谓举世闻名。在法治发达国家中，有如此近乎百分之百定罪率的国家实属罕见，世人对日本刑事司法的印象也多由此形成；松尾浩也教授创设的“精密司法”一词，更成为对这一印象的注解。然而，即便如此，近年来陆续有数起原已经判处死刑确定的案件，经提起再审后改判无罪，这些案件对日本司法的公信力造成了冲击，比较有名的诸如1990年的足利事件、2002年的富山冰见事件、2003年的志布志事件以及2004年的宇都宫事件。正因如此，日本学术界特别注重对出罪机制的研究。在日本，无论是实务界抑或是学术界对出罪机制都投入了较大的研究热情。日本辩护律师联合会定期出版律师运用刑法出罪机制成功地为被告人做无罪辩护的案例解析汇编。《判例时报》和《刑法判例百选》两本刊物都会系统地解析出罪机制在具体案件中的适用状况。日本著名刑法学家西村克彦教授是日本系统研究出罪机制的代表学者，在20世纪80年代和90年代连续出版了出罪机制研究的二重奏——《无罪的界限》（凤舍出版公司 1980 年出版）、《无罪的构造》（信山社 1991 年出版）。此外，从刑法解释的角度关注出罪的学者也不乏其人，比如一桥大学的福田平教授、学习院大学的香川达夫教授、爱知大学的萩原滋教授等学者。福田平教授从目的行为论的角度来解释故意和过失，限定故意和过失的认定范围，在一定程度上也限制了入罪的门槛。[①] 香川达夫教授则从刑法解释的角度来解读正当防卫中防卫意思的要否、概括的故意、方法的错误、教唆的故意和正犯者的故意以及不可罚的事后行为等争议问题。[②] 萩原滋教授则以罪刑法定原则限缩犯罪圈为主线，认为应当防止类推解释以扩张解释的外壳出入人罪；提出了刑法明确性原则在解释中的地位和作用，倡导刑法应当从模糊转向明确，并以罪刑法定主义的明确性面向来论证过失犯处罚和明文规定是否需要的问题。[③] 更多的学者则是将研究的重点放在违法阻却事由上。神户大学的桥爪隆教授精于研究正当防卫制度，尤其是对正当防卫中较为棘手的相互斗争的情形以及挑拨防卫进行了系统、深入的研究。[④] 九州大学井上宜裕教授热衷于研究紧急避险，致力于解决紧急避难行为人的不处罚和对第三人保护的对立难题。[⑤] 还有学者着重研究责任能力在出罪中的作用，比如大阪大学的安田拓人教授通过比较德国的制度和判例，提出了心神丧失者的医疗观察法、精神障碍的构成要件、认识能力和控制能力的要件等一系列责任能力的具体判断方法，为司法实务界准确认定行为人的刑事责任能力提供了重要的参考。[⑥]

国内学者对出罪机制及相关问题的研究主要集中于程序法方面，在实体法方面虽然有所涉及，但少有系统性的研究著述。从程序法方面看，关于无罪判决率低的原因，学界存在很多不同的见解。如，司法潜

---

① 福田平. 刑法解释学的诸问题. 东京：有斐阁，2007：75-77.

② 香川达夫. 刑法解释的理论. 东京：有斐阁，1989：16-32，76-85.

③ 萩原滋. 罪刑法定主义和刑法解释. 东京：成文堂，1998：53-55.

④ 桥爪隆. 正当防卫论的基础. 东京：有斐阁，2007：118-213.

⑤ 井上宜裕. 紧急行为论. 东京：成文堂，2007：5-67.

⑥ 安田拓人. 刑事责任能力的本质及其判断. 东京：弘文堂，2007：19-74.

见因素说认为，错误的司法潜见是导致我国无罪判决率极低的主要原因①；程序消解说认为，我国无罪判决的作出越来越难，但在无罪判决率低下的背后却隐藏着大量可能作出无罪判决的案件，这些案件被以各种方式消解掉②；辩护力量薄弱说认为，无罪辩护是现代法制进步的标志，然而无罪判决率低已经成为阻碍我国刑事诉讼制度，特别是辩护制度发展的现实瓶颈③；等等。可以说，无罪判决程序法方面的研究贯穿司法的全过程，全面涵盖公安机关、检察机关以及审判机关的活动，已经形成了比较丰富、系统的理论成果。与之相对，实体法方面的研究相对比较零散化，关注的问题有罪刑法定原则的出罪保障功能④、正当防卫的出罪功能⑤、"但书"的出罪功能⑥，等等。但是，以上对实体法问题的研究欠缺对我国司法实务无罪判决率低的数据基础的关注，并与我国刑法结构的发展走向结合不够紧密，对出罪机制的体系性建构的研究也有所不足，这也意味着对我国刑法的出罪机制问题尚需进一步深入研究。

以刑法谦抑主义为基础的实质出罪论，是立足于当下中国法治发展方向并结合长期以来实质刑法研究成果而形成的一种法教义学路径。在我国犯罪论体系构建关注入罪而忽视出罪、注重损害结果而忽视行为过程的理论背景之下，我们应从刑法谦抑、人权保障等视角对出罪论问题进行系统梳理，并将之与犯罪阶层理论、刑事政策相结合，形成经过实践检验的、较为系统的出罪论体系。出罪、入罪是司法活动中相互对立

---

① 白建军．司法潜见对定罪过程的影响．中国社会科学，2013（1）．

② 高通．论无罪判决及其消解程序——基于无罪判决率低的实证分析．法制与社会发展，2013（4）．

③ 李扬．论影响我国无罪判决的关键性因素——对百例无罪判决的实证分析．政法论坛，2013（4）．

④ 陈兴良．入罪与出罪：罪刑法定司法化的双重考察．法学，2002（12）．

⑤ 陈兴良．正当防卫如何才能避免沦为僵尸条款——以于欢故意伤害案一审判决为例的刑法教义学分析．法学家，2017（5）；周光权．正当防卫的司法异化与纠偏思路．法学评论，2017（5）；等等．

⑥ 陈兴良．但书规定的法理考察．法学家，2014（4）；王昭武．犯罪的本质特征与但书的机能及其适用．法学家，2014（4）；等等．

又高度统一的裁判活动，二者在裁判结果上是非此即彼的抵牾关系，但从过程来看，二者又处于同一司法裁判程序之中。对于出罪和入罪，司法机关应当保持中立性：对于符合犯罪构成要件的行为，应当予以入罪；反之，对于符合刑法出罪条款的行为，要积极出罪。形式入罪、实质出罪，是实质出罪论的核心立场。符合出罪条款的行为没有被出罪，显然违反了刑法的出罪要件，在实体上不公正，歪曲了刑法的规定，违背了司法的中立性。而且，对出罪的研究局限于刑事程序法领域，只能窥视出罪问题在刑事司法实践中的单个面向，而无法全面了解出罪问题的整个面貌。目前刑法理论界和实务界将无罪判决率低的原因全部归结为刑事诉讼法中的出罪制度异化，有以偏概全之嫌。因为刑法犯罪圈必须被限制在一定的范围之内，其质的规定性是刑罚的必要性。扩张犯罪圈的本质是刑罚权的扩张和膨胀，膨胀的犯罪圈必然侵犯其他法律规范的领域以及公民私权的领地。根据人权保障这一基本法治观念，对犯罪圈应当予以限缩，以保持谦抑、内敛的性格。现代罪刑法定原则为犯罪圈的划定作了制度性的规定，出罪是在罪刑法定原则的指导下，本着保障人权的价值诉求，把不具有实质违法性、不具有刑罚可罚性以及情节显著轻微危害不大的行为排除在犯罪圈之外，以实现犯罪圈的紧缩。从程序法领域跳脱出来，转而从实体法的角度构建出罪的理论体系，以及将出罪论的基本问题深度融入阶层犯罪理论中，对于推进出罪理论发展、回应当前极为迫切的实务问题，无疑具有重要的意义。

本书的研究，正是基于对我国无罪判决率低的现实情况而进行系统反思，进而借助理论研究成果来回应实务问题，重新定位出罪理论研究与出罪实务运行之间的关系，探索体系化的刑法出罪机制。

第一章　实质出罪论的实证考察：出罪机制的功能紊乱

定罪的理想模式是，只要严格遵从刑法的明文规定，就可以清晰地判断某种行为是否为罪以及为何罪。然而，一方面，文本正义未必是案件面貌的真实呈现，现实案件也不可能完全浓缩为法条描述；另一方面，一份有罪或无罪判决的生成，不仅受检控方与辩护方博弈的影响，还有赖于审判方的价值判断。因此，各国刑法基本都采用“形式入罪＋实质出罪”的二元评价模式，即并非所有符合构成要件的行为都是犯罪，对其中社会危害性或违法性低的行为可以不作为犯罪处理。因此，如何建构合法合理的出罪机制，践行人权保障理念，对于补正我国犯罪概念形式不足的先天性缺陷至关重要。

一、出罪机制的理论模式

着眼于实质法治立场的刑事出罪机制主要存在两种理论模式：一是从刑法教义学角度出发，通过对构成要件该当性、违法性、有责性的实质解释，将不具备处罚合理性的行为予以出罪[①]；二是从刑事政策学角度出发，通过对公众诉求或者刑事判决社会效果的合理引入[②]，将不具备处罚必要性的行为予以出罪。

---

① 刘艳红．“法益性的欠缺”与法定犯的出罪．比较法研究，2019（1）．刘艳红．实质刑法观．2版．北京：中国人民大学出版社，2019：235．

② 李永升，胡胜．裁判结果对公众诉求的合理引入．昆明理工大学学报（社会科学版），2019（2）．

（一）以刑法教义为支点的规范正义模式

作为刑法“帝王原则”的罪刑法定原则从形式意义到实质意义的演变，无疑对刑事法治提出了更高的要求，即“刑法规范在内容上必须符合公平、正义之理念；必须考虑民主和社会原则，强调个人利益对社会利益的服从；在传统形式的人权保障的基础之上，更加强调实质的人权保障”[①]。将形式上符合犯罪构成但实质上不具备处罚合理性与必要性的行为予以出罪，所彰显的正是现代法治国形式正义与实质正义的统一性。

入罪须合法，出罪[②]要合理，“出罪注重合理与入罪注重合法同等重要”[③]。在本质上，犯罪论体系既是入罪理论也是出罪理论：一方面，不论是四要件理论还是阶层理论，都主要用来判别行为人之行为是否为罪、为何罪以及如何予以处罚，其依据是刑法规范。其中，四要件理论将法律规定的、危害社会的作为或不作为的一切客观要件和主观要件的总和，亦即犯罪客体、犯罪客观方面、犯罪主体、犯罪主观方面的组合，作为判断有罪与否的依据[④]；阶层理论将该当构成要件、符合违法性、具备有责性的行为归入犯罪范畴，其入罪的着力点放在构成要件阶层。另一方面，犯罪论体系的开放性，又为合理地出罪留有余地。在四要件理论下，正当防卫、紧急避险等被视为犯罪排除事由，这与阶层理

---

① 刘艳红. 实质刑法观. 2版. 北京：中国人民大学出版社，2019：72.

② 有学者认为，“根据法制原则，严格按标准定罪，就不可能存在实体法上的‘出罪’，只能在确认或承认有罪或承认有罪的基础上以诉讼措施‘出罪’”，因而正当防卫、紧急避险、“但书”等都不是出罪事由。［夏勇. 试论“出罪”. 法商研究，2007（6）.］这种观点有一定的道理。但是，一方面，前述论者所列举的《刑事诉讼法》（1996年）第15条（现为第16条）规定的法定不起诉情形，并非真正意义上的出罪，而是有罪免刑，即人民检察院放弃行使刑事追诉权的情况。另一方面，定罪的依据是刑事实体法而非刑事程序法，不可能存在纯粹的程序“出罪”，因为程序独立的意义之一恰恰在于保障实体目标的实现。具体地分析，从无罪到有罪，再到无罪是两个阶段的动态过程，前阶段是形式法治的模块，其依据是刑法的明文规定；后阶段是实质法治的内容，其依据是刑法的内在精神，两者相结合，反映了现代实质法治以形式法治为基础的严谨逻辑。

③ 储槐植. 出罪应注重合理性. 检察日报，2013-09-24（3）.

④ 高铭暄. 论四要件犯罪构成理论的合理性暨对中国刑法学体系的坚持. 中国法学，2009（2）.

论下的实质违法性判断和有责性判断异曲同工。只不过，阶层理论通过逻辑上的层层排除，更具有法治国的人权保障思想，因而备受推崇。

在阶层理论中，违法与行为的客观情况相关，责任与行为人的主观情况相关，分别主要作为排除违法和阻却责任的依据。在违法阶段，“违法性是以一般人为标准的”客观判断，实质的违法判断是“把该行为的具体状况等诸般情况考虑在内，从全体法秩序的视角出发判断是否应该容许该行为”①，从而最终确定该行为正当与否。构成要件几近价值无涉或者仅有少量的价值判断，不可能充足不法判断的全部内容，而犯罪论体系建构/违法性判断的目的之一是甄别值得处罚的行为，其中必然包含着价值性要求，即“通过刑罚禁止符合构成要件的法益侵害行为”②，将对犯罪行为的处罚控制在法益侵害的限度内，超出此限度的处罚是不正当的。在责任阶段，“原本可以期待实施其他合法行为，行为人却实施了违法行为，因而对此所进行的法律谴责”③，便是有责性。不论是违法性判断还是有责性判断，都是对构成要件之推定机能的补正，或者说，是对文本正义的修正。坚持罪刑法定绝不意味着要照本宣科地套用法律文本规定，而是要求裁判者在忠于法律规定的基础上发现其背后所蕴含的法治精神或价值追求，还原规范正义④的真实面貌。

（二）以刑事政策为中心的矫正正义模式

成文法主义作了这样一个前提性的假设，即只要严格遵守刑法规定，就能够做到合理定罪和妥善量刑，因此，在绝大多数情况下，判断某种行为是否为罪，不在于该行为是否值得刑罚处罚，而在于立法者是

---

① 前田雅英．刑法总论讲义．曾文科，译．北京：北京大学出版社，2017：22，201.

② 张明楷．责任论的基本问题．比较法研究，2018（1）.

③ 西田典之．日本刑法总论．王昭武，刘明祥，译．北京：法律出版社，2013：176.

④ 规范正义有两种形态：一种是“规定性的规范正义”，即按照“概念—规范—体系”的逻辑，实现“一种以普遍性平等为目的的规范正义”，严格遵守法律规定，相对排除法官的角色。[陈辉．规范正义与个案正义冲突的解决方法——以天津摆射击摊获刑案为例．法律方法，2018（1）.］另一种是“评价性的规范正义”，即借助发挥法官的作用在司法过程中对规范进行“价值润色”，发掘法规范的内含目的，并以此作为阐释法律的重要依据。本书在后种意义上使用规范正义。

否将这种行为规定为犯罪。然而，这也正是成文法主义最大的缺陷所在，具言之，成文法总是滞后于社会变迁，所以它不可能囊括所有危害社会的行为，而且固守成文法还可能陷入形式主义而脱离现实基础的尴尬境地。

如果说规范使正义局限于文本规定，那么政策便是跳脱文本之外仍然能够实现正义的最佳方法。任何时代的刑事法治都带有政策的烙印，但政策由于带有极大的不确定性，因而很少受到关注。其实，刑事法学在整体上由“规范学”“事实学”“政策学”三大学门所组成，三者之间“只是研究的着眼点与重点各有不同而已，但其研究对象——犯罪，与终极的目的——防制犯罪，则是同一”[①]。总体而言，刑事政策与刑法关系经历从彼此疏离到有效沟通的演变[②]，但这并非创新式的理论革新，而只是一种学术观点的提出，即将刑事政策视为刑法的组成部分，将“预防必要性”作为罪责的构成要素。刑事政策与刑法之间的有效沟通意味着从方法论上改变了以往两者“各自为政”的状况，使刑事政策融入犯罪论体系之中，二者之间的联系也更为紧密。

刑事政策是现代刑法体系的重要组成部分，它具有三重含义：一是在宏观上，刑事政策是特定时期形成的，国家应对犯罪的总体对策。[③]这种意义上的刑事政策具有纲领性的作用，具有明显的时代性。二是在中观上，刑事政策是指导立法活动、协调司法活动以及规制执行活动的重要依据，具体可以分为刑事立法政策、刑事司法政策、刑事执行政策。[④] 立法的扩张与收缩、司法的严格与宽松、执法的从重与从轻，都或多或少受到刑事政策的影响。三是在微观上，刑事政策通过影响司法的过程，间接作用于裁判结果。刑事政策的微观影响是潜移默化的，因为“刑事裁判中是否运用了刑事政策，并不取决于或者主要不取决于文

① 许福生. 刑事政策学. 北京：中国法制出版社，2006：15-16.

② 克劳斯·罗克辛. 刑事政策与刑法体系. 蔡桂生，译. 北京：中国人民大学出版社，2011：18-19.

③ 王牧，赵宝成. “刑事政策”应当是什么？——刑事政策概念解析. 中国刑事法杂志，2006（2）.

④ 马克昌. 论宽严相济刑事政策的定位. 中国法学，2007（4）.

书中是否直接表述出来，而是法官是否真正运用刑事政策进行定罪量刑”①。

预防犯罪是现代刑法的重要机能，其具有明显的政策指向性。刑罚带有惩罚性，这是毋庸置疑的；但是，如果仅将刑罚的目的理解为惩罚，则未免过于狭隘，因为“只有罪犯成为共同体的成员，保留罪犯人身中的意志实存这一点才会成为必要，并成为恢复他/她所从属的共同体——他/她权利也在其中受到保护——原状的必要条件”②，在这一点③上，预防论具有明显的优势。在日本，处于通说地位的相对报应刑论认为，刑罚本质是报应，但刑罚的目的在于预防犯罪④，这是一种较为折中的观点，即报应刑和目的刑的折中。在德国，一种有力的观点认为，刑罚的一般意义在于预防，但动用刑罚应受到责任主义的外部制约。⑤ 可见，预防已经成为现代刑罚目的理论不可或缺的组成部分。⑥对预防理论进行具体分析可知，其主要表达了刑法预防犯罪的机能，或者说，预防犯罪不仅是刑罚的目的，也是刑法的目的。这是因为：一方面，制定刑法、惩罚犯罪，是为了防止犯罪所带来的社会危害。如今，对于预防的作用大于惩罚的效果，少有异议。惩罚作为一种事后的制裁手段，难以弥补已经造成的损害，而预防是一种事前的防范措施，做好前端的预防工作，有助于减少犯罪存量、遏制犯罪增量，从而真正降低犯罪对社会所造成的危害。另一方面，对不具有预防必要性的行为加以处罚，在现代社会越来越受到质疑。例如，赵某“摆摊打气球案”⑦、

① 李友根．司法裁判中政策运用的调查报告——基于含“政策”字样裁判文书的整理．南京大学学报（哲学．人文科学．社会科学版），2011（1）．

② 梅尔．德国观念论与惩罚的概念．邱帅萍，译．北京：知识产权出版社，2015：148－149．

③ 即也要保护罪犯的权利，而不是将其单纯视为惩罚的对象。

④ 佐伯仁志．刑法总论的思之道·乐之道．于佳佳，译．北京：中国政法大学出版社，2017：4．

⑤ 克劳斯·罗克辛．德国刑法学总论：第1卷　犯罪原理的基础构造．王世洲，译．北京：法律出版社，2005：45－50．

⑥ 德日刑法学界关于刑罚目的理解有些许差异，日本刑法学者在报应与预防之间偏向于报应，德国学者更倾向于预防，主张淡化报应的色彩。

⑦ 天津市第一中级人民法院（2017）津01刑终41号刑事判决书。

闫某等“掏鸟案”[①] 等，其判决虽然都符合刑法的形式规定，但却受到公众的普遍质疑。惩罚是对犯罪行为的反作用，但刑法不仅要着眼于过去，还要前瞻未来，要看惩罚是否能够起到警示他人的作用，否则可能等同于浪费司法资源。

在个案裁判中，这种预防性的刑事政策也发挥着重要的出罪功能。严格遵从法律规定有时候会带来非正义。例如，2003 年曾发生一例“天价葡萄案”：四名农民工翻入北京市农林科学院林果研究所葡萄研究园内偷摘葡萄约 47 斤，而这些葡萄是林果所耗费 40 万元、经过近 10 年所培育的新品种。该案最初被以盗窃罪（数额巨大）为由提起公诉，但社会公众普遍认为，这样认定不符合大众的认知，明显判刑过重。在多方舆论压力之下，审判方采用“市场法”将葡萄定价为 376 元，于是四名农民工无罪释放。[②] 再如，2018 年 8 月 27 日发生的“于欢正当防卫案”[③] 更显示出大众正义直觉对案件裁判的影响，即如果不承认紧急状态下对加害者有防卫权，则正当防卫所具有的防卫效果可能大打折扣，这也是该案同时在学界、司法界引起关于正当防卫标准集体性反思的重要原因。在上述案件中，如果不考虑预防的必要性大小、不顾及大众的正义直觉，其裁判结果可能是非正义的，至少无法真正做到法律效果与社会效果的统一。应当明确的是，刑事政策在个案中的基本面向是从轻依据而非从重理由，是出罪方法而非入罪方法，是保护不应受刑罚处罚的人而非为强化不合理的处罚提供根据，是例外而非原则。因此只有将刑事政策置于控制国家刑罚权的面向，才能够防止以往因滥用刑事政策所带来的法治风险。

基于此，下文将以我国立法规定为背景，以三阶层犯罪论体系为讨论语境，结合我国无罪判决的司法实践状况，对这两种刑事出罪的理论模式进行归类分析：刑法教义模式下的具体出罪事由应分情况对应于违法阶层与责任阶层；刑事政策作为可调节性的出罪事由，在刑事立法中

---

① 河南省新乡市中级人民法院（2015）新中刑一终字第 128 号刑事裁定书。

② 康劲．警惕“天价葡萄案”背后的强势话语权．中国青年报，2004-05-31（8）．

③ 最高人民检察院第十二批指导性案例第 47 号。

归入“但书”范畴，在三阶层理论中归入责任阶层。

二、出罪机制的实践样态

我国刑事司法实践积累了大量的无罪判决案件，这些案件大致可以分为两类：一类是本来意义上的无罪案件，或者说，是因不该当刑法规定的构成要件而根本不可能构成犯罪的案件；另一类是评价意义上的无罪案件，即因不具备实质当罚性（违法性）或不具有非难可能性（有责性）而不作为犯罪处理的案件。下文主要针对第二类案件展开。[①]

首先，选取“判决结果”为无罪的案件，并依照具体的“出罪事由”进行归类。其次，通过二次筛选，共获取一审判决 4 940 份、二审判决 1 559 份、再审判决 585 份，按照以生效判决为准的基本原则进行同案归类，最终获得无罪判决 5 364 份，具体分析如下。

（一）根据案由的归类分析

根据刑法分则章节的设置情况，可以对无罪判决样本按照所涉罪名

---

① 为探求无罪判决样本出罪机制的实践状况，借助东南大学“人民法院司法大数据研究基地”的数据库获取所需判决书对相关数据进行为期 3 个月的检索、归类和分析，最终形成本研究的样本。具体而言，主要遵循如下方法：第一，根据专业知识，进行指标的确定和关键词的选定。一般来说，“出罪事由”可以分为“法定出罪事由”与“超法规事由”，前者是根据法律规定确定的，后者是基于违法性或有责性的实质原理确定的。根据具体事由阻却的是违法还是责任，又可以进行二次分类。以我国刑法规定和相关主流理论为依据，形成 12 个指标类别。第二，采用普查的方式进行统计，统计的范围包括一审案件、二审案件以及再审案件，且同一个案件的结果以最终生效和执行的判决文书为准。第三，由于客观原因，年份较久的无罪判决难以搜集。最高人民法院关于《人民法院在互联网公布裁判文书的规定》于 2014 年 1 月 1 日开始实施，换言之，2014 年以后的绝大多数判决书都可以在互联网上查找，但在此之前的判决书可能不全。东南大学“人民法院司法大数据研究基地”的数据库由“南京擎盾信息科技有限公司”负责整理和维护，其大部分案例数据来自“中国裁判文书网”等以及各地法院官方网站公布的判决书，少数判决书由基地的工作人员直接获取和录入。因此，对于年份较久、没有在互联网公开的案例，基地数据库中可能也会有缺失。第四，由于数据量庞大，课题组先以“无罪”为关键词进行检索，筛选出数据库内所有的无罪案件，再对这些案件进行二次处理，根据各指标进行归类。这样做的好处在于，既能够从宏观上把握无罪辩护的情况，又能从微观上解剖无罪判决作出的理由以及刑事出罪的状况。

进行归类。有两点需要注意：其一，在样本案例中，可能存在一人触犯数个罪名，且数个罪名跨章节的情况。此时，以检控机关/自诉人起诉的主要罪名作为划分依据。其二，在共同犯罪中，存在有的行为人有罪、有的行为人无罪的情况。此时，也将该样本案例作为无罪判决样本，对无罪的部分进行单独分析。据此，以“案由”为分类统计的标准，形成图 1。

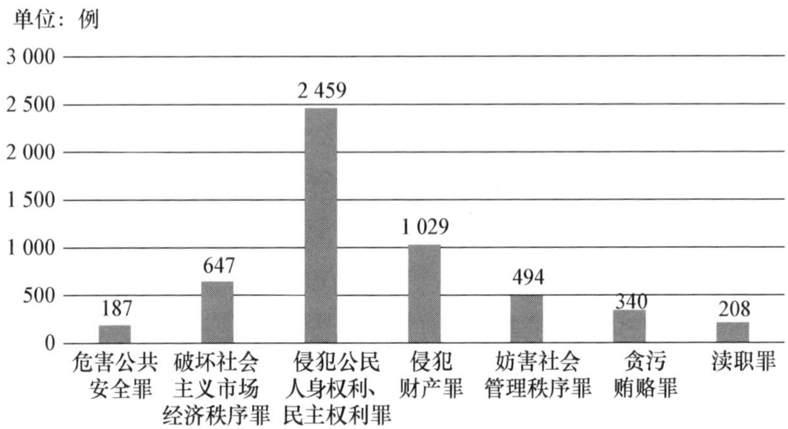

图 1　无罪判决样本的分案由统计

从案由来看，无罪判决样本共涉及 8 个章节的罪名，缺少了危害国家安全罪以及军人违反职责罪这两个章节的罪名。这主要是由于，实践中这两个章节的罪名适用得极少，几乎没有关于这方面的无罪判决。各章节的无罪判决样本从多到少依次为：侵犯公民人身权利、民主权利罪（2 459 例），侵犯财产罪（1 029 例），破坏社会主义市场经济秩序罪（647 例），妨害社会管理秩序罪（494 例），贪污贿赂罪（340 例），渎职罪（208 例）以及危害公共安全罪（187 例），基本符合预期。

当然，在各章节之下，具体罪名的无罪判决数量分布情况也有所不同。以侵犯公民人身权利、民主权利罪为例，在该章节的罪名之下，以故意伤害被起诉而被判决无罪的案件最多，共 2 034 例，其余罪名的无罪判决案件明显呈现断崖式的减少。通过分析判决书的内容可知，故意伤害类案件之所以相对比较容易被判决无罪，主要是由于伤情鉴定不一致[①]、案件定性错误[②]（即将民事案件定性为刑事案件）以及证据瑕疵[③]等原因。这类无罪判决案件大多有一个比较鲜明的特点，即被害人所受的伤害基本都是轻伤，甚至有的只是轻微伤。

（二）根据出罪事由的归类分析

图 2 反映出所获取的无罪判决样本按照“出罪事由”的基本分布，通过分析可知以下几点。

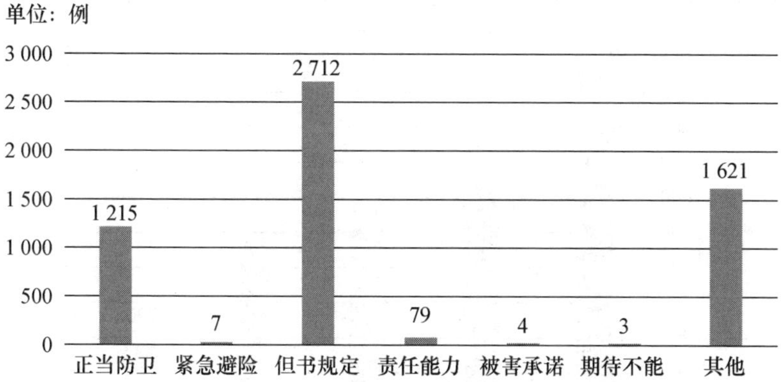

图 2　无罪判决样本的出罪事由统计*

首先，“但书”是最为主要的出罪事由。这表明，实践中对“但书”的出罪功能的认可度也越来越高，其大有凌驾于其他出罪事由之势。其主要原因或有两点：其一，学术界对“但书”的出罪功能的确认从某种意义上消除了实务部门适用“但书”进行出罪的理论障碍。理论上对“但书”的探讨已经从论证其出罪功能进阶为对“但书”的司法适用[④]，这种变化表明，目前关于“但书”具备出罪功能已经达成共识，争议的

① 江西省高级人民法院（2013）赣刑再终字第 3 号刑事附带民事判决书。

② 重庆市中级人民法院（2016）渝 02 刑终 319 号刑事判决书、广东省广州市中级人民法院（2017）粤 01 刑终 1637 号刑事判决书。

③ 山东省滨州市中级人民法院（2015）滨中刑再终字第 1 号刑事判决书。

④ 储陈城．“但书”出罪适用的基础和规范．当代法学，2017（1）．

* 数据来自中国裁判文书网，因关键词不一样，所以最终统计结果有偏差——编辑注。

焦点也相应地转变为如何运用“但书”进行出罪。其二，“但书”为裁判者留下了充分的自由裁量空间。罪刑法定原则虽然要求法官须严格遵守法律规定进行裁量，但绝不是让法官如同“法条售货机”一样没有自身的思考余地；相反，在个案裁判中，法官有着自身的正义直觉以及价值判断，能够甄别何种行为值得刑罚处罚。况且，如果法官没有自主判断的能力，那么所谓的“法官责任制”就无从落脚，因为既然判决的结果并非由法官自由意志所决定，那么事后自然不能以法官存在疏忽或者作出错误判决为理由追究其责任。

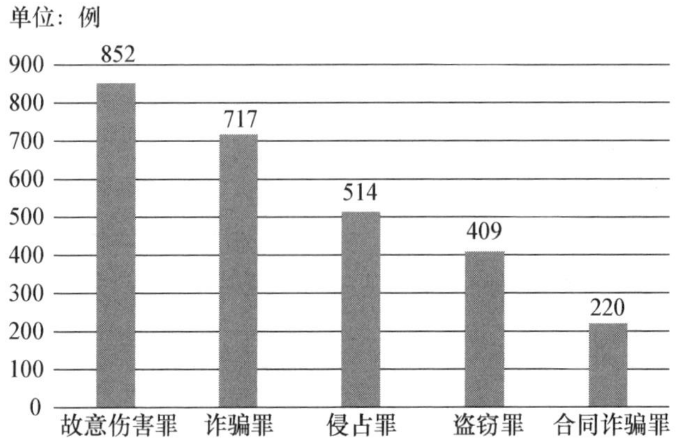

图 3　以“但书”出罪的前五罪名

深入分析可知，在适用“但书”进行出罪的案件中，数量位居前五的分别是故意伤害案件、诈骗案件、侵占案件、盗窃案件以及合同诈骗案件（见图 3）。其中，在故意伤害、侵占以及盗窃类案件中，运用“但书”进行出罪主要考量的是记述的构成要件要素。具体而言：故意伤害类案件中是否适用“但书”进行出罪，主要看被害人的伤害是否达到轻伤的程度，通常根据鉴定意见来确定，只要达到轻伤的程度，一般都不会适用“但书”；侵占类、盗窃类案件中主要看行为人所侵占、盗窃的财产是否达到入罪数额，如果已经达到入罪数额，通常也都被认定为犯罪。但与之相对，在诈骗类以及合同诈骗类案件中，是否适用“但书”进行出罪，更加明显地倾向于考量规范的构成要件要素，即行为人是否具有非法占有目的。这种显著差异值得深思。

其次，正当防卫与紧急避险作为我国刑法规定的两大法定出罪事由，在司法实践中也得到广泛的认可。一般而言，正当防卫作为法定出罪事由适用的情形更多，这或许与满足紧急避险条件具有很大的偶然性有关。总体上，相对于正当防卫以及紧急避险而言，以“但书”更容易出罪。这是因为：一方面，“但书”之构造较为简单，即犯罪“情节显著轻微危害不大”，就“不认为是犯罪”。实践中，两个要件更进一步被简化成一个要件，即只要“情节显著轻微”就被认定为“危害不大”，从而“不认为是犯罪”。而“情节显著轻微”，其实相对于正当防卫、紧急避险的复杂条件而言，也很容易满足。另一方面，正当防卫、紧急避险的成立条件非常严格，如正当防卫必须满足“适合性”、“必要性”（最小必要限度性）以及“相当性”的条件，紧急避险必须满足“适合性”、“补充性”以及“法益均衡性”的条件才可。① 而在我国，司法实践又为法定出罪事由的适用提出了许多附加条件，如对于“互殴”过程中的防卫行为，就极难以正当防卫进行出罪，其中固然有为了防止正当防卫成为不法者脱罪理由的价值考量，但也确实在客观上限制了正当防卫的出罪功能。对于紧急避险，在样本案例中，主张紧急避险的案件并不少，有 2 572 例，但获得支持的极少，只有 7 例，在整个出罪事由体系中的占比显得微不足道。实践中，提出紧急避险最多的案件类别是交通肇事类案件，达到 1 917 例。但是在这类案件中，由于已经造成严重的后果，法院在判决时通常会以驾驶机动车操作不当②、违规改造车辆上路③等为理由，否定紧急避险的成立。但是，如果实质地分析交通肇事罪的法定犯特征，前述理由均不能从实质意义上否定紧急避险的成立。

此外，在适用正当防卫出罪的案件中，前五类案件分别是故意伤害案件、故意毁坏财物案件、寻衅滋事案件、过失致人重伤案件（见图

① 松原芳博．刑法总论的重要问题．王昭武，译．北京：中国政法大学出版社，2014：127，129，130，146，147.

② 福建省南平市中级人民法院（2014）南刑终字第 138 号刑事裁定书。

③ 河南省新乡市中级人民法院（2017）豫 07 刑终 203 号刑事裁定书。

4)。但实际上，几乎所有的案件都和故意伤害有关，从绝对数量来看，95%以上适用正当防卫出罪的案件都是故意伤害类案件，这突出表明实践中正当防卫的适用范围极为狭窄。

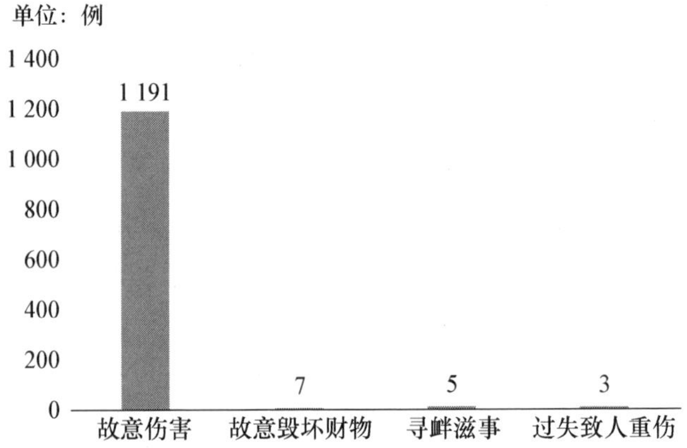

图 4　以正当防卫出罪的前五类罪名

最后，经统计发现，以经过被害人承诺、不具备期待可能性等为理由进行出罪的案件更为稀少，这和当前立法尚未将这些事由作为法定出罪的事由有很大关系。从坚守罪刑法定的角度来看，这种做法具有合理性。我国刑法中的出罪事由只有正当防卫、紧急避险以及“但书”规定这三种，而前两种作为法定出罪事由又被把握得极其严格，所以只能由“但书”承担绝大多数的出罪任务。

三、出罪机制的运行误区：出罪功能紊乱

如何进行出罪，不仅是一个实体上的犯罪评价问题，也是一个程序上的刑事追诉权实现问题。然而，我国刑法出罪机制的运行呈现出相当程度的紊乱，主要表现在两个方面：一是在出罪立场上，偏向“被害人”；二是在出罪方法上，偏爱“但书”。

（一）游移的出罪立场

“以前，大法官担心错误的定罪，现在他们担心错判无罪”[①]，这句

① 萨达卡特·卡德里. 不公正的审判. 杨雄，译. 上海：华东师范大学出版社，2013：338.

针对英美法系司法裁判现状的描述在一定意义上同样适用于当今中国。归根究底，法官存在这种顾虑的主要原因在于他们未能秉持中立立场。法哲学家总是设想法院是独立的、中立的裁判者，但现实是，法官适用法律本质上是一种运用认识论的过程，“是一种与对象交流的过程，于此，必须在考虑可能适用的法条之下，由‘未经加工的案件事实’形成作为陈述之终局的案件事实”，这是“一种付出创意的精神工作”[①]，即裁判要依赖于法官的价值判断。而法官在裁判的过程中，必须要权衡政治、经济、文化、道德、情理等因素，最为常见的是“利益权衡”[②]。在面临行为人与受害人时，法官当然也要进行权衡：他要权衡判决结果可能对双方所产生的影响，通过比较，选择一种双方都相对容易接受的裁判。

本质上，这种“权衡法则”是一种折中主义思想的体现，也就是要使负面效果最小化，至少表面上是如此。也许，追求法官中立是实现个案正义的必然要求，但是，如果承认法官决策必然受到人之自然属性与社会属性的双重影响[③]，那么其就难以保持中立。显而易见，我们当下所追求的法官居中裁判，是以中立为表象、以利益权衡为实质的折中，其潜藏着一定程度的法治风险。

其一，以突破法律规定为代价而实现的救济，天然存在着违背罪刑法定主义的基因。

一个行为既符合但书规定又符合法定出罪事由的情况在理论上是存在的，但实践中几乎很少将两者并用。从司法实践来看，同样是出罪事由，“但书”规定的要求明显低于法定出罪事由的要求。在一则故意伤害案中有如下事实：李某酒后回到家属院，因家属院大门已上锁，李某从东门进入。李某回家后拿出榔头将大门门锁砸坏，后与颜某发生争吵

① 卡尔·拉伦茨. 法学方法论. 陈爱娥，译. 上海：商务印书馆，2003：193，196.

② 任强. 司法方法在裁判中的运用——法条至上、原则裁判与后果权衡. 中国社会科学，2017（6）.

③ 刘元璋，张淑碧. 法官中立的人性论根据探析. 郑州大学学报（哲学社会科学版），2011（3）.

打闹。在此过程中，李某受轻伤。对此，法院认为，颜某的行为，情节显著轻微，危害不大，不认为是犯罪；同时，否定辩护人提出的颜某构成正当防卫的主张。[①] 在该案中，法院认为颜某的行为不符合正当防卫的规定，但同时又以"但书"作为颜某的出罪事由，换言之，即使没有达到正当防卫法定条件的行为，也可以通过"但书"规定予以"出罪"，由此可见，以"但书"出罪的标准要明显低于以正当防卫出罪的标准。这一结论的产生，说到底是利益权衡的结果。在前述案件中，如果认定颜某的行为成立正当防卫，那么由于正当防卫是权利行为，只要没有超过必要的限度，是无法追究行为人侵权责任的。适用"但书"以后，问题就很好解决了。"但书"适用的前提是，行为人对被害人造成一定的损害，只是这种损害没有达到需要动用刑法的程度，但仍然可以追究行为人的侵权责任，从而相对有效地平衡双方的利益冲突。

然而，此处的核心问题是，在行为已经在实质上构成犯罪的前提下，能否以"但书"为理由进行出罪？答案是否定的。因为，如果认为颜某的行为不构成正当防卫，那么其造成李某轻伤的行为已经构成故意伤害罪，而不仅仅是在形式上该当构成要件。此时，再通过"但书"进行出罪，就明显降低了出罪的标准，有悖于罪刑法定主义原则。事实上，司法实践中一方面从严把握正当防卫与紧急避险的成立条件，另一方面又放宽"但书"规定的出罪标准，最终结果只能是牺牲罪刑法定原则。

其二，总是徘徊于行为人与被害人之间，达到所谓的利益平衡，其结果只能是使刑法沦为"损害填补法"。

"罪刑法定原则强调在入罪时应当保持审慎和克制，在出罪时则应坚持国家刑权力的宽容和人道，这是罪刑法定原则的深层内涵，是符合有利于被告人精神的"[②]，这是罪刑法定适用的理想状态。但问题是，司法实践的复杂性又使司法人员不得不考虑种种刑法规定之外的因素，

---

① 陕西省宝鸡市中级人民法院（2014）宝中刑一终字第00025号刑事附带民事裁定书。

② 闻志强. 重申罪刑法定的基本理念. 法商研究，2015（1）.

甚至形成司法经验。例如，有学者认为，应彻底地将“实质权衡”的思想纳入司法裁判中，从而形成“以刑定罪”的模式。[①] 从实际效果来看，对各方利益进行实质权衡的结果往往是，双方各退一步，根据各自的利益需求分配大小。但是，在实质权衡的过程中，如果不预先考虑犯罪是否成立这一前提性条件，其结果只能是行为人的合法利益被权衡掉了。

总之，在行为人与被害人之间寻找利益的平衡点原本无可厚非，但是，不能将利益权衡置于犯罪评价的前端，利益权衡必须以罪刑法定原则为基础，要坚持“先定性后定量”的评价逻辑，在准确定性之后才要考虑利益权衡这一定量问题，而不能本末倒置。

（二）混乱的出罪方法

在阶层理论中，不同的出罪事由分别对应违法和有责阶层而有序分布。这种有序的实益在于，根据具体选择的出罪事由，能够准确、快速地判别行为之性质，进而确定其所对应的法律效果。然而，由于过度依赖“但书”以及欠缺足够的法定出罪事由等原因，我国刑法中出罪事由的分布总体上是无序的、不成体系的。

1. 被透支的“但书”

如果说谦抑性是刑法的“内在品质”，那么“但书”可以说是在“善待社会危害性”基础上对刑法谦抑品质，尤其是出罪功能的最好诠释。[②] 从效果上看，对于符合“但书”规定的行为，“不认为是犯罪”，即不是犯罪。“但书”之所以具有出罪的功能，是因为按照刑法的明文规定，只要被认定为情节显著轻微危害不大的行为，就不是犯罪。相对于正当防卫、紧急避险等事由而言，“但书”具有极强的开放性。也正因为如此，司法实践中也逐渐将“但书”作为判决行为人无罪之直接依据。但即便如此，“但书”之适用依然受到较多限制。

其一，从法条文本来看，“但书”是《刑法》第13条后半段规定的

① 周达．“以刑定罪”的实践样态及其分析——以Y市法院的实证考察为基础．环球法律评论，2015（1）．

② 刘艳红．目的二阶层体系与“但书”出罪功能的自洽性．法学评论，2012（6）．

内容，是犯罪概念的补充，是例外情形。由于构成要件具有违法推定机能，亦即，“违法阻却事由例外存在的情况除外，该当构成要件的行为即违法”[①]，因此，“大体可以认为，构成要件是刑法规定的，行为成立犯罪所必须符合的违法类型”[②]。也就是说，对于符合构成要件的行为，原则上推定该行为具备违法性或社会危害性；把构成要件作为犯罪的“观念轮廓”，使之发挥形式规范意义，是构成要件的形式罪刑法定机能最鲜明的体现。但是，在肯定行为该当形式构成要件的基础上，还需要判断该行为是否具备违法性与有责性。“但书”作为犯罪概念的补充，正是在违法性层面发挥作用的。实质地看，违法性与社会危害性具有本质意义上的同一性，尽管二者的表述方式有着较为明显的差异，但是这两个概念所表达的中心思想都是，探求某种行为值得刑罚处罚的原因以及甄别该行为是否达到需要动用刑罚加以处罚的程度。实质违法性判断表达了这种思想，社会危害性的概念亦是如此。根据“但书”，对于“情节显著轻微，危害不大的”行为，不认为是犯罪。这种理解可以转化为，对于违法性程度不高或者轻微违法的行为，不作为犯罪处理。“但书”以法定的形式表达对情节显著轻微的社会危害行为不入罪，这与实质违法性理论异曲同工，构成了犯罪概念的消极侧面。

其二，“但书”适用需同时满足“情节显著轻微”以及“危害不大”两个条件。确切地说，“但书”适用需要受到情节与危害的双重限制。但在实践中，是否符合“但书”之规定，主要考量的是情节因素，即只要是情节显著轻微的，通常都被认定为无罪；是否“危害不大”也主要是依托于对情节轻重的判断。以某故意伤害案为例：行为人孙某某与被害人马某某因争抢座位发生纠纷，进而发生厮打，孙某某用高跟鞋将马某某的头部打伤。经鉴定，马某某所受伤害为轻微伤，系“情节显著轻微，未达到刑法所规定的故意伤害罪的伤害程度”。于是法院判决孙某

① 佐伯仁志. 刑法总论的思之道·乐之道. 于佳佳，译. 北京：中国政法大学出版社，2017：27.

② 张明楷. 犯罪论的基本问题. 北京：法律出版社，2017：35.

某无罪。[①] 这里的情节是体现行为的社会危害性与主观罪过性的综合判断。

上述分析表明，“但书”在犯罪成立中只能作为例外，即只能将符合构成要件但社会危害性或违法性程度不高的行为予以出罪。形式的罪刑法定是法治国最鲜明的特质，实质的罪刑法定必须以形式的罪刑法定为基础。刑法分则规定的各种犯罪行为，都能通过“但书”之规定予以出罪，但出罪本身只能作为例外的形式而存在，作为出罪事由之一的“但书”也不过是这种例外中的一种情形而已。

既然如此，“但书”与其他出罪事由之间究竟是何种关系？笔者认为，“但书”是法定出罪事由的补充，这可以说是实质违法性原理在实在法上的体现。理由是：第一，“但书”否定的是社会危害性较低的行为，或者说，是不值得刑罚处罚的、违法性程度较低的行为。其出发点与实质的违法性理论的出发点具有一致性。“在实质二阶层体系下认可可罚的违法性理论以肯定犯罪概念‘但书’的出罪功能，就具有积极的意义与比较优势”[②]，其有助于防止无罪的行为进入诉讼阶段以及避免进入诉讼阶段的轻微违法行为被作为犯罪处理。第二，“但书”不能替代法定出罪事由。具体地说，在“但书”与法定出罪事由之间，应优先适用法定出罪事由。实践中也是如此。例如，杨某与方某某因私人纠纷发生扭打，随后，杨某主动退回自家屋内躲避，方某某为泄私愤强行闯入杨家执意追打，杨某持刀造成方某某轻伤。法院认定杨某属于正当防卫，但未适用“但书”之规定。[③] 之所以不适用“但书”，主要有两点原因：一是在这类案件中，行为所造成的后果通常达到法定的量刑条件，也就是说，不属于“情节显著轻微”的情形。二是“但书”规定不能排斥法定出罪事由的适用，也就是说，法定出罪事由优先于“但书”规定适用。反之，如果“但书”能够和法定出罪事由同时适用，则在很

---

① 辽宁省沈阳市高新技术产业开发区人民法院（2014）沈高开刑初字第 45 号刑事判决书。

② 刘艳红．实质犯罪论．北京：中国人民大学出版社，2014：109.

③ 湖南省岳阳市中级人民法院（2014）岳中刑一终字第 73-1 号刑事附带民事判决书。

多法定出罪事由适用的场合“但书”可以发挥作用，这就导致两者之间的关系暧昧不清，不符合罪刑法定原则的明确性要求。

在实践中，适用“但书”出罪的案件数量占据绝对多数，这种异常现象并非偶然。

一方面，“但书”几乎包容了除正当防卫、紧急避险之外的所有情形，这使“但书”成为一个庞大的出罪“系统”，而不是一个单独的出罪事由。尽管“但书”的出罪功能被认可，但是作为出罪事由的“但书”在犯罪评价体系中究竟居于何种地位，仍然未能明确。晚近以来，有不少学者对此问题曾作出回答，但从实践来看，对“但书”的定位仍然较为模糊。很显然，相对于法定出罪事由，“但书”极具包容性，所谓“情节显著轻微，危害不大”的要求很容易达到。之所以如此，首当其冲的原因是，我国刑法中关于犯罪排除事由的立法规定还较为粗糙。尽管理论上一般认为，犯罪排除事由通常是指形式上符合犯罪构成但“实质上不具有社会危害性和刑事违法性，从而不构成犯罪的行为”，包括“正当防卫、紧急避险、依照法令的行为、正当业务行为等”①。但支撑犯罪排除事由的实质原理其实很难具体展开论述。我国传统的犯罪成立理论，内在地不包含犯罪排除事由，换言之，对犯罪排除事由是在犯罪成立理论之外加以考量的②，因而其也并非理论构造的重心所在。在犯罪排除事由理论尚未来得及完善的背景下，刑法理论的“德日化”又快速袭来。与此同时，立法和司法实践尚未来得及转型，诸多德日阶层理论中的出罪事由如不具有违法性认识可能性、不具有期待可能性等只能以“但书”的形式呈现。这种被动式的做法存在很大的问题。按照最高人民法院 2010 年 9 月 13 日《人民法院量刑指导意见（试行）》（以下简称《量刑指导意见 2010》）的规定，故意伤害罪的量刑起点是轻伤以上，也就是说，轻伤以下的故意伤害行为是不符合构成要件的，进而不构成犯罪。但是，在这类案件中，人民法院说理时的基本理由都

① 高铭暄，马克昌．刑法学：上．北京：中国法制出版社，1999：86-87.

② 李洁．中国通论犯罪构成理论体系评判．法律科学，2008（2）.

是“情节显著轻微，危害不大”，所以“不认为是犯罪”。例如，林某某故意伤害案①、张某某故意伤害案②等案件中，法院都持这种观点。然而，根据阶层理论的逻辑，轻伤以下的行为因不该当构成要件而不具备形式违法性，而不是直接不具备实质违法性。如此扩张性地解读“但书”规定，等同于以实质违法性判断替代了形式构成要件该当性判断，使阶层理论中构成要件与违法性之间的关系在“但书”的泛在适用中被混淆了。

另一方面，“但书”的开放性，在一定程度上为突破罪刑法定原则埋下了隐患。例如，在管某故意伤害案中，管某因家庭矛盾，在南京市第一医院呼吸科病房对其姨夫何某某实施了殴打行为，致使何某某受轻伤。但法院提出“管某故意伤害他人身体，且已构成轻伤二级，理应以故意伤害罪追究原审被告人管某的刑事责任。但鉴于本案系家庭矛盾引发，故意伤害行为情节显著轻微，危害不大，双方在案发后已达成和解，且已履行到位，可不认为是犯罪”的观点，进而认为管某的行为不构成犯罪。③ 如果不考虑其他因素，管某的行为当然构成犯罪；但由于被害人是管某的姐夫，因而即使被害人提出上诉，法院仍然以“情节显著轻微，危害不大”为理由进行出罪。这种做法的合理性着实令人怀疑。《量刑指导意见 2010》明确指出，对于因婚姻家庭、邻里纠纷等民间矛盾激化引发的故意伤害类案件，只是“可以减少基准刑的 20%以下”，而非可以直接作无罪处理。从遵循罪刑法定原则的角度来看，对管某的行为理应判故意伤害罪，只是在量刑的时候可以适当降低刑度。“但书”规定泛在适用的潜在危机是，由于自身极具开放性，其很容易成为犯罪者脱罪的借口。

2. 法定出罪事由中的“附加条件”及其影响

规定法定的出罪事由，是贯彻、落实罪刑法定原则的必然要求。因为出罪事由作为犯罪的补充或犯罪成立的消极条件，也要受到罪刑法定

① 黑龙江省绥化市青冈县人民法院（2015）青法刑初字第 63 号刑事判决书。

② 安徽省蚌埠市中级人民法院（2014）蚌刑终字第 00244 号刑事附带民事裁定书。

③ 江苏省南京市中级人民法院（2015）宁刑终字第 209 号刑事裁定书。

原则的约束。以成文法的形式对其加以明确规定，将使出罪事由类型化、法定化，也为民众实施合法的私力救济提供依据。当然，刑法不可能穷举所有不应构成犯罪的情形，没有通过刑法加以规定的事由即为非法定的或超法规的出罪事由。

在我国，法定的出罪事由有两种，即正当防卫与紧急避险。除此之外的被害人承诺、法令行为、正当业务行为等都是理论发展出来的超法规的事由。以被害人承诺为例：一般认为，被害人承诺之有效性以承诺人有法益处分权为前提，"刑法可以基于重大法益面临的普遍危险性、个人法益和超个人法益的关联性以及自律判断的不充分等方面的实质理由对法益处分权进行特别限制"①，换言之，在满足特定条件的情况下，被害人承诺是有效的。但在实践中，有的法院并不认可被害人承诺的有效性。例如，有这样一则案例：2012 年 8 月 17 日，郑某等商定，将王某某手臂砸伤后外出行骗。当日 10 时许，在一民房内，由李某扶住王某的手臂，郑某持金属管砸断王某的左手臂。后郑某与王某搭乘他人驾驶的摩托车并在途中故意制造交通事故，王某谎称左手臂摔伤，要求去医院验伤，后与郑某等人相互配合以事故赔偿金的名义骗取钱款。经鉴定，王某某的外伤为左尺骨粉碎性骨折，构成轻伤。本来，按照被害人承诺之基本理论，轻伤的承诺是有效的。考察行为本身的性质，如果将被害人承诺作为一种违法阻却事由，郑某等伤害王某的行为就不应构成犯罪。但就此伤害事实，法院指出："我国刑法只明文规定了正当防卫、紧急避险两种违法性阻却事由，被害人承诺不属于我国刑法规定的违法性阻却事由，故郑某等人在被害人王某某同意的情形下打伤王某某手臂，不影响本案中郑某等故意伤害罪的认定。"② 但也有法院持相反的观点，例如，在李某某、王某故意伤害案中，法院专门就被害人是否存在承诺的意思进行分析③，虽然最终没有认定存在被害人承诺，但也在一定层面上肯认被害人承诺的有效性。由此可见，被害人承诺的出罪功

① 邓毅丞，申敏．被害人承诺中的法益处分权限研究．法律科学，2014（4）．

② 上海市第二中级人民法院（2015）沪二中刑终字第 992 号刑事裁定书。

③ 浙江省杭州市中级人民法院（2016）浙 01 刑终 8 号刑事裁定书。

能在实践中并不明确。同样的，其他非法定出罪事由，如业务行为、期待不能等，也基本上被以“严格遵从刑法规定”的名义为实践所消融。

即便如此，作为法定出罪事由的正当防卫与紧急避险的出罪功能在实践中同样没有得到充分发挥，尤其被“附加条件”之后，其适用范围明显缩小。

一方面，法院对正当防卫的认定非常保守。实践中，被告主张正当防卫的刑事案件并不少，但却很难获得法院的支持。在样本案例中，以正当防卫作为无罪辩护理由的有 16 831 例，获得支持的有 1 215 例，支持率为 7.2%；以“但书”作为无罪辩护理由的有 14 519 例，获得支持的有 2 712 例，支持率为 18.7%。后一支持率大约是前一支持率的三倍。这样粗略的分析也许不能说明产生这种现象的复杂原因，但至少传达出这样一个信号，即实践中对正当防卫的把握可能严于对“但书”规定的把握。事实也正是如此。正当防卫作为法定的违法阻却事由，是防卫人面对不法侵害时所享有的合法权利，需要“紧迫性”、“防卫性”以及“必要性”的条件，但不要求损害的均衡性。[①] 但在实践中，法院/法官对正当防卫的认定非常严格和谨慎，通常只要造成严重的后果，不论手段是否在必要性的限度内，最终都会认定为防卫过当。但是，正当防卫并不如同紧急避险那样要求损害的均衡性，因为正当防卫判断的着眼点主要是行为，即只要排除不法侵害的行为在必要的限度内，即便造成严重的损害结果，也不能否定正当防卫的成立。例如，在聚众斗殴类案件中，各地法院几乎一致性地认为，“故意报复、防卫挑拨、相互斗殴等因其不具备保护合法权益的目的性，均不构成正当防卫”[②]，也就是说，只要参与人一开始就没有保护合法权利的目的，随后无论事态如何发展，均不具有成立正当防卫的空间。可是，聚众斗殴的发展是一个

① 山口厚. 正当防卫论. 王昭武，译. 法学，2015 (11).

② 具体案例参见广东省韶关市中级人民法院（2018）粤 02 民终 768 号民事判决书、山东省菏泽市中级人民法院（2017）鲁 17 民终 2216 号民事判决书、贵州省黔西南布依族苗族自治州中级人民法院（2017）黔 23 民终 341 号民事判决书、重庆市第二中级人民法院（2016）渝 02 民终 1763 号民事判决书。

动态的过程，并不能当然排斥正当防卫。根据双方是否事先有约定、斗殴过程中是否有防卫意图以及是主动参与还是被迫反抗等进行综合判断[①]，才是根据斗殴过程变化来评判行为是否具有防卫性的正确做法。

另一方面，不似对正当防卫的保守态度，法院在认定紧急避险时所采取的态度可谓极为“苛刻”。其一，从绝对数量上看，以紧急避险作为出罪事由的案例仅有 7 例，远远少于以正当防卫为出罪事由的案例数量，即 1 215 例。其二，对紧急避险的把握更加严格。笔者对主张紧急避险的 1 917 例交通肇事类案件进行归类、分析发现：在交通肇事类案件中，如果一方存在重伤或者死亡的结果，另一方不存在明显的伤害，则通常只有在受伤害方负事故主要责任时，另一方才能够无罪；即使双方都有过错、负同等责任，也不能免除双方的刑事责任。其实，2000 年 11 月 10 日最高人民法院《关于审理交通肇事刑事案件具体应用法律若干问题的解释》第 2 条对交通肇事的刑事责任作出规定。然而，也正由于盲目遵从司法解释的规定，紧急避险在交通肇事类案件中几乎无法得到适用，因为：紧急避险以损害无辜第三人的利益作为避免本人或者他人危险的前提条件，也就是说，在交通肇事类案件中，紧急避险是以积极侵害的方式避免本人或者他人的危险的，如果要论及交通事故损害责任，通常都是承担主要责任或同等责任的。再按照前述司法解释的规定，避险人的法律责任自然无法免除。由此可见，在交通肇事类案件中，几乎没有紧急避险的成立空间。分析所搜集的 1 917 例主张紧急避险的交通肇事类案件，笔者发现，只有 1 例获得法院的支持，且支持的理由并不是紧急避险，而是受害方有明显的过错、负事故的主要责任。在该案中，高某无证驾驶车辆与醉酒驾车、无证驾驶、驾驶无牌车的麦某所开车辆相撞，交管部门认定由麦某承担主要责任，法院也因此根据《关于审理交通肇事刑事案件具体应用法律若干问题的解释》第 2 条第 2 款的规定，认定高某无罪。整个判决书甚至都没有回应辩护方提出的

---

① 李勇．互殴与防卫关系之检讨——以类型化的实体与程序规则构建为中心．中国刑事法杂志，2019 (4)．

紧急避险理由。①

综上，无论是正当防卫还是紧急避险的成立，都被额外“附加条件”，其司法适用都受到不同程度的压缩。坚守罪刑法定原则，应当在肯定正当防卫与紧急避险之出罪功能的基础上，严格遵照刑法条文的规定进行解释、裁判，而不是为了达到行为人与受害方的利益平衡，在构成要件之外“附加条件”。

四、出罪机制的规范路径：走向实质出罪

前文分析表明，我国的刑事出罪事由是无序的、不成体系的。这一方面是由于“但书”承担了过多的出罪功能，导致司法裁判在说理上过度倚赖“但书”，而不是主动去发现超法规的阻却事由；另一方面是由于利益权衡的普遍化又使刑法成为“损害填补法”，进而法院作出种种不利于行为人的判决。走向实质出罪是出罪机制规范运行的重要路径，它既要求在犯罪评价时合理权衡行为人与被害人的利益，又强调出罪规范的科学设置。

（一）出罪立场的逻辑回归

法官欲保持相对中立的基本立场，就必须在行为人与被害人之间进行合理的利益权衡。但是，利益权衡不等于利益均衡，法官不能为了息事宁人而让行为人与被害人各退一步，也不能为了保障被害人的利益而随意出入人罪。利益权衡应以甄别值得刑法保护的利益为前提，“构成要件甄别值得处罚的法益机能是为实现罪刑法定原则的实质人权保障机能服务的”，据此可以“依照罪刑法定原则的实质侧面，排除实质上不应当处罚的行为”②。利益权衡的前提是存在利益冲突，而“当给出相冲突的利益/价值/原则时，我们必须考虑何种利益/价值/原则具有保障的初步优先性”③，这种“初步的优先性”为我们的进一步思考提供了

① 广东省吴川市人民法院（2017）粤0883刑初49号刑事判决书。

② 刘艳红．实质的犯罪论体系之提倡．政法论坛，2010（4）．

③ 蔡琳．论“利益”的解析与“衡量”的展开．法制与社会发展，2015（1）．

方向。在个案裁判中，法官要先判断行为是否值得刑法处罚，这是第一个维度的利益权衡；然后判断行为人与受害人之间的责任如何分配，这是第二个维度的利益权衡，两者并不矛盾。在刑事裁判的任何阶段都可以适用利益权衡，但基于权衡对象的不同，有适用位阶之分。根据先定性后定量的裁判逻辑，要先判断行为是否构成犯罪，然后确定具体的责任承担，而不能相反。

对于司法实践而言，不能以损害事实发生为逻辑前提，强行要求行为人承担法律责任。在刑法中，填补损害是次要的，准确定性才是主要的。在行为人与被害人之间进行利益权衡时，应优先确定行为的性质，因为依据不同的事由进行出罪，其所对应的法律效果是存在差异的。对于犯罪评价而言，不能仅看到刑法效果，还要看到刑法之外的其他法效果。例如，以正当防卫作为出罪事由时，即使防卫行为造成侵害人损害，只要在必要的限度内，防卫人并不需要承担民事责任；但是，以紧急避险、“但书”规定作为出罪事由的，尽管行为人不需要承担刑事责任，但其民事责任不会因此而被免除。仅从刑法的角度来看，不论是依据正当防卫还是依据紧急避险抑或依据“但书”进行出罪，其定性结论都是一致的。但依据不同的出罪事由，会对民事责任的承担产生不同影响。因此，刑事裁判的正确思维只能是定性决定量刑的正向思维，而不能是量刑反制定性的逆向思维。换言之，定量判断在位阶上就应低于定性评价。

刑法不是“损害填补法”，法益保护也不是要实现双方利益的绝对均衡。行为人与被害人之间的利益衡量是非此即彼的排斥关系，而不是共生共存的协调关系，对行为人保护多一点意味着对被害人少保护一点。“公正的刑罚不是意味着与犯罪相适应的刑罚，而是根据一个犯罪者与另一个犯罪者互相之间的罪责比较关系，相对于某一者对另一者所作出的惩罚。”① 必须承认，刑法在一定意义上具有损害填补功能，尤以报应论意义上的损害填补为典型。强调罪刑相适应，其依据恰恰是犯

① 古斯塔夫·拉德布鲁赫. 法哲学. 王朴，译. 北京：法律出版社，2013：187.

罪行为对被害人所造成的损害。在刑法中实现救济功能的刑事附带民事诉讼制度，也只有在公法中实现私法损害填补功能的特性。但更应当看到的是，世界各国对刑事附带民事诉讼的适用皆采取限缩的立场，如德国将之限缩于因犯罪而造成的物质上损害的赔偿需求[①]，日本则自二战之后即废除了“公诉中的私诉”制度，直到现在也没有与之相关的立法规定。[②] 可见，刑法虽然有一些私法损害填补的功能，但是刑法中的核心法律关系不是行为人与受害人之间的私法关系，而是国家与犯罪人之间的关系，损害填补只不过是刑法的附带功能而已。而“刑罚规范只有以保护个人自由和为其服务的社会秩序为目标，刑罚目的才能被认为是有正当化根据的，同时，具体刑罚追求的也仅仅是预防犯罪的目的”[③]。考虑到预防的前端意义，只有在行为人犯了罪的前提下，才能够动用刑法。不能只要造成损害，就轻易启动刑事程序，进而通过刑事附带民事诉讼要求行为人承担损害填补责任。正确的逻辑是：定性在前，定量在后；是否承担损害以及承担多少损害必须以对行为的定性评价为前提，不能为了平衡双方利益而使无罪行为有罪化或让行为人分担由正当行为所造成的损害。

（二）出罪方法的体系再造

1. “但书”的规范适用

犯罪成立的实体条件有两点：一是符合构成要件的行为造成了法益侵害，达到需要动用刑罚加以处罚的程度；二是能够就该行为对行为人进行非难或要求其承担责任。可以确定的是，虽然正当防卫和紧急避险的正当化根据有所不同，但两者都是阻却违法性的事由，或者说，两者具有本质的一致性。实质地看，“情节显著轻微危害不大”即符合“但书”规定的行为没有达到刑事违法性的程度，因而“不认为是犯罪”，

① Vgl. Micheal Heghmanns，Strafverfahren，2014，S. 256.

② 郭京燕，黄松涛，张华. 日本刑事程序被害人救济措施研究及借鉴. 法律适用，2007(7).

③ 克劳斯·罗克辛. 德国刑法学总论：第1卷　犯罪原理的基础构造. 王世洲，译. 北京：法律出版社，2005：45.

阻却的也是行为的违法性。因此，考察“但书”的地位，必然要将其置于整个犯罪论体系中加以分析。

第一，从体系解释的角度来看，“但书”是甄别犯罪行为与其他违法行为的实体依据。前文分析表明，在《刑法》第13条规定的混合犯罪概念中，“但书”具有重要的出罪功能。从我国刑法规定来看，虽然绝大多数犯罪都规定了量的要素，这些量的要素构成了入罪的门槛，如“数额较大”“严重残疾”“情节严重”等，但是，有些量的要素难以直接判断，如侮辱罪中的“情节严重”、非醉驾型危险驾驶罪中的情节要素等。甄别这类行为的罪与非罪，必须要结合行为的社会危害性进行考量，才能够达到合理划定犯罪圈、防止出入人罪的效果。对情节轻微的行为进行刑罚处罚是不适当的，“不适当的惩罚，即或者根本不应当的惩罚，或者超过了该犯罪的过失的惩罚，是对刑法的一种伤害”①。对于不符合“但书”规定的危害行为可以通过其他法律加以规制。我国刑法中的情节按照轻重程度可以分为显著轻微、轻微、一般、严重、特别严重五个档次，对应的刑度依此递增，形成严密的情节体系。其中，情节显著轻微、危害不大的，不构成犯罪；情节轻微，不需要判处刑罚的，可以免予刑事处罚。对这两类情况，即便不认为是犯罪或者定罪免刑，之后，依然可以根据行为的社会危害性依法追究其民事责任或行政责任，并不会因此而放纵行为人。

第二，从“但书”与法定出罪事由的关系来看，前者是后者的补充。大体上，我国刑法中的犯罪排除事由有正当防卫、紧急避险以及“但书”三种，其中，正当防卫与紧急避险是法定的犯罪排除事由，“但书”是这两者的补充。也就是说，在能够成立正当防卫或紧急避险的场合，应当排除“但书”的适用。“但书”没有必要与法定出罪事由同时适用，两者都具有独立的出罪功能。“但书”与法定出罪事由有各自适用的语境，两者不能够相互置换。从形式上看，正当防卫与紧急避险具

① 努德·哈孔森. 立法者的科学——大卫·休谟与亚当·斯密的自然法理学. 赵立岩，译. 杭州：浙江大学出版社，2010：153.

备犯罪的客观特征，在防卫或避险行为造成损害的场合，这种特征更加凸显。“但书”作为入罪的限制条件[①]，其所处理的案件同样具有这种形式特征。但两者又存在明显差异，即“但书”中的情节只能是显著轻微，法定出罪事由中的情节则未必。在满足法定出罪事由的情况下，即使符合情节显著轻微、危害不大的规定，也没有必要适用“但书”。针对实践中存在的，以“但书”覆盖不符合构成要件、适用法定出罪事由以及其他非法定事由的情况，应当予以矫正。1997 年刑法颁布后，我国先后通过了 10 部刑法修正案，虽然对总则部分略有涉及，但刑法中的出罪规定依然没有改变。二十多年来，为了适应司法实践中不断增加的出罪需求，司法机关不得频繁地从“但书”中解读出新内容，从而排除某些不应由刑罚处罚的行为。发展至如今，“但书”成为刑事无罪判决中最耀眼的关键词。然而，如果认为“但书”和法定出罪事由可以同时适用，其结果只能是，“但书”会现实地覆盖某些原本应适用法定出罪事由的情形。

相对于“但书”而言，正当防卫与紧急避险等法定出罪事由为更应优先事由。对司法实践而言，正确的做法不是对正当防卫、紧急避险要求得过分严格，而是在遵从罪刑法定原则的基础上对“但书”规定的适用进行从严把握。具体而言：

其一，从构成要件的内容来限缩，“但书”不能用来否定量的要素。从刑事诉讼的过程来看，“但书”应当适用于经过检控机关过滤后、符合犯罪形式构成要件的行为。情节显著轻微本身是量的要素，其在个案中的表现形式虽然有所不同，但主要表明的是法益侵害程度。在故意伤害类案件中，既然入罪的标准是轻伤以上，那么轻伤以下的损害自然符合情节显著轻微、危害不大的规定，对于尚未造成轻伤以上损害的行为，自然只能认为情节显著轻微、危害不大，而没有必要适用“但书”进行出罪。其实，所有与量有关的要素，如情节、数额等，只要未达到入罪标准，一般都不宜适用“但书”将相应行为出罪。

---

① 王昭武. 犯罪的本质特征与但书的机能及其适用. 法学家，2014 (4).

其二，从构成要件的类型来限制，“但书”不能适用于规范的构成要件要素。规范的构成要件要素是“只有通过精神的理解才能认识其本质部分的要素”，“只有与规范世界相关联才能想象或理解”① 的要素。与记述的构成要件要素相比，规范的构成要件要素的特征之一是需要进行实质的判断。除此之外，其还有一个隐藏的属性，即其判断方式只能是有无或是否这种确定的判断，不存在量化的问题，不能显示违法性程度。例如，对于刑法中的“文书”“淫秽物品”“非法占有目的”等要素，只能给出是否或者有无的判断。法院适用“但书”来否定这类要素，是不合逻辑的。

其三，从犯罪评价的角度来约束，只有进入违法阶层后才能够适用“但书”出罪。在阶层理论中，构成要件该当性、违法性与有责性是递进式的：当刑法明确将某种彰显程度的要素规定为犯罪构成要件时，应当优先考虑特定行为是否该当构成要件，随后才是判断是否具有违法性与有责性。对于不该当构成要件的行为，不能以“但书”作为否定其犯罪性的依据；对于不具有非难可能性的行为，也不能将“但书”叠加适用。这样才既符合阶层理论递进式的思维，又能防止“但书”膨胀为解锁刑事出罪的“万能钥匙”。

2. 法定事由的增补

“但书”在赋予法官广泛无罪裁量权的同时，也隐藏着一定的法治隐忧。“但书”设置的客观目的是出罪，即根据“但书”，只要是情节显著轻微、危害不大的行为，都不是犯罪。然而，法官必须要解答一个问题，即什么是“情节显著轻微、危害不大”，换言之，如何合理划定“情节显著轻微、危害不大”的范围。这个问题本来是一个立法论的问题，由立法者划定一个适当的界限，以此为基础，“才能借解释的途径获得一个——对具体的个案而言——‘恰当的’解答”②。基于此，“但书”必须要达到罪刑法定原则所要求的明确性程度。

① 张明楷．规范的构成要件要素．法学研究，2007（6）．

② 卡尔·拉伦茨．法学方法论．陈爱娥，译．北京：商务印书馆，2003：211．

作为犯罪概念的组成部分，“但书”的内容基本上是通过解释的方式加以明确的。有学者指出：“但书规定，其属于出罪事由的规定而并非具体犯罪的罪与非罪的划分标准，在立法上有模糊性并不是一个特别严重的问题。但是，还是应当通过对但书规定的解释使其尽可能保持一定的明确性。这种立法规定的模糊性和法律解释的明确性是可以并存的。”然而，“但书”规定独此一份，解释的方向却千变万化。倚赖于解释来填补“但书”的内容，只是一种退而求其次的无奈选择。

不过，既然问题根源于立法的模糊性，那么问题的解决之道应当回归到立法。如前所述，我国刑法中的法定出罪事由只有正当防卫和紧急避险两种，相比较而言，德日刑法除此之外还补充了很多其他事由。例如，《德国刑法典》第 22 条 a 规定，“经被害人同意的伤害行为不处罚，但以不违背公序良俗为限”；《日本刑法典》第 35 条规定，“依据法令或者基于正当业务而实施的行为，不处罚”。依照我国刑法中的“但书”，虽然除正当防卫和紧急避险以外的其他出罪事由都能够通过解释的方式加以纳入，但是这种做法使“但书”的适用范围变得极不稳定，是否出罪完全取决于法官的自由裁量，这或多或少都与罪刑法定原则有所抵牾。因此，当前我国刑法出罪机制最需要的不是如何解释“但书”，而是在现有的出罪事由基础之上增补新的出罪事由，使之发挥分担“但书”之出罪功能的效用，同时也能遏制“但书”被过度适用。

问题是，如何增补新的出罪事由。一个有效的方案是，沿着阶层理论的进路，根据具体事由阻却的是违法性还是有责性，将具体事由分别归入法定的违法阻却事由与法定的责任阻却事由，在明确一系列法定出罪事由的基础上，再以“但书”作为超法规的违法或责任阻却事由来进行兜底。需要说明的是，并不存在所谓的“但书”与阶层理论不兼容的问题，因为，究竟是适用四要件理论还是阶层理论，属于犯罪成立理论的架构问题。“但书”作为混合的犯罪概念的组成部分，只表明什么行为不是犯罪，不涉及犯罪成立理论如何选择的问题。按照阶层理论的预设，分别将出罪事由归入违法阶层与责任阶层，符合我国当前犯罪成立理论的转型方向。而将“但书”作为兜底规定，能够有效地厘清“但书”与法定出罪事由之间的关系，同时明确“但书”的超法规属性，为塑造自洽的刑事出罪事由体系奠定基础。

五、结语

实质刑法的基本立场是以形式正义为前提的，力图实现处罚值得处罚的法益侵害行为之实质正义，并由此主张实质犯罪论和实质刑法解释论。[①] 通过它们，将刑法虽有明文规定但尚未达到可罚程度的行为排除在处罚范围之外，以建立“有罪不一定罚”的出罪机制，以此弥补我国刑法罪刑法定人权保障及出罪机能的先天缺失，借此实现经典罪刑法定原则以及刑法的人权保障机能。[②] 对无罪判决样本的刑事出罪机制研究，正是通过对司法实践中刑事出罪的基本样态，以及刑事出罪在实践中过度强调行为人与被害人之间利益权衡的误区之分析，基于高科技时代、风险社会时代与法定犯时代等导致的刑罚处罚不断扩张的大背景[③]，倡导以实质出罪事由体系的建构为基本着力点，厘清“但书”规定与法定出罪事由之间的基本关系，增补法定出罪事由的类型，坚守罪刑法定原则之法治底线，从而实现形式入罪的合法性与实质出罪的合理性。

---

① 刘艳红. 实质刑法观. 2版. 北京：中国人民大学出版社，2019：238-241.

② 刘艳红. 刑法目的与犯罪论的实质化. 环球法律评论，2008 (1).

③ 刘艳红. 刑法理论因应时代发展需处理好五种关系. 东方法学，2020 (2).

第二章　实质出罪论的法理基础：刑法谦抑主义

在经历实质化思潮的涤荡之后，学界对刑法的出罪功能已达成一定共识。“在以社会危害性为中心的犯罪实质概念中，在赋予社会危害性入罪功能的同时，也使其具有出罪功能。”[①] 但近年来，风险刑法理论的勃兴以及随之而来的处罚早期化、处罚前置化等以积极的一般预防为理论支撑的立法活动，不可避免地对出罪论的法理基础即刑法谦抑主义形成挑战。离开刑法谦抑主义，刑法则失去了出罪的法理根基。

一、风险刑法不能动摇刑法谦抑主义

根据风险学者的看法，当前全球进入“风险社会”时代。为了应对风险，在经济刑法、环境刑法、医事刑法等很多领域，刑法保护法益抽象化、普遍化与早期化倾向日益明显，这些都“向谦抑主义提出了挑战，被视作当前刑法学的新的重要的课题”，“这样一来，谦抑主义还能否维持的问题，就被提了出来”。然而，在坚持建设法治国的今天，“风险社会”概念的蔓延以及风险刑法对传统刑法理论的侵入不可能动摇刑法谦抑主义。

在风险社会概念的席卷下，风险刑法应运而生。风险刑法以抵御社会风险为己任，以追求人类安全为目标，对于危害社会安全的行为，即使其没有出现法益侵害的结果，也主张动用刑罚处罚。风险刑法因为其

---

① 陈兴良．但书规定的法理考察．法学家，2014（4）．

宗旨是实现安全而不是自由，认为刑法只是“用来满足安全政策的行为需求”的，故又被称为“安全刑法”。它认为犯罪“不是以导致什么样的具体损害作为实施制裁的前提条件，而是以没有促使安全状态的形成或者这类犯罪的步伐来表述的，它不是一个具体的损害，而是一种慌乱不安”。

在风险刑法倡导下，处罚危险行为的抽象危险犯日益增多，比如我国《刑法修正案（八）》[以下简称《修（八）》] 新增的危险驾驶罪就是适例；法定犯的立法比重越来越大，“法定犯的时代”似乎已经到来，以至于有学者指出，随着风险社会的到来、新型安全需要的扩展，刑法日益关注风险控制，并因此出现了犯罪形态结构由自然犯占绝对优势到法定犯占绝对优势的变化，立法上越来越多的环境资源保护犯罪、食品安全犯罪、交通犯罪等都是法定犯时代的典型代表；刑事制裁更多地强调所谓“犯罪人”的危险性，而不是罪责大小、行为实施与否、后果是否发生等。

然而，风险刑法是反法治的，挑战的其实不是刑法谦抑主义，而是整个刑事法治理念和罪刑法定原则的法治内核。

纳粹刑法的反法治在人类历史上早已获得共识并因此人神共愤之。纳粹刑法具有处罚的扩充性、任意性、严酷性与不确定性。20 世纪 30 年代的德国纳粹暴政，就是通过人身危险性等一类内涵不确定的刑法概念及刑法上保安处分等早期干预的处罚方法，“利用法律把犹太人变成次于人类的物”，以法律的方式展开了对犹太人的大屠杀。[①] 解读并概括德国学者约阿希姆·福格尔（Joachim Vogel）关于纳粹主义对刑法影响问题的分析，带有纳粹印记的刑法大致有以下几方面的体现[②]：一是刑法处罚范围的不断扩大，犯罪构成要件日益膨胀，更多的行为被作为可罚行为塞进构成要件之中。二是刑法日益远离责任，“在法律后果方面，刑事后果不断被创设而且同责任相剥离开来”。三是刑法日益主

---

① 韦恩·莫里桑. 法理学. 李桂林，等译. 武汉：武汉大学出版社，2003：322，329.

② 约阿希姆·福格尔. 纳粹主义对刑法的影响. 喻海松，译//陈兴良. 刑事法评论（2010 年第 1 卷·总第 26 卷）. 北京：北京大学出版社，2010：291-292.

观化，纳粹认为不合乎伦理的行为是不法的，不法日益被主观化与人格化，而法益日益被抽象化、精神化，行为无价值发挥越来越重要的作用；“行为人自身，即其人格、危险和信念，被重视，且刑法朝着行为人刑法甚至观念刑法发展”。四是立法中存在日益不确定的法律概念和一般条款。

风险刑法不但存在着上述纳粹刑法的深深印记，而且在很多地方有过之而无不及。其一，风险刑法导致刑法的处罚范围不断扩大。风险刑法通过风险概念使法益保护日益抽象化，也不断地实现着刑法介入的早期化。但是，较之这些更加危险的是，在风险刑法下，对传统犯罪的处罚也存在着日益扩大的趋势，换言之，在对具体犯罪的处罚上，传统犯罪的处罚存在着全面风险化的倾向。所谓全面风险化，是指不但要求广泛处罚作为风险刑法核心的危险犯，而且对传统刑法中的实害犯也进行“风险解读”，亦即站在风险防范角度从事实上对刑法中几乎所有犯罪都提倡进行提前处罚，将仅仅处罚有危害安全风险的人这一风险刑法的重要主张贯彻到了刑法中所有的犯罪之中。比如强奸罪属于典型的传统的自然犯，论及其惩处恐怕没有人会将之与风险社会或风险刑法等概念联系起来。然而，在风险学者最容易犯的“泛风险”的错误之下，“早处罚”竟也成为打击强奸罪的手段，因为有风险刑法学者明确指出，“强奸犯的罪责也许可能很轻微或者（强奸犯）由于心理性疾病的原因而根本不能承担责任。但是，他又会造成极大的不安，这种不安不仅是对他自己，更多的是对他人乃至社会的整体。如果说等到他的行为实施完毕、等到这种危害结果出现了再作出反应，显然已为时过晚。对他处以严重的处罚，益处又有多大呢？按照以前的刑法理论，刑法只能等到行为发生危险的后果时才作出反应，然后对犯罪分子处以重刑”，而按照风险刑法的理论，“在行为实施之前采取提前的实际警戒和保障可以阻止危害的结果发生”①。这样的观点是惊世骇俗的。如果处罚诸如强奸、

① 薛晓源，刘国良．法治时代的危险、风险与和谐——德国著名法学家、波恩大学法学院院长乌·金德霍伊泽尔教授访谈录．马克思主义与现实，2005（3）．

杀人等典型自然犯都要采用风险刑法的处罚早期化理念以防范风险确保安全，则这意味着不但将风险刑法的触角伸到了所有犯罪之中，而且将风险刑法反法治的本质暴露无遗。其二，风险刑法本身就宣称它使传统的罪责刑法发生了转变。风险刑法明确主张，它不如传统刑法那样以“事实侵害犯”为刑法的核心，而认为“危险犯才处于刑法关注的中心地位”，从而使传统的“罪责刑法”转变为了“安全刑法”；并且，风险刑法指出，“刑法必须要走出罪责刑法的界限，对一些特定的情况施加一些并非依据罪责的反应。这种反应针对的仅仅是犯罪人的人身危险性而不是它的责任”①。显然，如同纳粹刑法一样，风险刑法同样是远离责任的。其三，风险刑法以防范风险为目标，将任何有碍于人类安全的行为视为是不法的。前述观点表明，风险刑法下的犯罪“不是一个具体的损害，而是一种慌乱不安”。而什么是慌乱不安？风险刑法的回答是：“这种慌乱不安的不法更多地被理解为在主观上具有罪恶的意图或者客观上对所有生活领域的安全造成损害的行为。”② 如此一来，风险刑法凭借主观化的理解来断定某人是否会对社会的安全有危险，在“人作为不安全的因素”③ 的层面考虑处罚对象，它的主观性、行为人刑法的特性暴露无遗。而且，风险刑法认为法益侵害不再是必备构成要件，“危险状态的出现是对这个行为惩罚的必备的构成要件”；“行为方式本身似乎是可罚的，而不是行为所引起的结果被认为是可罚的”④。在此可以充分地看到，风险刑法与主观擅断主义之间有着多么天然的亲和力。不考虑法益侵害的结果，意味着行为本身一经实施无论结果如何都要受到处罚；置重于行为及行为人本身，意味着实施行为时内心的动机、想法、观念等主观层面的因素均将成为可罚性的判断基准。最终，这种远离罪责的做法，导致的是极端的行为无价值和刑法的伦理主义。其四，

---

① 薛晓源，刘国良．法治时代的危险、风险与和谐——德国著名法学家、波恩大学法学院院长乌·金德霍伊泽尔教授访谈录．马克思主义与现实，2005 (3).

②③ 乌尔斯·金德霍伊泽尔．安全刑法：风险社会的刑法危险．刘国良，编译．马克思主义与现实，2005 (3).

④ 同①.

风险刑法凭借刑法禁止人的行为对社会造成风险的行为进行惩处，意图解决风险社会的安全问题，“一个行动必须是安全的，只有具有安全性才是被允许的，如果一个行动被证明将可能造成伤害，应该马上禁止这个行动的事实”[①]。因此，“风险”和“安全”是风险刑法中的关键词。然而，恰恰什么是风险以及什么是安全，在风险刑法那里是极端不确定的。尽管风险学说认为“风险和安全是规范性概念”[②]，但事实是，即便风险学说的创始人贝克也认为它们是两个不清楚的概念。贝克指出，风险是指“‘不再……但……还没有’这种独特的现实状态——不再信任/安全，但还没有毁灭/灾难——就是风险概念所要表述的”[③]，“风险的概念是一个现代的概念，它需要有各种决策和各种尝试，以使公民决策的各种不可预测的结果能够被预测并且能够被控制”[④]。很显然，贝克的风险概念不是对现实的描述，而是对未来的预期；它似乎不是指某种具体的灾难，而是强调控制这种灾难的能力。这样的风险概念有别于当今学界混乱地使用的所谓各种风险概念，但是，不可否认的是，这一风险概念本身仍然是内涵不清的，也许风险本身就注定了只能被给予如此难以捕捉到实质内容的定义。这也迫使贝克反复从侧面及排除的消极角度来下定义，诸如贝克后来又指出，“风险归根到底不是任何具体的物，它是看不见的，是人的感官感觉不到的东西。它是一些社会构想，主要是通过知识、公众、正反两方面专家的参与、对因果关系的推测、费用的分摊以及责任体系而确立起来的。它是认识上的构想，因此总带有某种不确定性”[⑤]。贝克持内涵不清的风险概念，也是其风险学说的

---

① 乌尔斯·金德霍伊泽尔. 安全刑法：风险社会的刑法危险. 刘国良，编译. 马克思主义与现实，2005 (3).

② 薛晓源，刘国良. 法治时代的危险、风险与和谐——德国著名法学家、波恩大学法学院院长乌·金德霍伊泽尔教授访谈录. 马克思主义与现实，2005 (3).

③ 乌尔里希·贝克. 风险社会再思考. 郗卫东编译//薛晓源，周战超. 全球化与风险社会. 北京：社会科学文献出版社，2005：137.

④ 乌尔里希·贝克. “9·11”事件后全球风险社会. 王武龙，编译. 马克思主义与现实，2004 (2).

⑤ 薛晓源，刘国良. 全球风险世界：现在与未来——德国著名社会学家、风险社会理论创始人乌尔里希·贝克教授访谈录. 马克思主义与现实，2005 (1).

主要问题之所在。“风险社会的概念有许多含糊不清的漏洞。许多欧洲学者以此为理由将乌尔里希·贝克当作广告员，说他更多的兴趣在于建立一个哗众取宠的概念，而不是作为一个严谨的社会学家捕捉环境试验中的证据。”① 如果再考虑到风险发生的概率性与或然性，则人对于何谓“风险”“安全”更不明所以。使用这些本身极不确定的概念来评判一个行为是否安全或是否对社会造成风险，并以此为基础决定对某人处罚与否，显然更加充满了不确定性。

近几年更是有德国风险刑法学者主张，即使“刑法更加侧重于解决预防与安全的问题，以及由此引发的对实行犯罪和怀疑犯罪之前场行为进行干预”，诸如“实体刑法中可罚性的前移”“预防性监控观念的延伸，自由权利保障的解除”等，为了应对“‘世界风险社会’的新挑战”，也可以考虑“刑法的延伸和去边界化（Entgrenzung）”②。这些极端的风险刑法观念，意在将刑法作为一种社会控制的工具而不仅仅是保障人权打击犯罪的手段。在此，其实质是将刑法无所不在地予以适用。这种无边界的刑法也是滥用的刑法，其后果最终如亚当·斯密所指出的，“不适当的惩罚，即或者根本不应当的惩罚，或者超过了该犯罪的过失的惩罚，是对刑法的一种损害”③。此即罗马法谚所云，“以法的形式损害法本身”④。最终，刑法本身将被消解，成为真正意义上的安全法，既不是善良人的大宪章，也不是犯罪人的大宪章。可见，风险刑法挑战的其实不仅是作为刑法基本理念存在的刑法谦抑主义，更是作为当今刑法帝王原则的罪刑法定主义；或者它挑战的也不是罪刑法定主义，而是整个刑事法治；甚至它挑战的不仅是刑事法治，还有人类社会的法治进

① 周站超．当代西方风险社会理论研究引论//薛晓源，周战超．全球化与风险社会．北京：社会科学文献出版社，2005：27-28.

② 乌尔里希·齐白．刑法的边界——马普外国与国际刑法研究所最新刑法研究项目的基础和挑战．周遵友，译//赵秉志．刑法论丛（2008年第4卷·总第16卷）．北京：法律出版社，2008：24-25.

③ 努德·哈孔森．立法者的科学——大卫·休谟和亚当·斯密的自然法理学．赵立岩，译．杭州：浙江大学出版社，2010：153.

④ 鲁道夫·冯·耶林．为权利而斗争．胡宝海，译．北京：中国法制出版社，2004：94.

程。试想：在一个试图消解刑法的国家，还有什么法治和人权可言？

可见，风险刑法的理念和做法将会导致法律的变异和对法治的践踏、破坏。“罪刑法定原则”是“形式法治国的最重要的制度构成”[①]，当今世界文明各国，莫不以人权、法治为国家建设目标，莫不以体现人权保障精神的、法治国的罪刑法定原则作为刑法的帝王原则。人权理论表明，“人权是对国家权力的限制，是对抗国家权力的权利”[②]。如果一味地扩大刑法的处罚范围，则意味着国家刑罚权力的增加和公民个人自由权利的缩小。在强大的国家机器面前，弱小的个人理应享有充分的对抗国家权力的权利，那就是自由不受侵害的权利。风险刑法恰恰是以超强度地压缩公民自由来求得社会安全；在风险刑法高举的安全旗帜之下，人权被悄悄地搁置一边。如果普遍价值认为，当今社会是法治社会，那么就完全有理由、有信心认为，刑法谦抑主义根本不会受到来自所谓风险社会与风险刑法理论的挑战。如果说“法治最特殊、最非同凡响的地方正是其分配权力，但又限制权力实施的理念”[③]，那么刑事法治最特殊、最与众不同之处即在于其给予国家刑罚权，但又限制国家刑罚权的随意发动。国家有权力行使刑罚权，以保障社会上各项合法利益，但是，国家刑罚权的发动必须受到一定的限制。详言之，刑法不应以所谓危害社会安全的危险行为为当然的处罚对象，而应该将其处罚范围限制在迫不得已的必要限度以内，即刑法是为了维护社会秩序而不得不采取的必要手段。这就是刑法的谦抑思想。刑法的谦抑思想是贯穿于现代刑事法领域的基本理念。现代刑法的思想体系，由刑法谦抑理念出发，而发展出三项具体的刑法准则，即罪刑法定主义、法益保护主义与责任主义，配合这三项刑法准则产生了刑法的三个基本机能，即保障机能、保护机能、规制机能。[④] 因此，刑法谦抑主义不是游离于罪刑法定

① 郑永流. 德国“法治国”思想和制度的起源与变迁//夏勇. 公法：第2卷. 北京：法律出版社，2000：55.

② 约瑟夫·拉兹. 人权无需根基. 岳林，章永乐，译. 中外法学，2010（3）.

③ 韦恩·曼塞尔，贝琳达·梅特亚德. 别样的法律导论. 孟庆友，李锦，译. 北京：北京大学出版社，2011：11.

④ 小暮得雄. 刑法入门. 东京：有斐阁，1989：25-26. 转引自李海东. 日本刑事法学者：下. 北京：中国法律出版社，东京：成文堂，1999：229.

主义之外的一项刑法基本原则，而是作为罪刑法定主义的理念基础而存在的。其所具有的统领刑法全局的意义，由此可见一斑。

风险刑法不断扩大刑法处罚范围的做法在日本学者看来是“具有讽刺意味的”，因为这是“社会成员用自己的一部分权利与自由来换取安全的社会生活”，并且“最终在刑事立法中蕴涵了容认将‘如果有危险就有刑罚’原则化、扩大化的危险”[①]。如果允许安全跃居于自由、人权、法治之上而成为刑法的主要理念，允许社会上的大众用自己的自由交换他人（也可能包括其自身）的安全，允许公民用个人本已确定的权利行为受到惩罚来换取不确定的社会安全，那意味着人类不但用科技发展戕害了自身，更错误地以法之名侵犯了自身。“既然世界上发生着的这一切变化是趋向于加强社会的权力而减弱个人的权利，可见这个侵蚀就不是那种趋于自动消失的灾祸，相反，是社会增长得愈来愈可怕的。”[②] 因此，那种认为“风险无处不在”，因而“刑法也无处不在”的风险刑法观念及其付诸实践，才是当今“风险社会”最大的“风险”。对此如果不保持足够的审慎和警惕，恐怕将使人类在工业社会带来的“社会风险”之外还会二次受创，即在此基础之上再遭受“法治风险”。毫无疑问，那将是较之前者更为致命的风险！人类如何在合理发展科技与尊重自然之间作出更多的思考和选择，在社会综治与经济对策方面作出更多的调整，应该是较之于刑法更为有效地应对风险社会的治理对策——如果我们也承认贝克的风险社会理论的话。试想，对“像切尔诺贝利核事故、环境灾难、有关人类基因的讨论、亚洲经济危机和当前的恐怖主义袭击之类的事件和威胁”[③] 这类贝克等风险学者常常提到的风险社会中的典型风险，举一国政府之力甚至世界各国联合之力恐怕也未必能够防范，又怎么能将防范此等充满政治意味的风险或由科技发展引

① 关哲夫．现代社会中法益论的课题．王充，译//赵秉志．刑法论丛（2007 年第 2 卷·总第 12 卷）．北京：法律出版社，2007：339．

② 约翰·密尔．论自由．程崇华，译．北京：商务印书馆，1996：14．

③ 乌尔里希·贝克．“9·11”事件后全球风险社会//王武龙，编译．马克思主义与现实，2004（2）．

发的重大自然灾害的重任交给刑法？人类不能仅仅因为“通常在没有解决有关正义、民主或者国家的合适目标等有很大争议的问题前，可以解决政策和法律方面的难题”[①]，所以就动辄适用刑法，否则，这将“是一种极为荒谬的和刑事政策上使人担心的境况，在这种境况中把通过刑法和警察法进行的犯罪控制作为纯粹的安慰剂来接受，完全不取决于控制的有效性”的做法，将会使整个社会发生“破坏性的方向迷失”[②]。对此我们需要有足够的警惕。总之，虽然我们认为风险社会与风险刑法的提法有一定意义，比如，它可以更好地提醒人类协调社会发展与工业化进程中的矛盾，但是，基于人权法治基本理念为当今文明各国价值追求的普遍目标，刑法谦抑主义显然也是不可能被动摇的。有意思的是，风险刑法论者也意识到了盲目扩大刑法处罚范围以防范风险的做法有所不妥，于是也指出，我们“远远不能得出这样的结论，即这个审慎的、缺乏灵活性的、自由法治的刑法，连同它的证据规则、罪责原理、合法的和道德高尚的诉求和它的那个很难兑现的合法性需求，是解决所有风险社会的一切领域里所潜伏的并且不断增多的安全问题的最恰当的手段”[③]。既然如此，那么所谓风险社会对刑法谦抑主义的挑战根本就是一个伪问题。更何况，“在现代日本刑法理论中，存在着把谦抑原则作扩张性使用的倾向，主张把谦抑原则适用于‘从立法一直到帮助犯罪人重返社会’的全过程”。这些表明在风险刑法理论背景之下，刑法谦抑主义不但在理论上不可能受到挑战，在实践中也没有受到动摇，反而在类似于日本这样倡导客观主义刑法立场的国度得到了更多的强调和贯彻。[④]

---

① 凯斯·R. 孙斯坦. 风险与理性——安全、法律及环境. 师帅，译. 北京：中国政法大学出版社，2005：121.

② 哈塞默尔. 面对各种新型犯罪的刑法. 冯军译//中国人民大学刑事法律科学研究中心组织编写. 刑事法学的当代展开：上. 北京：中国检察出版社，2008：67.

③ 乌尔斯·金德霍伊泽尔. 安全刑法：风险社会的刑法危险. 刘国良，编译. 马克思主义与现实，2005（3）.

④ 刘淑珺. 日本刑法学中的谦抑主义之考察//陈兴良. 刑事法评论（2008 年第 1 卷·总第 22 卷）. 北京：北京大学出版社，2008：300.

需要说明的是，其一，笔者无意全盘否定风险社会学说的有关理论与主张，但是，对于风险社会理论向刑法领域渗透而形成的风险刑法，则持审慎的和怀疑的态度。笔者反对的是风险刑法一味追求安全而置人权、自由等公民权利于不顾的做法，并希望借此警惕由此可能带来的对法治社会的挫伤，同时通过指出风险刑法的种种问题来促使我们反思该如何在追求社会安全与妥当适用刑法以保障公民自由之间寻求平衡。面对源自德国的敌人刑法、风险刑法等充满国家威权色彩的刑法理论，每个刑法学人都应该冷静思考：我们究竟要将刑法带向何处？事实上，即便在德国本土，也有很多学者诸如 Schünemann 等也意识到在诸如风险社会以及敌人刑法等理论的鼓噪下，德国刑法日益出现的意图保护“世界法益”及由此导致的“滥用与过分苛求刑法所引起的危机”。“为了让德国刑法学与正义邂逅”，他“提出理由来强调德国刑法学所面临问题的处境，包括从走入死胡同到错误发展”①。当我们面对西方刑法思潮时，不能在所谓全球化的语境下不加甄别地全盘接受。事实上，法治应当是也只能是一种本土文化，全球化的法治本身就值得怀疑。审慎而怀疑地分析“西学”是否都该“东进”显然才是中国刑法学人该有的理性态度。其二，以上批判丝毫不针对我国国内学者假以风险社会之名而发表的各种见解——虽然其中极少数对风险刑法的见解也充满真知灼见。我国刑法学者对风险社会概念不加甄别、不加限制的拿来主义的做法非常普遍，比如，很多人常常以“在风险社会的背景下”这样似是而非的命题来左右对刑法问题的思考，虽然他们对于什么是风险社会可能并未多加厘清②；在中文语境多义的背景下，很多人望文生义地将风险社会中的风险解释为危险、威胁、危害、危难等各种类似的语词，再挟以社会危害性理论，使具有特定意义的风险社会中的风险概念泛化为无所不

---

① Bernd Schünemann. 批判德国刑法学思潮. 钟豪峰，彭文茂，译//许玉秀，陈志辉. 不移不惑献身法与正义——许迺曼教授六十寿辰. 台北：新学林出版股份有限公司，2006：66，91.

② 王昭振. 刑法解释立场之疑问：知识谱系及其法治局限. 环球法律评论，2010（5）；等等.

在的具有某种危险或危害的概念，从而不但令反驳或赞成真正意义的风险社会的学者无法与之对话，而且也使风险社会中的风险概念在我国发生了严重变异[①]；有学者在错误地将风险社会之风险解读为客观归责论允许的风险的基础之上，又错误地认为客观归责理论的精髓体现了风险社会的价值选择[②]，或者认为客观归责理论是立足于风险社会的现实而提出的一种归责理论，并以支持风险社会理论为由支持客观归责理论。[③] 这些更是对风险社会另一种“别开生面”的误读。

二、违背刑法谦抑主义导致刑法的早期化

现行刑法以 9 个条文 15 个罪名的形式对环境资源进行了保护，其在类型上分为污染型环境犯罪和破坏型环境犯罪两种，其中，污染环境罪、非法处置进口的固体废物罪和擅自进口固体废物罪属于污染型环境犯罪，其他罪名则属于破坏型环境犯罪。从刑法修改的角度来看，仅自 1997 年至 2020 年，在严密刑事法网（包括罪和刑）的意义上该部分直接变动的条文就达 2/3，它们分别涉及《中华人民共和国刑法修正案（二）》、《中华人民共和国刑法修正案（四）》［以下简称《修（四）》］和《修（八）》，环境犯罪立法修正的力度为国内外所罕见。虽然破坏型环境犯罪在严密刑事法网时基本坚守了以侵害或者危害环境法益的结果发生为入罪门槛的立场，但是 2011 年的修正案在降低污染环境罪（第 338 条）的入罪门槛时已经打开了危险犯进入的通道，这预示着面对环境犯罪，刑事治理的早期化趋势已然显现。在风险刑法理论、积极的一般预防理论与生态环境理念等浪潮推动下，环境法益保护的早期化和精神化观

---

① 我国刑法学人发表的以风险社会为题的论著中，不敢说全部，至少有相当一部分都存在着这一问题。对于我国学者为何如此钟情于“风险社会”“风险刑法”这一类概念，笔者以为，这可能与苏力教授所说的国人素有的“大词法学”（波斯纳．超越法律．苏力译．北京，中国政法大学出版社，2001：总序 3.）情结有关：借以容易“发酵”并被扩散理解的风险社会概念这样的“高级理论”（苏力语），加一点刑法场域的专题话语，于是，所谓新的研究成果就产生了。

② 许发民．风险社会的价值选择与客观归责论．甘肃政法学院学报，2008（5）．

③ 王振．坚守与超越：风险社会中的刑法理论之流变．法学论坛，2010（4）．

念正聚集成一股强大的力量冲击着传统刑法的谦抑主义。

然而，“风险刑法”理论带有一定的反法治色彩①，而积极的一般预防理论与生态环境理念都存在严重的弊端，因此，环境法益保护的早期化和精神化无疑是一个值得警惕的现象。实际上，尽管《修（八）》在污染环境罪的最新表述上采用了“严重污染环境”的表述，但刑法的基本立场在立法者相关的条文说明中并不难得知，如 2016 年 12 月 23 日最高人民法院、最高人民检察院《关于办理环境污染刑事案件适用法律若干问题的解释》（以下简称《环境污染刑事解释》）在污染环境罪作为危险犯上所体现的谨慎态度，说明环境法益保护的早期化和精神化不是对现实的描述，也似乎不是对可见将来的预期。相反地，对环境犯罪的惩处宜在传统刑法框架下恪守谦抑主义。由此，我国刑法在惩处环境犯罪上的准确立场是应当早期化还是恪守谦抑主义，就成了要着重探讨的问题。

（一）犯罪惩处的早期化会冲击刑法的谦抑性

毋庸置疑，近几十年来科技的飞速进步推动了社会的急剧发展，相应地，大陆法系成文法国家出现了出前所未有的刑事立法活跃化现象。例如，日本的立法早已打破了以往的“沉默”，刑事立法进入了活跃期，“刑罚积极主义”“政治化”等是其醒目的标志。② 对此，我国部分学者也进行了介绍和评价，有代表性的是张明楷教授③和黎宏教授④的介绍和评价。不过，在我国活跃的刑事立法背景下的环境犯罪的相关变动，与其说是在入罪化的思维模式下法益保护的早期化，不如说是在入罪化的思维模式下对刑法谦抑主义的遵循，具体阐述如下。

1. 我国刑法在谦抑性上的表达

尽管我国刑事立法在犯罪化的道路上卓有成效，但遵循刑法谦抑主

① 刘艳红. “风险刑法”理论不能动摇刑法谦抑主义. 法商研究，2011（4）.

② 亀井源太郎. 刑事立法と刑事法学. 东京：弘文堂，2010：7-8.

③ 张明楷. 日本刑法的发展及其启示. 当代法学，2006（1）. 张明楷. 司法上的犯罪化与非犯罪化. 法学家，2008（4）.

④ 黎宏. 日本刑事立法犯罪化与重刑化研究. 人民检察，2014（21）. 黎宏. 法益论的研究现状和展望. 人民检察，2013（7）.

义，停止犯罪化的刑事立法，才是我国刑事法治的应然之路[①]，我国《刑法》第13条但书是刑法谦抑主义的直观表达。可以认为，刑法谦抑主义的重要内容就是限缩犯罪圈，扩张犯罪圈的犯罪化以及作为犯罪化必要内容的法益保护的早期化和精神化会削弱刑法的谦抑性，冲击但书条款。

追根溯源，恪守刑法谦抑主义绕不开里程碑式的“一厘事件”。所谓“一厘事件”，是指受政府（专卖局）委托栽培烟草的行为人负有将生产的烟叶全部交给政府的义务，但他随意吸食了其中一叶——按当时的价格值一厘钱，该行为人因违反烟草专卖法而被起诉，但日本大审院否定了犯罪的成立。[②] 审视“一厘事件”的背景不难发现，此时的日本刑法完全继受了德国古典犯罪论体系，该体系将构成要件设定为客观、描述性、价值中立的行为外部形象，而在违法性阶层仅以法定的违法性阻却事由为限。并且，此时刑事诉讼法上微害不起诉及缓起诉理论尚未成型，故司法实务中该类案件一般会进入审判程序。因此，对于进入了审判程序的该类案件，法院若依据古典犯罪论体系严格入罪，则会陷刑法于苛严之泥潭，也会降低刑法作为维持社会秩序之最后手段的有效性，并与自罗马法以后就形成并逐步为各国法律实践所遵循的“法不关微事”“法官不管小事”等理念相抵牾。于是，为克服古典犯罪论体系以法定的违法性阻却事由为违法性全部内容所导致的缺陷，在违法性阶层扩张实质性判断内容（如该案判决中的“不存在什么应该被视为危险的状况”[③]）以限缩犯罪圈，遂成为必然选择。

阶层化犯罪论体系的实质性变化、微害不起诉/缓起诉制度的发展与完善、亲告罪制度的发展等，让犯罪圈的限缩对实质违法性阶层所具有的过滤机制的直接依赖大大减少，但这种对违法性阶层之过滤机制的“消极态度”并不是对限缩犯罪圈的反动，刑法谦抑主义的地位并未根本性地动摇。较为典型的是我国《刑法》总则第22条、第23条分别规

① 刘艳红．我国应该停止犯罪化的刑事立法．法学，2011（11）．

②③ 大判明治43年（1910年）10月11日刑录16辑1620页。转引自大塚仁．犯罪论的基本问题．冯军，译．北京：中国政法大学出版社，1993：121．

定了犯罪预备和犯罪未遂，在刑法分则个罪未列举式地明确对犯罪预备和犯罪未遂的处罚时，司法实践中个罪的预备和未遂并非都原则性地受处罚。相反地，个罪的预备和未遂呈现出限制性地受处罚态势，其中《刑法》总则第 22 条、第 23 条划定的范围与第 13 条但书确定的范围之间的差额就是实际的处罚范围（包括部分通过司法解释等明确的）。此外，如后文所述，我国罪刑法定原则在表述上包含的积极侧面，也削弱了刑法的谦抑性。但是，我国刑法之谦抑性所具有的这些瑕疵，并不会根本性地否定谦抑性本身的存在，也就是说在刑法谦抑性的表达上我国刑法有着自身的特色。

2. 我国环境犯罪的惩处重在谦抑性而非早期化

就环境犯罪而言，剔除较少体现环境法益保护早期化的过失犯罪，再排除受刑法谦抑主义节制十分明显的包含“情节”“数量”“结果”（包括“后果”）等的罪名，将剩下污染环境罪（第 338 条）、非法处置进口的固体废物罪（第 339 条），非法猎捕、杀害珍贵、濒危野生动物罪（第 341 条），非法收购、运输、出售珍贵，濒危野生动物、珍贵、濒危野生动物制品罪（第 341 条），破坏性采矿罪（第 343 条），非法采伐、毁坏国家重点保护植物罪（第 344 条），非法收购、运输、加工、出售国家重点保护植物、国家重点保护植物制品罪（第 344 条）7 个罪名。同时，考虑到 2016 年 11 月 28 日最高人民法院、最高人民检察院《关于审理非法采矿、破坏性采矿刑事案件具体应用法律若干问题的解释》第 6 条以“数额”对破坏性采矿罪中的“矿产资源严重破坏”进行了限制解释，真正需要说明的是剩下的 6 个罪名。具体阐述如下。

（1）污染环境罪对法益保护的早期化持相对谨慎的立场。

我国传统刑法理论认为污染环境罪的主观方面是过失①，但《修（八）》公布之后部分学者主张“本罪的责任形式为故意”②，甚至有学

① 高铭暄，马克昌主编. 刑法学：5 版. 北京：北京大学出版社，高等教育出版社，2011：580.

② 张明楷. 刑法学：4 版. 北京：法律出版社，2011：995.

者主张本罪的罪过形式是“故意与过失”[①]。不可否认，污染环境罪经过《修（八）》修改后，“严重污染环境”的规定及《环境污染刑事解释》在强化“结果无价值”的同时扩张了对“行为无价值”的刑法管制。如果据此认为污染环境罪已经舍弃了刑法谦抑主义，走向了环境法益保护的早期化，则无疑陷入了误区。虽然《修（八）》公布前后的污染环境罪（之前名称是重大环境污染事故罪）的保护法益都是环境法益，但修订前的环境法益对与环境污染存在因果关系的财产法益或人身法益具有依附性，因为原条文中“致使公私财产遭受重大损失或者人身伤亡的严重后果”是该类污染型环境犯罪成立的要件。显然，“致使公私财产遭受重大损失或者人身伤亡的严重后果”是对“结果无价值”的强调。修订后的环境法益保护在形式上取消了环境法益对与环境污染具有因果关系的财产法益或人身法益的依附，这似乎有使该罪走向“行为无价值”的倾向。其实，将污染环境罪的法条简化为“违反……规定，排放、倾倒或者处置……有害物质，严重污染环境的，处……”后，不难发现，“严重污染环境”既可以是一种结果（结果型），是违规行为、排放/倾倒/处置行为的结果，类似于原法条中的“造成重大环境污染事故”，也可以是一种行为状态或行为属性（行为型），是违规行为、排放/倾倒/处置行为危害环境法益的属性表现。在《环境污染刑事解释》第1条列举的“严重污染环境”18种情形中，除第18项是兜底性规定外，其余17项既有属于结果型的情形（如致人重伤），又有属于行为型的情形（如在饮用水水源一级保护区倾倒有毒物质），且前者的数量远多于后者的。因此，变动后的污染环境罪在入罪上不是以“行为无价值”代替了“结果无价值”，也不是使“行为无价值”和“结果无价值”等量齐观，而是在坚持“结果无价值”的基础上对“行为无价值”进行了必要的照顾。这才是我国刑法的准确立场。也就是说，污染环境罪在环境法益保护的早期化上相当谨慎，而《环境污染刑事解释》对“严重污染环境”的一系列量化规定，不是对“但书”规定的妥协，而是对

---

① 田宏杰. 立法演进与污染环境罪的罪过. 法学家，2020（1）.

“但书”规定的实质性遵循。这有力地贯彻了刑法谦抑主义。类似地，德国刑法在法益保护的早期化和精神化上相当谨慎，因为法益保护原则的功能在危险犯的情况中有其极限，如Wohlers、Hefendehl等学者就一直强调“犯罪结构”（预备犯和危险犯）对法益保护原则的补充必要性。[①] 可见，类似于“本罪从结果犯转变为危险犯”[②] 的结论未免过于武断、草率。同时，能够体现污染环境罪在法益保护早期化上相对谨慎的是对“删去”的“土地、水体、大气”字样的说明。《修（八）》“删去”原第338条中“土地、水体、大气”字样，这被不少学者视为严密刑事法网的一大举措[③]，但同时期的立法说明特别强调：“《刑法修正案（八）》删去了原来条文中规定的排放、倾倒、处置行为的对象，即‘土地、水体、大气’，这只是文字修改，使条文更简练，实际上，排放、倾倒、处置行为的对象，通常情况下仍然是土地、水体、大气。”[④] 也就是说，尽管条文的上述变动的确能够扩大污染环境罪的处罚范围，但立法者认为该变动只是形式上的，基于立法技术的简练需求才是实质性的。立法者的这种谨慎态度很难说与刑法谦抑主义无关。此外，在《环境污染刑事解释》第15条关于“有毒物质”存在明细规定的情形下，司法实践对于“有毒物质”以及与之相当的“放射性的废物”“含传染病病原体的废物”的范围的确定十分谨慎，这是符合刑法谦抑主义的限缩解释立场的。

（2）非法处置进口的固体废物罪与环境法益保护的早期化关系不大。

非法处置进口的固体废物罪同污染环境罪一样，属于污染型环境犯罪。该罪通常被视为入罪门槛较低的抽象危险犯（行为犯），即只要对进口的固体废物进行非法“倾倒、堆放、处置”就成立犯罪。的确，该

---

① Claus Roxin. 法益讨论的新发展. 月旦法学杂志，2012（211）（总）.

② 王勇. 环境犯罪立法：理念转换与趋势前瞻. 当代法学，2014（3）.

③ 郭世杰. 从重大环境污染事故罪到污染环境罪的理念嬗递. 中国刑事法杂志，2013（8）.

④ 全国人大常委会法制工作委员会刑法室编.《中华人民共和国刑法修正案（八）》条文说明、立法理由及相关规定. 北京：北京大学出版社，2011：177.

罪入罪的行为犯规定，易使人产生我国环境法益保护早期化的误解，但是只要稍微研究一下同时期的立法说明，该误解就会消除。事实上，我国刑法对非法处置进口的固体废物罪的规定，更多的是采纳了相关国际条约的内容以宣誓和维护我国的国家主权。为了限制发达国家转移污染和保护发展中国家免受污染转移之害，1989 年《控制危险废物越境转移及其处置巴塞尔公约》(以下简称《巴塞尔公约》) 在瑞士通过，它规定：任何国家均享有禁止该公约所指危险废物自外国进入其领土或者在其领土内处置的“主权权利”。我国于 1990 年签署了《巴塞尔公约》，我国刑法对进口的固体废物的严格保护“表达了我国政府在这个问题上的明确态度”①。况且 1997 年修订《刑法》时我国的法益理论在总体上尚处于欠发达阶段，遑论用以该理论为基础的法益保护早期化的理念来指导环境犯罪立法，因而此后的刑法修订并未涉及非法处置进口的固体废物罪。同时，《巴塞尔公约》限制发达国家向发展中国家转移污染，与大陆法系国家基于法益理论对环境保护的严格化关系不大，因此，对非法处置进口的固体废物罪作（域外）法益保护早期化的解读明显欠缺正当的依据。至于部分学者批评非法处置进口的固体废物罪存在仅处罚单向进口行为而不处罚出口行为的不足②，明显是忽视了该罪的保护我国作为发展中国家主权利益的立法背景，从而导致了认识上的错误。

(3) 针对野生动物（制品）和国家重点保护植物（制品）的犯罪并非以法益保护早期化为基础。

我国《刑法》第 341 条和第 344 条共规定了非法猎捕、杀害珍贵、濒危野生动物罪，非法收购、运输、出售珍贵、濒危野生动物、珍贵、濒危野生动物制品罪，非法采伐、毁坏国家重点保护植物罪和非法收购、运输、加工、出售国家重点保护植物，国家重点保护植物制品罪这四个选择性罪名。它们是针对野生动物（制品）和国家重点保护植物（制品）的犯罪，都属于破坏型环境犯罪。野生动物和珍贵植物是我国

① 全国人大常委会法制工作委员会刑法室编．《中华人民共和国刑法修正案（八）》条文说明、立法理由及相关规定．北京：北京大学出版社，2011：686.

② 钱小平．环境刑法立法的西方经验与中国借鉴．政治与法律，2014 (3).

的稀缺资源，具有“不可替代和难以恢复”的特点。在追求经济发展和维护生态平衡方面，对特定的野生动物和珍贵植物进行严格保护是可持续发展的必然要求，即我国《刑法》第341条和第344条的依据是“维护生态平衡”“维护自然界可持续发展”等理念。[①] 当法益理论在我国兴起之后，以法益理论“填充”《刑法》第341条和第344条的理论基础具有一定的可行性，且环境法益保护的早期化与可持续发展理念之间具有兼容性，因此，据此颠倒逻辑，主张《刑法》第341条和第344条以法益保护的早期化为基础，则是不符合实际的论调。另外，《修(四)》第6条对第344条的修订涉及两个方面：一是将“珍贵树木”扩大到国家重点保护的所有植物及其制品；二是将犯罪行为在“非法采伐、毁坏”之外增加了“非法收购、运输、加工、出售”。就前者而言，导致刑法保护对象扩大的直接原因是对“具有重要科研、生态价值的植物”的违法活动日益猖獗，危及“自然界可持续发展”[②]。尽管此时我国的法益理论获得了重大发展，但将二者直接挂钩或以法益保护早期化作为修法时的解释基础似乎较为牵强。就后者而言，用环境法益保护的早期化来解释此次入罪的“非法收购、运输、加工、出售”行为也很牵强，毕竟《刑法》第341条早就将“非法收购、运输、出售”行为入罪，如前文所述，它与环境法益保护的早期化不具有直接的关系。

实际上，在环境犯罪方面，法益保护的早期化和精神化是一条消解法益之路，它超越了我国刑法当前所处的发展阶段。法益理论是近代以来刑法的支柱之一，是刑事立法的基础。保护法益是刑法的直接任务之一，法益受损害与否是有无刑事不法的标志，且受损害法益的不同会影响不法构成要件的效果和处罚的轻重。但是，如果将环境保护法益早期化和精神化，那么将导致环境法益的具体内容不再是刑法关注的重点，行为是否造成了不确定范围的法益损害才是关键。这种法益保护的早期化、抽象化难免引发法益范围的漫无边界，消解法益概念也就成了逻辑

① 全国人大常委会法制工作委员会刑法室编.《中华人民共和国刑法修正案（八）》条文说明、立法理由及相关规定. 北京：北京大学出版社，2011：691，700.

② 同①700.

上的当然结论，而刑法的谦抑性受冲击更是不言而喻。但我国当前刑法所处的发展阶段并不足以让我们抛弃作为近代刑法支柱之一的法益概念，否则我国刑法在走向“万能”时也将堕入终结命运。

（二）犯罪惩处早期化之依据批判

至今为止，在环境保护早期化的论调中，关于环境法益保护的早期化和精神化的依据，总结起来主要有风险刑法理论、积极的一般预防理论和生态中心主义环境法益观三种。不过，仔细研究后会发现，这三大依据都是难以站得住脚的。

1. 风险刑法理论依据之批判

风险刑法理论主张通过刑法对社会造成风险的行为进行惩处，来实现对风险的管控。应当说，这种主张的美好期待难以实现。在传统的自然犯领域，如果强行贯彻风险刑法理论，那么无异于复辟恐怖的意思刑法（行为人刑法）。以强奸罪为例：基于风险刑法理论来管控强奸，即在质疑强奸行为实施完毕或危害结果出现后给予严厉惩处的益处后，主张“在行为实施之前采取提前的实际警戒和保障可以阻止危害结果的发生”[①]，这样所谓的法益保护的早期化和精神化，难免导致实行行为的抽象化和扩大化，甚至导致对犯罪的惩处与实行行为、行为关系不大。而定罪对行为人主观方面的依赖一旦与行为发生了松绑或脱离，惩处犯罪人就会误入惩处“人”的危险境地。这是背离现代刑法以“人”为目的的法治之路的，是意思刑法的复辟。刑法发展史上有着惨痛和深刻的教训。

鉴于风险刑法理论潜伏着上述危机，将风险刑法的作用领域局限于法定犯，是近年来一种相当流行的观点。例如，有学者在认为风险刑法是传统刑法的一种补充的基础上，对风险刑法的作用领域作了严格限制，其中，导致环境污染、自然资源破坏的环境犯罪被认为是风险刑法的重要作用领域。[②] 不可否认，社会的发展的确给传统刑法带来了不少

① 薛晓源，刘国良．法治时代的危险、风险与和谐——德国名法学家、波恩大学法学院院长乌·金德霍伊泽尔教授访谈录．马克思主义与现实，2005（3）．

② 利子平，石聚航．我国风险刑法理论研究中的三大理论误区．北京理工大学学报（社会科学版），2013（4）．

新的挑战和新的问题，但解决之道远不是将传统刑法向风险刑法全面或部分转型那样简单。即便在环境犯罪这类法定犯领域，以风险刑法代替传统刑法进行犯罪的管控，也将出现不堪设想的后果。换言之，长久以来我国刑法在环境犯罪惩处上表现出的“软骨病”，绝不是通过“风险刑法”这一“补钙药方”就能立竿见影地治愈的。在传统刑法之内和刑法之外双管齐下，才是治疗这一“软骨病”的对症良药。

就传统刑法之内的解决而言，应对环境污染等问题的核心是谨守刑法谦抑主义，而不是坚持刑法惩处的早期化。各国长久以来的实践证明，环境治理是涉及多元的问题，绝非刑法这一部门法所能包办解决的。况且，“关于刑法处罚对环境污染的遏止效果问题，实证（犯罪学）研究一般认为效果不大”[①]。事实上，我国的环境污染问题早已不同程度地与经济发展、国防安全、社会稳定等一系列问题交织在一起。如对山西、河北、湖南等地的大型工矿企业污染问题的处理，就涉及国家的税收、地方经济、国防安全（军工企业）、数十万人的就业等问题。某些地区甚至出现了“污染也是民生”的尴尬现象。这让环境污染的治理一度进退两难，也加重了我国刑法在环境犯罪处理上的“软法”印象。可见，环境污染问题不同于原先的“醉驾”问题，前者既是一个法律问题，也是一个社会问题，而后者基本上是一个单纯的法律问题。譬如，近年来因屡次违法排污被报道的兰州石化事件[②]，其背后的利益纠葛就是适例。在此意义上，企图通过单纯的法律框架来完全解决不免过于理想化，而力图将法律解决的重任托付给刑法并通过环境法益保护的早期化和抽象化来处理，似乎更是缘木求鱼之道。例如，《环境污染刑事解释》第1条第6项对“严重污染环境”的解释包含了部分环境法益保护早期化内容，即“二年内曾因违反国家规定，排放、倾倒、处置有放射性的废物、含传染病病原体的废物、有毒物质受过两次以上行政处罚，

---

① 汉斯·舍格伦，约兰·斯科格．经济犯罪的新视角//陈晓芳，廖志敏，译．北京：北京大学出版社，2006：66.

② 吴少华．中石油兰州石化公司屡次违法排污 社会责任何在?．科技鑫报，2015-01-10（A1）.

又实施前列行为的”。这种粗放的犯罪化处理方式未能有效地解决问题。首先，入罪标准的不明确妨碍了相关案件向司法部门的移送。如总部设在北京的A化工企业，分别在南京、武汉和兰州拥有B、C、D三处分公司，因分公司不具有法人资格，所以B、C、D分公司的排污行为都由具有法人资格的A化工企业承担责任，那么，若南京的B分公司和兰州的D分公司2年内分别因排放有毒物质受到一次行政处罚，是否意味着作为总公司的A化工企业就会成立犯罪，还是说同一地区同一排污单位（如B分公司）必须在2年内因排放有毒物质分别受到2次行政处罚，A化工企业才成立犯罪？并且在跨地区的行政处罚所存在的一系列问题彻底解决之前，这样的规定都隐含着选择性执法等风险。定罪标准的不明确既直接阻碍了相关案件向司法机关的移送，也削弱了上述规定的效力。其次，既有的国有企业与私有企业、中央企业与地方企业之间的隐性不平等都可能造成它们在入罪与否、罪刑承担上的差异。统计数据显示，上述规定自生效以来基本上处于休眠状态，刑法的此类的“软骨病”并未治愈。

就刑法之外的解决而言，我国环境污染等问题的日益严峻化，实难归咎于环境法益保护的“晚期化”和“具体化”，刑法防线之前其他部门法防线的薄弱才是主要原因。诚然，在环境污染等的治理上，最好的社会政策就是最好的刑事政策。但是，在我国相关的社会政策因主、客观原因而未到位时，刑法防线之前其他部门法防线就显得尤为重要。特别是在违反环境立法带来的收益常常高于成本的客观现状下，民法、行政法等防线的脆弱都会导致牺牲环境成为市场主体的理性选择。其实，该问题的症结并非没有被认识到，但由于种种原因相关解决措施被搁置、敷衍、拖延。[①] 举例来说，如果行政法不在“饮用水水源一级保护区”“自然保护区核心区”上配套完成相应的保护机制，而是沿用当前这种各行政单位以及同一单位不同科室“分割”管理的模式，就会因开放的构成要件边界模糊而影响“刑罚的必定性”，并进而冲击它对犯罪

① 梁冠华．打击环境污染犯罪 守住生态文明底线．南方法治报，2014-03-07（3）．

最强有力的约束力量[①]，《修（八）》扩大犯罪圈以加强惩处环境犯罪的努力也难以有成效。在明了问题所在后，解决问题的着力点就明显不在于将环境法益保护防线提前，增加效果不大的犯罪人标签，而在于落实和加强民法、行政法等刑法之前部门法防线，提升环境违法成本，如涉及环境侵权案件民事判决书的强制公开、环境公益诉讼主体范围的扩大等。实际上，强化刑法防线之前的部门法防线在环境治理上的功效，一直以来都是国际社会的通行做法。例如，在20世纪中叶当德国鲁尔地区饱受环境污染之苦时，付诸实施的并不是刑法对环境法益保护的延伸，而是“高烟囱政策”这样的刑法之外的举措[②]，尽管这样的措施最终被证明是延缓矛盾的扬汤止沸之法，但后续的解决方法也是一条“综合治理”之路。其实，不少风险刑法的提倡者也十分重视非刑法措施的应用，如乌尔里希·齐白就看重“刑法外甚至也是法律外”刑事预防的替代措施。[③] 再将目光转向被国内学者视为法益保护早期化和精神化代表的日本，福岛核事故可谓典型的污染环境犯罪，但从事件的处理来看，粗放的犯罪惩处早期化或重罚化并未出现。这也与东京电力公司等涉及国计民生有关。通过刑法之外的举措（如优化核反应堆结构设计、发展核能源替代能源）来最大化缓解、消除矛盾才是善后工作的重点。[④]

此外，风险概念的含义不清导致了以此为依据的环境犯罪惩处的早期化成了无本之木。风险刑法创设了风险这一核心概念，但在风险概念之前传统刑法中存在危险概念，它与实害相对应，是“发生实害的危险”的简称。迄今为止，风险与危险之间是替代关系还是补充关系抑或

---

① 贝卡里亚．论犯罪与刑罚．黄风，译．北京：中国法制出版社，2005：72.

② 刘丽荣．鲁尔区如何实现华丽转身?．中国环境报，2013-07-02（6）．所谓高烟囱政策，是指将排污烟囱加高到300米，通过扩大排放空间，降低鲁尔地区空气中的污染物浓度，但由此造成了欧洲大面积的酸雨，变相扩散了污染，造成了严重的后果。

③ 乌尔里希·齐白．刑法的边界——马普外国与国际刑法研究所最新刑法研究项目的基础和挑战．周遵友，译//赵秉志．刑法论丛（2008年第4卷·总第16卷）．北京：法律出版社，2008：251.

④ [2015-03-20]. http://zh.wikipedia.org/wiki/%E7%A6%8F%E5%B3%B6%E6%A0%B8%E4%BA%8B%E6%95%85.

是其他某种关系的问题，并不能说已经被解决了。例如，乌尔斯·金德霍伊泽尔认为在故意危险之前设置风险预测是多余的，并否定客观归责理论[①]；且与风险概念存在密切联系的客观归责理论更多地被批评为造成了各个原则之间的相互重叠。[②] 另外，不同学者对风险的不同界定引发了这一概念内涵不清的尴尬，即使是风险理论创始人之一的乌尔里希·贝克对“风险”的界定，也会让人产生一种“雾里看花”的印象，如“风险归根到底不是任何具体的物，它是看不见的，是人的感官感觉不到的东西。它是一些社会构想，主要是通过知识、公众、正反两方面专家的参与、对因果关系的推测、费用的分摊以及责任体系而确立起来的。它是认识上的构想，因此总带有某种不确定性”[③]。由此招来的是许多欧洲学者将乌尔里希·贝克视为“广告员”，认为他在兜售一个哗众取宠的概念。这样，在逻辑上将环境犯罪惩处的早期化建构在一个内涵不确定的概念之上，其合理性值得怀疑。

2. 积极的一般预防理论依据之批判

积极的一般预防理论是德国刑法学两大重要成就之一，它解决了刑法“为什么处罚”的问题。[④] 积极的一般预防理论在扬弃消极的特殊预防的基础上，不再用高举的棍棒相威胁，而是在总体上强化民众的“一般的法律意识”，这具有一定的积极意义。然而，如果视积极的一般预防理论为治愈我国刑法在环境犯罪方面的“软骨病”的良方的话，则明显超越了合理期待；以积极的一般预防理论为依据来主张环境法益保护的早期化和精神化，更是危险的“过量服药”。

在传统刑法那里，一般预防既不是无端幻想，也不是灵丹妙药。我国刑法对一般预防历来都十分重视，当前不是对一般预防强调得不够，

---

① 乌尔斯·金德霍伊泽尔．犯罪构造中的主观构成要件——及对客观归属学说的批判．蔡桂生，译//陈兴良．刑事法评论（2012年第1卷·总第30卷）．北京：北京大学出版社，2012：200．

② 许玉秀．主观与客观之间——主观理论与客观归责．北京：法律出版社，2008：207．

③ 薛晓源，刘国良．法治时代的危险、风险与和谐——德国名法学家、波恩大学法学院院长乌·金德霍伊泽尔教授访谈录．马克思主义与现实，2005（3）．

④ 马库斯·德克·达博．积极的一般预防与法益理论．杨萌，译//陈兴良．刑事法评论（2007年第2卷·总第21卷）．北京：北京大学出版社，2007：443．

而是过分依赖于一般预防，对它存在一定程度的幻想。[①] 从统计数据来看，1998 年至 2002 年，我国重特大环境污染事故发生了 387 起，但仅有 25 起被追究了环境犯罪的刑事责任，即刑法惩处率为 6.5%，而 2003 年至 2007 年发生的 90 多起重特大环境污染事故，被追究刑事责任的仅 12 起，即刑法惩处率至多为 13.3%，2008 年被追究刑事责任的环境犯罪有 5 起，2009 年的仅有 2 起。[②] 随着绿色发展理念的提出，最近几年环境犯罪案件的数量大幅度上升。2019 年，全国法院共受理各类环境资源刑事一审案件 39 957 件，审结 36 733 件，判处罪犯 114 633 人，收结案数同比 2018 年分别上升 50.9%、43.4%。[③] 这个数据较之 10 年以前的相比，虽然在刑事责任的追究率上大幅度上升，但是，和全国法院受理的各类环境资源民事与行政一审案件数量共计 25 万件相比[④]，环境犯罪刑事一审案件受理的数量与环境资源民行一审案件受理的数量相比，占比也只为 16%。这种并不高的环境犯罪刑事责任追究率表明，我国刑法关于环境犯罪的立法走向入罪化和重刑化，然而司法至少没有呈现出足够的权威而有“软法化”的某些特点，由此一来，刑法权威的树立与维持不得不依靠入罪化和重刑化，从而导致刑法的谦抑性原则更加受损。例如，部分学者主张“我国环境司法的结构性失调要求提高刑法的环境资源保护效能”[⑤]。同时，比较一下同时期境内外环境犯罪的范围和刑罚配置会发现，无论是故意犯罪还是过失犯罪在我国的范围并不狭窄，刑罚配置也并不低。在污染环境罪降低入罪门槛后更是如此。也就是说，在传统刑法框架下我国刑法对环境犯罪规制的效果，不是来自“刑罚的必定性”，而是来自备受贝卡里亚批判的“联系着一线不受处罚希望的可怕刑罚”，以及迷信刑法威力来自扩大处罚范

① 陈兴良．刑法哲学：2 版．北京：中国政法大学出版社，2000：401-409.

② 郄建荣．环境犯罪为何游离于刑事处罚之外．法制日报，2010-05-27（11）.

③ 中国环境资源审判（2019 年），2020 年 5 月 8 日最高人民法院发布。

④ 全国法院共受理各类环境资源民事一审案件 202 671 件，审结 189 120 件，同比分别上升 5.6%、3.5%。全年受理各类环境资源行政一审案件 47 588 件，审结 42 078 件，同比分别上升 12.7%、0.8%。中国环境资源审判（2019 年），2020 年 5 月 8 日最高人民法院发布。

⑤ 焦艳鹏．生态文明视野下生态环境法益的刑事法律保护．法学评论，2013（3）.

围——它们连接着一般预防的目的；但极低的刑事责任追究率会削弱刑法的一般预防效果，将受刑罚追究归因于“运气不佳”是这种场合的普遍心态。在此意义上，针对环境犯罪的规制，确切的方向不是通过盲目扩大犯罪圈和提升刑罚强度来强化一般预防，而是提高犯罪行为的刑事责任追究率，将既有的规定在司法中落在实处；同时，加强刑法防线之前的部门法防线对环境违法行为的规制，针对我国的环境问题这一弊病“寻求社会的治疗方法”①。而将环境法益保护的早期化、抽象化与一般预防挂钩，对历来十分重视一般预防的我国刑法来说，只会是“过量服药”，“过犹不及”的疗效必将迫使二者产生一定的脱钩。

既然如此，那么立足于风险刑法，将环境法益的刑法保护与一般预防相联系是否可行？譬如，德国学者乌尔里希·齐白提出，为了应对风险社会的挑战，是否可以考虑刑法的延伸和去边界化。② 很明显，答案是否定的。如前所述，风险刑法本身就是一个似是而非的概念，在其框架下强化一般预防，只会导致刑法作为社会控制工具角色的加强。准确地说，在“人作为不安全的因素”意义上③，风险刑法与一般预防具有实质性的“一体两面”关系。问题是，我国刑法强势扮演的是社会控制角色，发挥不足的是人权保障角色，因此，将刑法侧重于一般预防以致早期化和抽象化地保护环境法益，同样会产生“过量服药”的弊害。笔者认为，如果说犯罪概念之“但书”条款是刑法谦抑主义的直观表达的话，那么，罪刑法定主义就是刑法谦抑主义的根本表达。令人遗憾的是，我国刑法关于罪刑法定主义的条文规定存在重大缺陷，其直接结果就是导致刑法作为犯罪人人权大宪章之功能的弱化，这在环境犯罪方面体现得同样明显。

关于罪刑法定原则的规定，我国 1997 年《刑法》第 3 条的表述与

---

① 菲利. 犯罪社会学. 郭建安，译. 北京：中国人民公安大学出版社，1990：70-71.

② 乌尔里希·齐白. 刑法的边界——马普外国与国际刑法研究所最新刑法研究项目的基础和挑战. 周遵友，译//赵秉志. 刑法论丛（2008 年第 4 卷·总第 16 卷）. 北京：法律出版社，2008：251.

③ 乌尔斯·金德霍伊泽尔. 安全刑法：风险社会的刑法危险. 刘国良，编译. 马克思主义与现实，2005（3）.

域外的不尽一致，差异的部分为“法律明文规定为犯罪行为的，依照法律定罪处刑”（积极侧面）。不少刑法学者为此进行了各种辩护，甚至将积极侧面的立法宗旨阐释为：“只有法律将某一种行为明文规定为犯罪的，才能对这种行为定罪判刑，而且必须依照法律的规定定罪量刑。”[①]即积极侧面突出的是“依法”，是对司法机关的限制。只是这样的解释明显乏力，因为罪刑法定原则原本就被赋予了限制国家刑罚权的本质，再通过积极侧面强调对司法机关的限制，是立法技术上的实质性重复，而积极侧面的内容与刑法的目的、任务等形成了立法技术上的形式性重复。[②] 由此产生的弊端是，社会保护机能成了我国罪刑法定原则的首要价值取向，人权保障机能退居其后，甚至成了社会保护机能的附随；进入司法程序的案件笼罩在有罪推定的思维下，有罪是前提，无罪判断只是最后得出的逻辑结论。[③]

我国罪刑法定原则客观上附带的入罪效果，无疑是对我国刑法之谦抑性的一大重创，这是对环境犯罪进行调整时需要妥善处理的。以非法采矿为例：在强大的经济利益驱动下，受监管不到位的影响，各省几乎均存在不同程度的非法采矿行为，其中晚近以来影响范围广泛的就有辽宁岫岩河磨玉矿盗采、河南新安铝矿盗采、安徽淮南紫金石矿盗采、云南龙陵黄龙玉矿盗采等，且这些非法盗采行为有的已持续数年，甚至一些行政处罚伴随其间。这可能造成刑法防线之前的部门法防线无法有效解决问题而需要求助于刑法的假象。实际上仔细研究后不难发现，刑法防线之前的部门法防线未能有效解决问题，关键不在于启动刑法防线。以安徽淮南紫金石矿盗采的行政处罚为例：既有的行政处罚基本上集中于当场抓住的盗采行为（主要是被举报），未被当场抓住的盗采行为以及被盗采紫金石的运输、买卖等行为几乎成了行政处罚忽视的对象。也就是说，行政执法的力度和范围出了严重问题，因此，纠偏的方向显然不应是弃守行政法防线，相反，强化刑法防线之前的部门法防线以“防

① 胡康生，李福成．中华人民共和国刑法释义．北京：法律出版社，1997：5．
② 梁云宝．论相对负刑事责任能力人责任范围的限缩．政治与法律，2010（11）．
③ 刘艳红．刑法的目的与犯罪论的实质化．环球法律评论，2008（1）．

微杜渐”才是重点，否则即便将刑法的环境保护法益提前化，在环境犯罪极低的刑事处罚率背景下，实在难以想象扩张刑法防线会有多大的功效。相应地，这种牺牲刑法谦抑性的做法实属病急乱投医的失当之举。另外，容忍刑法防线之前的部门法防线松弛，而以跨部门法的“秋后算账”方式处理行为（如以累计多次非法采矿入罪），更是以牺牲刑法的实质正义和谦抑性为代价的，其结果是犯罪人的人权保障和一般预防都岌岌可危。正是在此意义上，不少风险刑法理论的提倡者一再强调对刑法谦抑主义遵守的重要性。①

3. 生态中心主义环境法益观依据之批判

以生态为中心，将环境法益保护的早期化和抽象化建立在生态环境法益观之上，是一种超越我国当前现实的论调。具体而言，从法益发展的历史来看，集合生命、身体、名誉、自由、财产等利益而成的个人法益是法益理论的基本单位，个人法益的集合形成了超个人法益。② 晚近以来在法益的“精神化”发展中，生态中心主义颇为引人注目。法益概念的精神化意味着法益理论日益重视对生活伦理规范的维护而渐渐脱离危害后果的实体内容。对法益进行“精神化”将导致伦理道德、宗教信仰等内容的介入，这在模糊法益与规范之边界的同时会扩大刑法的处罚范围。实际上一旦松弛法益对立法的批判作用，就会陷入刑法无处不在的危险——滥用刑法，这种滥用刑法的过程也是消解刑法的自损过程，其结果无疑难以与推进法治和保障人权的方向相吻合。

迄今为止，在环境法益保护上大体有人类中心主义法益观、生态中心主义法益观和生态学的人类中心主义法益观三种。人类中心主义法益观主张，环境刑法的作用是保护人们的生命、身体机能等，环境是人类发展的前提，对环境的危害只有达到侵害或者威胁人的生命、身体、财产或公共安全等法益的程度时，才会被作为犯罪处理。生态中心主义法

---

① 陈晓明. 风险社会之刑法应对. 法学研究，2009 (6).

② 超个人法益受意识形态的影响（明示的或潜在的），又存在国家法益、社会法益等的划分，但这受到了批判。陈志龙. 法益与刑事立法：3 版. 自版，1997：152-155.

益观则认为，处罚环境犯罪的目的，主要在于使人们对环境保全的伦理感有所觉醒并加以维持，因此环境刑法的保护法益是生态系统本身。[①]我国现行刑法基本上采取的是人类中心主义法益观之立场，此后饱受诟病的重大环境污染事故罪中的“造成重大环境污染事故，致使公私财产遭受重大损失或者人身伤亡的严重后果的”，可谓这一标准的集中体现。生态中心主义法益观突破了人类中心主义法益观将环境法益仅限于对人的保护的局限，而将风景、水资源等直接作为刑法保护对象，这样一来，即使对环境的破坏没有达到侵害或者威胁人的生命、身体等法益的程度，也能被作为环境犯罪处理。毫无疑问，较之于人类中心主义法益观，以生态中心主义法益观为环境犯罪的保护法益的理论基础将更有利于打击环境犯罪，治理社会生态。但是，也正是因为其“核心在于保护生态平衡和生活环境内在运行的稳定和谐，将人类严重违反生态规律、打破生态平衡的行为评价为具有刑事违法性的犯罪”[②]，无疑使刑法对环境犯罪的处理大大前移，并由此扩大刑法的处罚范围，并使人与生态之间的关系演变为生态成为人类的主宰。对人类中心主义法益观和生态中心主义法益观进行调和而形成的生态学的人类中心主义法益观主张，惩治环境犯罪确实是为了保护环境、维持生态平衡，但这种保护并不优先于对人类的生产生活之保障。20 世纪 70 年代后期德国刑法逐步采纳了这一立场[③]，我国《修（八）》关于环境犯罪所持的立场似乎转向了生态学的人类中心主义法益观。

可以说，不论哪种法益观都有其特定的价值，即便是如今备受批判的人类中心主义法益观也不能轻言其“过时”了，毕竟这是大多数发展中国家的刑法广泛采取的立场，而我国多年来的经济也因它获益匪浅。事实上，人类中心主义法益观并非不重视环境保护，而是在与人类生存和发展的平衡上进行环境保护，其背后深层次的根源是生产力与生产关系原理，即用于调整社会关系的刑法属于生产关系的范畴，人类中心主

① 今井猛嘉．环境犯罪．李立众，译．河南省政法管理干部学院学报，2010（1）．

② 刘泽鑫．论我国环境刑法与德日环境刑法的法益比较．人民司法，2013（15）．

③ 王世洲．德国经济犯罪与经济刑法研究．北京：北京大学出版社，1999：400．

义法益观也属于生产关系范畴的内容，长期以来它能够适应我国生产力的发展，尽管它产生了一定的弊端，如使环境保护对于环境污染存在因果关系的财产法益或人身法益具有依附性，但这样的弊端依生态中心主义法益观能够得到有效克服，且这样的弊端在相当长的时间内是小于人类中心主义法益观带来的巨大利益的。因此，一国（地区）刑法在环境犯罪方面采取的法益观，难以脱离特定时期的生产力发展水平，落后的或超前的生产关系都会因与生产力不匹配而成为抛弃的对象。这正是环境刑法的独特属性之一。生态中心主义法益观的积极意义不容否定，但在我国当前条件下它似乎仍是奢侈品。即使《环境污染刑事解释》将“饮用水水源一级保护区”“自然保护区核心区”等环境媒介直接作为保护的对象，也不意味着它们与人的生存和发展无关，相反，它们恰恰对人的生存和发展极为重要，与人类的生产生活关系紧密，因而，对它们的保护并没有优于对人类的生产生活的保障。与此相适应，我国刑法也进入了从人类中心主义法益观向生态学的人类中心主义法益观过渡的阶段。如果是这样，那么主张我国将环境法益保护建立在生态中心主义法益观之上，就是一种超越当前客观实际的论调；而以生态中心主义法益观为基础倡导环境法益保护的早期化和精神化，难免成了不切实际的想法，其荒谬性不言而喻。

（三）余论：犯罪惩处在刑法谦抑主义上的拓展

社会的急速发展使我国环境犯罪立法呈现出活跃化趋势，但环境问题始终是一个涉及政治、经济、法律等多层次的问题，因而，法律只是解决环境问题的重要手段，而非唯一手段。就法律手段的解决而言，刑法防线之前部门法防线的脆弱以及刑法的“软法化”，是长期以来存在的弊端。针对这一弊端，试图扩大刑法的处罚范围，尤其是在犯罪化思维模式下将环境法益保护早期化、精神化，并非有效解决问题的正确路径。现有的环境法益保护早期化、精神化的理论依据存在着严重的问题。加强刑法防线之前的部门法防线以“防微杜渐”，在刑法框架下继续遵守刑法谦抑主义，并在现有的环境犯罪规定基础上进行行政法与刑法的有效衔接以强化刑法的谦抑性，才是有效解决问题的可行之道。具体阐述如下。

1."行政法—刑法"衔接在环境犯罪上对刑法谦抑主义的拓展

在我国，无论是污染型环境犯罪还是破坏型环境犯罪，在罪状描述中几乎都存在"违反……规定/法规"的内容。这使我国的环境犯罪成了典型的开放性构成要件，而开放的构成要件难免使对环境犯罪的惩处受相应的行政法律法规等的实质性影响。如前所述到目前为止刑法防线之前部门法防线相当脆弱。"行政法—刑法"衔接问题始终是老大难的问题，这加剧了问题解决的难度。

例如，2011年5月1日实行的《突发环境事件信息报告办法》将突发环境事件分为特别重大（Ⅰ级）、重大（Ⅱ级）、较大（Ⅲ级）和一般（Ⅳ级）四级，其中，"因环境污染造成直接经济损失500万元以上2 000万元以下的"和因环境污染造成直接经济损失500万元以下的分别属于较大（Ⅲ级）和一般（Ⅳ级）。同时，2015年1月1日实施的《环境保护法》第64条规定："因污染环境和破坏生态造成损害的，应当依照《中华人民共和国侵权责任法》的有关规定承担侵权责任。"并且，在《环境污染刑事解释》中，"致使公私财产损失三十万元以上的"属于污染环境罪的"严重污染环境"情形，而"公私财产损失"包括污染环境行为"直接造成财产损毁、减少的实际价值，为防止污染扩大、消除污染而采取必要合理措施所产生的费用"（第17条）。这样，在部门法的衔接上，"直接经济损失"是否就是"公私财产损失"不无疑问，或者说达到最低级别（Ⅳ级）中"直接经济损失"标准的突发环境事件因计算方法的不同，存在通过侵权法解决和通过刑法解决的双重可能性。这种部门法衔接时标准的不统一增强了案件处理的"灵活性"，而有"法律依据"地不移送司法机关处理也是"灵活性"的重要内容。

针对这一难题，弱化环境犯罪的行政从属性观点得到了不少学者的支持。① 然而，在现行的法律体系下这似乎是治标不治本的论调。我国

① 焦艳鹏．生态文明视野下生态环境法益的刑事法律保护．法学评论，2013（3）．

的环境问题是由不同部门法协力解决的，在一般的环境案件中，司法机关的介入因受案件移送程序的影响而具有被动性，并且当前环境犯罪的低刑事处罚率与案件的低司法移送率密切相关。因此，试图在既有的“行政法—刑法”两级体系中将重心向下游的刑法转移，从而在下游的刑法中实现对环境问题的截堵式处理，不仅会破坏“行政法—刑法”两级体系设置，也会导致司法权不当干预行政权的问题，其最终的效果如何不难想象。所以，应加强刑法防线之前的部门法防线，从源头上治理环境问题；同时细化部门法之间的分工和协作，打破既存的“分工有余、细化不足”的尴尬局面，从“速”实现统一的法律体系下不同法律规范之间对同一或类似问题规范标准的一致化，实现开放的构成要件在定罪尺度上的明确化。而且，一旦刑法防线之前的部门法（尤其是行政法）防线解决环境问题的机制畅通化，实现较高的环境违法发现率、处置率，那么作为最终救济手段的刑法被求助的可能性将会降低，刑法在环境犯罪上的谦抑性将得到加强。

当然，对“行政法—刑法”衔接的重视并不意味着忽视刑法本身的努力，如必要的实质解释是贯彻刑法谦抑主义在环境犯罪上的重要手段。举例来说，对于《刑法》第 341 条中的“情节严重”，司法解释通常规定野生动物和野生动物制品的标准分别是“只”和“数额”（价值/非法获利），但鉴定机构出具的结论往往只涉及“活体”或“死体”，并不采纳“动物”与“动物制品”的表述。活体/死体与动物/动物制品之间并不具有必然的一一对应关系，比如剥了皮并去除了内脏的穿山甲尸体究竟应被认定为“野生动物”还是“野生动物制品”不仅影响量刑，也影响定罪。对此，司法实践中各地的做法相当混乱。[①] 此时，若通过实质解释来贯彻刑法谦抑主义，对于避免犯罪人标签的扩张具有积极的意义。

① 如果对象被认定为野生动物，则应按照“只”来定罪量刑，否则，应按照价值或非法获利数额来定罪量刑。二者在定罪量刑上的差距十分明显，如达到“情节严重”的 10 只穿山甲，在价值上未必能达到同样属于“情节严重”的 10 万元标准。

2. “程序法—实体法”衔接在环境犯罪上对刑法谦抑主义的拓展

如果说在“行政法—刑法”的衔接上有提升刑法谦抑主义的空间，已经得到了我国刑法学者的广泛关注和认可，那么，在“程序法—实体法”衔接上有提升刑法谦抑主义的空间，到目前为止并未引起足够的关注和重视。在程序法上，对环境犯罪的处理基本上要经过立案、移送审查起诉、审判和执行四个阶段。在“程序法—实体法”衔接上，刑事实体法的确定性不可避免地与立案率、侦破率、移送率、处罚率等联系起来，且在“立案→侦破→移送→处罚”的进程中，立案率、侦破率、移送率、处罚率之间通常是一种递减关系。因此，在环境犯罪的立案率、侦破率和移送率恒定的情况下，要降低作为最后救济手段的刑法的求助概率，必须降低“刑法的确定性”——这不是说要放纵犯罪——这必然要求程序法的各个阶段发挥过滤作用。

实际上，由于我国环境问题日益严重，司法机关在环境司法中已经积累了不少的经验，贵阳式环保审判模式就是备受瞩目的一例。所谓贵阳式环保审判模式，是指设立两级环保法庭对环境保护的三类案件进行专属管辖和审判合一，而这三类案件分别为“两湖一库”（红枫湖、百花湖、阿哈水库饮用水源的简称）水资源保护案件，贵阳市辖区内环境污染侵权、损害赔偿，环境公益诉讼，污染环境罪等类型的一审案件与相关执行案件，以及贵州省高级人民法院指定的贵阳市辖区外涉及“两湖一库”水资源保护案件。[①] 不可否认，贵阳式环保审判模式对环境违法问题的解决，在效率性、专业性等方面具有积极的意义，但在拓展刑法谦抑主义方面意义相当有限。笔者认为，在程序法上明显能够提升刑法谦抑主义空间的，主要是立案阶段的预立案和移送审查起诉阶段的缓起诉。

就立案阶段的预立案而言，只要是涉及环境违法的案件都应进行预立案。经过一定的审查后，符合立案标准的进行立案，不符合立案标准

① 肖建国. 环保审判的贵阳模式. 人民法院报，2011-07-07 (5).

的，应说明理由；且预立案的标准明显低于立案标准。立案阶段的预立案设计是为了提高环境违法问题的发现率，这是提高环境违法案件侦破率的有效方法。一般认为，侦破率与最优处罚之间存在关联，当其他条件相同时，如果侦破率降低，就要用更重的处罚来弥补。[①] 因此，提高环境违法案件的侦破率有助于避免适用更重的处罚，这会降低刑法作为最终救济手段的适用性。与此相当，就移送审查起诉阶段的缓起诉而言，对特定的环境违法/犯罪确立缓起诉制度，可以降低环境违法/犯罪案件的移送率，这同样可以降低刑法作为最终救济手段的适用性。这样，在环境违法的发现率得到提高，且侦破率得到提高后，降低移送率，并在程序法的不同阶段对环境违法问题的过滤处理，能够发挥刑法之前的部门法的最大功效，减少环境问题的处理对刑法的依赖，从而扩展刑法在环境犯罪方面的谦抑空间。

三、违背刑法谦抑主义导致刑法的泛化

第十部刑法修正案颁布并施行之后，刑法的罪名已由 1997 年颁布之初的 414 个增至 469 个。新增的 55 个罪名典型地表明了我国刑事立法犯罪化的进程。此外，还有很多罪名不典型地体现了刑事立法犯罪化的进程；同时，第十三届全国人大常委会第二十次会议刚刚审议了《中华人民共和国刑法修正案（十一）（草案）》。一些罪名并非新增，但在历经十部刑法修正案的修改后，其入罪门槛降低，打击范围扩大，比如盗窃罪，内幕交易、泄露内幕信息罪，洗钱罪，敲诈勒索罪等。这实际上将以往不是犯罪的行为例如多次敲诈勒索公私财物也犯罪化了。如果从 1979 年我国第一部刑法典颁行之日起算，迄今为止，我国刑事立法犯罪化已经进行了 41 年。冷静下来分析当下中国刑事立法是否遵循了刑法谦抑主义，以及如何在未来刑事立法中有效贯彻刑法谦抑主义，恐怕是刑事立法者以及刑法理论界和实务界需要共同思

① 汉斯·舍格伦，约兰·斯科格. 经济犯罪的新视角. 陈晓芳，廖志敏，译. 北京：北京大学出版社，2006：66.

考的问题。

（一）刑法谦抑主义的三种理论思路

联系当今泛风险化时代下刑法处罚的早期化，鉴于我国刑法晚近以来的犯罪化，20世纪中期英国哲学家哈特的刑罚哲学之问就显得特别具有时代意义。哈特的问题是："为什么要处罚?""为什么要处罚这些行为人?"[①] 除却老生常谈地从报应与预防目的角度回答哈特的"为什么"，从可操作性的刑事立法层面回答这两个为什么更具有本土语境下的迫切性。这两个问题提出了刑事立法上令谦抑主义者倍感煎熬的难题，即：如果主张刑法谦抑主义，将哪些行为规定为犯罪才是谦抑的？对于此宏大且事关刑事立法正当性这一刑法命脉的重要问题，综观英美法系刑法学界，大致有三种理论予以回答：一种方案是英国学者密尔(Mill)的"损害原则"(Harm Principle)理论，二是美国学者帕克(Packer)的刑事制裁的界限理论，三是德日刑法学中的法益理论。这三种学说出发点不同，但试图解决的问题是一致的，即为刑事立法划定合理的范围。

密尔的"损害原则"的核心观点是，只有在一个人的行为有害地影响到他人的利益时，社会才对他有裁判权，也才可以适用刑法这样强制性的法律；但是当一个人的行为并不影响自己以外的任何人的利益，或者除非他人愿意否则不需要影响到他人时，就根本没有讨论任何这类问题的余地。[②] 帕克基于对"刑事制裁的界限"问题的探讨，指出只有同时满足以下几项标准的行为才能被刑法规定为犯罪："(1)行为须是在大多数人看来有显著的社会危害性的行为，且不专属于任何意义的社会

---

① 哈特. 惩罚与责任. 转引自马库斯·德克·达博. 积极的一般预防与法益理论——一个美国人眼里德国刑法学的两个重要成就. 杨萌，译//陈兴良. 刑事法评论（2007年第2卷·总第21卷）. 北京：北京大学出版社，2007：444. 在中文版《惩罚与责任》一书中，也许由于翻译的缘故，我们看不到两个"为什么"的问题，只看到类似意思的表达，比如"刑罚的一般措施的正当性由什么来证明？刑罚可以施加于何人?"哈特. 惩罚与责任//王勇，张志铭，等译. 惩罚与责任. 北京：华夏出版社，1989：3. 哈特. 惩罚原理导论. 邱兴隆，译//邱兴隆. 比较刑法：第2卷. 北京：中国检察出版社，2004：381.

② 约翰·斯图亚特·密尔. 论自由. 程崇华，译. 北京：商务印书馆，1996：82.

阶层。(2) 将该行为纳入刑事制裁不会违背惩罚目的。(3) 抑制该行为不会约束人们合乎社会需要的行为。(4) 须通过公平且不歧视的执行来处理。(5) 通过刑事程序来控制该行为，不会使该程序面临严重的定性或定量的负担。(6) 没有合理的刑事制裁替代措施来处理该行为。"[①] 法益理论则认为，法律所保护的利益即为法益，刑法的目的是保护法益，做只有侵害或者威胁法益的行为才是犯罪。法益概念在刑法上具有决定刑罚必要性之有无以及处刑规定之合理性的重要功能。在刑事立法上，法益与刑法的最后手段性特征相结合，对刑法法律秩序的建立发挥着重要的作用。[②]

下面深入分析上述三种学说。

"损害原则"理论主张有害地影响到他人利益的行为才能被定为犯罪，而权利的正当性在于防止对他人的损害。[③] 这里的利益，其实也就是指法律所保护的利益即法益；这里的"对他人的损害"，显然是指侵害或者威胁他人利益的行为。正因为如此，美国学者才认为，根据密尔的损害原则理论，"自我损害、思想以及没有造成任何损害的行为，即使它们也许应受到谴责，社会也不会与之斗争"[④]。通读密尔的《论自由》，其对损害原则并无详尽分析。对他人造成损害的行为可以被规定为犯罪，这样的标准只是从价值层面指出了犯罪对他人的侵害性，但是，不但损害他人的行为范围广泛，而且对于什么是损害更缺乏客观判断的标准。正如赫尔希指出的，损害原则理论的核心是"损失"，但是对于什么是"损失"缺乏明确解释。[⑤] 损害原则的抽象性令人无法明白损害行为的真正内涵，这正是损害原则理论的重大缺陷。

法益理论更是如此。风险刑法存在的处罚早期化等问题导致法益的

① 哈伯特·L. 帕克. 刑事制裁的界限. 梁根林，等译. 北京：法律出版社，2008：293-294.

② 陈志龙. 法益与刑事立法. 台北：台湾大学丛书编辑委员会，1992：引言 3.

③ 约翰·斯图亚特·密尔. 论自由. 于庆生，译. 北京：中国法制出版社，2009：14.

④ 马库斯·德克·达博. 积极的一般预防与法益理论. 453.

⑤ 安德鲁·冯·赫尔希. 法益概念与"损害原则". 樊文，译//陈兴良. 刑事法评论（2009 年第 1 卷·总第 24 卷）. 北京：北京大学出版社，2009：192.

概念日益抽象模糊，法益越来越变得模棱两可，这使法益概念迄今为止仍然“属于刑法中最不精确地得到说明的基础问题”①。法益概念实体内容的缺乏导致了法益反对论者对法益的批判和攻击，也导致了很多行为是否侵害了法益难以判断、侵害的法益是什么也难回答。而且，“由于法益方向的讨论是与立法紧密联系的，而在实际的立法过程中，对于应当把什么行为看成足够严重以至于必须使用刑罚手段，是由立法者自己判断的”②，“当不能确定轻微的手段（例如单纯的民事惩罚）是否足以充分保障结果的时候，立法者还享有对此自行评价的特权”③。由此可见，在何种情况下侵犯正义的行为是不得已必须受到刑法惩罚的行为，实际上取决于立法者的评判，法益对于立法者至此也只能具有象征性的指导作用，很难真正发挥实效。基于以上原因，法益在划定刑法界限方面的功效实际上并不理想，以之作为回答何为“不得已”动用刑罚惩处的标准，总有些心有余而力不足。

较之损害原则理论和法益理论，帕克的六原则无疑相对具体。但是，六原则似乎更多的只是表述的具体而非实质内容的具体，更具有可操作性。有的指标例如第五、六项比较具体且较易操作，有的指标如第一、二、三项则欠缺可操作性。比如，具体选取哪些是大多数人看来具有显著社会危害性的行为，就极有争议。将某行为纳入刑事制裁体系是否违背惩罚目的，以及抑制某种行为是否会约束人们合乎社会需要的行为，这两个问题如同某一行为是否具有显著的社会危害性问题一样，因评判主体及标准等不同而同样极富争议。而且，它们涉及刑法设立时公民自由与国家权力间之博弈关系之根本，涉及刑事立法正当性的根基问题。它们是刑事立法需要努力实现的目标，而不应该是犯罪化的具体标准。至于第四项，某种行为被纳入刑事制裁体系之后是否具有可操作

① 克劳斯·罗克辛. 德国刑法学总论：第1卷　犯罪原理的基础构造. 王世洲，译. 北京：法律出版社，2005：26.

② 王世洲. 刑法的辅助原则与谦抑原则的概念. 河北法学，2008（10）.

③ 克劳斯·罗克辛. 德国刑法学总论：第1卷　犯罪原理的基础构造. 王世洲，译. 北京：法律出版社，2005：24.

性，显然才是需要更多关注的，这决定了犯罪化的实际可能效果。但是，这与“公平且不受歧视的执行”显然不是一个层面的问题，后者更应该是一个刑事执行法领域的问题，而不应该是涉及刑事立法正当性的问题。

目前我国刑法理论对刑事立法标准的探讨可以说都是基于法益理论的。我国有学者提出，我国刑法犯罪化的标准应该是，“对于直接侵害法益并诱发其他犯罪且容易发现的行为，应当实行犯罪化”，“对于严重侵害、威胁重大法益的犯罪，实行刑罚处罚的早期化”①。另有学者认为：我国刑法非犯罪化的标准应该是，“法益不明”和“恶性轻微”。对这两类犯罪应该实行非犯罪化，前者如聚众淫乱罪、盗窃罪、侮辱尸体罪、赌博罪、容留卖淫罪等，后者如部分预备犯、部分未遂犯、部分中止犯、窝藏包庇罪、重婚罪等。② 很显然，目前我国学界提出的刑事立法标准——无论是入罪标准还是出罪标准，都是以德日刑法法益理论为出发点的；而前述法益理论本身存在的问题决定了这两种出入罪的标准具有先天不足，例如，何为严重侵害威胁法益、何为法益不明、何为恶性轻微等，无一不存在“言而未尽亦难尽”的问题。

很显然，根据损害原则理论、帕克的六项原则理论以及法益理论，都难以有效地从正面回答哪些行为才应该规定为犯罪以及哪些行为被规定为犯罪才符合谦抑性的问题。之所以如此，与犯罪行为本身的特性不无关联。犯罪是对一种恶的行为之评价，它不但涉及对行为之性质的价值评判——犯罪必须是一种“恶”，还涉及对这种“恶”的程度的评价，并且基于共建一个和谐的法律体系的要求，需要考虑刑法与其他法律的衔接问题等等。法学天生就不可能满足人们对自然科学提出的严格要求，作为法学研究对象的法律的价值选择性，决定了法学不可能如同自然科学一样精确无误而又实实在在。③

① 张明楷．刑事立法的发展方向．中国法学，2006（4）．

② 贾学胜．非犯罪化与中国刑法//陈兴良．刑事法评论（2007年第2卷·总第21卷）．北京：北京大学出版社，2007：515－523．

③ J. H. 冯·基尔希曼．作为科学的法学的无价值性——在柏林法学会的演讲．赵阳，译．比较法研究，2004（1）．

(二) 刑法谦抑主义对刑法定位的影响

既然如此，我们不妨更换一下思路，从反面来回答刑事立法应该如何实现刑法的谦抑性。正如罗克辛（Roxin）指出，“目前的刑法学研究虽然还不能完全肯定地提出，在什么情况下国家刑罚的干涉是必要的，但是，借助辅助原则（亦即刑法的谦抑原则——笔者注），人们却能够说明在什么情况下适用刑罚是不必要的”[①]。而且，前已述及，处罚哪些行为和行为人，并不仅仅是立法技术层面的问题，还是刑法对惩罚正当性的哲学追问。“哲学的精神永远是探究、怀疑、发问、沉思，而不是提供现成答案。”[②] 这也从一个侧面说明了，积极地从正面提出较之帕克等学者的理论更具操作性的立法原则是多么不切实际。

为此，笔者拟结合上述三种理论的具体内容，从反面对我国刑事立法应当如何实现刑法谦抑性进行分析。由于前述帕克六原则理论中的第五、六项原则的可操作性，下文提出的第四个和第五个标准从某种程度上实际反映了帕克的第六项和第五项原则。同时，以下标准更多的只是对刑事立法现状的总结，不表明立法现状在实现刑事立法谦抑性问题上的绝对正确性或唯一性。为了使这一分析不至于泛化或者流于抽象的理论，下文的探讨将以《修（八）》将恶意欠薪行为犯罪化为线索而展开。[③]

1. 社会管理立法可以休矣，即刑法不应成为替代政府管理职能的“社会管理法”

在某种程度上，当前我国刑事立法似乎在某种程度上患上了“刑法依赖综合征”。任何层面力有不逮时，设立新罪、刑法登场总会成为最终的选择。在这些场合，刑法似乎既不是犯罪人的大宪章也不是被害人

---

① 克劳斯·罗克辛．德国刑法学总论：第1卷　犯罪原理的基础构造．王世洲，译．北京：法律出版社，2005：23.

② 宋希孟．走在哲学的林中小路上．读书，2001（6）.

③《修（八）》第41条规定，以转移财产、逃匿等方法逃避支付劳动者的劳动报酬或者有能力支付而不支付劳动者的劳动报酬，数额较大，经政府有关部门责令支付仍不支付的，构成拒不支付劳动报酬罪。

的大宪章，而成为政府管理部门逃避管理失职或不当等问题的避雷针。“企图多利用刑罚权的政权是虚弱的政权。”① 以恶意欠薪、组织领导传销等行为入罪化为代表的一些罪名，充分反映出我国政府在社会转型时期治理社会失范行为的乏力，可以说是政府社会管理能力不强的体现及后果。认为凭借刑杖的威严可以管理一切社会失范行为，是当前我国立法者存在的不切实际的幻想。由此导致的刑法肥大不但会限制公民的自由，还会使刑法本身的威严受到损害。“更为严重的是，在犯罪化和重刑化这种带有背水一战的冒险性质的犯罪对策之后，如果其抑制犯罪的效果仍不明显的话，下一步还能有什么样的犯罪对策呢？人们自然会有这种疑问和担心。”② 为了确保刑罚的有效性，面对新的违法犯罪行为，立法者应当三思而后立，要再三思考国家制定刑法的必要性，防止刑法由法律体系中最为严厉的法一变而成为调整政府管理不当而致的失范行为的“社会管理法”。恶意欠薪行为的入罪，是最为典型的将刑法当作社会管理法的例证。

在中国经济以超乎世人想象的速度发展的时代背景之下，用人单位与劳动者之间的紧张关系在薪酬支付问题上得到最明显的体现，拖欠劳动者工资成为全社会最关注的问题。一时间，劳动者罢工或者跳楼或使用暴力手段“强令”企业主支付薪酬成为最令人关注的社会新闻。为了解决这一社会问题，中华全国总工会反复呼吁，将恶意欠薪行为入罪，以打击企业主，保障劳动者的权利。③ “刑事立法打击恶意欠薪，能震慑无良老板，向劳动者提供公权救济，也有助于缓解社会矛盾。”④ 至于入罪之后该罪的追诉，又有观点认为，“在开庭审理前支付劳动者的劳动报酬，并依法承担相应赔偿责任的，就可以不追究刑事责任”⑤。这些表明，我国立法者并非真正想惩处恶意欠薪者，而是想用刑法威

① 西原春夫．刑法的根基与哲学．顾肖荣，等译．北京：法律出版社，2004：45．

② 黎宏．日本近年来的刑事实体立法动向及其评价．中国刑事法杂志，2006（6）．

③ 全总建议立法机关将“恶意欠薪罪纳入刑法”．民主与法制，2010（19）．

④ 张伟玉．“恶意欠薪”入罪有坚实的民意基础．时代风采，2010（4）．

⑤ 宋识径．恶意欠薪拟入罪引发热议可能造成刑法和民法冲突．检察日报，2010-08-27（3）．

慑欠薪者，达到使其按时支付劳动者薪酬的目的，借此来解决日益激烈的劳资纠纷，化解社会矛盾，构建和谐社会。在此，刑法被当作恐吓欠薪者的武器，通过高悬的“刑罚”达摩克利斯之剑来威吓欠薪者使其履行支付薪酬的义务；刑法被作为管理社会的手段，而不是作为伸张正义的利器。

对恶意欠薪这一事关社会用工制度、薪酬制度、劳动者与用人单位之间的关系等各类敏感且重大的社会问题，试图通过刑法定罪量刑固然可以解决部分欠薪问题，然而这对于根治社会顽疾无异于剪箭疗伤，实乃治标不治本之术而已，甚至连治标的可能性都没有。管理政策当属可行，但管理立法不宜提倡；其他部门法的管理立法也许可行，尤其是行政法领域的管理立法，但通过增设新罪的方式来应对社会管理危机，当属功利立法的短视之举。如果不从劳资关系入手根治欠薪顽疾，恐怕一旦类似的社会问题再次出现，立法者就会再次陷入头痛医头、脚痛医脚的“危机—立法—新的危机—新的立法”这样的循环往复之中。

在当前我国完善社会主义市场经济体制的转型时期，欠薪者往往是民营企业和私营企业，事业单位及国有企业基本不存在欠薪问题。较之国企，民营企业与私营企业在其发展过程中，在资金流量、产品销售、生产成本、税收等众多方面，所享受到的优惠非常有限。因此，在实践中，民营企业与私营企业欠薪的原因异常复杂，不分原因，一律绳之以刑法，不但做法简单粗暴，而且对我国民营企业、私营企业的健康发展极为不利，最终会阻碍我国市场经济的良性发展。以建筑行业为例：建筑业的惯例是，在建筑项目开工之前，建筑项目所有单位只划拨很少一部分启动资金，建筑项目的承包业主必须要先行垫付项目建设所需大部分资金，后续资金必须待项目完成至一定比例之后才能陆续且按比例划拨到位；同时，建筑项目所有单位往往还会留置很大一部分项目款，待建筑项目全部完工且验收合格后方支付给承包业主。但是，实践中拖欠承包业主工程项目进度款以及尾款的情况极为平常，不拖欠工程款的情况在建筑行业几乎很难看到。在这种情况下，承包业主既要想办法垫付项目建设所需的必要资金，又要垫付工地民工的工资；在资金链发生断裂、现金流跟不上的情况下，拖欠建材费、工人工资，可以说就是非常容易出现的行为。“在北京市承揽工程的福建包工头林仕明告诉《法制日报》记者，由于上级承包单位拖欠他的工资，他曾经被工人围在工棚里好几天”，被要求及时发放工资。①

如果对欠薪源头不加以治理，仅仅因为用人单位欠薪就要对其定罪量刑，这相当于将国家社会管理的问题交由企业主个人承担，将国家在市场经济建设不力、人力资源的开发与管理不善等方面存在的种种问题推托给欠薪者来承担。在当前金融管理仍然存在很多问题以及新冠疫情的社会背景之下，很多中小企业资金链断裂，工资无法及时发放，企业主“跑路”的情况普遍，此时以拒不支付劳动报酬罪对企业主定罪，无疑也是将政府金融管理不当的责任转嫁给企业主承担。恶意欠薪只是标，经济管理体制的巨大漏洞和失范才是本。对于经济发达地区如长三角等地的民企、私企频频发生的欠薪行为，当务之急是改革我国的经济金融体制，抓紧完善我国民事、行政法律法规，建立薪酬预防保障与事后应急措施等。总之，欠薪问题本质上是经济问题或经济利益纠纷，“上帝的归上帝，恺撒的归恺撒”，经济问题就该以经济管理手段来解决，刑法不应被降格为“社会管理法”而卷入其中。遇到问题即动用刑法，不但国家与政府管理社会的能力难以得到提高，刑罚也将因被过度适用而最终使国家、社会及公民受其害。

2. 严重社会危害性并非某一行为入罪的充足条件，即刑法不应成为“危害防治法”

“罪行是一种罪恶，在于以言行犯法律之所禁，或不为法律之所令。所以每一种罪行都是一种罪恶，但却不能说每一种罪恶都是一种罪行。”② 刑法中所有的犯罪行为都是具有恶害亦即社会危害性的行为，但是，却不能说每一种具有社会危害性的行为都是刑法中的犯罪；如果

① 杜晓．恶意欠薪追刑责能否根治拖欠工资痼疾．法制日报，2011-02-25（4）．

② 霍布斯．利维坦．黎思复，黎廷弼，译．北京：商务印书馆，1985：226．

刑事立法仅仅考虑某种行为所谓严重的社会危害性而将之入罪，而不考虑产生该种行为的政治、经济、社会原因，不考虑入罪后可能的效果，那么，这样的入罪只能说体现了立法者的任意性。这是因为，社会危害性概念自身的模糊性与争议性决定了，以之为由出入人罪，在任何时候都不可能让立法者失望。

《关于〈中华人民共和国刑法修正案（八）(草案)〉的说明》第四部分明确指出，“对一些社会危害严重，人民群众反响强烈……的违法行为，建议规定为犯罪。主要是……不支付劳动报酬的犯罪”等。很显然，立法者主张欠薪入罪的重要理由是该种行为具有严重的社会危害性。这与主张恶意欠薪行为入罪论者的看法如出一辙：“欠薪直接侵害了劳动者的财产权，恶化了他们的生存环境，对他们及其家人的生存造成了巨大的威胁；欠薪致使劳资双方严重对立甚至发生直接冲突，造成严重的信用危机；欠薪加剧了贫富差距，激化了社会矛盾，严重影响了社会的和谐稳定。恶意欠薪不是一般的劳动争议，而是严重违法行为并成为许多违法犯罪行为的诱因，具有严重的社会危害性。”① 换言之，这种观点的要义在于，虽然恶意欠薪也属于劳动争议，但由于其社会危害性严重，因而其不是一般的劳资间的民事经济纠纷，有必要通过刑法予以打击。因此，恶意欠薪行为入罪也就顺理成章了。笔者对上述立法理由和入罪论者的主张存在疑问。

“法律（特别是刑法）的创制是保护社会成员免受社会危害的理性手段。”根据这种观点，犯罪对社会是有害的。这是一种受到最广泛接受且最为流行的理论，但同时也是关于刑事立法的最为简单的理论。②的确，正是由于主张欠薪入罪的危害性论过于简单，因而该行为入罪缺乏令人信服的根基。根据某种行为社会危害性严重与否决定其应否入罪看似很具说服力，然而，“犯罪的严重性并不是一种理论上的标准。当然，理论家们喜欢将其兴趣限定在‘严重的’事情上，这并不是偶然

① 张伟玉.“恶意欠薪”入罪有坚实的民意基础. 时代风采，2010 (4).

② 史蒂文·瓦戈. 法律与社会. 梁坤，邢朝国，郭星华，译. 北京：中国人民大学出版社，2011：164.

的。这反映了一种错误的信念，即现象的重要性在一定的程度上可以说明理论的重要性。实际上，某种现象的重要性或者严重性往往很难进行评估”①。这表明，一方面，社会危害性严重与否，只是某种行为入罪或出罪最基本的前提条件，而不是充足条件。普通的民事违法行为、行政违法行为也具有严重的社会危害性，不能仅仅因此就将之擢升为刑法中的犯罪。前述认为恶意欠薪行为有着严重的社会危害性所以其“已不仅仅是劳资间的民事经济纠纷”的观点就属于这类逻辑混乱的看法，似乎民法中的违法行为并不具有严重的社会危害性。事实上，民事中的很多违法行为可能具有极其严重的社会危害性，比如侵权债务久拖不履行，而导致债务人因生活困顿而自杀的，其社会危害性就不可谓不严重。然而，我们并不会因此就将此类债权债务纠纷上升为刑法中的犯罪予以打击。恶意欠薪行为固然具有严重的社会危害性，但这并不能改变其本身属于劳资纠纷这一事实，不能改变其属于民事违法行为的本质属性。另一方面，何谓严重的社会危害性，从来都是刑法中的好望角。民事违法行为的严重社会危害性与刑法犯罪行为的严重社会危害性，它们之间的量的区分难以实现，而所谓质的区分，通常都是借助于刑法对某一行为作为犯罪的性质的确认。换言之，刑法犯罪行为的严重社会危害性与其他法律行为的严重社会危害性从来都不可能得到透彻界分，而只能以是否已经入罪来佐以证明。如果已经入罪，则证明该种行为的社会危害性的确严重。可见，从刑事立法的角度而言，某种行为是否具有严重的社会危害性，不是一个自证的问题，而是一个通过是否具有刑事违法性来他证的问题。这也说明了，在某一行为的社会危害性是否严重的问题上，在恶意欠薪行为自身那里是找不到答案的；在该行为进入刑法之前，以其具有严重的社会危害性为理由作为入罪的正当化根据，存在着严重的逻辑错误。

如果认为某种行为具有严重的社会危害性是将其犯罪化的正当化根

① 迈克尔·戈特弗里德森，特拉维斯·赫希．犯罪的一般理论．吴宗宪，苏明月，译．北京：中国人民公安大学出版社，2009：112．

据，那么很多违法行为就都应被规定为刑法中的犯罪，比如，强制拆迁行为。“近年来，一些地方三天两头出现暴力拆迁、野蛮拆迁的事件，甚至引发自焚、暴力冲突或群体性事件。”① “连续不断地出现这类悲剧”不正表明强制拆迁行为的社会危害性也极其严重吗？较之恶意欠薪行为近年所引发的悲剧，强制拆迁的社会影响更坏，群众反映更强烈，涉及面更广，后果也往往更严重。如果行为只是因为社会危害性严重就可被上升为犯罪并追究刑事责任，那么，刑法中是否应增设强制拆迁罪？的确有人建议刑法中增设强制拆迁罪。然而，如果没有政府部门对土地的管制及随之而来的高价出让，如果没有房地产市场带来的惊人经济利益，如果没有政府管理部门对强制拆迁的不作为形式而进行的变相纵容，强制拆迁何以频繁发生？将其入罪，只是使一线的拆迁工作人员受刑罚，对于变强制拆迁为非强制拆迁并无助益。

某一行为能否进入刑法成为犯罪，除了考虑其社会危害性严重与否，还应综合考量其他因素，譬如，行为人自身因素，被害人因素，社会、政治、经济、文化、道德等因素，入罪后能否有效地化解相关问题，新罪名适用的可行性等多种因素。而当下我国刑事立法的误区恰恰在于，习惯以严重的社会危害性为核心思考问题，某种行为具有严重的社会危害性动辄成为立法者和主张某种行为入罪者最重要的理由。刑法被当作是防治严重社会危害行为的法律，而不是兼具实体上的严重社会危害性、违法性与程序上的诉讼可能性的法律。正是基于这种逻辑思考方式，才会有社会上各种团体、各类人员动辄提出要求刑法增设新罪的立法建议。前述所谓的各种“新”罪名，其提议者无不是以某种行为具有严重的社会危害性为由而提出建议的。这种做法，使刑法成了一般意义上的“危害防治法”，因为任何法律都是对有害于社会的行为的防范和治理。这样泛化的做法只会使刑法日益丧失其规范性特征。当然，之所以如此，与我国刑法中社会危害性概念的语焉不详具有极大关系。

---

① 姜明安．用法治平衡原则规范拆迁行为．法制日报，2010-10-20（10）．

3. 缺乏公众犯罪观之认同的行为不应入罪，即刑法不应成为“立法者的法”

“法律首先产生于习俗和人民的信仰（popular faith），其次乃假手于法学——职是之故，法律完全是由沉潜于内、默无言声而孜孜矻矻的伟力，而非法律制定者（a law-giver）的专断意志所孕就的。”[①] 对某一行为动用刑罚，必须具备一定的公众认同之基础。“社会成员平均具有的信仰和感情的总和，构成了他们自身明确的生活体系，我们可以称之为集体意识或共同意识。”[②] 而刑法其实就是对这种集体意识的认同，这种认同，可以被称为公众认同。“刑法表达了长期存在的、得到广泛认同的价值观”，它“表达了一个社会的‘集体意识’（collective conscience），即社会成员所共有的信仰和感情的集合体”[③]。这表明，任何一种行为，如果需要动用刑罚惩罚，必须社会广泛认同此种行为应成为犯罪。比如故意杀人，社会成员普遍强烈反对此种行为。在互联网时代，对于非法侵入他人计算机信息系统的行为，人们也普遍持反对态度；对于其中社会危害性严重的，普遍认为可以动用刑罚。任何一种行为如果要进入刑法的领地，必须以普遍的公众认同为基础，唯此，才能具备立法的正当性和合法性；缺乏公众认同的犯罪行为，即便强行进入刑法的体系，也难以得到公众的信赖，从而势必影响法律的施行。而恶意欠薪行为入罪，就缺乏普遍的公众认同。

恶意欠薪本质上属于民法中的债务履行问题，使之入刑定罪首先就遭到了民法学者的反对。中国物权法起草人之一、著名民法学家梁慧星教授就明确反对恶意欠薪入罪。他认为，轻易采取刑法手段打击恶意欠薪行为并不妥当，“把老板判几年刑，工厂垮了，劳动者又会失去工作”，而应在法律理论和体系框架内设计出有效的方案。他建议将劳动

---

① 弗里德里希·卡尔·冯·萨维尼．论立法与法学的当代使命．许章润，译．北京：中国法制出版社，2001：11.

② 涂尔干．社会分工论．渠东，译．北京：生活·读书·新知三联书店，2000：42.

③ 埃德温·萨瑟兰，唐纳德·克雷西，戴维·卢肯比尔．犯罪学原理：第11版．吴宗宪，译．北京：中国人民公安大学出版社，2009：41.

者的工资债权作为特殊债权处理，优先国家税收受偿，把拖欠工资纠纷的诉讼时效延长至10年，同时对拖欠工资比照中国人民银行同期贷款利率实行法定强制利息。① 其次，将恶意欠薪行为入罪也遭到了刑法学者的反对。刑法学者普遍认为，造成严重恶意欠薪情形的原因不是法律制度短缺，而是现有的劳动行政法律法规没有得到切实的执行；贸然将之入罪，并不一定能实现设立本罪的初衷，并不能解决根本问题；对于欠薪者而言，绳之以刑法只会使被欠薪者的薪金利益更难得到保障；等等。② 恶意欠薪行为入罪也遭到了社会其他各界人士的反对。

虽然有报道认为"'恶意欠薪'入罪有坚实的民意基础"③，但是，民意何在？对此，相关报道既无论据也无说明，显然民意似乎只体现在标题里或者根本就是作者以己意代替了民意。我国没有如同美国的盖普洛、哈里斯等一样的发达的民意调查机构专门对民意进行实证性的调查统计，因此，以"民意"之名认为立法有据，更多的只是一种说辞而非实情。种种证据表明，"恶意欠薪是否入罪这个话题已不是第一次被提及。多年以前，就有人大代表、学者甚至人民法院都发出过这种呼吁。但是，从以往的情况来看，反对呼声似乎更强，理由也更加充分一些"④。事实的确如此：在恶意欠薪行为真正入刑后，极有影响力的报刊分析指出，"刑法的介入，能否调整中国扭曲的劳动关系？在恶意欠薪入罪时，学界就颇多争议"⑤。虽然的确有赞成将恶意欠薪行为入罪者，但是，反对的声音从未停止过，反对浪潮也一波又一波泛起。遗憾的是，立法者不但对此视而不见，而且显然也没有看到。"在没有解决欠薪问题的社会症结之所在的大前提下，即便将欠薪行为入罪，也仍然

---

① 应不应该将欠薪罪写入刑法. http://www.shxb.net/html/20100313-231119.shtml. [2010-10-29].

② 黎宏. 欠薪行为入罪应当慎重. http://www.legalinfo.gov.cn/index/content/2010-03/18/content_2088706.htm. [2011-11-09].

③ 张伟玉. "恶意欠薪"入罪有坚实的民意基础. 时代风采，2010 (4).

④ 同②.

⑤ 黄秀丽. 刑法能治职业病?. 南方周末，2011-06-02 (A3).

无济于事，应当慎行”①。希望通过将恶意欠薪行为入罪而简单地一劳永逸地解决劳资纠纷，是立法者的主观臆断。“如果一个立法者用自己的臆想来代替事情的本质，那么人们就应该责备他极端任性。”②

总之，将恶意欠薪行为入罪缺乏公众认同之基础，它更接近于“法律制定者的专断意志所孕就”而不是大众所欲求的法，它只是“立法者的法”。恶意欠薪行为入罪体现了我国刑事立法的不成熟与冒进。“立法者的法”往往并不能解决立法者的问题。既然如此，莫不如遵循刑法产生的自然规律，在正义受到侵害之处设立刑法，在仅仅只是侵权行为的领域则让刑法远离。

4. 有合理替代措施的刑事立法应予摈弃，即刑法不能成为“最先保障法”

刑法是所有部门法的保障法，只有在其他法律不足以惩治恶意欠薪行为时才能动用刑法。在立法阶段，谦抑原则的贯彻是指应尽量避免入罪化，能适用其他制裁手段的不要适用刑法；入罪化的罪名尽量明确化，以减少法官的自由裁量权。然而，恶意欠薪行为入罪并没有做到这一点。至少在现有阶段，解决恶意欠薪行为尚有很多的民法手段与行政法手段，而立法者却舍轻求重、舍近求远，至民法、行政法手段等于不顾，直接动用了所有部门法的最后保障法即刑法。

对恶意欠薪行为能否在入罪之前动用别的手段予以解决？从既已入罪的事实分析，立法者当然是认为“原来”的“行政管理手段或者民事手段”不足以调整此类纠纷，无法有效处理此类矛盾，所以才会在《修(八)》中将其规定为犯罪。事实也的确如此。我国现有的涉及调整薪酬纠纷的法律法规以及司法解释大致有五部。③ 遍览这些法律文件的规

① 黎宏. 欠薪行为入罪应当慎重. http://www.legalinfo.gov.cn/index/content/2010-03/18/content_2088706.htm. [2011-11-09].

② 马克思恩格斯全集：第1卷. 北京：人民出版社，1995：347.

③ 它们是：2004年11月1日国务院颁发的《劳动保障监察条例》，2007年12月29日全国人大常委会《劳动争议调解仲裁法》，2012年12月28日全国人大常委会《劳动合同法》，2010年9月13日最高人民法院公布的《关于审理劳动争议案件适用法律若干问题的解释（三）》，2009年7月6日最高人民法院公布的《关于当前形势下做好劳动争议纠纷案件审判工作的指导意见》。

定，在用人单位不能及时支付劳动者报酬时，劳动者所能够采用的民事法律手段主要是申请仲裁和申请支付令。关于前者，《劳动争议调解仲裁法》第5条规定，因劳动报酬发生的争议，劳动者“可以向劳动争议仲裁委员会申请仲裁”；关于后者，《劳动合同法》第30条与《劳动争议调解仲裁法》第16条均规定，用人单位拖欠或者未足额支付劳动报酬的，劳动者可以依法向当地人民法院申请支付令，人民法院应当依法发出支付令。而所谓的行政法律手段，根据这些法律文件的规定，在用人单位拖欠劳动者报酬时，劳动者“可以向劳动行政部门投诉”[①]；第二，《劳动保障监察条例》规定劳动保障行政部门可“责令限期支付劳动者的工资报酬”或者“向劳动者加付赔偿金”[②]。分析上述规定，虽然劳动者权利保护的部门尚且清楚，比如仲裁机构、劳动保障行政部门或者法院，且对于劳动者薪酬支付也算重视，同时也规定了一定的救济渠道，如申请仲裁或支付令或投诉或者获得赔偿金，但关键在于，上述这些规定无一命中薪酬支付中的“痛点”。其一，劳动者在薪酬未得到及时支付时，无论是向行政部门投诉还是申请仲裁抑或向法院申请支付令，无一不耗费时日。对于急需薪酬的劳动者来说，这非但不能解决燃眉之急，且易将薪酬支付问题激化。其二，在用人单位不执行有关行政部门接诉后的处理结论或仲裁意见或支付令的内容时，缺乏行之有效的法律措施。例如，行政部门责令用人单位限期支付，用人单位却置若罔闻；在仲裁裁决生效后，用人单位不予执行；在支付令下达后，用人单

① 《劳动争议调解仲裁法》第9条规定，用人单位违反国家规定，拖欠或者未足额支付劳动报酬，或者拖欠工伤医疗费、经济补偿或者赔偿金的，劳动者可以向劳动行政部门投诉，劳动行政部门应当依法处理。

② 《劳动保障监察条例》第11条规定，劳动保障行政部门对“用人单位支付劳动者工资和执行最低工资标准的情况”实施劳动保障监察。第26条规定，用人单位“克扣或者无故拖欠劳动者工资报酬的”，由劳动保障行政部门分别责令限期支付劳动者的工资报酬、劳动者工资低于当地最低工资标准的差额或者解除劳动合同的经济补偿；逾期不支付的，责令用人单位按照应付金额50%以上1倍以下的标准计算，向劳动者加付赔偿金。《劳动合同法》第85条规定，用人单位未按照劳动合同的约定或者国家规定及时足额支付劳动者劳动报酬的，由劳动行政部门责令限期支付，逾期不支付的，责令用人单位按应付金额50%以上100%以下的标准向劳动者加付赔偿金。

位也不支付。在此情形下，目前的民事、行政法律法规规定的唯一的制裁性措施是加付赔偿金。然而，在薪酬支付尚且难以执行之时，赔偿金的执行似乎更不可行。换言之，目前的民事、行政法律法规根本没有规定在用人单位对相关处理决定不予执行之时该如何解决。上述两个问题意味着，既有的民事、行政法律法规的确无法有效解决欠薪问题！

然而，这只是反映出了现有民事、行政法律法规规定的救济手段单一、制裁措施乏力，而不能据此宣告民事、行政法律法规治理欠薪问题的整体失败。恶意欠薪入罪恰恰是这种以偏概全的认识之结果。从一些市场经济发达国家和地区的薪金保障制度的情况看，这些国家和地区大多走民事、行政立法的路线。1972 年丹麦制定了《工资保障基金法案》，1992 年瑞典制定了《工资保障法案》，1985 年我国香港地区制定了《破产欠薪保障条例》、同年我国台湾地区公布了"劳动基准法"，这些法律或规定对于欠薪问题均建立了富有实效的保障制度。以我国港台地区的规定为例：香港地区建立了欠薪保障基金，基金会强制性收缴企业年费作为资金来源，一旦雇员薪酬得不到及时支付，由该基金先行代为发放给雇员，事后再向用工企业追偿；台湾地区则建立了积欠工资垫偿基金制度，积欠工资垫偿基金来源于劳工保险金的按比例提缴，而雇主所欠员工的工资，如经员工请求仍未获清偿的，由积欠工资垫偿基金垫偿，事后再向用工企业追偿。① 港台两地通过第三方及时垫付劳动者所欠薪酬，迅速化解了劳动者由欠薪所带来的心理问题和社会矛盾，避免了劳动者陷入漫长无止境的纠纷之中，从而极为有效地保障了劳动者的报酬权。较之我国内地（大陆）投诉无用或仲裁裁决缺乏强制力或者空有支付令却难以执行等，港台两地的做法无疑值得借鉴。

为此，在刑法干预之前，可资借鉴的惩治欠薪行为的民事、行政法律手段至少有如下几种。一是进一步完善和明确《劳动合同法》等法律法规及相关司法解释中的具体内容，赋予劳动保障行政部门更大的监督职权。二是建立薪酬保证制度。企业在成立之时，即向劳动保障监察机

① 周贤日．我国港台地区欠薪保障基金制度比较研究．比较法研究，2010（6）．

构缴纳工资保证金，通过工资保证金制度，有效保证劳动者的薪酬得到及时支付。效仿香港地区的做法，深圳市就已制定了诸如建筑行业工资保证金等制度，规定建设施工单位在每一个工程项目施工之前，在办理“施工许可证”等证件时，就应当向有关主管部门按照工程款的相应比例缴纳一定的工资保证金，以保障农民工取得劳动报酬的合法权益。此外，北京、广西、黑龙江、河南、上海等地根据工程总造价，强制相关企业预存一定数量的保证金，如果企业不能如期支付农民工工资，则可动用保证金，确保农民工领到工钱。[①] 这一措施就非常有效。三是建立劳动者自力救济制度。比如增加宪法对罢工自由的规定，在劳动者薪酬得不到及时支付时，应确立劳动者罢工的权利和自由，以使用人单位高度重视欠薪问题并最终切实解决。四是通过实名企业注册等级制度，对欠薪企业予以监督。比如，2009 年广东省劳动保障厅下发《关于积极稳妥处理当前企业经营者逃匿欠薪垫付问题的意见》，要求省内各地对欠薪企业实行社会公布制度。此即欠薪逃匿企业黑名单制度。欠薪企业的声誉受损，必然会累及其生意信誉，因此，这一制度对于遏制欠薪行为有一定作用。不过，该项意见也有需要完善之处。比如，实践中很多企业的经营者与注册登记者是不同的主体。为了避免名实不符而难以使黑名单制度发挥实效，建立企业的实名登记制度当属可行之举。

因此，在我国现有民事、行政法律法规笼统而抽象的规定不足以解决薪酬支付劳资纠纷的情况之下，理应借鉴世界不同国家或地区的有效做法，及时颁布新的有关此类问题的民事、行政立法，制定切实可行的薪酬支付保障措施。“恶意欠薪本质上是违约行为，而在私法领域我们可以利用的手段还远远没有用尽，我们在《劳动合同法》的实施和社会保障体系及工会系统建设上仍大有可为。刑法的过早介入，不仅会破坏现有的私法关系，也可能阻断当事人通过私法手段获得救济的可能

① 常慧忠. 农民工讨薪路上我们齐努力. 山西晚报，2006-01-24.

性。”[1] 这种不负责任的做法不但放弃了民事、行政立法解决薪酬支付问题的机会，加大了薪酬支付问题的解决成本，而且使本该作为最后保障法的刑法一跃而超前于民事、行政立法，成了“最先保障法”。联合国 1966 年 12 月通过的《公民权利及政治权利国际公约》（以下简称《权利公约》）第 11 条规定，“任何人不得仅仅由于无力履行约定义务而被监禁”。既然如此，刑法就不应该在有效采取民事、行政法律措施之前就积极地干预薪酬支付问题，对欠薪人予以定罪量刑；更何况，薪酬支付问题解决的关键就是使被拖欠的薪酬得到及时支付，而不是将欠薪人予以监禁。

5. 难以有效执行的刑事立法应予禁止，即刑法不能仅仅是“纸面上的法”

法律的威信来源于其效力，法律的效力来源于其被有效地执行。法典中的条文规定是“纸面上的法”，将其运用于司法实务以解决现存问题，才能将这种……纸面上的法……化为“行动中的法”。立法过程中，立法者的意志或者代表少数团体利益的意志通过立法者手中的立法权而上升为法律固然容易，但是，如何将新的法律付诸实施，显然是一项新的法律产生之后更为重要的问题。这是因为，现代法理学已一致认为，“法律的应用和实施在现代法律科学中被认为是核心的问题”[2]。虽然恶意欠薪行为已入罪，但其在最重要的实施问题亦即其获得真正生命力的问题上，存在很大问题。

首先，该罪的客观行为难以认定，启动司法程序困难重重。该罪的客观行为是，行为人以转移财产、逃匿等方法逃避支付劳动者的劳动报酬或者有能力支付而不支付劳动者的劳动报酬，数额较大，经政府有关部门责令支付仍不支付。对上述行为的认定，存在操作上的困难。一是是否实施了以转移财产、逃匿等方法逃避支付的行为难以查处。用人单位实施转移财产等行为时，必须借助银行等金融机构，但如果用人单位

① 杨帆．“恶意欠薪”入刑：能否一劳永逸．人民法院报，2011-01-09（7）．
② 罗斯科·庞德．普通法的精神．唐前宏，等译．北京：法律出版社，2001：93．

逃避银行监控，进行现金与资产的悄悄转移，则并非随时可为外界所知，更遑论为事后立案查处时的司法机关所知了；而且，在当前我国企业注册时普遍存在挂名法人代表的情况下，在用人单位采用银行转账等方式逃避支付薪酬时，银行账面显示企业与注册挂名企业之间的不一致，也很容易使用人单位为其财产转移进行辩解。这些情况都决定了司法机关就企业如何转移财产取证困难。二是如果用人单位采用逃匿的方式，譬如用人单位负责人逃跑、藏匿、一躲了之，则虽然取证相对容易，但是，如何区分是为了不支付薪酬而逃匿还是正常的出差公干，也有一定难度。三是客观上难以认定用人单位与劳动者之间的劳动关系。既然是拒不支付劳动报酬，那么用人单位所拒绝支付的对象，当然是本用人单位的劳动者。但在实践中，诸如保险代理人与保险公司、实习生与实习单位、超市导购员与超市之间的关系是否属于劳动关系，就有相当的争议。很多情况下用人单位不积极配合律师或司法机关调查取证，劳动者又难以提供有效证据证明劳动关系存在，这导致恶意欠薪行为虽然入刑，但实际能进入司法程序的案件很少。恶意欠薪案件“多发生于劳动用工关系不明确的单位，如果不能确定劳动关系，拒不支付劳动报酬罪则无适用空间”。可是，事实又是“劳动者证明劳动关系存在的难度非常大，这是恶意欠薪入罪案件不多的重要原因”①。四是认定该罪的客观行为成立的最大障碍是，“经政府有关部门责令支付仍不支付”这一要件。根据《劳动保障监察条例》的前述规定，这里的“有关部门”是指劳动保障行政部门，在我国应该是指人力资源和社会保障局。薪酬纠纷的争议双方中，用人单位作为欠薪一方，不可能主动向人力资源和社会保障局汇报其欠薪事项；而只可能被欠薪方即劳动者向人力资源和社会保障局投诉、举报后，人力资源和社会保障局才可能知晓纠纷的存在并才可能责令用人单位支付薪酬。问题是，实践中被拖欠薪酬的一方绝大多数是农民工，他们一般并不清楚如果要追究用人单位的刑事责任，还必须自身先申请“政府有关部门责令支付”。因此，该项客观

① 卢杰. 恶意欠薪入罪或因劳动者举证难打折. 法制日报，2011-10-29（5）.

条件的设置无疑将司法机关的责任转嫁给了农民工。而如果不主张农民工在被拖欠薪酬后积极向人力资源和社会保障局申请责令用人单位支付，那就意味着，必须由人力资源和社会保障局对所管辖企业等用人单位的薪酬支付现状保持时刻关注，并随时向未及时支付薪酬的单位责令其支付。问题是，这一希冀难以实现。“现实生活中劳动部门行政不作为严重，根本不去责令企业支付”。如此情况，“仅仅靠一个劳动者维权，怎么可能启动刑事司法程序?”[①] 这就说明拒不支付劳动报酬罪在事实上很难操作实施，其被虚置也许难以逆转。

其次，该罪的主观故意难以认定。因为过失而拖欠发放或者漏发少发劳动者工资的，当然不能构成犯罪。只有欠薪者出于故意拒不支付劳动报酬的，才能构成犯罪。所谓故意，在该罪中应当是指，欠薪者明知已经到发放薪水的时间却没有及时支付劳动者劳动报酬，行为人不仅对违法性事实有认识，而且对该行为的危害性也有认识。根据《修（八）》的规定，该罪故意能否成立，必须根据客观事实来进行刑事证明推定。这可从两方面进行，一方面从是否实施了逃避支付的行为来推定，另一方面从是否有能力支付而拒绝支付来推定。问题是：根据行为人客观上转移财产、逃匿等行为是否可以推定其主观上具有不支付劳动报酬的故意？如果其转移财产、逃匿等行为是由于其债务纠纷或者投资，换言之，恰好在应该支付劳动报酬的时间点，行为人没有支付，而此时因种种原因发生了转移财产等行为，此时该如何判定行为人是否有拒不支付劳动报酬的故意？至于从是否有能力支付而拒绝支付来判定主观上是否有故意，难度更大。有无支付劳动报酬的能力其实是个相对概念。例如，有的用人单位效益不佳或者财政拨款未到位或者建筑企业甲方未及时支付乙方即用人单位的工程款，但是，也许用人单位仍有一定财力支付工资，也许该项钱款恰好可以支付水电费、场地租费等费用却最终未能支付劳动者报酬，换言之，在用人单位仅剩有限资金的情况下，若支付劳动报酬与支付其他费用相冲突，究竟应该认定用人单位为有能力支

① 黄秀丽．刑法能治职业病?．安全与健康，2011（15）.

付还是无能力支付？这说明，对于如何以及由谁来认定用人单位是否有能力支付、有能力支付与无能力支付之间如何划清界限、有能力究竟是绝对的有能力还是相对的有能力等问题，都不是仅仅从用人单位的财务状况就可以得出结论的。再如，仅仅是发放工资的时间已到，而用人单位没有发放工资，究竟是玩忽职守的过失行为，还是有意不发放工资的故意行为，这其中并非没有争议。总之，虽然该罪最终被确定为拒不支付劳动报酬罪，而不是恶意欠薪罪，但事实上，类似于理论界与实务界此前所困惑的“如何认定恶意欠薪罪之恶意”的问题，如何认定拒不支付劳动报酬罪中的故意，也是一个相当令人困惑的难题。“证实拖欠工资的老板有多少财产、拖欠工资是否是主观上的故意，这些都需要一定的标准。还应注意的是，谁来举报、怎样侦查、如何定罪，这些问题可能会在侦查初期带来一些难度。”①

最后，该罪的设立难以取得改善劳资关系、解决薪酬支付纠纷这一实际效果。“刑法的介入，能否调整中国扭曲的劳动关系？在恶意欠薪入罪时，学界就颇多争议。”② 入罪之后，这一问题被实际摆在眼前。将恶意欠薪行为入罪，立法者无疑是企图“借助公权力机关的介入来平衡劳资双方悬殊的地位差异，改善劳动者的弱势情况”。但是，“‘恶意欠薪’入刑不仅无益于改善劳动者的弱势地位，还有可能让他们的处境进一步恶化”③。因为，如果对企业主判处拒不支付劳动报酬罪并将其投入监牢，非但以往拖欠劳动者的工资无法被有效发还，而且会导致企业的经营因缺乏负责人和受到刑罚惩处而难以为继，最终受到损害的其实仍然是劳动者。而且，这种做法会导致很多企业破产，很多企业主为了逃避惩处必然采用合理破产的做法，这对于我国市场经济的发展也极为不利。另外，将恶意欠薪行为入罪，意味着从根本上使用人单位与劳动者之间处于紧张对立关系，将二者人为地划分为“被打击者”和“被保护者”不同的阵营。这对于构建良性的劳资关系极为不

① 杜晓．恶意欠薪追刑责能否根治拖欠工资痼疾．法制日报，2011-02-25 (4).

② 黄秀丽．刑法能治职业病?．安全与健康，2011 (15).

③ 杨帆．“恶意欠薪”入刑：能否一劳永逸．人民法院报，2011-01-09 (7).

利，对于敦促用人单位及时支付劳动者薪酬也许会起到反方向的激化作用。对于劳动者来说，其即使费时费力将拖欠其薪酬的用人单位告上了法庭，即使最终取得了用人单位支付的所欠薪酬，但同时也会因耗掉众多时日而加大经济损失，更何况，其还遭受精力上的巨大损失。因此，劳动者是否愿意或者积极主动通过刑事诉讼途径来取得其薪酬，其实是令人生疑的。

关于恶意欠薪行为入罪后的难以操作性，其实早在《刑法修正案（八）（草案）》提交讨论之时，即已有“反对者认为，该规定操作性不强，将来很有可能难以执行”[①]。纵然立法者采用强力将该种行为入刑，但上述分析的种种问题似乎预测了未来拒不支付劳动报酬罪的司法适用道路的曲折。无怪乎律师界有人认为，“事实上，与热闹非凡的‘醉驾入刑’相比，‘恶意欠薪罪’的激活就远比普通人估计的复杂和艰难”[②]。“法律的施行恰恰要求最大可能精确地界定其域限”，“法律的精确性取决于法律之获得有效执行”[③]。如果恶意欠薪行为入罪并不能取得预想中的效果，因其难以操作而成为“纸面上的法”，难以转化为“行动中的法”，那么，这样的罪名无非是“稻草人”罢了；这样的立法，最终也会伤害到法律自身的权威性；它与帕克所说的“通过刑事程序来控制该行为，不会使该程序面临严重的定性或定量的负担”可谓相去甚远。

总之，恶意欠薪行为的入罪，属不妥之举。正如学者梁治平指出的，20 世纪 90 年代以来，中国经济一直保持高速增长，与此同时，关于劳动者利益受到侵害的各种报道也不绝于耳：血汗工厂、大规模拖欠工资等，“假如《劳动法》真的被有效地执行了，上述种种侵害劳动者合法权益的事情即使没有被完全杜绝，也肯定不会成为严重的社会问

---

① 宋识径．恶意欠薪拟入罪引发热议 可能造成刑法和民法冲突．检察日报，2010-08-27（3）．

② 黄秀丽．刑法能治职业病?．安全与健康，2011（15）．

③ 萨维尼．论立法与法学的当代使命．许章润，译．北京：中国法制出版社，2001：14，16．

题”。这说明，“《劳动法》用意虽好，但是执行法律的机制有问题”，“总之，出现劳动者合法权益屡屡遭受侵害的情况，并不是（因为）没有法律，也主要不是因为法律内容不够‘先进’”，而是因为法律无法落在实处。而这意味着，要切实解决劳动者权益保护问题，第一要紧的，不是制定更多的法律、制定更高的标准，而是找到更加合理可行的办法，使法律具有实效，否则，再好的法律也不解决实际问题，倒可能成为新问题之源。[①] 可以说，恶意欠薪行为入罪正是我国《劳动合同法》执行不力所致。不检讨过往的民事、行政法律机制为何未能发挥实效，反而轻率地将恶意欠薪行为纳入刑事制裁体系，其入罪后存在的难以启动司法程序等实际问题极有可能使其不但“不解决实际问题”，反倒成为“新问题之源”。

时至今日，恶意欠薪行为入罪还产生了负面辐射效应。比如，作为恶意欠薪行为入罪的辐射效应，对于职业病的防范，也有人提出将相关行为犯罪化以解决问题。随着工业的高速发展，各类与煤炭工业、化工业等相关的职业病大量出现，如硅肺等各种尘肺病，各种职业性放射疾病，铅、汞、锰等及其化合物中毒，棉尘病，煤矿井下工人滑囊炎等。林林总总的职业病在当今工业化时代层出不穷，各类因职业病引起的诉讼也日益增多。有观点指出，“为什么不能像追究恶意欠薪罪一样，以重大职业病事故罪惩治黑心老板?”[②] 然而，正如恶意欠薪行为入罪备受争议一样，刑法能否治职业病，同样也是一个备受争议的话题。既然“劳动合同法、职业病防治法、尘肺病防治条例等法律法规都规定了职业病防护方面劳动者的权利、雇主的责任，但‘基本上停留在法律口头上的规定，并没有相关的机制’”[③]，那么，为何不建立并落实相关机制，反而随便动用刑法作为最后治理手段？如果仅仅因为刑法是最严厉的法，认为可以使用刑棍使恶意欠薪人或者不注重职业病防范的工业企业主有效重视并解决这一问题，那说明，社会的管理手段急需创新以因

① 梁治平. 立法何为？——对《劳动合同法的几点观察》//梁治平. 法治十年观察. 上海：上海人民出版社，2009：253.

②③ 黄秀丽. 刑法能治职业病?. 安全与健康，2011（15）.

应时代的需求。

（三）余论：刑法谦抑主义视角下的刑事立法之反思

刑法不应成为社会管理法、危害防治法、立法者的法、最先保障法和纸面上的法。以上从消极侧面所提出的标准更多的只是就当今我国刑事立法中的犯罪化而言的。分析 10 部刑法修正案中的新罪名，违背了刑事立法上述标准的不在少数。

比如，刑法作为"社会管理法"的另一个有效例证是《修（六）》增设的组织残疾人、儿童乞讨罪。近年来，乞讨虽然被少数人利用而成为一项发财致富的专门职业，并由此导致很多"丐帮帮主"通过控制残疾人、儿童等弱势群体的方式帮助其乞讨，但是，此种行为通过公安部门的治理是可以得到有效控制的。然而，"行政机关一方面因法律依据不足，另一方面因这种管理不具有收益性质而不愿进行管理，于是……干脆来个犯罪化，并以威慑这类犯罪为借口使其犯罪化得以正当化"[①]。在此，刑法被当作治理危害社会治安的行为的有效手段，而不是惩治侵犯法益的行为的有效手段。这是因为，侵害了残疾人或者未成年人的人身自由或者生命、健康法益，利用他们进行乞讨的行为本可定非法拘禁罪、故意伤害罪或者故意杀人罪，然而，组织残疾人或儿童乞讨属于并未侵犯上述法益的行为，组织残疾人、儿童乞讨罪也因此成为实际上的"危害防治法"。没有充分动用行政管理手段就将此种行为纳入刑法，违背了刑法不得作为"最先保障法"的原则，并且也因此使组织残疾人、儿童乞讨罪成为"立法者的法"而不是民众的法。动用刑法打击组织残疾人、儿童乞讨行为，导致在实践中抓放残疾人或未成年人成为常态但却不一定能查明其幕后的组织者；而且对于组织者而言，其即便受到短暂处刑，释放后往往重操旧业，刑罚效果并不理想，加之该罪中的组织者并未利用残疾人实施严重的犯罪行为而只是乞讨，这也导致司法机关对该罪的打击热情度并不高。因此，自该罪设立十多年以来，该罪的适用基本上是纸上谈兵，从而导致该罪停留为"纸面上的法"。

---

① 姜涛．诉讼社会视野下中国刑法的现代转型．刑事法学，2011（3）．

《刑法修正案（七）》第 8 条新增的组织未成年人进行违反治安管理活动罪也是将刑法作为“社会管理法”的立法例证。该罪立法的主要理由是：“现在在一些大中城市，未成年人有组织地进行扒窃、抢夺等违法行为时有发生。每次数额都不大，公安机关抓住这些未成年人时都不满足立案条件，只能放人。但是，他们的背后经常会有一个成年人的团伙在操纵。‘这种行为严重危害社会治安秩序，损害未成年人的身心健康。此应在刑法中作出专门规定予以惩治。’法工委负责人指出。”① 显然，立法者希望该罪名能起到有效保护未成年人的作用。在中国经济急速发展的当今社会，留守儿童如同留守老人一样日益成为重要社会问题。一部分被父母带在身边的未成年人，虽然他们生活在父母身边，但是由于父母忙于生计无暇他顾，或者由于经济等各方面原因而难以继续在校学习、接受教育。“目前对流动人口的社会管理工作尚有不足之处，这也延伸了流动人口子女犯罪这一新问题。”② 仅凭这样一个构成要件内容不规范且难以操作的罪名显然难以起到有效保护未成年人的作用。如果不解决城乡经济发展的巨大不平衡，不彻底改变底层人们生活的困境，不加强对流动人口的社会管理工作，即便将社会管理失范导致的这一社会问题由刑法来承担责任，其最后效果也必然不佳。因此，该罪的设立也难逃“危害防治法”、“立法者的法”、“最先保障法”和“纸面上的法”等负面评价和命运。

再如，《刑法修正案（七）》第 7 条第 1 款增加的并为《刑法修正案（九）》修订过的出售、非法提供公民个人信息罪，第 2 款增加的非法获取公民个人信息罪，典型地违背了刑法不得作为“最先保障法”的原则。仅仅因为在这个信息时代泄露个人信息的行为危害严重，在尝试其他民事与行政法律手段之前，为了实现对信息的有效“管理”，率先打击此类“危害”行为，设立本罪。“世界上已有五十多个国家制定了个人数据保护法，对非法收集、加工、利用个人信息的行为规定了民事赔

① 李适时. 关于《中华人民共和国刑法修正案（七）草案》的说明.

② 杜晓. 预防青少年犯罪 心理因素不容忽视. 法制日报，2011-10-31（4）.

偿、行政处罚以及刑罚制裁，美国更是对个人电话号码的获取规定了严格审批程序。”[①] 而我国既没有针对信息泄露建立有效的行政处罚措施，也没有建立行之有效的信息检验、跟踪等管理制度，甚至连一部个人信息保护法都一直没有。在动用民事的、行政的法律手段之前，就直接动用刑法，不可谓不冒进，不可谓不大胆！其设计显然也是立法者主观意志的体现，是“立法者的法”；而且，通过刑法定罪打击侵害个人信息的行为，属于“亡羊补牢”式的惩治措施，根本无法根治信息泄露问题。因此，企图靠刑法保护个人信息无异于“牛栏关猫”，于事无补[②]，前述罪名也难免成为“纸面上的法”。

刑法中类似罪名还有不少，比如组织、领导传销活动罪，大型群众性活动重大安全事故罪，危险驾驶罪等，由于篇幅原因在此不一一分析。

此外，实现刑法谦抑性的刑事立法，还有一些刑法常常提及的标准。比如，其一，无被害人行为不应该入刑。此乃密尔所说的自我损害行为。它们也许有社会危害性，但是，并没有侵害任何他人的法益。如果仅仅因为其具有社会危害性就当作犯罪行为，事实上也是将刑法作为“危害防治法”的典型例证。因此，聚众淫乱、吸毒、嫖娼、卖淫等行为，应排除在刑法的处罚范围之外。按此标准，《刑法修正案（六）》第18条第2款新增的开设赌场罪就应除罪化。如果说我国保留赌博罪尚属立法遗留问题或者刑法传统或者人们的犯罪观使然，那么，在此之外，刑法新增开设赌场罪，就与刑法的法益理论相去甚远，因为这些无被害人的犯罪在法益的侵犯上至少是不明确的。《刑法》第301条规定的聚众淫乱罪也应该除罪化。其二，有其他罪名可以适用的行为不应独立成罪入刑，比如，《修（八）》第29条第2款新设的对外国公职人员、国际公共组织官员行贿罪。在适用中国国内法的意义上，外国公职人员和国际公共组织官员不属于我国国家工作人员，对其行贿完全可以适用

① 鲁春雅．谁来拯救你，我的信息?．法制日报，2011-06-13（7）．

② 周之南．单靠刑法保护个人信息无异“牛栏关猫”．检察日报，2010-01-06（6）．

《刑法》第 164 条第 1 款规定的对非国家工作人员行贿罪，而没有必要设立专罪。又如，《修（八）》第 49 条新增的食品监管渎职罪也属多余，对该罪的行为完全可以适用《刑法》第 397 条规定的滥用职权罪和玩忽职守罪，在没有该罪的时候，司法实践中也是这么做的，没有必要因为我国目前严重的食品安全问题动用刑法单设罪名以示重视。事实上，这属于立法上的叠床架屋，多此一举。

刑事立法的谦抑性，在当下中国是一个严肃的必须认真思考的问题。反省刑法中所有的已设之罪，是否需要继续保留需要除罪化的罪名，而不是继续设立新罪入刑，恐怕是当前及今后一段时间内刑事立法者和刑法理论研究者应予持续探讨的问题。如果仅仅因为适用刑法更为方便，却不考虑由此带来的刑法膨胀、动辄入罪的负效应，最终将会使刑法“以法的形式损害法本身”[①]，从而会导致刑法的滥用和最终被消解。如果某一行为的入罪化果真解决了欠薪或者强制拆迁等重大社会问题，那同样值得我们反思。不停歇的犯罪化，将刑法看作自足且强大的治理工具，是国家高估了刑法治理社会的能力。刑法的过度运用，正如死刑的滥用一样，会导致人们心灵麻木、耻感递减，对刑罚的感受力日益减弱，最终导致刑至无刑。

四、结　语

刑法谦抑主义是构建出罪机制的法理基础，它既不会由于“风险社会”的种种理念变革而动摇，也不会因为一时的立法政策偏向而沉寂。不论是早期化的环境犯罪立法还是泛化的恶意欠薪入罪立法，都是以积极的一般预防思想为根基的，或多或少与刑法谦抑主义有所背离；但实际上，即使没有这些犯罪化的立法规定，对污染环境、恶意欠薪等行为都能够通过民事、行政措施予以救济和处罚，并不存在规制的漏洞。早期化与泛化的刑事立法可能更多的是回应社会管理需要以及补充民事、

---

① 鲁道夫·冯·耶林. 为权利而斗争. 胡宝海，译. 北京：中国法制出版社，2004：94.

行政救济的不足等，它僭越了刑法的应有定位，也不可能成为解决社会问题的有效方案，实无太大必要。而立法越是强调积极的一般预防，就越需要刑法谦抑主义思想在刑法解释、刑事司法实践等方面发挥限制入罪或保障出罪的指引作用。如此才能防止刑法突破其作为“最后手段法”的基本定位。

第三章 实质出罪论的功能意义：人权保障机能

与法益保护机能相并列，人权保障是现代刑法的重要机能，它通过限制入罪与保障出罪的方式来保障司法的公正性。对于不构成犯罪的行为予以出罪，是科学的犯罪论体系的基本功能，也是对实质法治精神的合理解读。正确地运用出罪理论，不仅不会放纵应受刑罚处罚的犯罪人，而且还会让犯罪化的边界更加清晰。在立法早期化征兆日趋明显、司法入罪化思维日渐普遍的背景之下，出罪论的意义不仅在于反思立法和回应司法，还在于通过合理遏制犯罪圈不当扩张的方式来保证人权保障机能的实现。现行刑法以及十部刑法修正案中，最能体现刑法出罪及轻罪化立场与人权保障机能的，是《修（八）》，所以，本章以下内容将重点以《修（八）》为例展开探讨。

一、出罪论对于实现刑法人权保障机能的意义

将人权保障作为现代刑法的机能，已经在相当程度上达成学术共识。只不过，由于人权保障毕竟是内涵和外延相对模糊的概念，加之该机能与法益保护机能或多或少难以全面统一，刑法学界对人权保障机能之理解也存在一定分歧。但不可否认，对人权保障机能的理解与运用，已经成为刑法学中最具魅力的内容之一。

出罪论体系的构建过程正是人权保障机能的实现过程。“人权保障机能是需要后天着力培植的，为了在保护机能与保障机能之间营造一种和谐的关系，现代刑法在设立国家刑罚权的同时，也对这种权力给予严格

的限制，以控制保护机能的自我膨胀，而促进保障机能的生成与绵延。”[①]将不该当构成要件、不具有违法性或者有责性的行为予以出罪，是实质的罪刑法定原则的体现。但是，如果只是对照刑法规定，对犯罪成立条件进行形式化的理解，显然是无法得出该结论的。刑法的人权保障机能不是与生俱来的，它是通过刑法解释、刑事司法实践等方式予以培育的，因为刑法从本质上仍然是通过“惩罚犯罪”的方式来实现维护社会秩序的目的的，保障（犯罪嫌疑人、被告人的）人权或多或少会站在法益保护机能的对立面。这是刑法作为社会规范的自体矛盾，但这一矛盾又并非不可调和的，以实质的罪刑法定原则为代表的实质法治国思想及其实践方案，正是调和这一矛盾的重要路径。它通过对犯罪成立条件的实质化解读来实现人权保障机能，平衡法益保护机能与人权保障机能之间的基本关系。入罪需要注重合法性，出罪需要注重合理性，这里的合理性说到底是实质化思想的体现，其目的显然是补充形式法规范无法妥善面对纷繁复杂的案件事实之不足。其并非要否定规范的效力，而是要维持规范功能的妥当性。

没有出罪论的犯罪论体系是不完整的，其人权保障机能当然也是不全面的。刑法理论通过建构构成要件、违法性以及有责性的阶层犯罪论来实现对犯罪的类型化评价，但阶层犯罪理论不单单是入罪理论，也是出罪理论，并且贯穿于每个阶层。比如，对于正当防卫、紧急避险等行为，阶层犯罪理论通常都是以不具备违法性或有责性（阻却责任的紧急避险）为由而不将之作为犯罪处理的。刑法的人权保障机能不仅应当做到形式的罪刑法定，即将不符合形式构成要件的行为不作为犯罪处理，还应当做到实质的罪刑法定，即对于虽然形式上该当构成要件，但不具有实质违法性或者有责性的行为，也不能作为犯罪处理。但是，从国家的角度来看，为了维护人们共同的生活秩序，采取的是“有罪必罚”的基本立场，即司法机关追究刑事责任的过程是积极的而非消极的。积极的司法过程必然需要积极的制衡机制，否则便有可能为了防患于未然而

① 周少华．罪刑法定与刑法机能之关系．法学研究，2005（3）．

将无罪行为犯罪化。出罪论是对司法权的积极限制，其通过多层次检验行为是否为罪的方式来限制积极入罪的司法权，从而达到平衡入罪与出罪的目标，其最终目的是保障（犯罪嫌疑人、被告人的）人权。

出罪论不仅是犯罪论体系构建的必然要求，还是在人权保障机制落实方面的深远考虑。因为在刑事司法实践中，司法机关因为先天优势而在积极入罪中占据主动地位，故行为人的合法权益可能难以得到有效保障。立法的规定是一回事，现实中的复杂情况则是另外一回事，立法不可能详尽地罗列现实中可能存在的各种情形。此时，将出罪论作为一种例外的情况加以类型化构建，对于人权保障机能的稳妥实现意义深远。

二、刑罚轻缓：出罪论的人权保障机能之体现

刑罚的轻缓化是出罪论之人权保障功能的重要体现，它通过调整刑罚严厉度的方式来与出罪论的基本思想相衔接。2011 年 2 月 25 日第十一届全国人大常委会第十九次会议通过了《修（八）》。与以往历次刑法修正相比较，《修（八）》的最大亮点当属以废除死刑罪名为代表性内容的刑罚轻缓化之实现。此次刑法修正是我国立法机关自 1997 年《刑法》颁行以来第一次减少法定刑中带有死刑的犯罪。我国刑法长期以来“存在重刑主义倾向，死刑、无期徒刑和长期有期徒刑占有相当大的比重，与当今国际社会轻刑化的趋势不合拍”[①]，因此，以推动刑罚轻缓、实现人权保障为重要内容的修正案，在其草案面世之初，就引发了社会各界的关注。《修（八）》在推动我国人权事业发展历程方面所具有的里程碑式的意义由此可见一斑。以实现刑罚轻缓、推动人权保障为视角分析《修（八）》，其努力至少主要体现在三个方面：死刑改革、完善未成年人/老年人犯罪从宽处理规定、完善非监禁刑等。《修（八）》此次之所以在废除死刑等实现人权保障方面迈出如此重要的步伐，国内经济发展和社会文明进步当然是其主要原因，同时，国际背景恐怕是难以忽视的重要因素。放眼当今国际社会，“废除死刑已成为‘人权国家’之指

① 赵秉志．我国刑事立法领域的若干重大现实问题探讨．求是学刊，2009（3）．

标”，这是“一股挡不住的世界潮流”[①]，更何况，我国或已加入或已签署《世界人权宣言》《公民权利与政治权利国际公约》等诸多国际人权公约，在推动刑事立法以保障公民生命自由等人权方面自然不可懈怠。为此，以相关国际公约为参照，分析《修（八）》在实现人权保障方面的内容，并评价其利弊得失，无疑具有重要的理论和实践意义。

（一）死刑改革：人权事业的法治飞跃

在《修（八）》公布之前，现行刑法中法定刑设置了死刑的犯罪过多、罪名不合理，一直以来是备受批评之处。自 1998 年 10 月中国政府正式签署联合国 1966 年 12 月通过的《公民权利与政治权利国际公约》（以下简称《权利公约》）以来，如何进一步改善我国人权状况一直是我国政府和全社会关注的焦点。进入 21 世纪以来，学界广泛呼吁大力限制死刑乃至局部废除死刑，但并未得到刑事立法上的积极反应。《修（八）》直面死刑这一目前中国社会敏感且重大的问题，首次废除了 13 个犯罪的死刑配置，新增 75 岁以上老人犯罪附条件不适用死刑，从而使死刑的改革取得了实质性进展，推动了中国人权事业的进步。

《权利公约》确认生命权是公民基本人权，并对死刑这种剥夺公民生命的刑罚方法作了专条规定。《权利公约》第 6 条集中规定了有关死刑问题的国际准则。该条共有 6 款[②]，这 6 款的内容，并未明文要求所有缔约国现阶段须一律废除死刑，但其中的每一款规定无不蕴含了彻底废除死刑的目标要求。第 6 条第 1～5 款关于限制死刑适用的规定只是

---

① 朱楠．推动“废除死刑”之新契机．月旦法学杂志·法学新论，2010（19）．

② 这 6 款的内容是：“一、人人有固有的生命权。这个权利应受法律保护。不得任意剥夺任何人的生命。二、在未废除死刑的国家，判处死刑只能是作为对最严重的罪行的惩罚，判处应按照犯罪时有效并且不违反本公约规定和防止及惩治灭绝种族罪公约的法律。这种刑罚，非经合格法庭最后判决，不得执行。三、兹了解：在剥夺生命构成灭种罪时，本条中任何部分并不准许本公约的任何缔约国以任何方式克减它在防止及惩治灭绝种族罪公约的规定下所承担的任何义务。四、任何被判处死刑的人应有权要求赦免或减刑。对一切判处死刑的案件均得给予大赦、特赦或减刑。五、对十八岁以下的人所犯的罪，不得判处死刑；对孕妇不得执行死刑。六、本公约的任何缔约国不得援引本条的任何部分来推迟或阻止死刑的废除。”

《权利公约》朝着彻底废除死刑之目标前进的路程而非终点。以废除死刑为最终目的，允许各保留死刑的缔约国在逐步限制死刑适用（这种适用以不实行灭绝种族罪为目的）的情况下最终达到这一目标，乃公约之于死刑之全部精神。

1. 逐步限制死刑的适用

(1)《修（八）》取消了13个经济性非暴力犯罪的死刑。

《修（八）》取消了13个经济性非暴力犯罪的死刑，该13个犯罪占全部设置了死刑的犯罪的19.1%。在《修（八）》颁布前，设置了死刑的犯罪（以下简称死刑罪名）共计68个，其罪名设置存在着类罪名与具体罪名设置均不合理的现象。前者体现为设置了死刑的类罪名种类过多，尤其是经济犯罪（狭义，下同）和财产犯罪中死刑罪名过多；后者体现为诸如传授犯罪方法罪等罪名不应设置死刑。以经济犯罪为例，1979年刑法只有1个犯罪设置有死刑，即贪污罪；随后的单行刑法使死刑罪名增加到14个；之后刑法非但没有减少经济犯罪中的死刑罪名，反而使死刑罪名增加到19个。根据《权利公约》中关于"判处死刑只能是作为对最严重的罪行的惩罚"之规定，仅仅是罪行严重的犯罪并非必须配置死刑，在所有犯罪中，只有罪行极其严重的那些犯罪才能被配置以死刑。《修（八）》直面这一重大问题，首次大幅度削减了经济犯罪与财产犯罪中的死刑罪名。

具体而言，《修（八）》修改的内容包括五个方面：1）在走私犯罪方面，取消了走私文物罪，走私贵重金属罪，走私珍贵动物、珍贵动物制品罪，走私普通货物、物品罪的死刑。同时，为了做到罪刑相适应，对于取消了死刑罪名的这些走私犯罪，《修（八）》适当提升了原来的法定刑，从而确保在取消了死刑的情况下能使这几个走私犯罪中情节特别严重的行为受到相应惩处而不至于放纵犯罪分子。2）在金融诈骗罪方面，取消了《刑法》第194条第1款规定的票据诈骗罪、第194条第2款规定的金融凭证诈骗罪、第195条规定的信用证诈骗罪这三个罪名的死刑。自此，《刑法》分则第三章"破坏社会主义市场经济秩序罪"中的第五节"金融诈骗罪"中的8个罪名中只有集资诈骗罪一个死刑罪名，该节的死刑适用罪名基本削减到了最低程度。3）在发票犯罪方面，取消了虚开增值税专用发票、用于骗取出口退税、抵扣税款发票罪和伪造、出售伪造的增值税专用发票罪的死刑。由此一来，我国《刑法》分则第六章第六节“危害税收征管罪”彻底实现了去死刑化。4）取消了盗窃罪的死刑。1979 年刑法中盗窃犯罪并没有被配置死刑。但自 1982 年全国人大常委会《关于严惩严重破坏经济的罪犯的决定》（已失效）实施后，盗窃罪被配置了死刑。1997 年刑法虽然对盗窃罪的死刑适用范围作了很大限缩，但并没有取消该罪的死刑。盗窃罪的死刑设置，一直广受争议、备受指责。《修（八）》取消盗窃罪的死刑，是回归刑法理性之举。5）取消三个非暴力犯罪的死刑，即传授犯罪方法罪，盗掘古文化遗址、古墓葬罪，盗掘古人类化石、古脊椎动物化石罪。在 1997 年刑法修订过程中，学者一再提议将传授犯罪方法罪的死刑予以废除，然而，非常遗憾的是，立法者并没有采纳这一意见，而是保留了该罪的死刑。可以说，该罪设有死刑是我国刑法死刑设置不合理的最突出体现。1997 年刑法颁行之后，司法实践中根本没有一例判处触犯传授犯罪方法罪者死刑的案件，这也从侧面印证了，对该罪设置死刑纯属多余。① 盗掘古文化遗址、古墓葬罪和盗掘古人类化石、古脊椎动物化石罪，侵犯的客体包括国家的文物管理秩序和国家对文物的财产权利。侵犯这两种权利的犯罪显然不应被视为《权利公约》所要求的“最严重的罪行”，这是因为：一方面，对社会管理秩序的侵犯的危害性远小于对国家安全的侵犯的危害性；另一方面，对文物财产权利的侵犯的危害性与数额巨大或特别巨大的盗窃罪的危害性并无不同，所以，此两罪的死刑设置原本就不符合刑法保障人权之精神。《修（八）》废除这三个非暴力犯罪的

① 事实上，关于取消传授犯罪方法罪的死刑呼吁自该罪被设置死刑之日起就一直没有停止过，但是，立法机关对此一直没有采取行动［王龙，黎宏．对我国刑法中死刑制度的反思．法学评论，1990（5）．］，《修（八）》终于正视了这一罪名死刑的并予以取消，我们对此应予肯定。事实上，传授犯罪方法罪作为独立罪名其所具有的价值也是值得怀疑的，理论上早有学者指出应该废除传授犯罪方法罪［卢勤忠．论教唆罪的设立．现代法学，1996（6）．］。对此观点的回应，也许如同对该罪的死刑的回应一样，是未来可预期之事。

死刑，应当给予积极肯定。

（2）《修（八）》增加了已满 75 周岁的人犯罪附条件不适用死刑的规定。

《修（八）》第 3 条规定，“审判的时候已满七十五周岁的人，不适用死刑，但以特别残忍手段致人死亡的除外”。这意味着，限制适用死刑的对象在以往的犯罪的时候不满 18 周岁的人和审判的时候怀孕的妇女两种人的基础上，增加了审判的时候已满 75 岁周岁的人，以有效地保护审判的时候已满 75 周岁的人的人权。

那么，该条的修改是否会放纵老年人犯罪？笔者以为，该条所体现的限制死刑适用保障公民人权的意义远大于打击犯罪的需要。如前所述，对于目前暂时保留死刑的国家，《权利公约》要求在适用死刑时进行严格的限制，以通过逐步的限制来达到最后彻底地废除死刑。为此，《修（八）》在现行刑法规定未成年人和孕妇不得适用死刑的基础上，又增加规定已满 75 岁以上的老年人规定不适用死刑，实则是对死刑的适用对象作了进一步的限制。借此规定，我国可逐步实现《权利公约》之限制适用死刑以最终彻底废除死刑的目的。已满 75 岁以上老年人所犯罪行的确极其严重的，虽然不适用死刑，但是，通过适用较长刑期的有期徒刑或者无期徒刑，同样既可实现死刑的威慑效果，也可达到犯罪预防目的。此外，不对已满 75 岁的老年犯罪人适用死刑，也与我国尊老爱老的历史传统以及世界各国宽恤老者的做法相一致。由于《修（八）》有多处增加了对老年人犯罪从宽处理的规定，因此，对于不对已满 75 周岁的老年人适用死刑的意义，将会在下文分析对老年人犯罪从宽处理的其他规定时一并论及。

2. 反思所保留的死刑罪名

以《权利公约》所设定的通过逐步限制死刑的适用来最终彻底废除死刑之目标为标准，对经《修（八）》修改后仍然保留的死刑罪名进行分析，我国刑法在死刑罪名的废除上仍有可值得进一步努力之处，对于一些本该废除死刑的犯罪，《修（八）》却仍然保留了其死刑，可以说是《修（八）》值得反思之处。

首先，《权利公约》第6条第1款明确规定“判处死刑只能是作为对最严重的罪行的惩罚”。虽然《权利公约》对于什么是“最严重的罪行”这一实质性条件没有作进一步的详细解释，但其他相关公约明确指出，“最严重的罪行”，“应理解为死刑的范围只限于蓄意而结果为害命或其他极端严重后果的罪行”①。正如罗吉尔·胡德指出，“最严重罪行的定义，当然会随着社会、文化、宗教及政治因素的不同而不同。但它的重点在于主观上的故意和致命的或是极其严重的后果。对蓄意而结果为害命或其他极端严重的罪行的强调意在暗示，所指犯罪已经导致了生命的丧失或威胁到生命，也即相关行为的后果极可能是死亡”②。显然，《权利公约》所针对的“最严重的罪行”，都是类似于杀人罪等结果为侵犯他人生命权利的犯罪，所以，对于故意杀人罪、故意伤害罪、绑架罪、强奸罪等严重侵犯公民人身权利的犯罪，我国刑法保留死刑，是具有合理性的。至于何为“其他极端严重后果的罪行”，依照国际惯例，一般都是指那些严重危害国家安全、公共安全的犯罪以及某些军事犯罪，因此，在目前形势之下，保留诸如分裂国家罪，武装叛乱，暴乱罪，放火罪，爆炸罪，投降罪，勾结敌人造谣惑众、动摇军心罪等危害国家安全犯罪、公共安全犯罪和军事犯罪的死刑，基本是合理的。但是，对于一些本质上只为财图利的经济犯罪，似乎不应再保留其死刑。我国经济犯罪中死刑罪名过多可以说是我国死刑设置上的最需检讨之处。联合国人权委员会在1999年大会上，催促所有保留死刑的国家不要将死刑适用于“非暴力的经济犯罪和非暴力的宗教活动以及道德表现”③。显然，对经济犯罪设置过多的死刑，有悖于社会主流价值观念。一旦《权利公约》在我国正式适用，这类犯罪中死刑罪名过多恐怕是摆在我们面前最为紧迫的一个问题。因此，我国要经受住《权利公约》的检验和监督，就必须郑重地

① 联合国经济及社会理事会1984年5月25日第1984/51号决议所通过的《关于保护面对死刑的人的权利的保障措施》(以下简称《保护措施》)第1条。

②③ 罗吉尔·胡德．限制与废除死刑的全球考察．刘仁文，译．人民检察，2005 (5)(上)。

面对这一问题。[①] 目前如果能够做到前述所说只对严重的危害国家犯罪等三类犯罪适用死刑无疑更好，但是，考虑到这一目标在现阶段实现的可能性不大，大幅度削减经济犯罪的死刑罪名个数不仅迫切而且现实。只有这样，才能改变死刑适用范围过大的现状。《修（八）》削减了十余个经济、财产非暴力犯罪的死刑，无疑是对《权利公约》关于“判处死刑只能是作为对最严重的罪行的惩罚”之规定的回应，体现了我国政府对公民基本人权——生命权之高度重视，也为我国接受国际社会的检验做好了充分准备。然而，如果严格地以《权利公约》的要求为标准，可以发现，《修（八）》废除经济犯罪中死刑罪名之举仍然幅度不大。

其次，世界上保留并执行死刑的国家日益减少，我国理应在减少死刑罪名的数量上有更多的作为。自起草《权利公约》以来，各国对死刑的态度以及实践发生了巨大的变化。大约 170 个国家已废除、或在法律或实践上实行暂停执行死刑，或已中止处决超过十年。具体而言，刚果、斐济、马达加斯加、蒙古、瑙鲁和苏里南在报告期内废除了死刑。科特迪瓦 2000 年在宪法中废除了死刑，现已颁布在刑法中取消死刑的法律。尼泊尔 2015 年 9 月生效的新宪法规定，不得制定规定死刑的法律。美国的内布拉斯加州废除了死刑。其他一些国家启动了废除死刑的立法和/或司法进程。例如，布基纳法案、科摩罗、几内亚、肯尼亚和大韩民国审议了废除死刑的法案。2016 年年初，津巴布韦最高法院受理了两起关于死刑的上诉，事关死刑的合宪性及长期身为死囚是否人道。报告期内，一些事实上废除死刑的国家和继续适用死刑的国家采取了限制使用死刑的显著举措。中非共和国于 2015 年通过了新法律，规定设立调查和起诉战争罪、危害人类罪和严重侵犯人权行为的特别刑事法院，将死刑排除在可能的惩处之外。以色列议会拒绝了一项法案，该法案意在规定，多数法官即可作出判刑决定，不再像目前一样需要一致通过，以方便军事法院和区法院对

① 张文，刘艳红. 《公民权利与政治权利公约》对中国死刑立法的影响（下）. 中国青年政治学院学报，2000（2）.

获判恐怖主义罪行者处以死刑。印度法律委员会公布了第二份死刑问题报告，结论是，“相比终身监禁，死刑并不更加能实现威慑的刑罚目标”，对死刑的依赖转移了对刑事司法体系中的问题的关注。委员会并未建议对于一切罪行废除死刑，而是建议对恐怖主义相关罪行和挑起战争的行为保留死刑。[①] 可见，对于在现阶段无法实现废除死刑目标的国家而言，其减少并限制死刑的适用是当务之急。是自1979年以来我国首次通过刑事立法《修（八）》废除了13个犯罪的死刑，步子似乎很大。然而，《修（八）》废除死刑的某些罪名在司法实践中要么根本没有判处过死刑，要么判处死刑极少，比如传授犯罪方法罪、金融凭证诈骗罪等。正如有学者指出，表面上看，《修（八）》废除13个犯罪的死刑好像标志着中国向控制死刑迈进了一步，但这些犯罪“在司法适用上，都属于备而少用、有些甚至基本不用的犯罪。其中，大部分犯罪，如破坏社会主义市场经济秩序类犯罪、文物犯罪，在司法实践中很少适用死刑；有些犯罪，如传授犯罪方法罪和盗窃罪，自1997年全面修订刑法典之后，就基本没有被适用过死刑”[②]，因此，“实际上，废除这些死罪并不会导致中国少判死刑”[③]。这表明，如何真正从实际上限制死刑的适用才是最重要的，而这一点，恰恰是13个犯罪死刑之废除难以取得的效果。

最后，我国既然已经在死刑废除的道路上向前进，在废除这13个犯罪的死刑的同时，理应把相同罪质和危害性的犯罪之死刑也予以废除。例如，走私假币罪与走私文物罪相比较，二者均属于走私违禁品的行为，但是，文物除了具有经济意义更具有承载一国文化的重大意义，

① 联合国人权理事会第三十三届会议．联合国人权事务高级专员的年度报告以及高级专员办事处和秘书长的报告．2016年7月12日发布，A/HRC/33/20．根据人权理事会第18/117号决定，提交本报告是为了更新关于死刑问题的以往报告，包括秘书长最近的五年期报告（E/2015/49和Corr.1）。根据人权理事会第22/11号决议，报告还载有父母获判死刑或被处决的儿童人权情况的资料。

② 赵秉志．《刑法修正案（八）（草案）》．热点问题研讨//赵秉志．刑法论丛（2010年第4卷·总第24卷）．北京：法律出版社，2010：26-27．

③ 邱兴隆．怎么看待死刑存废？南方人物周刊，2010（33）．

而假币的走私只造成对一国经济的侵扰，因此，在某种程度上来说，走私文物的社会危害性比走私假币的社会危害性更重。然而，《修（八）》此次仅废除了走私文物罪的死刑，却没有废除走私假币罪的死刑。这就让人难以理解《修（八）》废除或保留某些罪名的死刑的标准究竟是什么。如果严格根据《修（八）》所废除的13个经济性非暴力犯罪的死刑罪名之标准，理应削减更多经济犯罪的死刑。

综上所述，按照《权利公约》的死刑适用条件之要求，以及通过限制死刑来逐步废除死刑之精神，并结合《修（八）》废除死刑的标准，刑法中很多仍然保留了死刑的经济犯罪的罪名其实也应废除死刑。如果《修（八）》在经济犯罪的去死刑化上能够走得更远，无疑效果更好。

（二）非监禁刑的完善：人权法治事业的未来图景

1.《修（八）》完善非监禁刑增加社区矫正的修改内容

《修（八）》在规范非监禁刑完善其执行措施等方面作了很多修改补充。《修（八）》第2条规定，在《刑法》第38条中增加1款作为第2款，“判处管制，可以根据犯罪情况，同时禁止犯罪分子在执行期间从事特定活动，进入特定区域、场所，接触特定的人”；同时增加1款作为第4款：“违反第二款规定的禁止令的，由公安机关依照《中华人民共和国治安管理处罚法》的规定处罚”。《修（八）》第11条将缓刑的条件由原来的“适用缓刑确实不致再危害社会的，可以宣告缓刑”修改为4个具体条件。《修（八）》第15条、第16条、第17条还分别完善了减刑、假释的执行条件、考验期和执行方式等内容。在所有非监禁刑的修改补充中，最大的亮点莫过于社区矫正的入刑。

其一，《修（八）》第2条规定，将《刑法》第38条中第2款作为第3款，并且将原来的规定“被判处管制的犯罪分子，由公安机关执行”修改为“对判处管制的犯罪分子，依法实行社区矫正”。其二，《修（八）》第13条规定，将《刑法》第76条修改为：“对宣告缓刑的犯罪分子，在缓刑考验期限内，依法实行社区矫正，如果没有本法第七十七条规定的情形，缓刑考验期满，原判的刑罚就不再执行，并公开予以宣告。”这一规定，将《刑法》第76条关于“在缓刑考验期限内，由公安机关考察，所在单位或者基层组织予以配合”的规定，修改为“在缓刑考验期限内，依法实行社区矫正”。其三，《修（八）》第17条规定，将《刑法》第85条修改为：“对假释的犯罪分子，在假释考验期限内，依法实行社区矫正，如果没有本法第八十六条规定的情形，假释考验期满，就认为原判刑罚已经执行完毕，并公开予以宣告。”这一规定，将《刑法》第85条原来规定的“在假释考验期限内，依法由公安机关予以监督”修改为“在假释考验期限内，依法实行社区矫正”。通过《修（八）》以上三个条文的规定，社区矫正被写入了刑法，并被规定适用于以下三种人：判处管制的犯罪分子、宣告缓刑的犯罪分子、被假释的犯罪分子。

2. 以《东京规则》《监禁替代措施》等为蓝本对社区矫正入刑化之评析

如何在有效实现刑罚的轻缓化与人道性的同时，确保社会安全之目的的实现？在人权保障与社会保护的博弈之间，联合国有关国际公约不仅要求各成员国尽量限制死刑适用以逐步废除死刑，而且致力于推动对于被判处生刑的犯罪分子尽量以非监禁刑代替监禁刑。为此，联合国颁布了一系列国际公约：1955年8月30日发布了《囚犯待遇最低限度标准规则》；1985年8月26日至9月6日通过了《减少监禁人数、监外教养办法和罪犯的社会矫正》；1980年在委内瑞拉的加拉加斯举行的第6届联合国预防犯罪和罪犯待遇大会上，通过了《监禁替代措施》的决议；1985年在第7届联合国预防犯罪和罪犯待遇大会上通过了《减少监狱人口、监禁替代措施和犯罪人社会整合》的决议；1990年12月14日通过了第45/110号决议即《联合国非拘禁措施最低限度标准规则》（又称《东京规则》）；1998年7月28日联合国经济与社会理事会通过了《开展国际合作，以求减少监狱人满为患和促进替代性刑罚》的决议；等等。这些国际公约一致表达了尽可能地扩大使用监禁措施，以非监禁措施代替监禁措施以减少监狱在押人数的要求。

在上述国际公约中，《东京规则》最为详尽地规定了实施非监禁措施的种种要求。《东京规则》第1.2条规定："本规则拟促进社区在更大程度上参与刑事司法管理工作，特别是在罪犯处理方面，并促进在罪犯当中树立对社会的责任感。"第1.5条规定："会员国应在其本国法律制度内采用非拘禁措施，从而减少使用监禁办法的程度，并使刑事司法政策合理化，同时考虑到遵守人权的义务、社会正义的需求以及改造罪犯方面的需要。"第2.3条规定："为了配合犯法行为的性质和严重程度、罪犯的个性和背景以及保护社会的需要，并避免不必要地使用监禁办法，刑事司法制度应规定出一套从审前至判决后处置的范围广泛的非拘禁措施。应决定可用的非拘禁措施的数目和种类以便保持始终一贯的判刑。"第2.7条规定："采用非拘禁措施应成为向非刑罚化和非刑罪化方向努力的一部分，而不得干预或延误为此目的进行的努力。"

对照《东京规则》及其他同类国际公约的规定，反观我国刑法对非监禁刑的规定，二者之间尚存较大距离。我国刑法和刑事诉讼法目前规定的非监禁措施主要有管制、缓刑、假释和监外执行。对于这四种非监禁刑的执行，刑法规定或由公安机关执行（管制）或监督（假释），或由公安机关予以考察并由所在单位或基层组织配合（缓刑）等。这些规定笼统而抽象，对于具体如何考察和监督规定不明，对非监禁犯的监管，往往乏力。为此，自1997年现行刑法施行以来，虽然我国法律没有关于社区矫正的规定，但是，实践中社区矫正的试点工作在有关规范性文件的指导下逐步进行。2003年7月10日最高人民法院、最高人民检察院和公安部、司法部《关于开展社区矫正试点工作的通知》规定，"司法行政机关要牵头组织有关单位和社区基层组织开展社区矫正试点工作，会同公安机关搞好对社区服刑人员的监督考察"。各省市也纷纷制定了一些地方性文件以指导各地的社区矫正试点工作。但显而易见的是，其一，社区矫正作为非监禁刑的执行方式，涉及的是对公民人身自由的限制。虽然社区矫正的社会工作元素非常明显，但是刑事制裁性仍是其首要特性。[①] 根据《东京规则》的要求，对于涉及限制公民人身自由的刑事制裁措施应该规定在“本国法律制度内”，而不是规定在行政规章之中，否则，其合法性问题就难以解决。其二，虽然刑法关于假释、缓刑的考验规定实际上也包含了社区矫正的有关内容，但毕竟没有明确其法律地位、执行方式、适用对象及适用主体等一系列重要问题，这些均不利于社区矫正的推广和实施，也与《东京规则》的“采用非拘禁措施应成为向非刑罚化和非刑罪化方向努力的一部分，而不得干预或延误为此目的进行的努力”之要求相违背。《修（八）》终于将社区矫正入刑，不但确立了社区矫正的法律地位，使我国今后的社区矫正工作有了充分的法律依据；也表明了我国对非刑罚化工作的重视，对于减少监狱在押人数的积极努力；还有利于司法实践中积极推动非刑罚化工作的开展。

需要说明的是，社区矫正是一项复杂的制度，其所涉及的问题不但众多而且复杂。由于本章主题及篇幅所限，故本章只对社区矫正入刑进行粗略评价而不及其余；至于未尽问题，留待他章专门深入分析。有观点认为，社区矫正“不涉及定罪量刑的实质内容”，因此其立法应“以修改刑诉法为先导，地方立法跟进”[②]。这种观点的实质在于，认为社区矫正只是刑罚的一种执行方式而不涉及定罪量刑，既然如此，社区矫正理应由刑事诉讼法来规定。这一看法值得商榷。其一，社区矫正作为刑罚执行方式，是由刑法还是由刑事诉讼法规定其实并无原则上的区别。刑事诉讼法可以规定刑罚的执行方式，诸如死刑的执行方式是枪决还是注射。刑法同样可以规定刑罚的执行内容。比如，《刑法》第76条对缓刑考验合格的处理，第79条对减刑程序的规定，第82条对假释程序的规定等，其实都是有关刑罚执行问题的。如果按照前述观点，岂非它们全部应被规定在刑事诉讼法中？但事实恰恰相反。这说明，由刑法

① 但未丽．社区矫正：立法基础与制度构建．北京：中国人民公安大学出版社，2008：22．

② 王利荣．社区矫正应向何处去——以重庆市试点情况为切入点//陈兴良．刑事法评论（2010年第1卷·总第26卷）．北京：北京大学出版社，2010：497，498．

规定刑罚执行中的有关问题是可以的，也是我国刑法的一贯做法。因此，将社区矫正规定在刑法中完全是可以的。其二，如果需要讨论刑罚执行内容中的哪些应由刑事诉讼法规定、哪些应由刑法规定，那么，也可以下结论说，社区矫正应由刑法规定。涉及实体的内容应由刑法规定，涉及程序的问题应由刑事诉讼法规定。社区矫正是刑罚执行方式，一方面，它的确是程序问题，但另一方面，社区矫正也涉及很多实体法的内容，例如，罪犯在社区矫正期间应遵守的法律规定、考验期限与考核不合格的处理、社区矫正的程序、实行社区矫正的条件等内容，其实都是与刑法关系密切的实体性内容。综观刑法对缓刑、假释等的规定，有关缓刑犯、假释犯的法律义务与考验期限和考核合格与否后的处理等实体性内容都是由刑法规定的。正因为如此，有学者指出，“与《刑事诉讼法》相比，《刑法》与社区矫正工作的关系更为密切，目前在社区矫正试点工作中遇到的‘两个主体’问题、刑罚内容的调整与完善问题、扩大社区矫正的适用问题、社区服刑人员的法律义务的完善问题等，都属于刑事实体法方面的问题，基本上都可以通过修改《刑法》来解决”[①]。既然社区矫正同样涉及诸多实体性内容，由刑法规定可谓理所当然。当然，如果从立法的完备性出发，由刑事诉讼法简单地规定社区矫正这一执行方式，然后由刑法详尽地规定法律义务与考察等实体内容，无疑最为妥当。

当然，如果寄希望于社区矫正入刑来大规模减少监狱的关押人数，也是不现实的。根据《全球犯罪和刑事司法状况》，过去十年来，全球监狱人数所占比率保持稳定，每 10 万人口有 148 名囚犯，也就是 2011—2013 年，共有 1 020 万囚犯。各区域的趋势差别很大。监狱人数比率在所有非洲区域、北美洲、西欧和东欧不断下降，但在中美洲和南美洲及加勒比、东南亚和西亚以及北欧和南欧则在不断上涨。[②] 可见，无论是何种法系的国家，也无论该国发展水平如何，监禁刑都将是最

① 吴宗宪. 论社区矫正立法与刑法修正案. 中国司法，2009（3）.

② 第十三届联合国预防犯罪和刑事司法大会. 全球犯罪和刑事司法状况. 2015-04.

普遍的一种刑罚制裁方式。“报告也同时表明从世界范围来看，虽然适用监禁刑的国家的数量有所增加，但是全球监禁人数并没有大幅度增加。同时，不同国家间在适用监禁刑方面也存在很大的差异，监禁率似乎也不取决于一国内的犯罪数额，采用更多的非拘禁制裁方式也不必然导致监禁刑适用的减少，反之亦然。”① 而且，即使通过社区矫正真正减少了监禁人数，是否一定意味着我国的罪犯人权状况的实际改善，以及真正实现我国社区矫正一贯追求的“降低刑罚成本”这一重要目标?② 换言之，监禁人数的减少与罪犯人权状况的改善其实并没有必然的联系。2001 年“统计资料显示，美国是世界上监禁人口比例最高的国家，在其全国人口中每 10 万人就有 701 人入狱”③；美国司法统计资料新闻署（Bureau of Justice Statistics Bulletin）2009 年 12 月公布的资料显示，2008 年，经过美国联邦政府司法机构宣判入狱的监禁人数为 1 610 446 万，其监禁人数与全国人口比上升到了 2.0%。④ 但是，即便如此，美国罪犯的人权保障仍有其值得借鉴之处。这说明，如果过多地期望凭借《修（八）》对社区矫正的立法化来提升我国罪犯的人权保障水平，而不是从实质上去落实改造罪犯的种种措施以及为他们创造各种工作机会以回归社会等，那么，我国刑法的人权保障目标之实现仍然是遥远的。

3. “坦白从宽”作为量刑从宽情节的法定化及评析

实践中我国刑事司法政策向来提倡“坦白从宽、抗拒从严”，其中所说的“坦白”无疑是广义上的，即包括自首和狭义的坦白（下文所说的坦白均指狭义）。在《修（八）》公布之前，落实到刑法层面，我国刑事立法一贯只规定了自首而未规定坦白为法定从宽量刑情节；坦白只是酌定从宽量刑情节，它仅仅在刑事政策层面存在，难以在司法实践中发

① 韦恩·莫里森. 全球语境下的刑罚反思. 刘仁文，张晓艳，译//陈兴良. 刑事法评论（2007 年第 2 卷·总第 21 卷）. 北京：北京大学出版社，2007：470.

② 崔会如. 社区矫正实现研究. 北京：中国长安出版社，2010：129.

③ 同①.

④ 美国司法部网站 http://bjs. ojp. usdoj. gov/index. cfm? ty = pbdetail&iid = 912. [2011-05-12].

挥强制性法律效力。这种情况导致在司法实践中有的司法机关在犯罪分子如实坦白自己所犯罪行之后，在量刑时予以斟酌考虑并有所从轻；有的司法机关则并未从宽处理，甚至有犯罪分子因将司法机关本未完全掌握的犯罪行为全部交代后出现“坦白从宽、牢底坐穿”的情况。司法实践中出现的破案难、讯问难、取证难等诸多难题，可以说在一定程度上都与坦白从宽难以落到实处有着千丝万缕的关系。

为此，《修（八）》第8条规定：“在刑法第六十七条中增加一款作为第三款：‘犯罪嫌疑人虽不具有前两款规定的自首情节，但是如实供述自己罪行的，可以从轻处罚；因其如实供述自己罪行，避免特别严重后果发生的，可以减轻处罚。’”这一规定意味着我国刑事法律首次以立法方式将坦白如同自首一样规定为法定从宽量刑情节，从而真正将“坦白从宽、抗拒从严”的刑事政策落到了实处。这一规定极大地感召犯罪分子，对于其积极配合司法机关的侦破活动以及鼓励他们积极主动地交代自己所犯罪行无疑会产生极为良好的效果。

从刑事诉讼角度而言，将坦白从宽作为法定量刑从轻情节，有利于减少和消除沉默权带来的消极影响。有学者指出，世界各国都对沉默权加以适当限制。英国于20世纪90年代中期也开始对沉默权进行了重大限制，“即在法律规定的特殊情况下，嫌疑人如利用沉默权不回答有关的问题，法官和陪审员可以对其作出不利的推断”[①]；德国刑事诉讼中的自白协商制度（审判准备阶段或者主审判程序中，被告人通过同意在审判过程中提供认罪自白，来换取法官不超出特定限度进行量刑的承诺或者检察官将撤销某些罪名指控的承诺[②]）的内在理念同样是鼓励犯罪人供述并限制沉默权的过度适用。英、美的辩诉交易制度不同于德国的自白协商制度仅仅适用于轻罪，被广泛地适用于刑事诉讼之中；意、法、德等广泛适用的简易程序处刑制度[③]，日本的起诉便宜主义制度等，都在不同程度上体现了限制沉默权、鼓励被告人供述之精神。因

---

① 龙宗智．论坦白从宽．法学研究，1998（1）．

② 张进德．德国的协商性司法——兼与美国辩诉交易的比较．人民检察，2010（17）．

③ 唐长国．论我国刑事简易程序的正当性改造．政治与法律，2009（6）．

此，我国《修（八）》将坦白从宽的刑事政策法定化，有利于鼓励和引导犯罪分子如实供述自己的罪行，并延续了刑法自首制度的精神。

三、矜老恤幼刑罚原则的人权保障机能

《修（八）》对未成年人及老年人犯罪适用刑罚增加了许多从宽处理的规定，最大化地实现了对未成年人/老年人的人权保障，体现了刑法的人道精神。

1.《修（八）》对未成年人/老年人犯罪从宽处理的修改内容

（1）犯罪时不满18周岁的人不能成立累犯。《修（八）》第6条规定，将《刑法》第65条第1款修改为："被判处有期徒刑以上刑罚的犯罪分子，刑罚执行完毕或者赦免以后，在五年以内再犯应当判处有期徒刑以上刑罚之罪的，是累犯，应当从重处罚，但是过失犯罪和不满十八周岁的人犯罪的除外。"该条规定，使未满18周岁的未成年人犯罪不再成立累犯。

（2）不满18周岁和已满75周岁的人犯罪，符合缓刑条件的，应当宣告缓刑。《修（八）》第11条将《刑法》第72条第1款作了修改和完善，具体来说，修改了如下三方面的内容：其一，修改了缓刑适用条件。原来《刑法》第72条规定的缓刑条件是"根据犯罪分子的犯罪情节和悔罪表现，适用缓刑确实不致再危害社会的"，《修（八）》将之修改为"（一）犯罪情节较轻；（二）有悔罪表现；（三）没有再犯罪的危险；（四）宣告缓刑对所居住社区没有重大不良影响"。相较之下，后者更为规范，前者更为随意；后者更具有客观性，前者更具有主观性；后者更为具体，前者更为抽象；后者更具有可操作性，前者更加不易把握。因此，这一修改值得肯定。[①] 其二，增加规定了必须适用缓刑的对

① 《修（八）》明确的四个缓刑适用的具体条件，前两个与《刑法》原第72条的表述相同，而"没有再犯罪的危险"与"宣告缓刑对所居住社区没有重大不良影响"则是对以往"适用缓刑确实不致再危害社会"条件的具体化。相对于原第72条来说，《修（八）》修改后的缓刑适用条件显然更具操作性，但是，"从各国刑法关于缓刑适用的具体实质条件的规定来看，大多数国家实际上都考虑到了缓刑适用不得危及法律秩序这一因素"（左坚卫. 缓刑制度比较研究. 北京：中国人民公安大学出版社，2004：129-130），《修（八）》却没有对这一因素加以考虑。总之，缓刑适用条件还有待于今后我国刑法进一步完善。

象。《修（八）》第 11 条规定，对不满 18 周岁和已满 75 周岁的被判处拘役、3 年以下有期徒刑的犯罪分子，符合前述缓刑的四个实质性条件的，应当宣告缓刑。换言之，对这两个年龄段的罪犯，不是“可以”而是“应当”宣告缓刑，从而加大了对未成年人和老年人的保护力度。其三，新增了缓刑执行的有关规定。一是决定对犯罪分子宣告缓刑，应当考虑其缓刑后对所居住社区的影响以及是否具备有效监管的条件；二是宣告缓刑，可以根据犯罪情况，同时判令犯罪分子在缓刑考验期限内不得从事特定活动，不得进入特定区域、场所，不得接触特定的人。

（3）已满 75 周岁的人故意犯罪的，可以从轻或者减轻处罚；过失犯罪的，应当从轻或者减轻处罚。《修（八）》第 1 条规定，已满 75 周岁的人故意犯罪的，可以从轻或者减轻处罚；过失犯罪的，应当从轻或者减轻处罚。这一规定如同已满 75 岁的人犯罪不适用死刑一样，都是为了更好地保护老年人。而且，该规定的前半段是“可以”从轻或者减轻处罚，这表明，如果老年人故意犯罪罪行极其严重，的确不能从轻或减轻处罚，则可以不从轻或减轻。老年人过失犯罪的，本身可谴责性程度低，规定应当从轻或减轻处罚显然是合适的。

（4）未满 18 周岁的人犯罪被判处 5 年有期徒刑以下刑罚的，免除其前科报告义务。《修（八）》第 19 条规定，在《刑法》第 100 条中增加 1 款作为第 2 款：“犯罪的时候不满十八周岁被判处五年有期徒刑以下刑罚的人，免除前款规定的报告义务。”这一规定，建立了未成年人犯罪的前科消灭制度，从而使未成年人的就业、求学等权利不会因以前的一时失足受到限制，有利于他们回归社会重新生活。

《刑法》原第 100 条规定：“依法受过刑事处罚的人，在入伍、就业的时候，应当如实向有关单位报告自己曾受过刑事处罚，不得隐瞒。”这一规定建立了犯罪人的前科报告义务，但是，该规定没有区分未成年人犯罪与成年人犯罪，而对所有的对象都要求履行前科报告义务。问题是，《刑法》原第 100 条的这一规定与 2006 年修订后的《未成年人保护法》的有关规定矛盾。《未成年人保护法》第 57 条第 3 款规定：“解除羁押、服刑期满的未成年人的复学、升学、就业不受歧视。”如果法律要求未成年人报告其犯罪行为的前科，势必使其在复学、升学和就业中受到歧视，使其不光彩的过去全部暴露在社会和他人面前。这显然既不利于保护未成年人的隐私权，也容易使一些未成年人产生自卑或自暴自弃的心理，还可能对其人格带来长时间的恶劣影响；更重要的是，不利于保护他们应当享有的正当的社会生活各项权利。《修（八）》明确免除了未满18周岁的犯罪人的前科报告义务，终于实现了《未成年人保护法》所赋予未成年人回归社会正当生活的权利，体现了刑法的人权保障精神和对未成年人的保护。

2. 以《北京规则》《美洲人权公约》等为蓝本之评析

(1)《修（八）》有关未成年人犯罪从宽处理的规定，深刻体现了未成年人司法中的人道主义精神与预防犯罪刑法宗旨的和谐统一。

1985年11月29日颁行的《联合国少年司法最低限度标准规则》(以下简称《北京规则》)第1.4条规定："少年司法……应视为有助于保护青少年和维护社会的安宁秩序"。该规定确立了未成年人司法迄今为止最重要的一项原则——双向保护原则，即保护未成年犯罪人的利益与保护社会利益。我国对未成年人犯罪一贯坚持"教育为主、惩罚为辅"的刑事政策。1999年6月28日《预防未成年人犯罪法》(2012年已修正)对这一刑事政策作了明确规定，该法第44条指出："对犯罪的未成年人追究刑事责任，实行教育、感化、挽救方针，坚持教育为主、惩罚为辅的原则。"该项刑事政策自其产生之后，已成为司法实践中处理未成年人犯罪刑事案件的指导性政策，未成年人犯罪的司法与改造制度无不遵循该项政策。可以说，"教育为主、惩罚为辅"的刑事政策，是未成年人犯罪适用法律问题的指引器，如何在解释适用相关未成年人犯罪的刑法条文时贯彻体现该政策，是解释相关条文时不可回避的问题。可见，国际公约中的双向保护原则与我国对未成年犯罪人"教育为主、惩罚为辅"的刑事政策在实质上是一致的，而且后者被我国学者认为是对前者的引申和扩展。既然如此，在刑事立法的制定和完善之中，就应深入贯彻"教育为主、惩罚为辅"的刑事政策。

在《修（八）》以前，可以说，我国刑法贯彻《北京规则》以保障未成年犯罪人的人权保障的水平基本上还停留在二十年以前的水平。[①] 除《刑法》第17条关于不满18岁的人犯罪的有关规定以外，整部刑法中基本上没有其他条款针对未成年人犯罪从宽或从轻处理的规定。这一状况与《北京规则》“促进少年的幸福，减少根据法律干涉的必要”的要求相去甚远。《修（八）》首次较为全面地针对未成年人犯罪的刑法处遇内容作了修改，对于保障未成年人的合法权益，真正贯彻《北京规则》规定的双向保护原则起到了一定实效。以往刑事立法并未规定未满18周岁的人犯罪不能成立累犯，这导致实践中未成年人和成年人一样，再次犯罪时须承受从重处罚的后果。《修（八）》在原有条件上新增“不满十八周岁的人犯罪”的不成立一般累犯，从而使对未成年人犯罪真正做到了“教育为主、惩罚为辅”。以往对于未成年人犯罪在缓刑适用上亦无任何从宽之处，使一些犯轻罪的未成年人不但未享受到属于其年龄阶段的特殊刑事政策，而且被投进监狱，与其他犯罪分子交叉感染，往往导致产生更为严重的犯罪人格或出狱后实施更为严重的罪行。《修（八）》吸收了以往的经验教训，设立了不满18周岁的犯罪人凡符合缓刑条件应当缓刑的规定，从而在极大程度实现了对未成年人犯罪量刑的轻缓化。以往要求未成年犯与成年犯一样必须履行前科报告义务，对于人生道路尚未开始而且漫长的未成年犯而言，不但过于冷酷而且报应色彩浓厚，《修（八）》吸收了理论界与实务部门的有益建议，增设了未满18周岁的人犯罪被判处5年有期徒刑以下刑罚的免除其前科报告义务的规定，从而在最大范围内实现了对未成年犯的人性司法与犯罪的一般预防之目的。

需要指出的是，《修（八）》对未成年犯免除前科报告义务的规定也存在一定的缺陷和不足。未满18周岁犯罪、被判处5年以上有期徒刑的人，即便其后若干年内都未犯新罪，也要履行前科报告义务。这样的规定仍然有些严苛。对于未满18周岁的未成年人，即便所犯之罪获刑5年以上，也可设一上限，比如获刑5年以上10年以下，而且刑满后

① 林文肯.《联合国少年司法最低限度标准规则》在中国的贯彻. 中外法学，1991（1）.

在一定时间（比如5至10年）内未犯新罪的未成年人，就不必履行前科报告义务。这样，未成年人的前科消灭制度才能更加有效，也更加人性化，避免了以5年有期徒刑作为形式上一刀切的标准带来的问题。考虑到“在未成年人前科消灭制度适用范围这一问题上，我国的司法实践总体上讲还是较为保守”[①] 的这一现状，司法实践对于《修（八）》第19条的规定应该从宽予以掌握，而不应该在此规定之外设置一些所谓的悔改等实质性限制条件。另外，《修（八）》的规定虽然让未成年人附条件地不履行前科报告义务，但是，对成年人而言，则没有任何在特殊情况下可以不报告其前科的规定。可以说，我国刑法对前科报告义务制度的完善还有很漫长的道路要走。

(2)《修（八）》有关老年人犯罪从宽处理的规定，深刻体现了对老年人的人性司法与我国刑法的文明、进步。

第一，《修（八）》颁布之前，在刑法中没有一条有关老年人犯罪从宽处理的立法，相关司法解释中也极为罕见，往往是司法解释中的个别条款略有涉及。从生理条件上来说，老年人与未成年人可有一比：后者身心发育尚未成熟，前者身心发育已然开始或正在衰退；其相同之处则是，辨识能力和控制能力均较弱。然而，生理、心理条件相似的两类人，刑法处遇却完全不同，这显然违背了刑法适用平等原则。《修（八）》增设了以对老年人犯罪不适用死刑为代表的诸多从宽处理的有关规定，做到了对老年人与未成年人犯罪处以同等从宽处罚，在实质上真正实现了刑法适用平等原则，最大化地保障了老年人的合法权益。

第二，有关对老年人不适用死刑的规定。在整个《修（八）》有关老年人犯罪从宽处理的规定中，最引人注目者莫过于对已满75周岁的老年人犯罪不适用死刑的规定。然而，这一规定也是对老年人的刑事司法处遇中争议最大的一项规定。

其一，在废除死刑已成为不可逆转的全球性趋势的大背景下，在世界上大多数国家已经通过立法废除了死刑或者虽然保留死刑但实际已基

① 赵国玲，李强．我国未成年人前科消灭制度实证研究．青少年犯罪研究，2010 (1)．

本停止了死刑适用的情况下，我国却有人对于限制对已满75周岁的老年犯罪人的死刑而忧心忡忡，担心会放纵老年人犯罪，不利于打击犯罪。[①] 这种担心纯属多余。如果已满75周岁的人所犯罪行极其严重，对其不适用死刑而是适用生刑，则其生刑必然期限不短。在已然被剥夺了自由而且生理和心理条件随着年龄的增长而处于不断下降趋势的情况下，这实际上意味着老年犯罪人的犯罪能力也被剥夺了。在此情况下，即便不适用死刑而适用生刑也完全达到了犯罪特殊预防的目的；而且，既然有可能适用死刑，那么，其所犯罪行肯定是极其严重的，其所被判处的自由刑必然不可能短，而漫长的自由刑对于害怕寂寞和孤独的老年人显然是最为严苛的惩罚。所以，即便从报应主义刑法观出发，对已满75周岁的老年犯罪人不适用死刑也并未放纵罪犯。从犯罪一般预防目的分析，《修（八）》虽然放宽了死刑但是也加重了生刑。在此情况下，已满75周岁的老年犯罪人本来就时日无多，漫长自由刑对他们的威慑力并不亚于死刑的威慑力，它们同样效果显著。更何况，《修（八）》第3条关于对75周岁以上老年犯罪人不适用死刑的规定还属于附条件的规定，即“以特别残忍手段致人死亡的除外”。这表明，如果75周岁以上老年人是采用特别残忍手段致人死亡的，即使其年龄在75周岁以上，也可以适用死刑。

其二，限制对已满75周岁的老年犯罪人适用死刑，也是相关国际公约的要求。前述《保护措施》第2条第c项规定，为进一步加强对死刑犯的权利保护，在可执行的情况下要求会员国立法“规定可判处死刑或予以处决的最高年龄”，超过这一年龄的，不得判处和执行死刑。1969年11月22日美洲国家间人权特别会议通过的《美洲人权公约》第4条第5项规定，“对犯罪时年龄……超过七十岁的人不得处以死刑”。虽然这些国际公约关于对老年犯罪人不得适用死刑的规定并不具有强制效力，但如同《权利公约》对于现阶段各国废除死刑

---

① 郑赫南. 刑法拟“75岁免死”引争议 委员称或导致老年人犯罪上升. 检察日报，2010-08-26.

也只是建议性规定而非强制性规定一样，它体现的是国际组织出于对世界各国国情的考虑，才不会作出强制性的规定。对于此类国际性公约中的建议性规定，各国在条件具备的情况下尽量付诸实施，无疑是贯彻国际公约的最好措施。“联合国经社理事会早已敦促那些还保留死刑的国家应确立一个不得判处或执行死刑的年龄上限。但由于这一敦促并没有法律效力，而且对这个年龄上限到底应当是多少也没有明确，所以在世界各地的落实情况有别。总的来看，响应联合国经社理事会上述敦促的国家和地区在增多。”① 在此大环境下，《修（八）》及时制定对老年犯罪人限制适用死刑的有关条款，可谓因时顺势，值得各方称道。以相关国际公约的规定为蓝本分析，《修（八）》对于已满 75 周岁老年犯罪人附条件地不适用死刑的规定非但充满人道精神，而且适应了国际公约的要求，对于正在走向国际社会的中国，无疑是一次正面的宣传。

其三，纵观世界各国，虽然对于贯彻国际公约要求对老年犯罪人限制适用死刑的做法不一，但是，仍有很多国家的刑法明确规定了适用死刑的年龄上限。例如，《蒙古人民共和国刑法典》第 18 条第 2 款规定，“六十岁以上的男人、妇女和犯罪时不满十八岁的人不得适用死刑”；菲律宾现行刑法即 1932 年实施的《修正刑法典》第 47 条规定，“犯罪分子年龄超过 70 周岁的”，不适用死刑；《俄罗斯联邦刑法典》第 59 条规定，“对妇女，以及犯罪时未满 18 岁的人和法院作出判决时已年满 65 岁的男子，不得判处死刑”；墨西哥刑法规定 60 岁以上老年人犯罪不适用死刑；哈萨克斯坦刑法规定 65 岁以上老年人犯罪不适用死刑。这些立法例可资借鉴，它们反映了人类的某种共同价值，即对濒于生命尽头的人所怀有的仁慈与怜悯。

其四，即使在一些没有规定对老年犯罪人限制适用死刑的国家，也会有其他的较之我国刑法更多的限制死刑适用的规定。比如，越南

---

① 刘仁文．对《中华人民共和国刑法修正案（八）（草案）》的几点意见．法学杂志，2010（12）．

刑法第35条规定，正在哺育36个月以下婴儿的妇女不适用死刑；瑞士刑法分别对已满15岁、不满18周岁的“少年”和已满18周岁而未满25岁的“青年”规定有别于完全成年人的更为人道且有针对性的刑罚处遇措施；喀麦隆刑法第22条规定，“死刑禁止在周末或者公共假日里执行”；等等。诸如此类规定表明，人道地限制死刑的适用是保留死刑的国家所一致主张的；所不同者，无非是如何限制和对哪些人限制，而后者，是建立在一国（地区）传统文化基础之上的刑法制度选择。《修（八）》之所以不规定节假日不执行死刑或不作其他限制死刑适用的规定，而是规定对已满75周岁的犯罪人不适用死刑，其实是中国尊老爱幼的文化传统使然。根据我国学者对“中国古代法律中关于老年人犯罪从宽处罚的规范”[①] 的考证，我国关于老年人犯罪可以减免刑事责任的有关规定可谓源远流长；“法律上有此规定至少是肇始于西周，经过春秋战国、汉代、魏晋南北朝和隋朝的发展，到唐代形成了比较完备的制度。按照唐律的有关规定，满70岁者犯罪即有从宽处遇；满80岁者犯谋反、谋大逆、杀人罪应判死刑者要上报皇帝裁决，犯盗窃与故意伤害罪可以拿钱抵罪，犯其他罪不予追究刑事责任；满90岁者即使犯死罪也不追究刑事责任。唐律中对老年人犯罪从宽处理的制度为后世，尤其是宋、明、清诸代所承袭。直到民国时期，刑法中仍有对老年人犯罪从宽处理的内容。如1928年颁行、1935年修正的《中华民国刑法》载明：“满80岁人犯罪者得减轻处罚，并不处死刑或无期徒刑”[②] “一切问题，由文化问题产生。一切问题，由文化问题解决。”[③] 在中国尊老爱幼文化传统之下，在中国刑法对老年人犯罪从宽处理几成惯例的立法史之中，《修（八）》对已满75周岁的老年犯罪人限制适用死刑的规定，在社会上极易得到认同和施行；它也是我国立法者在刑事立法中有效结合中国矜老恤幼文化传统与限制死刑适用国际潮

① 赵秉志. 中国古代法律中关于老年人犯罪从宽处罚的规范//赵秉志. 刑法论丛（2010年第4卷·总第24卷）. 北京：法律出版社，2010：534-545.

② 赵秉志. 关注老年人犯罪应否免死问题. 法制日报，2010-10-27（12）.

③ 钱穆. 文化学大义. 新北：正中书局，1981：3.

流的体现。

最后，至于社会各界所广为争论的不适用死刑的老年犯罪人的年龄问题，笔者以为，这不是问题的关键。究竟应该规定对已满多少岁的老年犯罪人不适用死刑？60 岁？65 岁？70 岁？80 岁？90 岁？社会各方对此各执一词。争论当然是有原因的。我国 1996 年 10 月 1 日起施行的《老年人权益保障法》（2018 年修正）（以下简称《老保法》）第 2 条规定："本法所称老年人是指六十周岁以上的公民。"《治安管理处罚法》第 21 条规定，"七十周岁以上的"人是老年人；《修（八）》将不适用死刑的老年犯罪人的年龄界定为 75 周岁而不是《老保法》规定的 60 周岁或《治安管理处罚法》规定的 70 周岁，这说明，我国刑事立法者并不赞成对所有符合《老保法》年龄条件的老年人犯罪不适用死刑，而是在考虑犯罪特殊预防与一般预防相结合、人权保障与社会保护相统一的情况下，既考虑到老年人的基本人权，也兼顾打击犯罪的实际需要，将不适用死刑的老年犯罪人的年龄界线定为 75 周岁，而不是 60 周岁，从而在宽严之中实现了老年人权益保障与打击犯罪的和谐共济。当然，降低到对已满 70 周岁的老年犯罪人不适用死刑，从某种角度来说，也许比现在的规定更加有实际意义。根据 2020 年 6 月 6 日国家卫生健康委员会发布的《2019 年我国卫生健康事业发展统计公报》，世界卫生组织发布的《2008 年世界卫生报告》，中国人的平均寿命是 77.3 岁。其中，男性的平均寿命 75 岁，女性的平均寿命为 77.9 岁。[①] 相对于以上平均寿命来说，规定 75 周岁显然有些脱离实际。更何况，检察机关审查起诉部门办理的老年人（60 周岁以上）犯罪案件统计显示，从 2006 年至 2008 年，70 周岁～74 周岁的老年人犯罪案件仅有 2 件。[②] 根据最高人民法院《2018 年全国法院司法统计公报》公布的数据，2018 年全国罪犯为 1 428 772 人，其中作案时年龄在 60 岁以上的为 44 173 人，占比仅为 3.09%。这表明，在司法实践中，70 周岁以上的老年人犯罪案件本身

① 世界卫生组织. 2020 年世界卫生统计（World Health Statistics 2020：Monitoring health for the SDGs），2020：1，42.

② 杨宏亮. 老年人犯罪情况调查与法律机制完善研究. 犯罪研究，2009（4）.

就很少。这就更加意味着《修（八）》规定的审判时已满75周岁的人不适用死刑实际意义其实并不大。

如果理解了《修（八）》对已满75周岁的老年犯罪人不适用死刑规定的精神和内涵，那么，同理，就可以理解《修（八）》第1条关于"已满七十五周岁的人故意犯罪的，可以从轻或者减轻处罚；过失犯罪的，应当从轻或者减轻处罚"的规定，以及第11条关于"已满七十五周岁的人"犯罪，符合缓刑条件的，"应当宣告缓刑"的规定。

四、结　语

我国刑法人权保障机能的发展正处于瓶颈期，它面临着虽然内涵丰富但却难以贯彻于实践中的固有弊端。出罪论的体系构建无疑是打破僵局，使刑法的人权保障机能焕发生机与活力的重要契机。我国刑法虽然在人权保障机能的实现上还有很多不足，然而，以《修（八）》为代表的刑事立法成果，充分彰显了我国刑法的人权保障机能，体现了我国刑法在人权保障机能实现上的努力。虽然现阶段我国死刑废除的象征性意义大于实际效果，但是，"继1998年中国签署《公民权利和政治权利国际公约》之后，尽管中国现今仍未批准该公约，也未能在举办奥运会的2008年批准该公约，但中国似乎正朝着联合国于1971年指出的方向坚定前行：'为了充分保障《世界人权宣言》第3条所规定的生命权，要实现的主要目标是逐步缩减可适用死刑的犯罪数量，并意识到世界上所有国家废止死刑的必要性'"[①]。这意味着我们毕竟在进步，死刑废止之路虽然漫长但却充满着希望。虽然《修（八）》的内容并非全部是出罪与轻刑化，它也有加重生刑、严格减刑条件、注意民生保护、加大对黑社会犯罪等的打击力度，以及将危险驾驶、恶意欠薪等行为入罪化等不足，毕竟，现阶段我国刑事立法的发展方向是犯罪化而不是非罪化[②]，虽然《修（八）》中关于轻刑或者从宽量刑情节的有关规定也存在着种

---

① 罗吉尔·胡德．废止死刑：从全球视角看中国．苗苗，赵远，译//赵秉志．刑法论丛（2010年第2卷·总第22卷）．北京：法律出版社，2010：43-44．

② 张明楷．刑事立法的发展方向．中国法学，2006（4）．

种不足，诸如对未成年人、老年人之人权保障的种种规定“欲进还止”，诸如“坦白从宽”的法定化可能会因违背现代刑事司法基本理念而受到批判等①，但是，即便如此，这些存在不足之处的内容，也难以动摇整个《修（八）》所体现出来的人权保障之主旋律，不会削减《修（八）》在推动中国人权事业进步方面所取得的卓越成效。作为人权事业中所取得的硕果，《修（八）》所具有的意义将会长存，并且，与以往所有刑法修正案相比，它也因此而将成为相对最好，也是最有影响的刑法修正案。成文法固然是人类智慧的重要成果，但入罪与出罪这一个和个人利益息息相关的话题，是一纸文本所难以承载的重任；尽管我们有理由相信立法者在立法当时都是秉持着公平正义的心态，但又不得不承认，立法者的智慧在面对复杂的社会情况时难免会捉襟见肘，甚至会促成不合理的裁判。司法实践中入罪思维的形成，固然有司法机关自身的因素，但说到底也有立法的原因。出罪论体系的构建，对于反思立法目的、回应司法难题具有重要的意义，以之为基础拓展人权保障机能在刑法领域的新发展尤其值得期待。

① 陈瑞华．义务本位主义的刑事诉讼模式——论“坦白从宽、抗拒从严”政策的程序．清华法学，2008（1）．

第四章　刑事立法对法教义学的影响：基于实质出罪论

如何定位出罪论，以使之与现行刑事立法相协调，是出罪论法教义学展开的基础问题。表面上看，哪些行为能够出罪已经为立法所明确，只要遵循立法规定就能够做到合法出罪。但实质上，由于立法规定本身是半开放的，所以对于哪些事由能够作为出罪的依据，只看立法规定很难得出结论。对法教义学而言更是如此。这是因为，虽然我国刑事立法中有但书规定、正当防卫以及紧急避险等条文为出罪论提供立法上的依据，但法教义学上的出罪理论明显更加广泛，其理论内涵更加丰富，如实质违法性理论、期待可能性理论等。问题是：这些理论拓展出的出罪事由是否为当前我国刑法立法所包容？或者说，刑事立法是否已经限制了从法教义学的角度进行出罪的空间？

一、刑事立法对法教义学的影响

法教义学是当下我国法学研究自觉发展所呈现的一种方法论范式，它是对法律之规范性及其规范性如何的问题进行的法哲学上的阐释。[①] 法教义学并非“冥想式”的法学研究范式，它能够与立法及司法进行互动，具有阐释立法、指导立法的功能，并在此过程中进行自我检思。

法教义学是以法律文本为根据的，是“依照法律规范的内在逻辑和体系要求解释、应用及发展法律的做法”[②]。尊重法律文本或立法，是

① 雷磊. 法教义学的基本立场. 中外法学，2015（1）.

② 许德风. 法教义学的应用. 中外法学，2013（5）.

法教义学的基本特质。形式法治与实质法治是法教义学中常常发生碰撞的两个命题，碰撞后最终的结论大多是，形式法治是法治的基本形态，实质法治是形式法治的补充，只有在形式法治的基础上才能够追求实质法治。[①] 道理很简单：法教义学不可能脱离立法规定，只有尊重立法，法教义学才具有生命力。法教义学固然有着比较丰富的哲学思辨，但是其一开始就是以立法为起点来展开哲理性讨论的。比如，法教义学的重要问题之一是“何为法律”，而要回答该问题，就必须以承认和尊重法律规则为前提。因此，不存在脱离立法的法教义学，法教义学自始就与立法有着紧密的联系。

为什么要提倡法教义学？其中一个重要原因是法教义学在阐释和审查立法方面具有不可替代的功能：它既可以对法有明文规定的事项进行理论补强，又可以对法无明文规定的事项进行推导和证成。

其一，对法有明文规定事项的理论补强。法之精义在于理，立法之所以这样规定而不是那样规定，都离不开一个理字。处在不断变迁之中的刑法规范，为何有的条文经久不变，为何有的条文随着时代变迁又要不断调整？这种种不变与变，都要用法教义学来阐释。当然，法教义学对立法的阐释不是一成不变的，甚至同样的条文在不同的时代背景下，其内涵也会发生变化。但即使如此，法教义学阐释立法的功能仍能经久不衰，其关键在于法教义学注重体系与逻辑。体系建构的目的是形成一套相对稳定的标准，逻辑为说理的生成提供严密的方法论支撑。例如，犯罪论体系说到底只是犯罪成立标准问题，从实践的角度来看，只要刑法有着明文规定，在多数情况下依不依照这套体系，所得出的结论都是一致的。但是，犯罪论体系的功能绝不限于指导司法实践，它最主要的功能在于，按照构成要件该当性、违法性与有责性的逻辑，检验立法规定是否合理与有效。

其二，对法无明文规定事项的推导和证成。一般而言，成文法有两大缺陷：一是欠缺足够的灵活性，二是难以顾及社会的变迁。前者表现

① 刘艳红．形式与实质刑法解释论的来源、功能与意义．法律科学，2015（5）.

为立法的僵化，后者主要体现为立法的滞后性。不灵活的立法或许能够做到形式公平，但却不可避免地在某种情况下造成入罪与出罪的不合理。滞后的立法可能产生法律漏洞，难以对新出现的违法犯罪行为进行有效的规制。在法无明文规定的情况下，通过法教义学严密的逻辑推理和理论证成，司法能够自主地对法律进行续造，而不是被动地放任不管。法教义学对法律的续造是极其例外的情形，它不会破坏法的安定性，而成功的法律续造，如果能够在短期内转化为立法规定，就能够使立法快速适应社会生活的变迁。不仅如此，对于不合理的立法规定，法教义学还具有批判的功能，通过引导立法的方式来废除、修改不合理的立法。

二、改革开放四十余年来我国刑事立法的特点

改革开放四十余年来，随着国家政治日益强盛、经济日益繁荣，新中国的刑法从无到有，从粗略到细致，从不健全到日益完善。在此过程中，刑事立法呈现出粗放型与象征性两大特点，表现出从粗放立法到象征立法的特点变迁。

从 1979 年到 1997 年，我国刑事立法呈现出粗放型的特点。粗放型刑事立法，主要是指新中国第一部刑法典即 1979 年刑法典。它是在粗略与疏放亦即粗疏立法观指导之下制定的，是我国刑事立法起步阶段立法技术欠发达的体现。

我国刑事立法向来有粗疏立法观与细密立法观之争。“粗疏立法观认为，法律要保持其对复杂现实之较大适应性，就应制定得粗疏一些……粗疏立法观奉行的就是‘法网恢恢，疏而不漏’，即认为立法之‘疏’是做到司法‘不漏’的妙方。细密立法观则认为，只有具有明确性，法律才能充分发挥其普遍规范作用，减少主观任意性，实现公正价值。因而主张法律应当尽可能规定得细致周密一些”[①]。毫无疑问，在我国起主导作用的是粗疏立法观。

新中国成立早期，即从 1949 年至 1979 年，国家只有几个单行刑法，

---

① 赵秉志主编. 中韩刑法基本问题研讨. 北京：中国人民公安大学出版社，2005：82.

如《惩治反革命条例》《妨害国家货币治罪暂行条例》《惩治贪污条例》《惩治不法地主暂行条例》等，这些文件都是针对某一类型的犯罪而制定的，极不规范，与社会主义法治要求并不相符。历经1950年中央政府法制委员会起草的两个刑法文本，以及1954年全国人大第一次会议通过的宪法和5个组织法以后，刑法的起草工作正式由全国人大常委会办公厅法律室负责。[①] 1979年7月6日，新中国成立后的第一部刑法典宣告诞生。

1979年刑法制定的立法指导思想是“宜粗不宜细”“宁疏勿密”。这一原则的确立是特定历史背景和条件的产物。新中国成立之初国内外政治斗争复杂，对于经验不足的新中国的统治者来说，对法律便宜性的需要超过了对法律明确性的需要。粗疏的刑法典能够由适用者随意解释，当然有利于更好地打击犯罪以保护国家和社会的利益。由此，“作为中国现行刑事立法主体或主要部分的刑法典，在立法技术上最大的特点之一，就是弹性大、不具体、可操作性差。这已是中国刑法学界的共识”[②]。1979年刑法的粗，首先表现在：对于犯罪类型没有做到精细化、准确化规定，而是在仅仅规定了130个罪名之后，在《刑法》总则第79条规定了类推制度，即对于“本法分则没有明文规定的犯罪，可以比照本法分则最相类似的条文定罪判刑”，从而为对犯罪行为的随意认定打开了藩篱。以往学界对类推制度的批判主要是其违反罪刑法定原则，在立法技术上，该条是粗疏立法观的典型代表。以类概全，凡是刑法分则没有规定的，均可比照援引最相类似的条文定罪量刑。此种做法可谓粗放的极限。此外，1979年刑法的粗还表现在“制定刑法时对有些犯罪行为具体分析研究不够，规定得不够具体，不好操作，或者执行时随意性较大，如渎职罪、流氓罪、投机倒把罪三个‘口袋’，规定得都比较笼统”[③]，与此同时，“犯罪的分类上‘粗线条’，不同性质的犯罪

---

① 高铭暄. 中华人民共和国刑法的孕育诞生和发展完善. 北京：北京大学出版社，2012：前言1.

② 赵秉志主编. 刑法争议问题研究：上卷. 郑州：河南人民出版社，1996：11.

③ 关于《中华人民共和国刑法（修订草案）》的说明. 1997年3月6日第八届全国人民代表大会第五次会议.

类别合在一章之中，本应分离的条文合在一个条文之中”，“对罪状的描述简单，采用简单罪状的条文多，对犯罪构成要件大多缺乏必要的描述；对法定刑规定的幅度过大”①，等等。

针对1979年刑法的上述缺点，1997年第八届全国人民代表大会提出对1979年刑法进行修订、补充和完善。针对1979年刑法规范粗疏的缺陷，全国人大常委会确立了1997年刑法亦即现行刑法修改的三个指导思想，即：制定一部统一的、较完备的刑法典；注意保持法律的连续性和稳定性；对一些原来比较笼统、原则的规定，尽量把犯罪行为研究清楚，作出具体规定。② 由此，1997年刑法废除了类推制度，确立罪刑法定为刑法的基本原则，该原则的派生原则之一就是明确性原则。由此，1997年刑法极大地克服了1979年刑法的粗疏性，刑法规范更加明确。1997年刑法的条文数为452条（1979年刑法为192条），罪名数为413个（1979年刑法的罪名数为130个）。1997年刑法将1979刑法中规定得过于笼统的几个口袋罪分解、细化为若干罪名，最为明显的就是废除了流氓罪，将之分解为现行刑法中的强制猥亵、侮辱罪与猥亵儿童罪（第237条）、侮辱罪（第246条）、聚众斗殴罪（第292条）、寻衅滋事罪（第293条）、聚众淫乱罪（第301条第1款）等罪状更为清晰、外延更为狭窄的具体罪名。对罪状的规定更加严密细致，叙明罪状广泛采用，空白罪状大为减少，尽量减少了模糊性用语并尽量明确了情节严重、情节恶劣、其他等用语的范围。总之，1997年刑法“概括性用语大为减少，犯罪构成设计严密，规定具体详细”③，“刑法典的体系更加完整，此罪与彼罪之间的界限更加明确、具体，法定刑之间更加平衡，可操作性更强”④。

然而，1997年刑法并未从根本上摆脱1979年刑法粗略与疏放的特

① 刘艳红. 开放的犯罪构成要件理论研究. 北京：中国政法大学出版社，2002：334.

② 关于《中华人民共和国刑法（修订草案）》的说明. 1997年3月6日第八届全国人民代表大会第五次会议.

③ 同①335.

④ 高铭暄. 中华人民共和国刑法的孕育诞生和发展完善. 北京：北京大学出版社，2012：前言4.

点，其刑法规范总体上仍然呈现出粗放型的特点。“与1979年刑法相比，1997年刑法在细密化方面有了很大的进步，但是仍有不少不尽如人意的地方”①。这体现在：一是口袋罪名仍然很多，如由流氓罪分解而来的寻衅滋事罪，由投机倒把罪分解而来的非法经营罪，以及以危险方法危害公共安全罪、破坏生产经营罪等等，这些罪名的罪状内涵不清、外延不明，成为实践中惩罚违法犯罪行为的急先锋，乃至最终发展为口袋罪。二是1997年“刑法立法比较粗疏和抽象，由最高司法机关制定了大量的司法解释，其数量远远超过刑法条文的数量，没有大量的司法解释，司法机关几乎无法办案”②，因此，“在目前这种刑事立法状况下，仍有特别强调细密立法观、降低立法抽象性的必要，这也是罪刑法定原则的要求”③。

从1997年至今，我国刑事立法呈现出象征性的特点。象征性刑事立法，是指1997年刑法之后，我国立法机关颁布的十部刑法修正案，是在象征性立法观指导下制定的。它体现了我国刑事立法起步阶段法规范的随意性和欠缺操作性。

1997年刑法不够完备与细密，加之社会的改革和进步，很多新型犯罪急需刑事立法的回应。为了惩治破坏社会主义经济秩序犯罪、恐怖犯罪、贪贿渎职犯罪等，保障社会主义现代化事业的顺利进行，以及保障国家安全和人民生命、财产安全，维护社会秩序，我国立法机关自1997年起至2020年二十余年间共颁布了一部单行决定④和十部刑法修正案。其中有以废除死刑罪名为代表性内容的刑罚轻缓化的立法改革，但更多的是围绕新型行为入刑入罪或扩大已有罪名的处罚范围或提升法定刑而进行的修订，由此一来，现行刑法罪名由1997年颁布之时的413个增至目前的469个。这些新罪的设立，极大地扩大了我国刑法的处罚范围，使我国刑法立法模式由传统的厉而不严转变为了严而

①②③ 赵秉志. 中韩刑法基本问题研讨. 北京：中国人民公安大学出版社，2005：83.

④ 1998年12月29日全国人大常委会颁布的《关于惩治骗购外汇、逃汇和非法买卖外汇犯罪的决定》。

不厉，甚至是又严又厉。[①] 厉而不严是指刑法犯罪圈并不严密但处罚严厉；严而不厉是指刑法犯罪圈严密但是处罚并不严厉。大量新型行为的入罪化使刑法犯罪圈大为严密，但是受《世界人权宣言》《公民权利与政治权利国际公约》等诸多国际人权公约的影响，以及世界刑罚轻缓化的改革潮流的影响，这些新罪的刑罚都不严厉，甚至非常轻缓。比如，2011 年《修（八）》新增《刑法》第 133 条之一，规定危险驾驶罪，其法定刑是拘役外加并处罚金。最终，在 1997 年刑法颁布之后的二十余年间，我国刑事立法呈现出象征性的特点。象征性立法是指，表达立法者对犯罪威胁的打击姿态与反制情绪、谴责态度与惩罚立场，而并不发挥或难以发挥实质规制效果的立法。[②] 在此，立法者只是为了单纯满足社会期待，通过不断修改刑法“宣示国家已经着手采取相对应的行动来抗制风险”，并“逐步将公众所认为的风险纳入象征性立法的法规范体系之中”[③]，而就对犯罪的实际处罚来说，修改刑法并没有打击与预防犯罪的效果。

二十余年间，我国刑事立法的象征性主要体现在三大类犯罪，即恐怖犯罪、网络犯罪和环境犯罪。以恐怖犯罪为例：拉开象征性刑事立法序幕的是 2001 年 12 月 29 日公布的《修（三）》新增的三个恐怖犯罪，即资助恐怖活动罪、投放虚假危险物质罪和编造、故意传播虚假恐怖信息罪。随后，2011 年《修（八）》新增了恐怖犯罪活动构成累犯的规定；《修（九）》新增了五个恐怖犯罪罪名，修改了规制恐怖犯罪的《刑法》第 120 条之一、第 283 条、第 311 条等所规定罪名的罪状并提高了法定刑。在刑法修正案颁布之前，1997 年刑法只在第 120 条规定了组织、领导、参加恐怖组织罪。历经几部刑法修正案的修订，恐怖犯罪的罪名大为丰富、法定刑显著提高，刑法织起了严密的打击恐怖犯罪的法

---

① 储槐植．刑事一体化论要．北京：北京大学出版社，2007：54－66．

② 刘艳红．象征性立法对刑法功能的损害．政治与法律，2017（3）．

③ Peter-Alexis Albrecht，Das nach-präventive Strafrecht，in：Institut für Kriminalwissenschaften und Rechtsphilosophie Frankfurt a. M.（Hrsg.），Jenseit des rechtsstaatlichen Strafrechts，2007，s. 5.

网。然而，法网固然恢恢，反恐却难奏效。如此多的恐怖犯罪罪名，并未有效遏制恐怖犯罪，其在全球的高发态势时时证明了刑事治理的乏力。恐怖犯罪不是普通的刑事犯罪，而是不同国家、社会与种族之间政治、经济与文化冲突的结果；它不是法治社会的法律问题，而是风险社会的风险问题，甚至是人类社会的准战争问题。法治手段只能解决法治社会的秩序问题，不能解决风险乃至准战争问题。[①] 但是，我国刑法修正案基于现实生活中打击恐怖犯罪的需求，为了及时回应民众对安全的情感渴望，仍然对恐怖犯罪立法采取了犯罪化、处罚扩大化等多方面举措。诸如此类犯罪立法，与其说是"要保护国民的实际的具体的利益，毋宁说，是为了回应国民'体感治安'的降低，试图保护其'安心感'，作为象征性立法的色彩要更浓一些"[②]。总之，恐怖犯罪立法充分体现了我国政府的反恐姿态，因此它是象征性立法而非实效性立法。

二十余年间，网络犯罪和环境犯罪同样是缺乏实际效果的象征性立法。十部刑法修正案对网络犯罪和环境犯罪以犯罪化和重刑化为主要方向的频繁修改，也只能表明立法者面对日益严峻的网络安全威胁和环境污染，以立法手段抗制网络和环境生态风险的姿态。此外，十部刑法修正案还有其他象征性立法的例子，比如，侵犯未成年人权益的有关犯罪，也是比较典型的象征性立法。雇用童工从事危重劳动罪、组织儿童乞讨罪、组织未成年人进行违反治安管理活动罪、引诱未成年人聚众淫乱罪这几个以未成年人为对象的罪名，在司法实践中难以适用，判决甚少，而且其行为的性质难以认定，其与违反治安管理法的一般违法行为界限模糊。由于被侵害的未成年人年幼而难以取得证据，未成年人的家属法制意识淡薄而不愿意配合等种种原因，导致这些罪名在对未成年人的权益保护方面仅具有精神上的安抚作用，仅表明我国立法者大力贯彻未成年人权益保护法，主动从刑事立法上关心与保护未成年人权益的姿态。但事实上，侵害未成年人权益的犯罪深受国家

① 刘艳红. 二十年来恐怖犯罪刑事立法价值之评价与反思. 中外法学，2018 (1).

② 松原方博. 刑法总论专题研究：一. 王昭武，译. 河南省政法管理干部学院学报，2010 (3).

社会、经济形势的影响。出于谋生需求，农村家庭的父母往往外出务工，其子女更多也更易成为这些违法犯罪行为的被害人。这表明，保护未成年人的权益，在无法深层次解决国家经济结构与家庭监护等社会问题的前提下，末端的刑法保护往往力有不逮。此外，动用刑法解决欠薪、考试作弊、群众安全事故等问题而设置的有关罪名，也都是象征性立法的例子，由于篇幅所限，在此不一一展开。

象征性立法之所以成为晚近二十余年来刑事立法的主要特点，与回应型立法观的影响密切相关。在进入现代化阶段的国家中，英、美等国因采“内生型”现代化模式而引领了世界现代化进程的潮流，从而也最早遭受了以腐败犯罪为代表的系列犯罪的严重困扰。作为世界工业革命乃至现代化的发源地的英国首当其冲地受到了腐败的严峻挑战。面对腐败，英、美一改其悠久的普通法传统，毅然选择了制定法模式，逐步形成了“预防型”的立法战略。[①] 这种基于回应打击犯罪的现实需求与预防犯罪的迫切需要而进行的立法，往往过于注重舒缓民众的焦虑和镇定其情绪，使刑事立法的着力点在于回应社会需要，使刑事立法更具有开放性和弹性。它看起来是一种立法模式，但其实已经演变成了一种国家治理的政策模式[②]，因而象征性条文逐渐增多。对于打击犯罪的需求一味主动、及时地回应，使立法者难以对犯罪的实际样态加以总结后理性立法，从而造成情绪安抚重于实际效果，姿态表达高于立法操作，象征性立法也因此成为刑事立法的突出特点。

早期刑事立法的粗放型与晚近刑事立法的象征性中，前者是技术上的特点但同时也关切着实质内容，后者是实质上的特点但同时也与立法技术密切相连；同时，无论是技术形式还是实际质效，它们最终都与立法质量紧密相关。从某种程度看，它们也都是我国刑事立法质量有待提高的表现。

---

① 刘艳红．中国反腐败立法的战略转型及其体系化构建．中国法学，2016（4）．

② P. 诺内特，P. 塞尔兹尼克．转变中的法律与社会——迈向回应型法．张志铭，译．北京：中国政法大学出版社，2004：89．

三、以良法善治与立、改、废、释合理确定犯罪圈

（一）出罪论的立法路径：良法善治与立、改、废、释

改革开放四十余年来刑事立法粗放型与象征性的特点，与新时代对科学立法的要求存在着差距。中国共产党十八届四中全会通过了《中共中央关于全面推进依法治国若干重大问题的决定》，提出全面推进依法治国，“总目标是建设中国特色社会主义法治体系，建设社会主义法治国家”。该决定高屋建瓴地指出：“建设中国特色社会主义法治体系，必须坚持立法先行，发挥立法的引领和推动作用，抓住提高立法质量这个关键。”[①] 提高立法质量的关键在于科学立法。习近平总书记指出，“要积极推进重点领域立法，深入推进科学立法、民主立法、依法立法，提高立法质量和效率，不断完善以宪法为核心的中国特色社会主义法律体系”[②]。虽然刑事法领域是常规立法领域，但是，刑法是国家的基本法律，加强刑事立法是推动和发展社会主义法治的一件大事，也是完善我国刑事法律的重要工作。刑法的特殊地位决定了未来我国刑事法领域科学立法的推进工作还需大力加强。

如何以科学立法促进高质量的刑事立法？根据习近平总书记关于依法治国，尤其是关于科学立法的战略思想，结合刑法的自身特性可知，以科学立法促进高质量刑事立法的判断标准是，是否良法善治；以科学立法促进高质量刑事立法的具体路径是，立、改、废、释并举。

首先，以科学立法促进高质量刑事立法的判断标准是，是否良法善治。

习近平总书记强调：“法律是治国之重器，良法是善治之前提”[③]，要“以良法促进发展、保障善治”，“要推动把社会主义核心价值观贯穿

① 中共中央关于全面推进依法治国若干重大问题的决定．人民日报，2014-10-24（1）．

② 习近平．完善法治建设规划提高立法工作质量效率 为推进改革发展稳定工作营造良好法治环境．人民日报，2019-02-26（1）．

③ 中共中央关于全面推进依法治国若干重大问题的决定．人民日报，2014-10-24（1）．

立法、执法、司法、守法各环节，使社会主义法治成为良法善治”[1]。为了实现良法善治，必须坚持科学立法。为此，科学立法首先要求所立之法是良法，通过良法实现善治。根据亚里士多德关于良法的基本论断——“法治应包含两重含义：已成立的法律获得普遍的服从。而大家所服从的法律又应该本身是制定得良好的法律。”[2] 结合刑法的特性，判断立法者所制定的刑法是否是良法，应该有如下三个基本标准：（1）规定明确的法；（2）富有实效的法；（3）公平正义的法。

良善的刑法必须是规定明确的法。已成立的刑法要想获得普遍的服从，其前提是刑法条文必须明确易懂，这既是亚里士多德良法论的题中之意，也是刑法明确性原则的基本要求。从英美法系国家宪法上的正当法律程序原则发展而来的明确性原则，又被称为“不明确而无效的理论”，它要求不但实现“明文预告刑罚法规”，而且“刑罚法规的内容必须清晰明确，必须让国民容易理解”[3]，否则，如果“法律是用一种人民所不了解的语言写成的”，或者“法律的含混性”导致人们无法“了解和掌握神圣法典”[4]，那么法律的规定就是无效的。只有规定明确的法，对犯罪构成要件以及刑罚种类和幅度都规定得明晰确切的法，才能获得国民的认同乃至服从，而不至于不教而诛。明确性原则在刑法理论界早已得到一致认可，据此应以法官能够根据法条的规定公平统一地适用刑法为依据，防止法官擅入人罪。因此，只有规定明确的法才是良善的法，含混的高度概括性的法都不是良法。

良善的刑法必须是富有实效的法。已成立的法律要想获得普遍的服从，除了必须明确清晰，还必须富有实效。象征性立法欠缺实效，国民难以服从。实效性立法重视的是法益保护，着重考虑的是行为对刑法所保护利益的侵害与威胁及其后果。但象征性立法往往脱离对法益的肯

---

① 习近平．加强党对全面依法治国的集中统一领导 更好发挥法治固根本稳预期利长远的保障作用．人民日报，2018-08-25（1）.

② 亚里士多德．政治学．吴寿鹏，译．北京：商务印书馆，1965：199.

③ 西田典之．日本刑法总论：2版．王昭武，刘明祥，译．北京：法律出版社，2013：44.

④ 贝卡里亚．论犯罪与刑罚．黄风，译．北京：中国大百科全书出版社，1993：15.

认，偏向于对行为规范或伦理秩序的认同。比如《刑法修正案（九）》规定的强制穿戴宣扬恐怖主义、极端主义服饰、标志罪，其惩罚并非基于法益侵害及其结果无价值，亦即不是基于恐怖主义犯罪的具体危害后果，而是基于穿戴宣扬恐怖主义等的服饰、标志的违规行为，是规范违反及其行为无价值。这类立法都是回应民众安全需求的象征性立法。但事实上，“刑法的目的，至少其主要目的不在于保护国家自身或维持伦理秩序，而在于保护个人的生命、身体、自由、财产”，只有这些法益才充分体现了“市民的安全需求”或“市民的保护需求”[①]。换言之，保护具体法益较之保护国民的安心感，前者更加符合国民对安全的需求，而且有时“为了回应国民呼声的象征性立法不但没有解消国民的不安，有时甚至反而起到了加深这种不安的效果”[②]。为了使刑法规范更具实效性，就应该强化法益概念，避免象征性立法稀释法益的内涵；尤其是犯罪化的刑事立法，必须发挥法益的指引功能，不能将没有造成实际危害后果的违法行为纳入刑法规范体系之内。

良善的刑法必须是公平正义的法。古罗马塞尔苏士云，法律是善良公平之术。[③] 所谓善良，指的是道德良好；所谓公平，指的是正义。公平正义的法因此就是良法。刑法作为所有部门法的保障法，其公平正义的内在价值蕴涵与要求，就显得更为重要。对于何为公平正义，虽然千百年来聚讼纷纭，但基本认识仍然没有逃出古典法治思想的框架。所谓公平，其真实含义在于平等；所谓正义，其真实含义在于公正合理。同时，刑法规范还必须具备对人权和自由的保障机能，因为正如亚里士多德认为的，“法律不应该被看作‘和自由相对的’奴役，法律毋宁是‘拯救’自由”[④]。由此一来，刑法规范的设立应该是被动的。如果一味回应民众需求，过于主动出击而令规范滋彰，不符合刑法的谦抑性，故

---

① 平野龙一. 刑法的基础. 黎宏，译. 北京：中国政法大学出版社，2016：90.

② 松原方博. 刑法总论专题研究：一. 王昭武，译. 河南省政法管理干部学院学报，2010（3）.

③ 张宏生主编. 西方法律思想史资料选编. 北京：北京大学出版社，1983：22.

④ 亚里士多德. 政治学. 吴寿鹏，译. 北京：商务印书馆，1965：276.

而不是良善的法。比如，任何人都不因思想而受处罚（Cogitationis poenam nemo patitur）；思想通过税关，但是，不通过地狱（Gedanken sind zollfrei，aber nicht höllenfrei）；“有罪的思想和欲望只可以由上帝加以惩罚，只有上帝才能看透一个人的思想、内心和灵魂，而人间法官只能知道外部表现出来的行为”①。如果刑法处罚思想犯，则不是良善的法。再如，任何人犯罪，在法律面前一律平等。如果针对国有企业、民营企业、私营企业给予不同的刑法保护，则违背了刑法之公平正义理念，不是良善的法。由于公平正义话题的宏大，在此无论是详尽描述还是一一列举都将是不可能的，但以上例子至少从不同侧面展示了何为公平正义。如果刑事立法能够做到如习近平总书记指出的，“坚持以人民为中心，坚持从实际出发，坚持尽力而为、量力而行，以规范的程序、科学的决策维护重大公共利益、维护人民合法权益，促进社会公平正义，不断增强人民群众获得感、幸福感、安全感”②，那么，这样的刑法规范就是良善的。

总之，规定明确的法、富有实效的法与公平正义的法，以上三个标准如果达到，则这样的刑法必然是良善的，以之作为治国之重器，则乃良法善治。

其次，以科学立法促进高质量刑事立法的具体路径是，立、改、废、释并举。

良法善治更多彰显的是价值上的诉求，这一标准的落实，必须依赖一些具体的路径。习近平总书记指出：“要以立法高质量发展保障和促进经济持续健康发展。要适应新时代构建开放型经济新体制的需要，制定统一的外资基础性法律。对改革开放先行先试地区相关立法授权工作要及早作出安排。知识产权保护、生物安全、土地制度改革、生态文明建设等方面的立法项目要统筹考虑，立改废释并举。”③ 具体到刑事立

① 哈罗德·J. 伯尔曼. 法律与革命. 贺卫方，等译. 北京：中国大百科全书出版社，1993：228.

②③ 习近平. 完善法治建设规划提高立法工作质量效率 为推进改革发展稳定工作营造良好法治环境. 人民日报，2019-02-26（1）.

法而言，同样应通过立、改、废、释并举，全方位推动高质量刑事立法，以实现科学刑事立法。

立、改、废、释之“立”，是指对于新型违法犯罪行为要及时入罪。我国刑法自1979年至今的四十余年间，尤其是现行刑法于1997年颁布后至今的二十余年间，刑事立法的主要工作是“立”，刑法条文数为452条，刑法典字数为74 373字，罪名数为469个；1997年后至今十部刑法修正案对刑法典先后修改，并以犯罪化为修改的主要方向①，以及由此确立“刑法修正案作为刑法典修改补充方式的基础地位”②，都体现了我国刑事立法“立”的主要成效。面对国内外形势的新发展，面对我国政治经济与社会生活的巨大变化，我国立法者及时将新的犯罪行为纳入刑法规制，快速回应了与犯罪作斗争的现实需要。总体而言，这四十余年间的“立”是值得肯定的。但是，今后我国的刑事立法，设“立”新罪制定新规，均需更加谨慎而谦抑，不宜过快过激与过急地创设罪名，要在恪守刑法谦抑主义的前提下，有效地适用刑法同犯罪作斗争，以避免将刑法沦落为“社会管理法”而不是最后保障法。③ 虽然刑法谦抑主义不等于处罚范围越小越好④，但是，这也绝不意味着，一方面大谈刑法谦抑主义，另一方面却对刑法处罚范围的大小无动于衷，或者在立法活性化的背景下认为刑法的处罚范围越大越好。尤其应当注意的是，法定犯的犯罪化在当下我国刑事立法呈现过高趋势，十部刑法修正案犯罪化的罪名中99%的都是法定犯。“在政治层面，民主社会中的强制性规则，至少在理论上应当受到道德伦理的约束。强制性规则产生于这样的前提——民主国家应该保护而非限制个人的意思自治和自由。”⑤

---

① 每部刑法修正案新增的罪名及个数，详见刘艳红．刑法学：下　2版．北京：北京大学出版社，2016：6-7.

② 高铭暄．中华人民共和国刑法的孕育诞生和发展完善．北京：北京大学出版社，2012：前言13.

③ 刘艳红．当下中国刑事立法应当如何谦抑？——以恶意欠薪行为入罪为例之批判性分析．环球法律评论，2012（2）.

④ 张明楷．网络时代的刑法理念——以刑法的谦抑性为中心．人民检察，2014（9）.

⑤ 威廉姆·威尔逊．刑法理论的核心问题．谢望原，等译．北京：中国人民大学出版社，2014：20.

类似于危险驾驶，开设赌场，组织、领导传销活动，代替考试等罪名的设立，不是因为它们自身恶的性质而仅仅因为它们是法律所禁止的行为。对这些行为适当地犯罪化有助于实现国家的行政管理目的，但过多地犯罪化则令人深思“是否存在任何原则来决定什么行为应该被规定为犯罪、什么行为不应该被规定为犯罪”[①]？这表明，如何合理地设定新的刑法规范，是科学刑事立法所要解决的重要问题。

立、改、废、释之“改”，是指对于不合理的刑法规范要及时修改。四十余年间刑事立法的主要精力都放在了立新罪定新法上，忽略了对一些不合理刑法规范的修改。这些不合理的刑法规范有总则性的。比如，《刑法》第 3 条规定的罪刑法定原则，是否要改为“法无明文规定不为罪，法无明文规定不为刑”这一经典表述；《刑法》第 25 条规定的共同犯罪中是否应该增设过失共同犯罪的规定；《刑法》第 25 条至第 29 条关于共同犯罪人的分类是否改为单独根据分工分类法或单独根据作用分类法进行划分，以避免目前我国刑法混同使用两种划分标准而带来的种种问题。再如，对“犯罪与犯罪之间的竞合问题，我国刑法总则没有明确作出一般性的规定；某些主刑如管制、拘役、有期徒刑并存时如何并罚”[②]。不合理的刑法规范更多是分则性的，其突出体现是口袋罪。粗疏立法观以及宜粗不宜细的指导思想，给我国刑事立法留下的负资产就是数量众多的口袋罪。如何避免某一具体犯罪成为“口袋罪”成为刑法学者所共同关心的话题。如由流氓罪分解而来的《刑法》第 293 条规定的寻衅滋事罪，由投机倒把罪分解而来的《刑法》第 225 条规定的非法经营罪，第 114 条规定的以危险方法危害公共安全罪，第 276 条规定的破坏生产经营罪，第 286 条规定的破坏计算机信息系统罪，第 294 条规定的组织、领导、参加黑社会性质组织罪，第 397 条规定的滥用职权罪、玩忽职守罪，等等，这些罪名的罪状内涵不清、外延不明，最终发

---

① 威廉姆·威尔逊．刑法理论的核心问题．谢望原，等译．北京：中国人民大学出版社，2014：19.

② 高铭暄．中华人民共和国刑法的孕育诞生和发展完善．北京：北京大学出版社，2012：前言 13.

展为口袋罪。“××罪是一只筐，什么东西都往里装”，成为人们对口袋罪的形象描述。对于这些口袋罪，今后我国刑事立法应该尽量明确罪状或缩小外延，尽量不使用或减少使用兜底条款；将罪状难以明确的口袋罪罪名适当分解，尽量缩小这些口袋罪的边界。对于一些象征性立法的罪名，则应加强刑法学科与刑法理论对刑事立法与刑法规范、刑事司法与刑法实践的指导作用，杜绝刑事司法实践中的法条虚置现象，务必让刑事立法的规定发挥实效。

立、改、废、释之“废”，是指对于不适用的刑法规范要及时废除。刑事领域应该通过提高立法质量，保障和促进人民群众在每一个案件中实现公平正义。为此，既要适应风险社会对犯罪事先预防的立法需要而进行犯罪化立法，也不能抛弃以法益为核心概念对犯罪事后惩罚的基本立法。目前我国刑事立法在恐怖犯罪、计算机犯罪、信息犯罪、大数据犯罪等方面的表现主要是犯罪化；而与此同时，对于一些不再适用的刑法规范，尤其是一些个罪罪名，应该废除，亦即除罪化。只有立废并举，在犯罪化与除罪化之间保持基本的平衡，刑事立法才能实现科学性。“废”包括对刑法总则中不合理亦不适用的一些规定的废除，比如，《刑法》第 95 条在司法实践中并无实效，因为该条在两项列举性规定后使用的是令人无法确定内涵与外延的兜底条款“其他对于人身健康有重大伤害的”，而且无论是残废还是毁容抑或器官机能的损伤，最终都是依据《人体损伤程度鉴定标准》并经有关机关鉴定之后才确定的，因此第 95 条的规定本身就不具有可操作性，可以废除。“废”更主要是指对刑法分则中一些长期不适用的罪名的废除。在 1997 年刑法中，有相当一部分罪名已时过境迁，随着国家经济政策、刑事政策或者犯罪理论的发展变化而不再适用，甚至连象征性地表达立法者的情绪与姿态的意义都没有了。比如《刑法》第 158 条规定的虚报注册资本罪，第 159 条规定的虚假出资、抽逃出资罪，随着国家鼓励创新创业的一系列经济政策的出台以及公司注册资本要求的取消，这两个罪名实际上已失效。再如，随着 2015 年第十八届中央委员会第五次全体会议公报提出全面实施一对夫妇可以生育两个子女政策，旨在打击破坏计划生育行为的《刑法》第336条第2款规定的非法进行节育手术罪，无疑将会随着国家人口政策的变化与时代的进步而被淘汰，该条该罪在不久的将来将会成为新的僵尸条款与僵尸罪名。其他还应该废除的罪名有高利转贷罪（第175条）、非法吸收公众存款罪（第176条）、破坏军婚罪（第259条）、传授犯罪方法罪（第295条）、聚众淫乱罪（第301条）、冒充军人招摇撞骗罪（第372条）等，对这些行为都要实行除罪化。

科学的刑事立法会推动司法运行的法治化。如果说“法治政府建设”“对法治国家、法治社会建设具有示范带动作用”①，那么，刑事立法科学化对于法治国家的司法实践具有核心作用。要加强刑事立法科学化，加强立法对司法实践的约束作用，杜绝类似于《刑法》第20条第3款无限防卫这样的僵尸条款，杜绝《刑法》第276条之一拒不支付劳动报酬罪这样的稻草人条款，杜绝《刑法》第199条这样的没有任何实质内容只剩下条文数字的空条款，等等。对于这些条款或罪名，不能废除的，就应该修改；不能修改的，就应该及时推动加以适用，比如正当防卫条款。总之，长期不适用的条款是对立法资源的浪费，也是对法律权威的折损。长此以往，我国的法治事业也会受到影响。

立、改、废、释之“释”，是指对于不明确的刑法规范要及时解释。刑法学就是解释如何适用刑法规范的学问，由此发展出来的刑法教义学在解释的理念、方法、原则等基本理论上已自成体系。然而，从刑事立法层面的需要而论，我国刑法的解释一直是重有权解释、轻学理解释。刑法立法解释与司法解释，不但数量多、篇幅大，而且已经形成了“无解释不适用刑法”的局面。刑法有权解释在刑法这部主法之外已形成副法体系。“刑法为定罪量刑的主法，其适用却依靠刑法典之外的、以司法解释为主体的副法体系”②。这些“释”保障了刑法的正确实施，有

---

① 习近平. 完善法治建设规划提高立法工作质量效率 为推进改革发展稳定工作营造良好法治环境. 人民日报，2019-02-26（1）.

② 刘艳红. 观念误区与适用障碍：新刑法施行以来司法解释总置评. 中外法学，2002（5）.

效避免了司法实践对刑法条文的分歧和争议，最大限度地实现了司法公允。但是，立法与司法解释话语权的过于集中，导致学理解释及学术争议的萎缩，不利于发挥学术界创新社会主义法治理论的积极性。事实上，学者对刑法的法理解释对司法判决有重要作用。比如，在一起民、刑事交叉案件中，法官大胆引用学者的观点来论证民事判决与生效刑事判决之间如何协调[①]；又如在一起因美容致死案件的判决中，法官大胆采用了客观归责理论来分析报告人的行为是否制造了法所不容许的风险等关键问题。[②] 这些司法判决的做法有效促进了理论对实践的指导作用，发挥了学者释法的积极效果。但是，这种做法在我国还是极少数，学理的释法大多被轻视，学术话语体系难以形成，我国法治理论的学术自信深受影响，学术话语与政法话语之间也因此存在隔膜。在今后我国刑事立法工作中，应充分发挥学者的积极性，加强学理释法的应用。唯有如此，才能“在构建中国特色社会主义法治理论体系”的过程中，“大力推进法学学术话语体系的中国化、时代化、实践化、大众化转换，实现与法治的政治话语、工作话语融通，创新出具有中国特色的法治话语体系和理论体系”[③]。离开学者的学理释法，刑事立法规定再科学，也无法形成富有中国特色的刑法话语体系。

综上所述，立、改、废、释是指对于新型违法犯罪行为要及时入罪，对于不合理的刑法规范要及时修改，对于不适用的刑法规范要及时废除，对于不明确的刑法规范要及时解释。通过动态调整刑事立法，有立有废，有改有释，改变当下我国刑事立法只立不废、小改大立、重有权解释轻学理解释等种种不合理现象，促进科学刑事立法体系的形成。通过立、改、废、释，将刑法逐步发展为规定明确的法、富有实效的法与公平正义的法，最终使刑法成为真正的良法。通过良法实现善治，以科学立法促进高质量刑事立法，促进社会主义法治体

① 江苏省南京市玄武区人民法院（2013）玄商初字第580号。

② 北京市海淀区人民法院（2018）京0108刑初1789号。

③ 张文显．创新发展中国特色社会主义法治理论的四点认识．法制日报，2018-05-09(13).

系的进一步发展。

（二）我国刑事立法提供的三个出罪理念

改革开放四十余年来中国刑事立法从粗放型到象征性的特点变化，体现了从传统计划经济到社会主义市场经济的时代特点，因应了国内外风险社会的政治与社会形势。习近平总书记在哲学社会科学工作座谈会上指出，“哲学社会科学发展战略还不十分明确，学科体系、学术体系、话语体系建设水平总体不高，学术原创能力还不强”；同时指出，“落后就要挨打，贫穷就要挨饿，失语就要挨骂。形象地讲，长期以来，我们党带领人民就是要不断解决‘挨打’、‘挨饿’、‘挨骂’这三大问题。经过几代人不懈奋斗，前两个问题基本得到解决，但‘挨骂’问题还没有得到根本解决。争取国际话语权是我们必须解决好的一个重大问题”[①]。为此，我们应当“坚持以习近平新时代法治重要论述为引领，并将其贯穿于法学研究及学科发展的全领域，及时更新法学研究内容、研究方法和研究范式，进一步加快构建和完善新时代中国特色法学……话语体系”[②]。中国特色的刑法学话语体系，虽然不像国际法学话语体系那样容易传播与发挥影响，但是，刑事立法以及刑事治理作为国际社会关注的人权状况的组成部分，其话语体系的建立自有其特殊性与重要性。粗放立法→象征立法→科学立法，刑事立法的这一发展变化强调以立、改、废、释实现良法善治，符合刑事立法科学性的标准和路径，将有效促进高质量刑事立法下的刑法话语体系创新发展。

当下刑法学研究正处在一个前所未有的新时代，“新时代，是承前启后、继往开来、在新的历史条件下继续夺取中国特色社会主义伟大胜利的时代”[③]。新时代的中国刑法学，如何“承”苏俄刑法学之遗风，

---

① 习近平．在全国党校工作会议上的讲话．求是，2016（9）．

② 周佑勇．新时代中国法学研究及学科发展的新任务．武汉大学学报（哲学社会科学版），2019（2）．

③ 习近平．决胜全面建成小康社会 夺取新时代中国特色社会主义伟大胜利．人民日报，2017-10-28（1）．

“继”我国刑法文化传统之历史，“借”鉴德日刑法学之知识，“建”成中国特色的刑法话语体系，从早期的话语概念的输入国转变为未来的话语概念的输出国，实现以科学刑事立法促进刑法学话语体系的发展完善，是中国刑法理论界需要认真思考的问题。

科学的刑事立法可以促进中国特色刑法学话语体系的形成和发展完善。刑法学话语体系就是刑法概念体系，刑法概念的源头是刑法典条文，刑法理论研究的概念莫不是在刑法典条文概念的基础之上的延伸与拓展，学者所研究的刑法“科学中的概念和公理，绝非任意妄断的产物，实为真实之存在，经由长期而精深得探索”① 方至最终形成。比如，虽然我国刑法分则中侵犯财产罪一章并无处分的概念，但是，结合该章罪名的罪状分析，处分意思、处分行为等是财产犯罪的核心。由此，财产犯罪中的处分概念，正是基于财产犯罪的刑事立法以及司法实践而得出的一个极为重要的刑法概念。

根据法律的中国经验和西方样本，以及中国问题的现实性和中国意识的自主性，在中国刑事立法引领下，我国已经形成一些具有中国元素、能够弘扬中国法治文化的刑法学话语概念。

（1）宽严相济。

我国《刑法》第四章“量刑”，其中的累犯、自首和立功，尤其是其中的减刑、假释等，是根据犯罪分子被改造的不同情况而设立的刑罚制度。为了充分发挥减刑、假释等制度的积极功能，我国确立了宽严相济的刑事政策，强调“统筹兼顾、协调运用，不能只讲‘宽’而忽视‘严’，也不能只讲‘严’而忽视‘宽’”，而要“严中有宽，宽以济严”②。因此，这一刑事政策出台后饱受赞誉。宽严相济在中国法律文化上源远流长。《尚书·吕刑》《周礼·秋官·大司寇》《左传》《晋书·刑法志》《明史·刑法志》等历史文献中都有体现宽严相济精神的文字

① 卡尔·萨维尼. 论立法与法学的当代使命. 许章润，译. 北京：中国法制出版社，2001：23.

② 最高人民法院审判监督庭. 在减刑、假释工作中贯彻宽严相济刑事政策. 人民法院报，2010-05-05 (6).

表述，这些文字记载虽然没有宽严相济的表述，但内容体现了宽严相济的精神。[①] 中国传统文化强调和谐与和睦、中庸与中道，宽严相济既不过于严厉也不倾向过于宽松，它正是“利用本土资源、注重本国的传统”而形成的具有中国特色的刑法话语概念，某种程度上，该概念有助于“恢复中国的法律传统，可以建立与中国现代化相适应的法治”[②]，对于中国刑事治理模式与刑法话语体系的形成，都具有指导性的意义。

需要说明的是，宽严相济是我国的刑事政策，而非刑事立法。处理政策和法律间之关系的最佳方式是，通过立法程序将政策上升为法律。这样，便可以将执政党的施政理念和方式，向全国铺开，因为政策往往是执政党内部制定的，不具有国家意志性，而法律具有普遍性，其适用对象为全体公民；正如中国共产党的新发展理念如果能上升为国家法律就具有引领法治中国建设的最直接效果。[③] 但是，这一刑事政策已由最高国家司法机关通过司法解释的形式进行了有权确认。[④] 基于刑事司法解释在我国刑法规范体系中的副法地位与作用[⑤]，宽严相济刑事政策因此可以说获得了我国准刑事立法的认可。刑法理论界在此基础上的进一步拓展和研究，则使宽严相济成了贯穿我国刑事司法实践的一个基础性概念；同时，这一概念所蕴含的中国传统文化元素以及人类世界的法治文明价值内涵，使其具有民族性与世界性，对于塑造中国刑事法治形象、推动我国法治文化走向世界，都有着不可小觑的影响力。

（2）罪刑适用平等。

罪刑适用平等即指我国《刑法》第 4 条规定的罪刑适用平等原则。

---

① 马克昌．宽严相济刑事政策刍议．人民检察，2006（19）．

② 苏力．法治及其本土资源：3 版．北京：北京大学出版社，2015：7．

③ 周佑勇．五大发展理念与法治中国建设．法制与社会发展，2018（3）．

④ 2007 年 1 月 15 日最高人民检察院《关于在检察工作中贯彻宽严相济刑事司法政策的若干意见》，2010 年 2 月 8 日最高人民法院《关于贯彻宽严相济刑事政策的若干意见》，2010 年 3 月 24 日最高人民法院刑一庭《准确把握和正确适用依法从严政策》，2017 年 3 月 9 日最高人民法院《关于常见犯罪的量刑指导意见》，等等，这些司法解释先后对宽严相济刑事政策的内涵外延以及适用作出了详细规定。

⑤ 刘艳红．开放的犯罪构成要件理论研究．北京：中国政法大学出版社，2002：348．

该条规定，对任何人犯罪，在适用法律上一律平等。不允许任何人有超越法律的特权。法律面前人人平等原则是我国社会主义法制的重要原则之一，该原则的确立与社会主义市场经济在我国的发展紧密相连。市场经济的主体是平等的民事主体，身份性与阶层性在市场经济活动中成为障碍。为此，“1978 年，法学界以‘法律面前人人平等’口号掀起对包括法律平等在内的若干法学重大问题的大讨论。改革开放以来的 40 年，相关研究从深受阶级话语影响的思想争鸣，到阶级话语不断淡去的抽象理论研究，再到技术化、具体化的实践转向”①。这种实践转向的重要体现就是 1997 年《刑法》第 4 条将法律面前人人平等作为刑法的三大基本原则之一，使法律面前人人平等其从抽象的社会主义法制原则具体化为刑法的基本原则。虽然学界对于该原则是否有必要写入刑法典曾经产生过激烈争议，最终，其因“能够体现我国刑事法治的基本性质与基本精神，会有助于司法实务中减少与消除在适用刑法方面的特权现象”② 而被写入刑法典。法律面前人人平等原则到刑法罪刑适用平等原则的具体化，充分体现了中国特色社会主义人权事业与理论的发展轨迹和进步潮流；同时，它在实质人权保障理念上与西方古典思想家卢梭的平等思想如出一辙，社会中的每个人“生来都是平等的和自由的”③，说明了人权理念是不分国界与古今的。总之，罪刑适用平等原则所体现的理念是世界性的，但作为刑法基本原则而输出的概念却是具有中国特色的，它是社会主义法治概念在刑事立法中的重要体现，是刑事立法概念在学理上的重要延伸。

（3）但书。

我国《刑法》第 13 条规定的犯罪概念，有两个核心概念即社会危害性与但书。改革开放四十余年以来，尤其是晚近二十年来，在借鉴德日刑法法益概念的背景下，虽然社会危害性在学界饱受诟病，但是，毫

---

① 付子堂，汤博为．改革开放以来人权理论研究中“平等问题”的变与常．人权，2018（4）．

② 高铭暄．中华人民共和国刑法的孕育诞生和发展完善．北京：北京大学出版社，2012：175．

③ 卢梭．社会契约论：修订 3 版．何兆武，译．北京：商务印书馆，2003：5．

无疑问，由于法益概念与社会危害性之间千丝万缕的关系，以及法益概念的前实定法化以及当下的精神化与抽象化，社会危害性在我国刑事司法中一直保持着强大的生命力，绝大多数司法判决中仍然直接采用社会危害性理论作为认定犯罪的依据。不过，社会危害性如此顽强的生命力可能与《刑法》第13条后半部的规定有直接关系。“但是情节显著轻微危害不大的，不认为是犯罪”，刑事立法这一创新性规定，被刑法理论形象地称为“但书”。但书有效克服了《刑法》第13条犯罪概念的前半段内容容易以社会危害性为由将行为入罪的缺陷，并“允许在坚持形式正义的前提下对刑法条文进行合目的性解释，以将那些社会危害性轻微的行为排除在刑法犯罪圈之外。简言之，《刑法》第13条的但书规定具有出罪功能”[①]。我国学者认为，“第13条犯罪概念中的但书具有重大的立法和司法价值。在立法上，它通过收缩犯罪圈，满足了刑法谦抑的要求；在司法上，它通过协调情与法，保证了实质合理的实现”[②]。我国刑法中犯罪概念的但书，和德日刑法理论中值得处罚的法益侵害性、实质的违法性、可罚的违法性、社会相当性等诸多看似不同但内涵相似的概念具有一致性，那就是，入罪靠形式、出罪靠实质。其所体现的有利于被告的人权保障原则以及刑法谦抑理念，具有与国际社会不同国家的刑法理论体系对话的基因。

我国刑事立法还创设了很多富有中国特色的概念，如单位犯罪、刑事禁止令、管制刑等，这些规定由立法到理论，形成了刑事立法创设之后推进刑法理论深入研究的良性循环，并且理论的研究极大地丰富了这些概念的内涵。离开刑事立法的引领，富有中国特色的社会主义刑法话语概念难以形成。

但是，从中国刑法学目前在世界刑法学的话语地位来看，“什么是你的贡献”[③] 可能是需要中国刑法学者持续自省的问题。中国刑法学诸多概念与苏俄刑法学密切相关，诸如社会危害性、主客观相统一、必

---

① 刘艳红. 社会危害性理论之辨正. 中国法学，2002 (2).

② 储槐植，张永红. 刑法第13条但书的价值蕴涵. 江苏警官学院学报，2003 (2).

③ 苏力. 法治及其本土资源：3版. 北京：北京大学出版社，2015：自序1.

然/偶然因果关系等，它们并非中国刑法学的独创；当下流行的一些刑法话语概念，又都是借鉴德日刑法学而形成的，诸如法益、归责理论、条件说、结果/行为无价值等。仔细反思，中国刑法学缺乏具有中国特色的、具有引领性且富有传播特质的话语概念。行政法学中的行政复议、行政许可等[①]，均是由行政立法引领的话语概念，行政法学中的“平衡论”[②] 则是在研究行政法理论基础的前提之下发展出来的话语概念。民法领域的绿色原则作为一项民法基本原则[③]，在形而下的层面有利于经济的发展、生态的改善，也可满足生活的需求；在形而上的高空符合祖先“天人合一”的理念；在方针政策的角度与“科学发展观”相一致。[④] 因此，绿色原则是中国输出给世界的富有中国特色的民法话语概念。刑事立法引领而形成的中国特色刑法话语概念，虽然有诸如前述宽严相济、罪刑适用平等、但书等，但是它们的数量偏少，难以形成话语体系。如何进一步创新发展中国特色刑法话语体系，是当下中国刑法学者面临的重要任务。

在中国特色刑法话语体系形成的过程中，“我们要坚决抵制西方某些非普适性法治概念的影响，不断生成能够准确表达中国法治思想、法治文化、法治思维的标识性概念体系，用中国话语表达中国理论，用中国理论解决中国问题”[⑤]。在中国特色刑法话语体系的形成过程中，必须“吸收不同学派的优劣，倡导真正的学术自由，而不是以主体性、民族性或多元性等这样政治正确的大帽压人，从而将学术争鸣的路堵死，并误导刑法学研究的发展方向”[⑥]。中国特色刑法话语体系的创新，要处理好主体性与客体性、民族性与世界性、单一性与多元性等的关系，

① 周佑勇. 行政法原论：3版. 北京：北京大学出版社，2018：258，358.

② 同①.

③ 2017年颁布实施的《民法总则》经由第9条“民事主体从事民事活动，应当有利于节约资源、保护生态环境”的规定，首次将“绿色原则”创设为一项民法基本原则。

④ 崔建远. 我国《民法总则》的制度创新及历史意义. 比较法研究，2017（3）.

⑤ 张晶. 完善话语体系坚定法治理论自信. 学习时报，2017-09-25（A3）.

⑥ 刘艳红. 中国法学流派化志趣下刑法学的发展方向：教义学化. 政治与法律，2018（7）.

既要尊重本国法治实践，又要借鉴他国理论成果；既要形成本国话语体系，又要避免孤芳自赏。同时，对于已经形成的中国特色刑法话语体系，应当通过参与世界各项组织立法或者条约、公约制定活动的渠道、国家与国家之间缔结协议的渠道，以及民间学术交流活动的渠道等多种渠道加以传播，通过与世界上其他国家刑法学界的对话，将类似于宽严相济等富有中国文化元素与刑事法治特色的话语概念传播到世界舞台，为提升中国法治话语体系的国际地位作出刑法学界的贡献。

四、发展方向：我国立法应停止犯罪化

以 1997 年现行刑法颁行为开端，至今二十余年间，我国刑事立法一直处在最为活跃的时期，亦即“刑事立法的活性化”[①] 时代。10 部刑法修正案的颁行是活性化时代的见证和产物；新增加的三十几个罪名体现了活性化时代我国刑事立法的主要内容——犯罪化；来自刑法理论界、实务界和民间不胜枚举的“增设新罪”的呼吁，则是这种活性化时代仍将继续的隐性因素和证明。然而，即使如此，理论上仍有相当学者主张我国未来刑事立法应继续实行犯罪化，立法者对于犯罪化的趋势也似无停止之意。从 1979 年我国第一部刑法典颁行之日起算，迄今为止，我国的刑事立法犯罪化进程已经行进了 41 年。为此，冷静下来深入分析当下中国刑事立法之现实及未来我国刑事立法的发展方向，亦即究竟是犯罪化抑或是非犯罪化，是当前亟须解决的一个问题。

（一）犯罪化：现行刑法颁布以来刑事立法的绝对主导方向

自 1997 年现行刑法颁行以来，我国立法机关迄今为止已颁布了 10 部刑法修正案。同时，2020 年 7 月 3 日，第十三届全国人大常委会第二次会议对《中华人民共和国刑法修正案（十一）（草案）》进行了审议，

---

① 关哲夫．现代社会中法益论的课题//王充，译．赵秉志．刑法论丛（2007 年第 2 卷·总第 12 卷）．北京：法律出版社，2007：339.

不久的将来有望通过。纵观10部刑法修正案，除了《修（八）》在以死刑为代表的刑罚轻缓化问题上有重大进步之外，前七部刑法修正案一律以实现刑法保护社会与国家的利益为目标，不断地缩小公民自由之范围，增设各种新的罪名，以扩大国家刑罚权对公民的制约。《刑法修正案（一）》增加了隐匿、故意销毁会计凭证、会计账簿、财务会计报告罪，国有公司、企业、事业单位人员失职及滥用职权罪等新罪。《刑法修正案（二）》将非法占用耕地罪扩大为包括林地在内的非法占用农用地罪。《刑法修正案（三）》增加了危险物质作为危害公共安全罪中诸多罪名的犯罪对象，而且提高了恐怖犯罪的法定刑。《刑法修正案（四）》降低了生产、销售不符合标准的卫生器材罪的入罪标准，单独规定了走私废物行为的刑罚，扩大了走私废物行为的对象范围，将《刑法》第344条的保护对象由珍贵树木扩大至国家重点保护的其他植物，降低了非法收购、运输盗伐、滥伐林木罪的入罪门槛，增加了雇用童工从事危重劳动罪，执行判决、裁定失职罪及滥用职权罪三个新罪名。《刑法修正案（五）》增加了妨害信用卡管理罪，窃取、收买、非法提供信用卡信息罪，过失损坏武器装备、军事设施、军事通信罪，还增加了原有罪名即信用卡诈骗罪的行为方式。《刑法修正案（六）》新增了强令违章冒险作业罪，大型群众性活动重大安全事故罪，不报、谎报安全事故罪，虚假破产罪，背信损害上市公司利益罪，骗取贷款、票据、承兑金融票证罪，背信运用受托财产罪，违法运用资金罪，组织残疾人、儿童乞讨罪，枉法仲裁罪，开设赌场罪等新罪。被誉为“注意入罪与出罪相结合、从严与从宽相协调，较好地体现了宽严相济的刑事政策”[①] 的《刑法修正案（七）》，新增了9种新罪名。所谓“出罪”，涉及的也就是逃税罪；所谓“从宽”，也只有绑架罪的法定刑降低了，其余条款均以增加新罪、降低既有罪名入罪条件、扩大处罚范围以及加重刑罚为内容。在我国刑事立法史上首次较大规模废除死刑而获得高度评价的《修

① 许永安．刑法修正案（七）的立法背景与主要内容．http：//www.npc.gov.cn/npc/xinwen/rdl s/2009-03/05/content-1482958.htm．[2010-11-24]．

(八)》,其中全部50个条文的二分之一即25个条文,旨在加重刑罚或者增加新罪以便更好地打击相关犯罪。危险驾驶罪,对外国公职人员、国际公共组织官员行贿罪,虚开发票罪,持有伪造的发票罪,组织出卖人体器官罪,拒不支付劳动报酬罪,食品监管渎职罪共7个新罪名就是此次犯罪化的产物。

综观10部刑法修正案,新增罪名55个,它们无不以扩大国家的刑罚权力、缩小或限制公民之自由为内容。这体现了我国刑事立法仍然在工具主义的轨道上前行,国权刑法的观念仍然深深根植在立法者的脑海中,民权刑法的观念离我们仍很遥远。在当前我国社会转型、经济急速发展的时代背景下,纵使我国正朝着构建法治国的方向努力,立法者能够找到诸多理由为刑罚权的扩张作辩护,然而,短短二十余年间10部刑法修正案所呈现的犯罪化步伐就值得深刻反省。我国刑事立法官员也毫不讳言地指出,当今我国刑法的犯罪化趋势已经占了绝对主导,"刑法立法已成为我国立法活动中最积极、最活跃的一个方面。这种积极的立法不仅表现为立法活动的频繁,还表现在立法的内容的取向,在历次对刑法的修改中,基本上是增加罪名或加重对某些犯罪的刑罚"①。

(二)"新罪情结"与未来刑事立法犯罪化的可能性

当下中国刑法不间断的犯罪化并不仅仅是立法者自身的观念问题,它在很大程度上也是国人对刑法的高度期盼之反映和体现。"一切问题,由文化问题产生。一切问题,由文化问题解决。"② 重刑轻民的中国法律传统在当今社会以对刑法的迷信和过度依赖、不断设立新罪的方式变相地体现出来。中国人的"立法情结""新罪情结"都是这种重刑轻民法律传统文化观念的反映。在刑法理论和实务中,"增设新罪"向来是一个不乏人关注的话题,只是这个新罪的罪名每天都在变换而已。学者通过建议刑法增设新罪,以发挥国人臆想中的

① 郎胜. 在构建和谐社会的语境下谈我国刑法立法的积极与谨慎. 法学家,2007(5).

② 钱穆. 文化学大义. 台北:正中书局,1981:3.

“万能刑法”之“万能”作用，试图将所有社会问题通过刑法一以定之。

基于立法中心主义而不是释法中心主义，国人对于很多行为都提出了犯罪化的建议。其一，对于实践中常常发生的某些行为，如果现有法律无法通过解释涵摄，国人就会呼吁增设新罪或“扩容”旧罪来解决问题。比如，性贿赂因为无法通过刑法解释被纳入受贿罪中“财物”的范围，有人提出应该通过立法将性贿赂纳入贿赂犯罪以惩处之。[①] 其二，对于国际社会无被害人犯罪已然非犯罪化的罪名，却逆国际潮流而动，主张犯罪化。比如，随着我国吸毒人数的增多，每年一到国际禁毒日，我国几乎都会有人建议刑法增设吸毒罪。[②] 容留赌博罪也是此类罪名。国际社会在20世纪50年代即已对这些无被害人的犯罪实行了非犯罪化。1989年10月在维也纳召开的国际刑法学协会第14届代表大会上通过的《关于刑法与行政刑法之间的差异所导致法律和实践问题的决议》也指出：“国际上存在一种潮流，把一些社会意义较小的违法行为从传统的刑法中删除。”“轻微违法行为的非刑事化，符合刑法只作为辅助性工具的原则，因而是值得欢迎的。”我国很多人置国际社会对这类无被害人犯罪行为或违法行为长期以来所持的非犯罪化的理论与实践于不顾，不断地要求增设诸如吸毒罪、卖淫罪等罪名。其三，每年的“两会”上人大代表提出议案环节，必然是刑法新一轮罪名产生的时间点；人大代表的立法议案在很大程度上似乎已成为增设刑法新罪名的议案。比如，因为发生了山西黑砖窑事件，中华全国律师协会宪法与人权专业委员会遂以特快专递“上书”全国人大常委会，建议增设奴役罪以填补刑法之不足。[③] 再如，2011年的“两会”上，建议增设新罪的议案有好几个：因为发生了天价过路费案，立即有代表提出刑法应该增设偷逃收费公路通行费罪[④]；因为现实生活中许多生效的民事裁判文书成了“法

① 刘自强. 性贿赂纳入贿赂罪的必要性和可行性. 检察日报，2006-06-16（3）.
② 张辉. 吸毒行为是否“入罪”再成关注焦点. 检察日报，2010-06-26（3）.
③ 吴革. 全国律师协会提议刑法增设奴役罪. 检察日报，2007-07-09（3）.
④ 唐姗姗. 张少康代表建议刑法增设偷逃收费公路通行贷罪. 检察日报，2011-03-09（3）.

律白条”，有人大代表建议在刑法中增设债务人拒不申报财产罪和债务人不如实申报财产罪两个罪名[①]；有代表建议刑法增设侵害环境罪[②]；有代表提出增设虐待儿童罪以保护流浪儿童的利益[③]；等等。其四，提出新罪建议根本不考虑对于相关行为在刑法中是否可运用其他罪名予以解决。因为民事活动领域出现欺诈现象，有观点提出刑法应增设民事诉讼欺诈罪[④]；因为在民事诉讼领域频频出现滥用诉权、借助诉讼这一合法形式谋取不正当利益的现象，即诉讼欺诈的现象，有人提出增设诉讼欺诈罪[⑤]；因为公安民警在执行职务活动中受到侵害的情况偶有发生，在检察院工作的检察人员指出，“我国当前的袭警行为有愈演愈烈之势，很大程度上源于对袭警行为的打击力度不够”，因此建议刑法增设袭警罪[⑥]；因认为当前我国对贿赂犯罪的打击不力，有人“从严密法网，惩治贿赂犯罪的角度出发”，建议刑法“把教唆贿赂行为单独规定为犯罪”[⑦]。这些所谓的新罪建议令人啼笑皆非。比如，民事诉讼欺诈罪与诉讼欺诈罪，究其本质乃通过欺骗行为使对方主动交付财物，对这两种行为用目前刑法中的诈骗罪完全可以解决，根本用不着增设这样似是而非的所谓新罪。同理，偷逃收费公路通行费罪的提出也丝毫经不起推敲：虽然我国刑法规定诈骗罪的对象是公私财物，但在解释论上和实务操作中，一直秉承的是“财产性利益也可以成为诈欺等财产罪的侵害对象”，而作为“财产罪侵害对象的财物是从广义而言的，自然包括了财产性利益”[⑧]。既然如此，对偷逃收费公路通行费的行为当然可以适用诈骗罪，何来单独立罪之必要？而所谓袭警罪，无非是通过暴力或威胁

---

① 徐日丹，徐伯黎．袁汉民委员：建议刑法增设“债务人拒不申报财产罪”．检察日报，2011-03-07（3）．

② 岳德亮，黄深钢．周晓光代表建议刑法增设侵害环境罪．检察日报，2011-03-06（3）．

③ 勇涛．史贻云：建议增设虐待儿童罪保护流浪儿童．检察日报，2011-03-05（3）．

④ 潘海军．建议增设“民事诉讼欺诈罪”．检察日报，2001-06-05（3）．

⑤ 谢志强．刑法要不要增设诉讼欺诈罪．检察日报，2007-03-13（3）．

⑥ 孙桂华．建议刑法增设“袭警罪”．检察日报，2004-12-20（3）．

⑦ 严夏晖．刑法宜单独设立教唆贿赂罪．检察日报，2007-08-14（3）．

⑧ 刘明祥．财产罪比较研究．北京：中国政法大学出版社，2001：38．

方式伤害警察的身体健康或妨害其执行公务，难道现行刑法中的故意杀人罪、故意伤害罪、妨害公务罪等不足以涵盖这些行为吗？如果仅仅因为所袭对象是警察就提出一个袭警罪，那下一次就会提出“袭击人大代表罪”“袭击法官罪”等诸多滑稽罪名。事实也的确如此，因为实践中发生了一起机关干部骑车撞上宠物狗，被两男子当街毒打致死的事件，有人立即提出，为了“避免人们产生施行暴行而不受处罚的侥幸心理，建议刑法增加暴行罪，规定只要施以暴力，即使没有产生特定的伤害结果，也构成犯罪”①。

刑法中很多新罪的设立都是国人不断呼吁的结果，《修（八）》新增的拒不支付劳动报酬罪、组织出卖人体器官罪以及危险驾驶罪等均为典型代表。此外，很多国人提出的“新罪名”，真是超乎一般人的想象，诸如有人建议，应“在《刑法》中增设学术诈骗罪的罪名，从而得以运用刑法严厉打击和遏制学术诈骗行为，捍卫教育界和科技界的学术规范和基本秩序”②；其他如增设见死不救罪、浪费罪、骗取社会福利罪、医疗诈骗罪、非法收养罪、藐视法庭罪、恶意传播虐待动物影像罪、破坏村民委员会选举罪、虐待动物罪、将当事人纳入伪证罪，等等。反思过去二十余年间新增罪名或“扩容”的老罪名，从军事犯罪到普通犯罪；从侵犯国家安全犯罪到侵犯交通安全等公共安全及食品安全犯罪；从恐怖犯罪到涉黑犯罪；从金融领域的证券期货信用卡犯罪到集资贷款犯罪；再到发票犯罪；从计算机犯罪到公民个人信息犯罪；从保护残疾人、未成年人的相关犯罪到保护类似弱势群体即打工人员的欠薪犯罪，可以说新设罪名包罗万象，遍布刑法的各章甚至各节。虽然刑事立法更多的是政治层面考量的结果而非少数法学家的推动，因为与平等主体之间所发生的民事侵权行为不同，“犯罪这个论题反映的是社会秩序和社会责任的内涵，表现的是个人行为自由与压制受社会规定的越轨行为之间的平衡，所以，从本质上讲注意它并对它起

① 邹云翔. 刑法没有暴行罪壮了施暴者的胆. 检察日报，2005-07-27 (3).

② 杨诚. 关于增设学术诈骗罪的建言//赵秉志主编. 刑法评论. 北京：法律出版社，2010：234.

反应的方面是政治”[①]。

从以上诸多增设新罪的议案或者建议中不难预见，未来我国刑事立法似乎还会继续在犯罪化的道路上前行。这种潜在的高热犯罪化趋势令人担忧。

（三）今后我国刑事立法的发展方向：停止进一步的犯罪化

面对我国刑事立法犯罪化的高热态势，今后我国刑事立法究竟是继续扩大犯罪圈实行犯罪化，还是重提并推动刑法谦抑性原则之实现，停止犯罪化，进而适当地实行非犯罪化？对此，主张非犯罪化者提出，我国刑法应“在考察非犯罪化的思想渊源和理论根据的基础上树立正确的非犯罪化观念，并进而开展非犯罪化的理论研究和立法、司法实践”[②]。然而，更多学者似乎主张进一步的犯罪化。他们认为，国际社会上当前出现的犯罪化动向在我国还未得到应有反应和体现，“与非犯罪化相比，这种国际范围内方兴未艾的犯罪化趋势，至今还未在我国产生强烈反响”[③]，因此，“我国当前的主要任务不是实行非犯罪化，而是应当推进犯罪化”[④]。

主张我国刑法应当实行犯罪化的重要理由是，借鉴德日刑法中轻罪入刑的做法，有利于实行法治。“在我国，选择犯罪化，主要是需要规定相当数量的轻罪”，“通过严密法网来强化人们的规范意识。”[⑤] 其具体路径是，“废除劳动教养制度，制定《轻犯罪法》，将《治安管理处罚法》、劳动教养法规所规定的各种危害行为，纳入《轻犯罪法》，并规定简易的审理程序，同时充分保障被告人的各项权利，使各种犯罪行为得到法院的依法审理，是建设社会主义法治国家的要求和必然”[⑥]；“将各

① R. 胡德. 关于犯罪学在社会政策中的地位的若干思考//当代国外犯罪学研究：第1集. 杜强，陆永康，译. 北京：中国人民公安大学出版社，1991：34.

② 贾学胜. 非犯罪化与中国刑法//陈兴良. 刑事法评论（2007年第2卷·总第21卷）. 北京：北京大学出版社，2007：510.

③ 冯军. 犯罪化的思考. 法学研究，2008（3）.

④ 张明楷. 日本刑法的发展及启示. 当代法学，2006（1）.

⑤ 同③.

⑥ 陈兴良. 犯罪范围的合理定义. 法学研究，2008（3）.

种轻微的犯罪行为纳入刑法进行规制，由法院依法适用制裁程度不同的刑罚”，而不是“交由行政机关裁量”，“正是依法治国的要求，也是社会成熟的表现”[①]。很显然，主张实行犯罪化的这些学者的理由虽然表述不同，但实质内核一致，即以法治之名，要求当下我国刑法的主要任务是继续实行犯罪化。

德、日等大陆法系国家的刑法立法模式是严而不厉，我国的刑法立法早期模式是厉而不严。[②] 厉而不严，是指我国的犯罪圈并不像国外或境外地区的立法严密，我们的犯罪圈偏小，但是，我国的犯罪成立的起点较高，一旦某种行为被定性为犯罪，那往往意味着一种很严厉的惩罚，而且法定刑设置整体上也的确偏重；严而不厉，是指以德日为代表的西方国家和地区的刑法及相关法律规定的犯罪圈很严密，很多行为都是犯罪，但是犯罪成立的起点很低，某种行为被定性为犯罪，并不代表特别强烈的谴责意味和严厉惩罚，而且法定刑的设置整体上偏轻。主张犯罪化的学者在力主轻罪入刑的背后，蕴含着另一个他们均未道明却不言自明的问题，即我国刑事立法模式可以由厉而不严转换为严而不厉。问题是如此就真的可以实现刑事立法模式的转换，可以实行轻微犯罪行为的入罪化了吗？

从法理层面而言，德日刑法严而不厉的立法模式使对违法犯罪行为人的人身自由之限制等都通过法院审理进行，这较之于由行政机关不通过正当审理程序擅自作出限制人身自由的裁决等当然更符合法治的要求。但是，在实践层面，法治从来不是仅仅停留在法理层面可以践行之事，它从来都是而且只能是与一国情境紧密相连的，必须联系一国的具体国情来讨论法治的具体路径。中外国情之巨大差异，尤其是“大国法治”与“小国法治”的巨大差异，在极大程度上决定了中外法治的路径不可能一致，也决定了我国不可能实行轻微违法行为的犯罪化。

作为大国的中国法治实现之路未必与作为小国的德日法治之路相

---

① 张明楷. 日本刑法的发展及启示. 当代法学，2006 (1).

② 储槐植. 刑事一体化论要. 北京：北京大学出版社，2007：54-66.

同，在当前社会背景下我国刑事立法不可能实现小国法治之下严而不厉的立法模式。孟德斯鸠指出，“法律应该同国家已建立或将要建立的政体的性质和原则有关系”，“和国家的自然状态有关系；和寒、热、温的气候有关系；和土地的质量、形式与面积有关系；和农、猎、牧各种人民的生活方式有关系；和居民的宗教、性癖、财富、人口、贸易、风俗、习惯相适应”。法律“和立法者的目的，以及和作为法律建立的基础的事物的秩序也有关系。应该从所有这些观点去考察法律”[①]。事实上，孟德斯鸠对法律的考察，在历史法学派学者萨维尼那里也有类似的表述，即法律“实际乃为一个独特的民族所特有的根本不可分割的禀赋和取向”，“法律与民族的存在和性格”具有“有机联系”[②]，简言之，法律是民族文化、民族精神之体现，而法治应该选取与一国政治、经济、文化、土壤相适应的方式。换言之，法治不具有普遍的模式，只能结合本土语境选取最合适的那一种。对此，我国学者苏力教授根据其法治的本土资源之基本立论提出了“大国法治”的命题。他指出，法治是规则之治，但规则不具有普遍性，因而法治也不是万能的，法治并不能解决现实生活中的所有问题。尤其在中国，幅员辽阔、人口众多、城乡差距、地方地理位置的交叉纵横、经济发展不平衡、法律职业者分布不均衡等因素，都会影响法治实施的效果。西方法治发达国家之所以能够比较容易建成法治国家，就是因为这些国家面积小、人口少、经济发展比较均衡、规则的统一比较容易。但中国则不一样，中国有自己的特殊国情，因此，在中国建设法治，既无前人可资借鉴，又不可能全盘移植西方法律，而是必须立足于本土。[③] 可见，苏力教授的“大国法治”之理念实际上是对孟德斯鸠及萨维尼等学者的上述观点在中国语境下的阐释和发展。刑事法治在整个法治建设中占有举足轻重的地位，对刑事法

① 孟德斯鸠．论法的精神：上册．张雁深，译．北京：商务印书馆，1961：7.

② 卡尔·冯·萨维尼．论立法与法学的当代使命．许章润，译．北京：中国法制出版社，2001：7，9.

③ 朱苏力．大国法治，2010年11月25日晚·庆祝东南大学建校110周年系列人文名家高层演讲之七.

治的追求同样不能离开“大国法治”这一前提进行思考。

从中国目前的实际情况来看，转变刑法厉而不严的模式意味着从实际上将现由公安机关处理的大量行政违法行为抽离出去，转而交由检察机关和法院处理。“选择犯罪化的目的，是通过严密法网来强化人们的规范意识，而不是用严厉的刑罚来处罚轻罪”①，这正是主张犯罪化论者的观点，也是其推崇严而不厉刑法立法模式的主要理由。然而，中国作为世界上少数多民族的大国，如何维护各民族的安定团结历来是我国政府的主要政治目标。加之当今中国仍处在社会转型时期，经济高速发展，社会新旧观念强烈碰撞，人们思维极为活跃，生活方式也常变常新，如何平衡各种社会力量以实现社会稳定，向来是我国政府的工作重点。维护社会稳定的政治任务势必要求国家“适当保持对社会治安控制机构的公安机关的激励，而不使其打击锋芒受挫，公安机关在整体上处于强势状态”②。众多的违法行为，不上升为刑法中的犯罪处理，而仍由公安机关作为行政违法行为来对待并给予治安处罚等行政制裁，在以往及当今甚至在今后相当长的时间内，都是一种客观存在的态势。犯罪化论者呼吁的类似制定“轻犯罪法”、由“立法制裁危害行为”而不是由行政来处理危害行为等观念，至少在当前的中国是不可能实现的，否则，就意味着公安机关的治理范围大大缩小，行政权力受到削弱，检察机关与法院的权力得到加强。由公安行政机关处理大量行政违法行为亦即德日刑法中的轻微犯罪行为，在某种意义上的确会“违反保障程序公正的宪法精神”③，然而，很多看似不符合法治精神的行为，比如“允许民事案件的私了，允许某些刑事和解，看起来破坏了法治，其实是维护了法治”④。这在大国法治的语境下，在稳定、和谐、司法成本等各种语词的解释下，其实不难理解。因此，在中国，“派出所解决”了

① 冯军．犯罪化的思考．法学研究，2008（3）．

② 刘忠．被识别的几率：非法取证程序性制裁的构成性前提．中外法学，2011（2）．

③ 西原春夫．刑法·儒学与亚洲和平——西原春久教授在华演讲集．济南：山东大学出版社，2008：51．

④ 朱苏力．中国司法的规律．国家检察官学院学报，2009（1）．

“可能有80%的社会纠纷”[①] 也就丝毫不会令人奇怪。这80%的纠纷中，相当一部分正是主张犯罪化的学者所说的轻微犯罪行为。

这些情况与法治的目标有着客观距离，但在中国，如果没有社会的长久稳定，法治只能是奢谈。众多轻微的纠纷一律通过司法来处理，在中国这大且不发达国家的现实之下，不具有操作的可能性。“过去一些年里，司法改革过程中一般认为其他纠纷解决机制不太重要，重要的是法治，但法治被理解为仅仅是司法、法院，为一毛钱去打官司，‘为权利而斗争’，于是大量的纠纷进入司法程序，导致司法工作压力急剧加大。司法确实很重要，但司法不是解决纠纷的唯一机制，有时还未必是最有效的机制。”[②] 总之，中国法治的实现之路必须结合中国本土的情境，当下主张犯罪化的学者所向往的严而不厉的刑法立法模式至少对我国是不现实的。强行将我国《治安管理处罚法》纳入刑法轨道，改变我国厉而不严的立法模式，强行将德日严而不厉的立法模式在我国推行，只会扭曲法治的本意。法治一定是本土之治，所谓全球化的法治，对于某些经济领域事项、国际合作关系事项也许有一定的作用，但是，对于刑民法律治理领域，既无实际意义，也没有可能性。

目前已有犯罪立法例正在朝着严而不厉的立法模式努力，但其效果也未必尽如人意，《修（八）》将酒后驾驶行为不分情节严重与否一律规定为犯罪的做法就是最好的例子。该罪规定的刑罚仅仅是“处拘役，并处罚金”，不可谓不轻。因此，可以说该罪不考虑后果、情节，宽泛入罪但同时又规定较轻的刑罚，非常符合西方刑法立法模式。但事实上，是否达到了西方刑法立法模式所追求的法治效果，回答似乎并不乐观。一方面，与中国刑法的立法模式相印证的是国人对刑法的认同，绝大多数国人理解的刑法也就是严厉的法、处罚很重的法，而犯罪则是社会危害性极其严重、刑罚处罚也很严重的行为。然而，危险驾驶罪如此之低的刑罚处罚却被规定为犯罪，这在观念层面就为众多国人难以接受；国民即或接受其犯罪化的事实，但是仍然认为既然是犯罪就应该处以较重

①② 朱苏力. 中国司法的规律. 国家检察官学院学报，2009 (1).

的刑罚。在危险驾驶罪立法讨论阶段，对其“判处拘役，并处罚金的量刑规定遭到了相当多委员的质疑”。信春鹰委员就指出，“不规定徒刑，这种刑罚方式比较少见，对于这个社会普遍关注的问题，如何处罚要慎重研究”①。这意味着国民也许可以接受厉而不严，甚或又严又厉的刑事立法，但较难接受严而不厉的刑事立法。另外，对于危险驾驶罪这样的轻犯罪，其侦查机关仍然是公安机关，公安机关觉得可以立案才会将其移交给检察机关，如果认为不可以立案而是可以处以行政处罚结案，则会自行处理。换言之，即或将危险驾驶这类德日刑法中的轻微犯罪行为入罪化，但由于其侦查机关仍然是公安机关，它们在事实上把握着第一道也是最重要的一道阀门，因而即或将轻微犯罪行为入罪，也未必能获得主张犯罪化的学者所追求的法治的实践效果。最高人民法院与公安部就危险驾驶罪是否一律立案之争就暴露出问题之一斑。2011 年 5 月 10 日，最高人民法院副院长张军在全国法院刑事审判工作座谈会上要求，“正确把握危险驾驶罪构成条件，达到醉酒标准的不一定构成犯罪”。同年 5 月 18 日，公安部一句“醉驾案件一律按刑事立案”②，则充分暴露了公安机关在我国的强势地位。在此，对危险驾驶罪的处理能否真正进入法治轨道，事实上似乎完全取决于公安机关，“说立就立，说不立就不立”。在公安机关决定立与不立之前，司法机关又如何能够介入？所以，即或危险驾驶行为进入了刑法的领地，并代表了严而不厉的立法模式在中国的实践，它能否获得如同西方的法治实践效果，却并非主张犯罪化的学者所能肯定的。

可见，一国法治的实现取决于该国自身的国情与历史，绝非简单的立法对比即可以得出有效的结论。在中国这个世界上少有的民族众多的国度，如何实现法治，可能需要更为深入的论证和实验，而在此过程中，如何毫不懈怠地追求社会的稳定，则是法治追求者所必须时刻关注的首要问题。轻罪入刑在当下中国难以实现，即或实现了，也未必具有

① 刑法拟规定醉驾可拘役被指缺乏可操作性，http://news.jcrb.com/jxsw/201008/t20100827-408087.html.［2011-06-08］.

② 赵蕾．醉驾入罪起争议最高法院的菩萨心肠．南方周末，2011-05-19（A4）.

法治的效果。有鉴于此，考虑到当下中国的实际国情，考虑到现行刑法实施后二十多年从未停歇的犯罪化的进程，笔者力主在坚持刑法谦抑性原则的前提下，停止刑法调控范围的扩张，不考虑轻罪的入刑，拒绝进一步的犯罪化。

此外，目前刑法学界以风险刑法学者为主导的一批学者认为，人类现在已进入风险社会，刑法应该尽量实现刑法保护法益抽象化、普遍化与早期化，将一些抽象危险犯、环境犯罪、经济犯罪、恐怖犯罪等尽可能地多多纳入刑法的范畴，因而主张刑法在未来时代进一步地犯罪化。① 笔者反对以防治社会风险为由无端扩大刑法边界的做法。风险的防范与治理更多的是一种社会问题，是工业社会高度发达之后人类所不得不面临的新问题，是人类需要反思自身发展与自然之间和谐共存的人类学、社会学、政治学等层面的问题。认为通过刑法介入的早期化可以化解风险社会中的风险，不但是对刑法的迷信，而且是一种不切实际的臆想。这种认为“风险无处不在”因而“刑法也无处不在”的观念和做法，才是当今“风险社会”最大的“风险”。对此如果不保持足够的审慎态度和警惕，人类恐怕将使在工业社会带来的“社会风险”之外还会二次受创，即在此基础之上再遭受“法治风险”。毫无疑问，那将是较之社会风险更为致命的风险。对风险社会中风险的防治，应该在政治的、经济的、社会的、文化的层面进行，而恰恰不应该从刑法的层面着手。因此，对于以防范风险社会中的风险为由主张刑法应该实施进一步的犯罪化的观点，不但需要警惕，而且为笔者所强烈反对。对此问题笔者已在他文详论，此不赘述。

总之，笔者反对继续在我国实行犯罪化的看法，并力主当下我国刑事立法的发展方向应该是力倡刑法的谦抑性，拒绝进一步犯罪化，实行有条件的非犯罪化。

---

① 马尔斯·金德霍伊泽尔．安全刑法：风险社会的刑法危险．刘国良，编译．马克思主义与现实，2005（3）．乌尔里希·齐白．刑法的边界——马普外国与国际刑法研究所最新刑法研究项目的基础和挑战．周遵友，译//赵秉志．刑法论丛（2008年第4卷·总第16卷）．北京：法律出版社，2008：24-25.

当今我国的刑事立法应该放弃被放大的刑法万能之理念。面对现实中层出不穷的违法行为，立法者应该“冷眼观之”而不是动辄入刑。目前刑法的已有罪名数量已经数倍于我国第一部刑法典的罪名数量，近五百个罪名的“罪名丛林”不但令普通民众难以了解和熟悉，也常常令专业人士倍感困惑；一部又一部的刑法修正案造成了人们对刑法新罪的“审美疲劳”；相互交叉的罪名给司法实务造成了困难，众多不常适用的罪名被束之高阁；等等。如此种种，足以令立法者反省这种过快的犯罪化进程。“视法典若儿戏，辄立则立，言废即废之天真与轻率也。”① 虽然我们并不希望我国的刑事立法者做如同萨维尼那样的“立法王国的法比尤斯式的迟疑者”②，但是，面对最应该保持权威性、稳定性的刑法典，我国的刑事立法者也绝不应该做“立法王国的索超式的急先锋”③。在我国社会转型时期，即使无法较为理想地实现政治、经济与社会的改革以最大限度地减少社会矛盾，也不应该在政治、经济、行政的手段不济之时频繁求助于刑法。更何况，如果考虑到刑事司法中入罪化的实务倾向，那么对于刑事立法的犯罪化就更应保持足够的慎重。近年来，司法实务中“面对社会转型期出现的诸多问题”，“存在着扩大适用刑法的明显倾向。大量本来属于民事法律领域的事项，竟然越来越普遍地被纳入刑事法调整的范围，使得刑法适用存在着日益严重的扩大化趋势”。面对这种入罪化的实务倾向，以至于“很多不专门从事刑法研究的法律学者都发出慨叹：按照这一逻辑，‘天下还有不是犯罪的违法行为’吗？甚至就连一些刑法学者都提出质疑：法学界和司法界在面对复杂的个案时，还有多少人能够坚持罪刑法定原则的底线？”④ 刑事立法上过多的犯罪化，在司法实践中入罪化的实务操作倾向之下，必然导致犯罪圈的进一步扩大。总之，作为最严厉的部门法——刑法，理应遵从权利逻

---

① 刘艳红．“风险刑法”理论不能动摇刑法谦抑主义．法商研究，2011（4）．

② 弗里德里希·卡尔·冯·萨维尼，艾里克·沃尔夫．历史法学派的基本思想（1814—1840年）．郑永流，译．北京：法律出版社，2009：41．

③ 此为笔者所用比喻。索超系水浒传里的人物，由于其性急息，杀敌总是一马当先，故人称，“急先锋”。

④ 陈瑞华．脱缰的野马．中外法学，2009（1）．

辑，赋予公民最大的自由，而不应妥协于打击犯罪之需要而盲目地扩大犯罪圈！

五、结　语

近几十年来，我国刑事立法在犯罪化的道路上越走越远，新的修正案出台之后，司法实务部门还未来得及适应，更新的修正案又诞生了。频繁回应社会诉求而诞生的犯罪化立法，由于没有经过严密的理论论证和科学的实证调研，其实效性未必令人满意。一个令人深思的现象是，如今不是刑法教义学来引导立法，而是刑事立法出台之后，刑法理论再为其进行“背书”。这种现象不得不令人深思。无疑，刑法教义学应当以刑事立法为基础，但过快的刑事立法也导致法教义学难以得到真正的学术沉淀。反思当下刑事立法，或许应当暂缓犯罪化的脚步，将目光投向以刑法谦抑主义为法理基础和以人权保障为基本立足点的出罪论，以出罪论的刑法教义学研究来引导刑事立法，最终实现刑事立法在入罪化与出罪化之间达到良性的平衡。

第五章　实质出罪论的法教义学解释原则

刑法学的主要任务是解释和适用刑法规范，刑法解释学可以说是全部刑法学的核心，或者说，刑法学就是刑法解释学。放眼国内当下对刑法解释问题的研究，着力于解释的立场、解释的方法、解释的位阶等问题的为多，而探讨刑法解释原则的较少。然而，如果过于沉浸在刑法解释的技艺性层次却忽视传统法解释学意义上的刑法解释原则，那么，刑法解释的理论体系必将丧失其对刑法规范的渗透性和贯穿力，因为，只有刑法解释原则才是具有全局意义、统领刑法解释其他方面的终极命题。出罪解释与入罪解释相并列，它们分别是刑法解释的两个面向。出罪解释的目的就是要将不具有处罚合理性与必要性的行为不认定为犯罪，出罪解释当然也要遵循刑法解释的原则。

一、刑法出罪解释原则的确立以及其基本要求

刑法出罪解释原则，是指贯穿于刑法出罪过程之中，指导和制约刑法出罪解释活动，并体现着刑法基本精神的准则。

就刑法解释原则的内容而言，究竟如何确立，目前刑法理论界的看法主要有以下几种：第一，并没有说明刑法解释原则应当如何确立，直接指出刑法解释的原则应当包括合法性原则、以政策为指导原则、合理性原则、整体性原则、明确具体原则。[①] 第二，同样没有说明刑法解释

① 李希慧．刑法解释论．北京：中国人民公安大学出版社，1995：82-95.

基本原则确立的理由，直接论述刑法解释的原则有：相对客观性原则、合法性原则、合理性原则。[①] 第三，从哲学解释学、一般法律解释学和刑法解释学的关系，刑法基本原则与刑法解释原则的关系，刑法基本思想和刑法解释原则的关系这三个方面确立刑法解释的基本原则为合法性、合理性、合目的性三个原则。[②] 第四，针对刑法解释的主体不同所导致的刑法解释的效力不同来说明刑法解释原则的确立也不能一概而论，应包含两个层次即刑法解释的普遍性原则（包括合法性、准确性、合理性原则）、刑法解释的特殊性原则（也就是有权解释的原则，具体包括正当性原则、及时性原则）。[③] 第五，从刑法解释原则的协调、统一的功能出发来确立刑法解释原则，认为刑法解释的目标和方法具有多样性、不确定性，从而把刑法解释的原则确立为关于刑法解释的目标的原则和关于解释方法的原则，前者具体包括合法性原则、立法原意与社会现实相统一原则、刑法解释与刑法理论相结合原则，后者具体包括明确具体性原则、方法上的合法性原则、整体性原则。[④]

如何看待上述不同看法并确立刑法出罪解释的原则？

首先，确立刑法出罪解释的原则，必须明确确立这些原则的标准和理由，否则，所确立的刑法出罪解释的原则将成为无源之水、无本之木，因为，有什么样的确立标准和理由，才会有什么样的原则内容被确立，二者相辅相成、不可分割。上述第一种、第二种看法，姑且不论所确立的原则内容如何，在方法上首先没有达到这种要求，因而是不可取的。

其次，确立刑法出罪解释的原则，必须始终紧扣“原则”二字。刑法出罪解释的原则是贯穿于各种刑法出罪解释之中的规则和准则，它指导着各种刑法出罪解释活动，包括有权解释和无权解释，包括按照各种

---

① 蔡军．论我国刑法解释的目标和原则．河南大学学报（社会科学版），2004（1）．

② 齐文远，周详．论刑法解释的基本原则．中国法学，2004（2）．

③ 贾凌．刑法解释的原则//赵秉志，张军．中国刑法学年会文集（2003 年度）：第 1 卷．北京：中国人民公安大学出版社，2003：312-317．

④ 向朝阳，洛桑．论刑法解释的原则//赵秉志，张军．中国刑法学年会文集（2003 年度）：第 1 卷．北京：中国人民公安大学出版社，2003：318-326．

方法和基于各种目标进行的刑法出罪解释。所以，在确立刑法出罪解释原则之时，必须注意到刑法出罪解释原则的统摄性和高度的全盘指导性，否则就不能真正确立刑法出罪解释的原则。上述第四种、第五种看法，没有注意到刑法出罪解释原则的统摄性要求，而人为将刑法出罪解释原则予以分割，从而造成对刑法出罪解释原则的确立有失准确。

再次，确立刑法出罪解释的原则，必须将刑法出罪解释原则和刑法出罪解释目标区别开来。刑法出罪解释原则与刑法出罪解释目标紧密相连，有什么样的解释目标，就有什么样的解释原则，但刑法出罪解释原则毕竟不等于刑法出罪解释的目标，二者是两个不同的命题，不可混淆。上述第二种看法将刑法出罪解释原则首先确立为相对客观性原则，显然不妥。第五种看法将刑法出罪解释原则跟刑法出罪解释的目标相联系起来，导致其对刑法出罪解释原则的论证毋宁被认为是对刑法出罪解释目标的论证。这显然也是值得商榷的。第三种看法所确立的合目的性原则也不免存在这种问题。正如持该种看法的论者所言，这里所谓合目的性原则是联系一国具体的历史环境（包括经济条件、文化观念、社会发展水平、政治需要、面临的犯罪形势与态样，以及大众、立法者所持的犯罪观和对犯罪的反应）来解释刑法的。[①] 笔者认为，这里的“合目的性”的内容正是刑法出罪解释的目标所要考察的内容而非刑法出罪解释的原则。

又次，确立刑法出罪解释的原则，必须排除政策的因素。在我国，中国共产党和国家的基本政策代表着国家一定时期发展的总方向，它在国家的政治、经济建设中有着举足轻重的地位和作用。但是政策具有重要性并不意味着在学理上刑法出罪解释就应该时刻体现中国共产党和国家的基本政策。政策不能等同于法律。政策是没有经过立法所确认的体现现行统治者意志和要求的东西——虽然它很可能通过立法程序被确认为法律，但其在被确认为法律之前绝不能和法律相提并论，因为政策和法律相比较其最本质的区别就在于，政策具有随意性和变动性，而这种

① 齐文远，周详. 论刑法解释的基本原则. 中国法学，2004（2）.

随意性和变动性正是对法律安定性的否定。刑法出罪解释原则作为指导刑法出罪解释活动并体现刑法基本精神的基本准则，绝不能将政策体现于其中。以具有随意性和变动性的政策为指导的法律活动，包括刑法出罪解释，都是对法治精神和罪刑法定原则的严重背离。因此，把以政策为指导作为刑法出罪解释的原则的第一种看法是不足取的。

最后，确立刑法出罪解释的原则，必须考虑刑法出罪解释本身对解释技术的要求。刑法出罪解释活动，实际上是对成文刑法规范的一种反思以及根据反思结论对刑法规范的再整合，从而使刑法规范的内在效力在面对现实时能够达到相对合理化、科学化。刑法出罪解释活动因此而存在。作为这样一种以人——从来都是主观色彩沾染的对象——作为反思的主体的活动，解释本身难免被浸染上主观的色彩。要消除刑法出罪解释这种反思中的主观色彩而达到预期的使刑法规范的内在效力更为合理、科学的目的，只有在解释的原料和解释的操作者之间设立客观的技术要件，并且，这种对技术的强调和要求，应该是始终伴随着刑法出罪解释活动本身的。因而，笔者主张技术导向性应作为刑法出罪解释的原则之一。整体性原则只是技术导向性原则的具体内涵，不足以表述刑法出罪解释的技术性要求。

综上所述，刑法出罪解释的原则应当为合法性、合理性与技术导向性三个原则。

二、刑法出罪解释原则的具体展开

刑法出罪解释的原则应当为合法性、合理性与技术导向性三个原则，如何理解这三个原则，则需进一步展开。

首先，合法性原则。

“合法性原则是指刑法的解释必须符合宪法和法律的要求。”[①] 换言之，就是指无论何种主体使用何种方法来解释刑法，都必须以宪法的规定、精神与价值作为解释的最高指标；在解释刑法过程中，若多种意义

① 张志铭. 法律解释操作分析. 北京：中国政法大学出版社，1999：238.

的解释结果并存，须选择与宪法规定及精神相符的解释结果。这是法治国对一切法律解释活动的最起码要求，也是对罪刑法定原则之形式正义的坚守。因此，任何解释结果不但应符合宪法的规定和精神，还必须符合罪刑法定原则对刑法出罪解释活动的制约，即刑法出罪解释也要符合罪刑法定原则的形式要求和形式正义。刑法出罪解释必须以刑法规范文本的成文法文义为解释基础，绝不能以主观的任意臆想为解释基础；刑法出罪解释的内容，在一般情况下不能超出刑法规定的可能范围，解释的结果也必须合乎立法者的可能意思。在此意义上，刑法出罪解释的合法性原则是对罪刑法定原则的派生原则之一即明确性原则的贯彻和体现。同时，合法性也是刑事法治最根本的价值诉求。

刑法出罪解释要以宪法和刑法本身的规定为基础，是因为“法律是立法者用言语表达出来的合理意志”[①]，解释者不能无视立法者的意志。刑法出罪解释还要以宪法和刑法的精神为依托，是因为法律的用语、词义“往往只能给人以第一步的启示，仅为进一步解释提供一个框架”[②]。在这个可能的框架之内，解释者找到真正符合立法精神的解释结果，解释才算真正完成。

因此，合法性原则的主要旨趣在于维护刑法的安定性、稳定性和可预测性。这些旨趣是法治国对一切法律活动的刚性要求，也因此在刑法出罪解释的最基本阶段，就维持着法律的和平、和谐，并指导刑法出罪解释。其一，能够保证宪法的基本精神在刑法出罪解释领域不被忽视或曲解，这有利于法治国真正实现。其二，能够保证刑法的基本原则、基本任务、基本精神贯穿于刑法出罪解释中，而这不但有利于刑法在现实生活中的实现，也有利于刑法实施的稳定和连续。其三，有利于防止刑法被任意解释，从而侵犯人权。其四，为刑法出罪解释技术和方法的运用与发挥作用不但提供了“舞台”，也提供了范围和制约，从而保证解释技术和方法的科学性。

---

① 卡尔·拉伦茨．德国民法通论．王晓晔，等译．北京：法律出版社，2013：78.

② 同①78.

其次，合理性原则。

合理性原则是指刑法的解释必须符合实质正当性的要求。换言之，无论何种解释主体采用何种解释方法，在遵循刑法出罪解释的合法性原则之后，还必须遵循法治国原则的实质正义要求、遵循罪刑法定原则之实质妥当性这一侧面的要求，否则，所得出的解释结论就是不合理的。实现了刑法的安定性，并不代表刑法的解释者可以绕过一切冲突而对刑法规范进行充分自由的解释。刑法出罪解释的合法性原则只是实现了解释的外在环境的和谐，当真正进入规范的内部，深入解释的具体内部语境之中时，就会发现刑法规范内部的矛盾与冲突无处不在。这是因为：第一，人类社会史，尤其是法律史，是理性史。理性一词，内涵有如原点，故而其外延包罗万象，不胜枚举。其最为本质的要义是要求公正、平等、良知等道德话语和自然的规律性、合理性、情理性等被实现在人类的认识、理解、实践活动中。因此，解释主体的理性必然和已然安定的法律规定以及法律规定决定了的法律道德之间发生冲突。第二，安定的法律的规定和其所体现之精神，一旦与活生生的现实生活接触，就会立刻显示其封闭性和保守性。因此，当解释者带着生活的气息面对安静的法律时，矛盾当然不可避免。这种内在的矛盾在对包含着罪刑法定原则的刑法进行解释时表现得尤为突出。

因此，要消解这些刑法规范内部所存在的矛盾和冲突，必须引入下一个刑法出罪解释原则——合理性原则。一般的观念以为，合理性与合法性是冲突的、矛盾的概念，因为合理性解决的是实质的正义，而合法性关注的则是形式正义。但笔者认为，合理性和合法性并不相冲突，真正冲突的是合法性与现实世界，而合理性恰恰是消融矛盾和冲突的有力武器。从此意义上讲，合理性原则正是对刑法出罪解释之合法性原则的必要补充。但何谓合理性原则，即合理性原则的内容是什么？有学者认为，“合理性原则是指刑法的解释要合乎法理、人伦常理和社会发展需要之理”①。这种看法不尽合理，理由在于：其一，对合理性原则之内

① 李希慧．刑法解释论．北京：中国人民公安大学出版社，1995：88.

容作如上解释的学者认为："刑法出罪解释必须符合刑法之公理。所谓刑法之公理，是指长期以来已被我国刑法学界普遍接受的刑法基本理论命题，这样的刑法理论命题好比是数学公式，其正确性已获公认，因此刑法出罪解释必须遵循。"[①] 但是，刑法的基本理论命题，绝非像数学公理和逻辑公式一样，能够得到普遍认同。其二，人伦常理的概念依然停留在我国传统观念中的"人情""礼法"的层面，而这恰恰是极为不稳定的。比如我国第一个"婚内强奸"司法判例的出现即反映了现代社会关于婚姻及妇女地位等伦理观念的巨大变更。其三，社会发展需要之理本身没有问题，但是社会发展之需并非合理性的内容，而是引起合理性的原因。

笔者认为，刑法出罪解释的合理性原则是指刑法出罪解释要体现刑法的基本理念，也即刑法的平等、公正、正义等理念。第一，刑法出罪解释要体现平等性。这就要求刑法出罪解释过程中，尤其是在对具体案件进行解释时，一旦对某一刑法规范作出了解释，该解释就必须对所有同种情况统一适用，而不能随时作不同的解释。从此意义上讲，合理性和合法性并不是决然相分离的，二者关系密切。第二，刑法出罪解释要求公正，不能偏私、互相矛盾。这体现在对刑法规范的解释效果上则是罪罚相当、刑罚处罚的范围适当，刑法条文之间也必须协调而不矛盾。第三，刑法出罪解释要求时刻注意正义的要求。在解释中，既要敢于按正义要求把现实社会的巨大变化解释在刑法规范调整的范围之内，也要坚决反对把社会一切变化发展不加正义的价值判断而强硬解释进刑法规范之内。

最后，技术导向性原则。

技术导向性原则是指，一项刑法出罪解释满足了合法性原则和合理性原则，然而仍然有多种解释结论，需要取舍，因而有必要采用多种解释方法进行演绎并根据科学的技术甄别出最有效的解释结论。刑法出罪解释在满足了合法性与合理性之后，不但会给解释主体提供解释的外部环境和谐和内部矛盾消融的有利条件，并且会给解释者提供解释结果具有科学性的保障。问题的关键在于，解释者如何在具体的解释操作中满

① 李希慧. 刑法解释论. 北京：中国人民公安大学出版社，1995：89.

足自身对解释合法性、合理性的追求。答案只能是以科学的技术为导向了。可以说，技术导向性的原则正是作为达到合法性、合理性原则的中立的桥梁和媒介而被提出的。除此之外也应注意，满足技术导向性的要求，不但能够确保解释者能自如地操作解释活动，而且也能确保防止出现在解释操作的有限空间内因合法性原则与合理性原则同时被要求满足所产生的、被波斯纳戏称为“变色龙”[①] 效应的合法性与合理性相互冲突、排挤的局面。

刑法出罪解释的各种方法可以说正是为了满足刑法出罪解释的技术导向性而被法律解释理论者反复研究、论述的。但是，有些方法并非一定是高度科学的技术。为此，必须明确用于统筹各种方法的一般性技术导向的要点。其一，实用而精致的刑法出罪解释不是对个别条文咬文嚼字地分析，而是时刻追求刑法规范体系的逻辑一贯性，洞察出各个规范间的关联性意义。根据心理学家 L. S. 维果茨基的研究，“思维与语言具有不同的发生学根源”，“这两个机能沿着不同的路线发展，彼此独立”[②]，因此语言并不能代替思维，进而，作为文本的书面语言和文本的制作者的真正思维之间的距离相去甚远。同理，刑法出罪解释者要探求到文本之后的立法者的最基本思想或意志，也绝不能以刑法的每一个条文言语表述为最终的舞台，解释者必须在刑法言语的整体关系中来体会言语背后真正的意思。其二，合法、合理的刑法出罪解释必须注重对刑法规范合理含义的推敲和综合运用。如前所述，法律的解释是作为一种对成文法的反思机制而存在的，刑法出罪解释学有着更为重要、鲜活的抽象性，它允许更充分的复杂性和可变性，允许社会出现更多的新颖事物。这对刑法出罪解释同样适合。如此看来，解释者要既合理、合法地解释刑法，又满足解释的反思性，唯有从刑法规范的含义着手了。在此，推敲和综合运用也就成为必然了。其三，论理考究的刑法出罪解释必须时刻注意运用形式逻辑三段论的调和功能、辩证逻辑的整合功能。

---

① 理查德·A. 波斯纳. 法理学问题. 苏力，译. 北京：中国政法大学出版社，1994：342.

② 倪梁康. 译者的尴尬. 读书，2004（11）.

解释结果要达到论理考究、推理严谨，必须发现刑法规范前后的逻辑关系。只有利用刑法规范前后的逻辑关系进行三段论式的推理，才能把刑法规范的整体意思调和出来；只有大胆运用辩证逻辑推理，才能把刑法规范中的分散意思整合出来并形成科学的解释。其四，充满智慧的刑法出罪解释必须敢于运用富于创新的理论作为参考。创新的刑法学理论具有培养正义精神、促进制度创新的功效，以其作为参考，刑法出罪解释的结果才是充满智慧的解释，解释者才能被称为智者。

三、刑法出罪解释原则的实践适用

刑法出罪解释原则虽然较为抽象，但毕竟是为指导刑法出罪解释而存在的，因此，如果不能将刑法出罪解释原则贯彻于实践之中，这样的解释原则就会丧失生命力。同时，刑法出罪解释原则既能作为评判司法解释是否有效的标准，也能作为解决司法案件的解释操作标准。

第一，合法性原则。

合法性原则，是所有刑法出罪解释活动均需遵循的首要原则。贯彻合法性原则，首先要求一项解释具有合宪性，即符合宪法之规定；其次则要求解释符合刑法规范文义之规定。以“诽谤信息转发500次入刑”的司法解释为例分析：《刑法》第246条规定，“捏造事实诽谤他人，情节严重的”构成诽谤罪。2013年9月6日最高人民法院、最高人民检察院公布的《关于办理利用信息网络实施诽谤等刑事案件适用法律若干问题的解释》（以下简称《诽谤犯罪司法解释》）第2条规定，“同一诽谤信息实际被点击、浏览次数达到五千次以上，或者被转发次数达到五百次以上的”，属于“利用信息网络诽谤他人”“情节严重”的行为。这一解释即违背了合法性原则：首先，这一解释不符合我国宪法对公民言论自由权利的规定。《宪法》第35条规定：“中华人民共和国公民有言论、出版、集会、结社、游行、示威的自由。”《宪法》第51条规定：“中华人民共和国公民在行使自由和权利的时候，不得损害国家的、社会的、集体的利益和其他公民的合法的自由和权利。”很显然，言论自由是宪法赋予公民的基本权利。这意味着，对诽谤犯罪规定的理解必须以考虑公民言论自由这一基本权利为前提，换言之，只有根据宪法规定的言论自由这一基本权利的价值来解释诽谤犯罪，其所得出的结论才具有合宪性。如果行为人仅因诽谤信息被点击、浏览 5 000 次或转发 500 次以上，就被认定为利用信息网络诽谤他人而成立犯罪，那么，就有可能将散发不实而未必是诽谤他人人格名誉信息的行为认定为诽谤。正因为如此，有宪法学者明确指出："从某种意义上讲，基本权利的冲突涵盖了法领域的一切权利冲突。不同法律领域的各种权利冲突，归根结底都是宪法上不同基本权利在保障范围上的相互重叠和碰撞所致，或者说，不同法律领域的各种权利冲突，都可以作宪法学的解读，都可以涵盖在基本权利冲突问题的射程之内。""在刑法领域，较为典型的基本权利冲突的例子是'侮辱诽谤罪'中言论自由与人格尊严的冲突。"① 而解决基本权利之间的冲突，比如行使自己在网络空间的言论自由权利与为保护被害人的人格名誉权利而设立的诽谤犯罪之间的冲突，应该靠宪法解释或者法院提供司法保护。但是，"迄今尚未使用宪法解释手段来补救宪法条文的'老化'或缺失。个别涉及宪法的解释，也只是立法解释，而不是直接的宪法解释"②。在此前提下，在我国解决公民的基本权利冲突只能靠法院提供司法保护，司法保护可以通过三种途径进行："如果法律有保护基本权利的具体规定，法院应当直接适用法律；如果法律对基本权利的保护只作了抽象规定，法院应当对有关抽象立法进行合宪解释之后予以适用；如果法律没有作出保护基本权利的任何规定，法院可以直接适用宪法的基本权利条款。"③ 这意味着，《诽谤犯罪司法解释》直接以武断的入罪次数规定阻断了法院对公民言论自由权利予以保护的途径。因此，无论其规定的次数是否合理，该解释本身就意味着对公民言论自由权利的侵犯。而且，从法律的效力分析，涉及公民基本权利的授权性或禁止性规定，应该由宪法及法律来设立，而不能通过司法解释来设立。换言之，宪法中关于人民基本权利限制等专属立法事

① 张翔．基本权利冲突的规范结构与解决模式．法商研究，2006（4）．

② 苗连营．宪法解释的功能、原则及其中国图景．法律科学，2004（1）．

③ 谢立斌．论法院对基本权利的保护．法学家，2012（2）．

项，必须由立法机关通过法律规定，这是法律保留原则的基本内涵。①“点击、浏览次数达到五千次”或“转发次数达到五百次”却以司法解释的形式对公民基本权利的行使进行了限制，因此，该解释还违背了法律保留的基本原则。总之，根据合法性原则分析，《诽谤犯罪司法解释》有关“点击、浏览次数达到五千次”或“转发次数达到五百次”就入刑的规定应该被认定为因不合法而无效。

合法性原则还要求一项解释符合刑法规范文义之规定，这是合法性原则最基本的要求。比如，如果欲打击被拐卖男性的行为，并适用《刑法》第240条规定的拐卖妇女、儿童罪，那么，此种解释就是不合法的，因为妇女、儿童的文义中解释不出“男性”的含义。这样的解释是类推解释，而不是具备合法性的解释，所以难以成立。

第二，合理性原则。

合理性原则，是在适用合法性原则之后必须考虑适用的原则。贯彻合理性原则，需要紧扣刑法规范的法益保护目的，将该目的落实到具体刑法规范之中。它所使用的方法，主要为目的解释方法。这意味着，一项解释是否遵循了合理性原则，可以通过具体是否实现了法益保护目的来判断。《诽谤犯罪司法解释》第2条也违背了刑法出罪解释的合理性原则：其一，对诽谤罪中“情节严重”的解释必须符合法益保护的目的。某种诽谤行为只有达到了侵犯他人人格名誉权的程度，且具有可罚性，才能被认定为“情节严重”的诽谤行为，否则，解释就违反了处罚值得处罚的法益侵害行为之要求，亦即是不合理的。“诽谤信息”被点击、浏览达到5 000次或被转发500次以上，并不必然侵犯了公民的名誉权。网络上诽谤信息种类很多，其在网络上的传播速度和广度取决于信息本身的质量、网民对信息对象的关注度等各方面因素，所以，传播得广的网络不实信息不一定造成对公民名誉权的侵犯。以这种纯数量标准代替对诽谤罪之“情节严重”的解释，忽视了此种行为与该罪法益保

① 奥托·迈耶. 德国行政法. 刘飞，译. 北京：商务印书馆，2002：70. 尹培培. “诽谤信息转发500次入刑”的合宪性评析. 华东政法大学学报，2014（4）.

护目的之间的关联，其得出的解释结论当然是不合理的。其二，根本不考虑诽谤信息的内容和形式，只以简单的数字来认定网络诽谤行为的严重性，显然是不合理的。同样的捏造行为中捏造的信息本身以及涉及的对象不同，其危害性或者说后果是完全不同的。比如甲捏造自己商业上的竞争对手 A 整容，乙捏造娱乐圈明星 B 整容。因为 B 的职业特点，乙捏造的诽谤信息很快就被转发 500 次，而甲捏造的诽谤信息只被转发几十次。但事实上，B 为娱乐明星，群众认为艺人整容很正常，因此 B 并未因乙捏造的整容信息而受到伤害，同时，因不断有新闻点曝光，B 反而更红。而 A 为普通人，此等诽谤信息对其打击极大。但是因为甲捏造的 A 整容信息被转发的次数不够 500 次，甲的捏造行为不能被认定为情节严重而入罪，乙的捏造行为并没有从事实上侵犯到 B 的人格名誉权但因捏造信息被转发达到 500 次而被入罪了。这样的结论显然是滑稽的。这说明，根本不考虑诽谤信息的内容以及被诽谤人的具体情况，以点击、浏览、转发数字证明“情节严重”，既不符合网络诽谤犯罪的实际情况，又不符合犯罪认定对违法性要素之考量。其三，最高司法机关不致力于探讨“新媒体时代公民意见表达与刑法边界”的关系，没有经过谨慎论证就抛出《诽谤犯罪司法解释》，在社会上引起广泛争议，且其中以批判的声音为主。这意味着，该解释并未得到社会上广大民众的支持，而没有民众基础的司法解释同样是缺乏合理性的，因为，合理性价值诉求还包含国民预测可能性，或者说国民对法律规范的认同和接受度。“如何有效界定煽动性言论与事实陈述、意见表达之间的区别，是世界各国宪法和法律实施过程中的重点和难点。尤其在自媒体时代，由于政府信息公开制度和公民社会能力方面的原因，公民或者其他社会主体难免在事实陈述和意见表达中出现不实或过激的情形。”刑法对网络诽谤行为入罪的解释，理应“严格遵守我国宪法、刑法和治安管理处罚法的有关规定，充分尊重和保护公民对国家机关和国家工作人员的批评权和建议权”①。这样的解释才是合理的。其四，网络上点击、浏览

① 2013 年中国十大影响性诉讼. 南方周末，2014-01-09 (1).

和转发他人帖子的行为随处可见，且次数极易达到 5 000 次或 500 次。“在信息裂变式传播的 Web 2.0 时代，500 次或 5 000 次的门槛太低，一条轰动性消息无须两三分钟即可达到这一数量级，其传播速度之快，可能连信息发布者想收回都来不及。如果此时再遭遇谣言定性不明确，不仅容易造成误伤，甚至有压制‘言论自由’之感”[①]。以该种行为的次数作为认定诽谤行为情节严重与否的标准，随意扩大刑法打击面，有侵犯人权之虞，缺乏实质正义合理性。

技术导向性原则，是为了解决合法性原则与合理性原则之间的矛盾而提出的一项原则。贯彻技术导向性原则，需要甄别比较根据不同解释方法得出的结论，判断其中何种解释兼具合法性与合理性。“诽谤信息转发 500 次入刑”的司法解释既不合法，又不合理，因此不存在合法性原则与合理性原则冲突的问题，自然无须使用技术导向性原则。

技术导向性原则在以下案件适用合法性与合理性原则有问题时，就彰显了其适用空间。丁在网上捏造国家工作人员 A 有贪污受贿的行为，诽谤 A 的名誉。消息在网上散发后，被转发 500 次。因为丁的诽谤行为，A 在单位的清廉名声受到了损害，同时升职也无望。A 很无奈，只好跳槽至某企业。丙在网上捏造国家工作人员 B 泄露国家机密的虚假信息，该信息被转发 500 次，但 B 并未因丙的诽谤行为而受到任何影响。丁和丙的行为能否成立诽谤罪？根据合法性原则，丁和丙诽谤案中，因为诽谤信息被转发次数均达到了 500 次，应该以情节严重认定成立诽谤罪。然而，根据合理性原则，虽然诽谤信息都是被转发了 500 次，但是，只有丁的诽谤行为才真正对被害人的名誉权造成了极坏的影响，丙的诽谤行为没有造成任何实际的坏的影响，如果仅因转发次数达到 500 次就认定犯罪成立，而不考虑罪刑法定原则所蕴含的实质正当性原则，亦即处罚某一种行为必须该行为达到值得动用刑罚的程度，那么，这种认定就是不合理的。因此，对丁的诽谤行为应该定罪，丙的诽谤行为不应该定罪。可见，从合法性原则和合理性原则来分析，同样是诽谤信息

---

① 张里．惩治网络谣言需审慎循法依法．IT 时代周刊，2013（18）．

被他人转发了 500 次，但诽谤行为是否构成犯罪结论并不相同。此时，不妨运用技术导向性原则来解决之。根据前文所述，技术导向性原则实际上是在运用各种解释方法之后综合考量所得出结论的一种高度科学的方法。因此，运用这一原则之前必须要根据具体案件事实并运用不同解释方法进行法律规范与案件事实之间的对照解释。刑法出罪解释方法有很多种，具体运用何种解释方法取决于被解释对象的性质。综合前述例子后果的来看，运用历史解释方法可知，自刑法规定诽谤罪以来，对情节严重的判断一般是由法官自由裁量的，而且法官一般都是结合被诽谤者的人格和名誉权实际上受到损害之有无及严重与否的后果来认定的，而不是根据除行为人、被害人之外的第三人的行为及其次数来认定的，后一种认定切断了行为人的诽谤行为与被害人的名誉法益受损之间的关联性，因为如前述，第三人转发次数再多也不一定侵犯了被害人的名誉权。因此，根据历史解释方法，也不宜以转发次数 500 次作为认定诽谤罪后一成立标准。运用体系解释方法可知，刑法在规定数额犯时，一般都是采用区间而不是绝对的数字作为入罪门槛，比如抢夺罪的数额较大是 1 000 元至 3 000 元，挪用资金罪的数额较大是 1 万元至 3 万元，等等。为了与刑法中类似犯罪的认定标准保持一致，对诽谤罪也不宜以绝对的转发 500 次或者浏览、点击 5 000 次作为犯罪成立的标准。显然，根据历史解释方法和体系解释方法可知，以绝对的数字作为认定罪与非罪的标准可能是不科学的，应该在此标准之外采用其他标准辅助认定，比如目的解释等。对于前述例子，运用目的解释方法分析即是：丁的诽谤行为已经事实上造成了被害人 A 的名誉受损之后果，侵犯了诽谤罪的保护法益，而且达到了较为严重的程度，而丙的行为并未实际侵犯诽谤罪的保护法益。从诽谤罪的法益保护目的分析，没有侵犯该罪保护法益的行为当然不应构成犯罪，所以丁的行为成立诽谤罪，丙的行为不成立犯罪。以客观解释方法来分析，转发 500 次不符合网络犯罪的时代变化。网络信息的传播速度和次数非人所能控制和预测，500 次的转发就入罪，标准太低，容易导致几乎所有的网络诽谤行为均被认定为情节严重而受到刑罚处罚。这与罪刑法定原则所要求的处罚的实质正当性是相矛盾的。因此，综合历史解释、体系解释、目的解释与客观解释方法，丁的诽谤行为可以被认定成立诽谤罪，丙的诽谤行为绝对不宜被认定成立诽谤罪。因此，在丁诽谤案和丙诽谤案的处理中，如果按照合法性原则，丁、丙之行为均构成犯罪，但这个结论不一定合理，合理的结论是丁之行为构成犯罪而丙之行为不应构成犯罪。为了解决这个冲突，取得对案件最终的有效的定性，在综合运用各种需要运用的解释方法之后得出的最终结论是：丁之行为构成犯罪、丙之行为不构成犯罪。可见，经过技术导向性原则的适用，最终案件的结论就应该是丁的行为构成犯罪而丙的行为不构成。可见，技术导向原则的适用，必须遵循保障被告人的人权的根本指导思想。在此前提下，在入罪合法性和出罪合理性有冲突时，应该贯彻合理性原则，反之，在出罪合法性和入罪合理性有冲突时，应该贯彻合法性原则。这两种做法都是为了贯彻人权保障的指导思想。

四、结　语

出罪解释是刑法解释的重要构成部分，它的存在不仅体现出刑法语义的规范性，更彰显出刑法解释过程的能动性。由于不同刑法规范有不同目的，各种刑法解释方法又有不同特性和适用条件，因此，如果能够根据刑法领域的法律解释的特点，概括出所有刑法出罪解释活动所必须遵守的基本规则，那对于规范刑法解释活动，尤其是对于贯彻刑法罪刑法定原则的人权保障思想，应该是大有裨益的。确立刑法出罪解释原则是为了更好地适用刑法规范。刑法出罪解释原则不同于刑法出罪解释方法，它是指导各种刑法解释方法适用的基本规则，意在为各种解释方法提供一个可遵循的规则，以免使刑法的解释流于技艺的碎片而忘却根本性的规则。在合法性、合理性和技术导向性三个原则之中，合法性原则是前提、如果一项解释合理但不合法，那么无须讨论就可以直接宣布该解释无效；如果一项解释合法但不合理，或者既合法又合理，但有多种解释结论可供选择时，则需运用技术导向性原则来甄别取舍。从此角度而言，技术导向性原则具有解决冲突与矛盾的重要地位。但是，技术导向性之所以是“技术性”的，是因为究竟以什么作为取舍最终解释结论的标准，必须要根据被解释的刑法规范及案件事实的性质来确定，而不是根据事先设定好的法益保护目的或者立法原意等。同时，法官在个案适用中可以创造性地运用刑法解释性原则，但是，对于合法性原则，入罪时必须坚守、不能突破，否则，就违背了罪刑法定的人权保障机能。

第六章　法益如何限定处罚范围：法益确定与实质出罪

法益对构成要件具有指导解释的机能，它帮助“确定某一行为是否侵害了刑法所保护的法益，是否达到了应受刑罚处罚的程度”①。换言之，法益是指导构成要件实质解释的工具，也是实现限定刑法处罚范围与出罪的工具。如果没有确定一种犯罪的保护法益是什么，就无法在法益概念的指导下予以合理出罪。比如《刑法》第253条之一规定的侵犯公民个人信息罪，其保护法益为何，即为刑法领域备受争议的问题；而其保护法益无法确定，将会直接影响该罪在司法实践中的适用效果；法益界定不当，也难免会扩大该罪的处罚范围。为此，下文拟结合侵犯公民个人信息罪的立法规定，分析该罪的保护法益，演绎如何根据法益对犯罪成立进行价值判断与实质出罪。

一、个罪的保护法益之争：个人法益与超个人法益

关于侵犯公民个人信息罪的保护法益，刑法学界存在着个人法益说与超个人法益说。之所以存在如此截然不同的两种立场，盖因学界对该罪究竟是自然犯还是法定犯存在分歧。根据该罪前置法的规定以及刑法对该罪的定位予以分析，侵犯公民个人信息罪在某种程度上是“自然犯的法定犯化”，但其根本性质仍是自然犯，而不是欠缺法益侵害性或者

---

① 刘艳红．实质刑法观：2版．北京：中国人民大学出版社，2019：221.

侵害了抽象法益的法定犯。为此，关于该罪的保护法益应该坚守个人法益立场而抛弃超个人法益立场。超个人法益往往抽象而难以适用，对个罪构成要件的指导解释容易导致宽泛而富有弹性的结论；个人法益内容具体而明确，对个罪构成要件的指导解释会有效地限缩其处罚范围。

（一）个人法益 vs 超个人法益：个罪的保护法益之争

当今社会既是网络社会也是信息社会，网络的主要载体是信息，网络使信息的传播、获取和利用都变得极为便利，由此导致侵犯公民个人信息的犯罪行为也日益增多。如何准确适用《刑法》第 253 条之一规定的侵犯公民个人信息罪，由此成为理论与实践的难点，而解决这一难点的关键在于确立该罪的保护法益。犯罪的“保护法益，可谓系各种犯罪立法意旨之所在，足以影响犯罪构成要件之解释及罪数之认定，性质上至为重要”①。然而，信息的附随利益随着网络时代的全面到来而日益扩充，个人信息由财产变成商品，由商品可能变成公共用品，侵犯公民个人信息罪的保护法益究竟是什么也因此众说纷纭。2017 年 3 月，第十二届全国人民代表大会第五次会议将《中华人民共和国个人信息保护法（草案）》[以下简称《个人信息保护法（草案）》] 提交讨论。“个人信息保护法”已被列入第十三届全国人大常委会立法规划，目前正在推进之中。刑法中侵犯公民个人信息罪的构罪前提正是违反“个人信息保护法”等有关信息保护的国家规定。因此，离开“个人信息保护法”这一侵犯公民个人信息罪的最重要的前置法，讨论该罪的保护法益无疑欠缺实际意义。为此，下文拟在“个人信息保护法”即将出台的大背景下，对侵犯公民个人信息罪的保护法益进行探讨。

如何确定侵犯公民个人信息罪的保护法益，与侵犯公民个人信息的行为是否构成犯罪密切相关。“法益概念为刑法的保护对象提供经验的、事实的基础，法益是作为人们的生活利益而成为保护对象的。不管是在解释论上还是在立法论上，法益概念都起着指导作用。”② 因此，侵犯

---

① 甘添贵. 体系刑法各论：第 1 卷. 自版，2001：16.

② 张明楷. 刑法理论与刑事立法. 法学论坛，2017（6）.

公民个人信息罪的保护法益为何，决定着该罪构成要件的解释方向与该罪的处罚范围。侵犯公民个人信息的行为，在我国各项法律法规和政策中都受规制，比如 2017 年 3 月 15 日全国人大常委会《中华人民共和国民法总则》（以下简称《民法总则》）、2017 年 12 月 29 日全国信息安全标准化技术委员会《信息安全技术个人信息安全规范》、2016 年 11 月 7 日全国人大常委会《中华人民共和国网络安全法》（以下简称《网络安全法》）、2013 年 7 月 16 日工业和信息化部《电信和互联网用户个人信息保护规定》、2012 年 12 月 28 日全国人大常委会《关于加强网络信息保护的决定》，以及已被纳入第十三届全国人大常委会公布的立法规划的《中华人民共和国数据安全法（草案）》等。这意味着，对信息包括公民个人信息的保护属于在国家治理层面高度受重视的问题，同时，涉及公民个人信息规制的法律法规和政策也相当多。刑法作为最后保障法，必须要以法益为工具限定或合理确定犯罪的处罚范围，杜绝刑事政策的任意性以及前置法的宽泛无边。“法益概念中重要的不是前实证的社会损害，立法者的价值判断才是关键。”[①] 因此，准确确定侵犯公民个人信息罪的保护法益，必须结合《个人信息保护法（草案）》等该罪重要的前置法之规定、刑法对该罪的立法定位以及立法者对该罪的价值判断等予以综合考虑。

目前刑法学界对于侵犯公民个人信息罪的保护法益有众多不同观点，然而，它们虽然看似众说纷纭，但仔细分析，其实只有两类截然不同的对立观点，即个人法益说与超个人法益说。(1) 个人法益说。该说认为侵犯公民个人信息罪保护的是公民个人的法益。其中又有以下几种代表性观点。1) 公民个人隐私权说。该说认为该罪保护的法益是民主权利中的名誉隐私权，公民个人信息也因此限于公民姓名、年龄等能够识别公民个人身份或者涉及公民个人隐私的信息、数据资料。[②] 持隐私权说的学者最多，该说也是学界关于侵犯公民个人信息罪所保护法

① 钟宏彬. 法益理论的宪法基础. 台北：元照出版有限责任公司，2012：134.

② 张明楷. 刑法学：5 版. 北京：法律出版社，2016：921.

益的通说。2）隐私权说＋其他学说。比如，有的学者认为该罪保护的法益是自由、安全和隐私权①，有的学者认为，该罪保护的法益“既包括公民个人隐私不受侵犯的权利，也包括公民对自己个人信息的控制权”②。3）公民个人生活安宁说。该说认为“刑法视野中的公民个人信息判断应以‘私人生活安宁’为标准，即任何与公民个人相关的信息，一旦泄露，可能威胁到私人生活安宁的，都是公民个人信息”③。换言之，只有侵犯公民个人生活安全权的侵犯公民个人信息行为，才能构成该罪。4）公民人格尊严与个人自由说。该说认为“侵犯公民个人信息罪所保护的法益是公民人格尊严与个人自由，从出售或提供公民个人信息行为的实质违法性角度出发，应当将个人信息限缩在……‘公民个人信息’”④。亦即只有侵害公民人格尊严法益才是本法的保护法益。5）公民个人信息权说。该说认为该罪的“保护法益是公民个人的信息权，其内涵既包括个人隐私不受侵犯的权利，也包括限制他人非法收集、转让和出售他人信息的权利”⑤。公民个人信息权说为当下众多学者所赞成，并且这些学者认为承认此罪保护的法益为公民个人信息权，这意味着对该权利的独立化保护趋势。⑥ 6）公民个人信息自决权说。该说认为该罪保护的法益是信息自决权，即主体对信息具有的选择和决定权，或者说基于主体自我意志的排他权。⑦（2）超个人法益说。该说认为：“公民个人信息不仅直接关系个人信息安全与生活安宁，而且关系社会公共利益、国家安全乃至信息主权；所以‘公民’一词表明‘公民个人信息’不仅是一种个人法益，而且具有超个人法益属性，还需要

---

① 陈兴良．刑法学：3版．上海：复旦大学出版社，2016：256.

② 刘艳红．刑法学：下 2版．北京：北京大学出版社，2016：254.

③ 胡胜．侵犯公民个人信息罪的犯罪对象．人民司法，2015（7）.

④ 高富平，王文祥．出售或提供公民个人信息入罪的边界——以侵犯公民个人信息罪所保护的法益为视角．政治与法律，2017（2）.

⑤ 黎宏．刑法学各论：2版．北京：法律出版社，2016：269.

⑥ 于冲．侵犯公民个人信息罪中“公民个人信息”的法益属性与入罪边界．政治与法律，2018（4）.

⑦ 曾粤兴，高正旭．侵犯公民个人信息罪之法益研究//赵秉志．刑法论丛（2018年第3卷·总第55卷）．北京：法律出版社，2018：219-220.

从公民社会、国家的角度进行解释。”① 该说中有以下两种代表性观点。1）公共信息安全说。该说认为该罪保护的法益应当限于公共信息安全，只有对公共信息安全法益造成了损害的侵犯公民个人信息行为，才能构成犯罪。2）社会新型管理秩序说。该说认为侵犯公民个人信息罪的“入罪标准设置为具有规模性、整体性的个人信息保护，而非单纯个体权利的保护，根据其立法目的以及规范方式，其法益应当评价为社会信息管理秩序”②。该种法益不是指向法律所保护的具体的个人的利益，而是指向抽象的社会秩序这类超越个人利益的法益，无疑也属于超个人法益之范畴。

关于侵犯公民个人信息罪保护的法益的以上诸多学说，充分表明了该罪是个罪中极为少见的有关保护法益意见分歧较大的一个罪名。个人法益与超个人法益，是关于该罪保护法益之争的最集中争论。此对立之下还涵盖了单一法益（如个人隐私）与双重法益（如隐私权＋信息自由和安全或隐私权＋控制权等）之争、具体法益（如隐私权）与抽象法益（如新型社会管理秩序）之争、传统法益（如隐私权）与新型现代法益（如个人信息权）之争，等等。具有跨度如此广泛、内容复杂、争讼不断的各种法益说之争，在具体个罪中非常少见。

为何在一个看似普通的个罪中会出现如此多的法益说？面对如此相互对立的个人法益与超个人法益，究竟该如何取舍？要回答这些问题，必须首先分析侵犯公民个人信息罪的性质是法定犯还是自然犯，然后才能进一步确定侵犯公民个人信息罪的保护法益是什么。

（二）个人法益与超个人法益之争的背后：犯罪性质是法定犯还是自然犯

不确定侵犯公民个人信息罪是法定犯还是自然犯，是无法准确理解围绕该罪的各种法益学说之争的。自然犯一般侵害的是个人法益，法定

① 曲新久．论侵犯公民个人信息犯罪的超个人法益属性．人民检察，2015（11）．

② 凌萍萍，焦冶．侵犯公民个人信息罪的刑法法益重析．苏州大学学报（哲学社会科学版），2017（6）．

犯往往侵害的是超个人法益如社会管理秩序。虽然笔者认为，法定犯先天存在着“法益性的欠缺”，“犯罪是侵犯或威胁法益的行为，法定犯是单纯违反禁止规范的犯罪，是对国家规定的单纯不服从，并没有实质地侵害法益，其在法益侵害性的问题上存在先天不足”①。但是，至今刑法理论通说认为，法定犯也侵犯了法益，侵犯了国家安全或经济秩序社会秩序等超个人法益。为什么围绕侵犯公民个人信息罪会出现个人法益说与超个人法益说这两种完全不同的法益观？原因在于，认为该罪侵犯的法益是自由、安宁等个人法益的学者，其秉持的理念是该罪的本质是自然犯；认为该罪侵犯的法益是信息安全或者社会管理秩序的学者，其秉持的看法其实是，该罪的本质是法定犯。简言之，学界对该罪的犯罪性质究竟是自然犯还是法定犯所存在的无意识却完全对立的分歧，导致了关于该罪保护法益的个人法益与超个人法益之争。那么，侵犯公民个人信息罪究竟是自然犯还是法定犯？

众所周知，“根据犯罪性质的区别，可以将犯罪分为自然犯（刑事犯）和法定犯（行政犯）。自然犯是指在法律规定之前，该行为在性质上具有违背社会伦理（属性）的犯罪行为。法定犯是指依据法律被禁止才被认为是犯罪的行为，是基于行政监管之目的而被规定为犯罪的行为”②。关于自然犯和法定犯之间是否有实质的区分，存在诸多争论，而且自然犯和法定犯之间的界限具有不确定性和不稳定性。自然犯和法定犯作为一种理论分类，存在不确定性，不同的学者会给出完全不同的标准，然而每一种标准都存在缺陷。③ 另外，随着时间的推移，自然犯和法定犯相互转换的现象越来越多。因此，有观点认为，“时至今日，自然犯和法定犯之间的区别已经变得不再重要”④。

不过，从自然犯与法定犯的起源、自然犯与法定犯的实质差异以及其各自处罚目的来看，自然犯与法定犯还是存在着本质的差别的，这种

---

① 刘艳红．“法益性的欠缺”与法定犯的出罪．比较法研究，2019（1）．

② 大谷实．刑法总论：3版．东京：成文堂，2010：45．

③ 张明楷．自然犯与法定犯一体化立法体例下的实质解释．法商研究，2013（4）．

④ 同②．

犯罪分类法还应坚持，而且，坚持区分这两种犯罪目前还是刑法学界的主流观点，各大版本的教材在“犯罪分类”中坚持将二者作为对立范畴加以区分就是明证。

从自然犯与法定犯的分类起源分析，这种犯罪分类有各自意义，应予坚持。当加罗法洛在其名著《犯罪学》中首次系统论述了自然犯与法定犯各自原理之时，自然犯与法定犯的分类意义即已定。加罗法洛认为，侵害了“怜悯感或正直感是实质要素”，“一个行为被公众认为是犯罪前所必需的不道德因素是对道德的伤害，而这种伤害又绝对表现为对怜悯和正直这两种基本利他情感的伤害”，“我们可以确切地把伤害以上两种情感之一的行为称为‘自然犯罪’”[①]。同时，加罗法洛把某些侵害了非道德情感的行为排除在自然犯罪之外，比如“政治犯罪”以及“威胁公共安宁的非政治性地区犯法行为”[②]。而怜悯和正直，实际上是一种伦理道德的情感，自然犯是违反伦理道德的违法行为，这成为其本质内涵。反之，没有违反伦理道德的情感、仅仅因为国家行政管理秩序的需要而为法律所禁止的行为，则成为法定犯的本质内涵。这种犯罪分类的意义在于，各自犯罪的原因、犯罪人的主观恶性、犯罪耻辱感、犯罪人的矫正措施等等，都有着根本不同。比如，只有“那些需要研究其自然原因及其社会矫正的真正犯罪才能引起真正科学的兴趣”[③]，也就是说，只有自然犯才能引起真正科学比如人类学、解剖学的兴趣；而那些被排除在自然犯罪之外的法定犯罪“仅仅是侵害了偏见或违反了习惯，或只是违背了特定社会的法律，而这些法律根据国家的不同而不同，且对社会的共同存在并非必不可少。在这些情况下，生物原因的研究是不必要的”[④]，对于它们而言，只有惩罚是必要的，并且其程度要视国家威吓所需要的程度而定。也正因为如此，传统的学说从20世纪之初起，倡导“违法性质区分说”。依照违法性质区分说的见解，一般自然犯或刑事犯是指具有特定法益侵害性的行为，而法定犯或行政犯是指对于行

① 加罗法洛．犯罪学．耿伟，王新，译．北京：中国大百科全书出版社，1996：44.
② 同①47，48.
③④ 同①53.

政秩序的维持违反服从义务的行为，也即法定犯只存在对行政利益的侵犯，而不存在法益侵害的问题。因此，对法定犯的处罚是一种违反义务的警告，其性质与刑罚具有的伦理、社会的非难性迥异。

随着法益概念的主流化和扩大化，相当多的学者开始否认自然犯和法定犯之间的区别。有学者认为，法定犯也含有法益的侵害或者危险，所以法定犯和自然犯之间没有区别的意义。[①] 还有部分学者认为，自然犯和法定犯仅在行为违法性之轻重程度上不同，即只有“量”的差异而已。换言之，此派学者认为，法定犯只是一种比自然犯具有较轻的法益侵害性和危险性的犯罪行为，或者是在行为方式上不如自然犯那样具有高度可责性的犯罪行为，简言之，法定犯在事实上即是一种“轻微罪行”[②]。然而，这种观点只是表明了以行政取缔为目的的法定犯带有愈来愈多的伦理气质，而形成了“法定犯之自然犯化”[③]，但是并不表明二者的区分就因此而彻底消失。正如虽然法益论日益空洞化、精神化和抽象化，但是，法益论仍然是主流理论。自然犯与法定犯之间界限的日益模糊，并非完全是其自身的问题，它与法益的精神化、抽象化直接有关，也与社会伦理秩序的泛道德化以及风险社会预防刑法观的盛行等都有密切关系。恰恰是在此种背景下，坚持自然犯与法定犯的区分才具有更加重要的意义。自然犯与法定犯的分类，意味着对犯罪的类型化研究思维是刑法精细化之体现，也意味着二者在犯罪治理层面从原因论到对策论的全方位区别以及对刑事立法的指引性作用。总之，无论是“法定犯的自然犯化”还是“自然犯的法定犯化”，都只是时代发展的产物，而不意味着自然犯与法定犯区分的消失。自然犯与法定犯并非存在程度上的差异，而是存在性质上的差别，它们是不同类型的不法行为。

那么，侵犯公民个人信息罪究竟是违反伦理道德的自然犯，还是违反国家行政管理秩序的法定犯？根据刑法对该罪的定位可知，该罪是自

---

① 郑善印. 刑事犯与行政犯之区别：德、日学说比较. 自版，1990：129-130.

② 林山田. 论刑事不法与行政不法. 刑事法杂志：第 20 卷，1976（2）.

③ 陈子平. 刑法总论：增修 3 版. 台北：元照出版有限责任公司，2015：91.

然犯，而非法定犯。但是，该罪将“违反国家有关规定”作为其构成要件要素，这意味着“个人信息保护法”、《网络安全法》、《民法总则》等法律法规的规定也是该罪的违法性根据。因此，侵犯公民个人信息罪不是典型的自然犯，而是带有法定犯气质的自然犯。

首先，从《刑法》第253条之一的立法可知，侵犯公民个人信息罪是违反伦理道德的自然犯，而非法定犯。

我国刑法对自然犯与法定犯的规定采取的是大一统的方式，或者叫统一刑法典的方式。我国的自然犯和法定犯统一地被规定在刑法典中，而德国、奥地利等国家将法定犯规定在刑法典之外的法律之中，日本立法将法定犯分散规定在附属行政刑法规范之中。我国法定犯的立法模式，决定了对具体犯罪是自然犯还是法定犯的判断，不能从形式上仅根据其是分布在刑法典中还是分布在其他法典或者附属行政刑法规范之中来得出结论。在我国大一统的刑法立法模式之中，设有犯罪章节，这些犯罪章节的名称所表述的内容也就是各类犯罪侵犯的法益，例如，刑法典分则第一章的名称为危害国家安全罪，表明该章犯罪所侵犯的法益是国家（安全）法益。“犯罪客体实质上就是刑法上的法益，即犯罪客体的内容应当是刑法所保护的利益（法益）”[①]，只不过这种法益在我国《刑法》第13条中被表述为社会关系而已。《刑法》第四章“侵犯公民人身权利、民主权利罪”表明，该章犯罪的保护法益是公民个人的人身权利与民主权利，而侵犯公民个人人身、民主权利的犯罪是典型的自然犯。自然犯牵涉的是对个人权益及文化的损害，而法定犯则涉及特别的社会损害，因此，自然犯是一种有关“正义价值”的行为，而法定犯则是一种有关“福利价值”的行为。[②] 如第四章中的故意杀人罪、强奸罪等都是典型的牵涉个人权益与社会伦理、道德、文化规范的自然犯。侵犯公民个人信息罪的核心是与公民个人人身等利益相关的信息被非法侵犯，从而使公民个人的人身安全或者名誉等民主权利受到侵害。因此，

① 张明楷．法益初论．北京：中国政法大学出版社，2000：181.

② 何子伦．台湾地区刑事犯与行政犯之区别初探．中国政法大学博士学位论文，2005.

刑法才将该罪放置于《刑法》第四章。这表明，侵犯公民个人信息罪和故意杀人罪、故意伤害罪、侮辱罪、诽谤等罪一样，是“刑法上的行为规范和社会伦理规范一致的……自然犯（刑事犯）”[①]。

其次，虽然《刑法》第 253 条之一规定侵犯公民个人信息罪时明确要求“违反国家规定”是该罪的构成要件要素，但这并不能说明该罪不是自然犯。

《刑法》第 253 条之一第 1 款规定：“违反国家有关规定，向他人出售或者提供公民个人信息，情节严重的，处三年以下有期徒刑或者拘役，并处或者单处罚金；情节特别严重的，处三年以上七年以下有期徒刑，并处罚金。”第 2 款规定：“违反国家有关规定，将在履行职责或者提供服务过程中获得的公民个人信息，出售或者提供给他人的，依照前款的规定从重处罚。”第 3 款规定：“窃取或者以其他方法非法获取公民个人信息的，依照第一款的规定处罚。”可见，构成侵犯公民个人信息罪，要求具备“违反国家规定”这一构成要件要素，而“违反国家规定”是法定犯的罪刑规范通常使用的表述；同时，这一规定似乎表明，该罪具有保护行政法规范秩序或者说行政利益的目的，这也正是持超个人法益说者认为该罪的保护法益是信息安全或者信息领域的社会管理秩序的重要原因。那么，可否以此认定侵犯公民个人信息罪属于“由于行政取缔的需要而将其规定为犯罪的情形”，换言之，该罪“就是法定犯（行政犯）”[②]，并进而认为该罪的保护法益是超个人法益呢？

的确，“违反国家规定”这一构成要件要素表明，该罪的设立也具有保护“个人信息保护法”等规定的有关信息领域行政管理秩序的目的，但是，这只是该罪在保护公民人身、民主权利法益时所附带保护的法益，因为第 253 条之一在刑法典中的地位决定了该罪保护的根本法益是人身、民主权利以及该罪的根本性质是自然犯。这意味着，侵犯公民个人信息的行为即便违反国家规定，但是如果没有侵犯或者威胁公民个

①② 大谷实. 刑法讲义总论：新版 2 版. 黎宏，译. 北京：中国人民大学出版社，2008：6.

人的人身、民主权利，也不能被认定为犯罪。换言之，该罪的根本性质仍然是自然犯而非法定犯。所有的法定犯都要求违反国家规定，只不过有的是以之为成文的构成要件要素，有的是以之为不成文的构成要件要素而已。[①] 然而，法定犯都要求违反有关国家规定，但有“违反国家规定”这一构成要件要素的犯罪却不一定都是法定犯，自然犯也可能涉及违反国家规定。比如《刑法》第 244 条之一规定，“违反劳动管理法规，雇用未满十六周岁的未成年人从事超强度体力劳动的，或者从事高空、井下作业的，或者在爆炸性、易燃性、放射性、毒害性等危险环境下从事劳动，情节严重的”，构成雇用童工从事危重劳动罪。该罪是典型的自然犯，它侵害的法益是儿童的身心健康权，但是，成立该罪的前提是“违反劳动管理法规”，违反劳动管理法规是“违反国家规定”中的一种。可见，违反国家规定，是法定犯的典型特征，但不是法定犯与自然犯的区分标准。换言之，法定犯必定具备“违反国家规定”这一构成要件要素，“违反国家规定”的犯罪却不必然是法定犯。那么，《刑法》第 253 条之一中的“违反国家规定”这一构成要件要素的意义何在？笔者以为，这一规定表明，该罪的设立的确具有保护“个人信息保护法”等规定的有关信息领域行政管理秩序的目的，但是，这只是该罪在保护公民人身、民主权利法益时所附带保护的法益。

总之，侵犯公民个人信息罪同规定在刑法典分则第四章中的故意杀人罪、侮辱罪等众多罪名一样，其在本质上是违反伦理道德秩序的自然犯，而非法定犯。只不过，“违反国家规定”这一构成要件要素表明，该罪同时带有法定犯的气质，简言之，该罪其实是“法定犯的自然犯化”。它印证了前述自然犯和法定犯的区分确实存在，但同时也表明这种区分的确存在一定的相对性。

最后，虽然《刑法》第 253 条之一明确规定单位是侵犯公民个人信息罪的主体，但这并不能说明该罪不是自然犯。

单位是侵犯公民个人信息罪的犯罪主体，单位犯罪往往是法定犯，

---

① 刘艳红. 法定犯不成文构成要件要素之实践展开. 清华法学，2019（3）.

因此，侵犯公民个人信息罪很容易被误认为是法定犯。《刑法》第253条之一第4款规定，单位可以成为侵犯公民个人信息罪的主体。而对于单位犯罪，有学者认为，从立法性质上来说，我国的“单位犯罪是法定犯，这有别于盗窃、杀人等自然人犯罪”①。日本现行刑法典中所规定的罪名基本上都是自然犯，大部分法人犯罪都被规定在特别刑法尤其是行政刑法中。② 然而，笔者以为，虽单位犯罪基本上都是法定犯，但规定了单位主体的犯罪并不一定都是法定犯。2013年4月2日最高人民法院、最高人民检察院公布的《关于办理盗窃刑事案件适用法律若干问题的解释》第13条规定，“单位组织、指使盗窃，符合刑法第二百六十四条及本解释有关规定的，以盗窃罪追究组织者、指使者、直接实施者的刑事责任”。该司法解释明确了单位可以成为盗窃罪的主体，但是，盗窃罪是典型的自然犯，而不是法定犯，因此，即使该司法解释肯定了单位是盗窃罪的主体，也没有人据此认为盗窃罪是法定犯。可见，单位犯罪在大多数时候的确是法定犯，但并不意味着单位犯罪一定或全部是法定犯。换言之，单位是否为某种犯罪的主体，并非区分法定犯与自然犯的标准。

总之，学界因为对于侵犯公民个人信息罪的性质是自然犯还是法定犯存在分歧，所以对其保护法益产生了个人法益说与超个人法益说之对立。从我国《刑法》将侵犯公民个人信息罪置于刑法典分则第四章“侵犯公民人身权利、民主权利罪”的立法定位可知，该罪是自然犯而非法定犯；但与此同时，该罪带有法定犯的气质，在某种程度上是“自然犯的法定犯化”。既然侵犯公民个人信息罪不是法定犯，那么该罪的保护法益就不是抽象的社会秩序等超个人法益。既然侵犯公民个人信息罪的根本性质是自然犯，那么，该罪的保护法益就应该是个人法益。

二、个罪的保护法益：个人法益之坚守与新型权利之提出

确定侵犯公民个人信息罪是自然犯，仅仅可以从逻辑上帮助推导其

① 曾友祥，王聿连．单位犯罪存在范围的批判性反思．法学杂志，2012（2）．

② 齐藤信治．刑法总论：5版．东京：有斐阁，2003：57．

保护法益是个人法益。然而，对犯罪保护法益的确定最重要的作用是发挥其对构成要件的解释机能。因此，对该罪所保护法益的探讨，还应联系刑法对该罪之构成要件的立法规定，进一步分析该罪的保护法益为何是个人法益而非超个人法益；在各种个人法益说的内部，还需确定该罪的保护法益究竟是何种个人法益，即究竟是以隐私权为代表的传统权利，还是网络信息时代作为新型权利的公民个人信息权。

（一）侵犯公民个人信息罪的保护法益是个人法益，而非超个人法益

国家与法律的任务就是支持并促进人类尊严与人类的自由发展，刑法的最高目标在于保护个人以此实现人权的保障机能。虽然个人法益与超个人法益都是有关“人”的法益，“其功能都是供个人在社会中自我实现，只是具体的作用方式有所不同”，但是“超个人法益‘通过在前阶段保护个人法益’而间接地服务个人”[①]，因此，个人法益具有优先于超个人法益的地位。“法益价值的基础在于尊重个人，从此角度出发，在刑法中，也必须优先保护个人法益”[②]。但是，侵犯公民个人信息罪不是仅仅因为个人法益与超个人法益在价值上的地位不同而肯定其保护法益为个人法益的；而是《刑法》第 253 条之一的立法决定了该罪的保护法益为个人法益，而非超个人法益。

1. 侵犯公民个人信息罪在刑法典章节中的地位决定了该罪保护的是个人法益

前已述及，《刑法》第 253 条之一规定的侵犯公民个人信息罪处于刑法典分则第四章“侵犯公民人身权利、民主权利罪”中，这意味着该罪的保护法益为公民人身、民主权利，只不过，是何种具体的人身、民主权利尚需分析。而公民的人身、民主权利，是与公民个人相关的法益。“刑法将生命、身体、自由、生活的安宁以及名誉和信用、财产作为刑法上的保护法益，并将对它们的不法侵害作为犯罪，在刑罚法规中

---

① 钟宏彬．法益理论的宪法基础．台北：元照出版有限责任公司，2012：248．

② 大谷实．刑法讲义各论：新版 2 版．黎宏，译．北京：中国人民大学出版社，2008：6．

加以规定。"[1] 生命、身体或健康，安全、自由、安宁的生活，财产等这些保护法益，也就是刑法中的个人法益。这表明，侵犯公民个人信息罪侵犯的是个人法益，而不是超个人法益。

2. 侵犯公民个人信息罪的构成要件设计表明了该罪侵犯的是个人法益

与具体的个人法益不同，超个人法益主要包括社会法益与国家法益，它也被称为公共法益或者集体法益。"公共法益之中，除了作为国家的存在以及作用安全的法益之外，其他的就是社会法益"，其中，前者也就是国家法益，即"国家的存在以及作用安全"，后者即社会法益是指"保护国民各个个人的具体利益所必要的社会利益"[2]。犯罪所保护的法益是个人法益还是超个人法益，绝非概念之争，而事关刑法构成要件的设置和解释方向。"决定犯罪化之后，构成要件如何安排，关键在于法益。保护超个人法益的规定，很可能安排危险构成要件；保护个人法益的规定，大多以实害或具体危险的构成要件陈述。"[3] 前已述及，《刑法》第253条之一规定的侵犯公民个人信息罪的构成要件是，违反国家有关规定，向他人出售或者提供公民个人信息，或将在履行职责或者提供服务过程中获得的公民个人信息，出售或者提供给他人，或窃取或者以其他方法非法获取公民个人信息，情节严重的行为；同时单位也可以成为犯罪主体。这些构成要件都是实害构成要件，都是非常明确而具体的行为要件外加构罪要件即情节严重，而无一危险构成要件，没有类似于"具有何种危险""足以"等危险要件常用的表述，也并非不考虑构罪情节只要行为一实施即可构成犯罪。总之，侵犯公民个人信息罪的构成要件是典型的实害犯构成要件，也因此是典型的保护个人法益的犯罪的构成要件；该罪的法益是个人法益而不是超个人法益。

---

① 大谷实．刑法讲义各论：新版2版．黎宏，译．北京：中国人民大学出版社，2008：6.

② 同①332.

③ 林东茂．刑法综览：修订4版．台北：一品文化出版社，1994：2-8.

3. 侵犯公民个人信息罪虽是带有法定犯气质的自然犯，但不能因此就将该罪保护的法益定位为超个人法益

侵犯公民个人信息罪中的“违反国家规定”指明该罪违反《个人信息保护法（草案）》《网络安全法》《民法总则》《电信和互联网用户个人信息保护规定》等有关个人信息保护的法律法规。超个人法益说中的公共信息安全说和社会新型管理秩序说之所以会被提出并得到支持，可能与我国《网络安全法》将“网络信息安全”作为网络法律法规所保护的利益有一定关系。联系侵犯公民个人信息罪之“违反国家规定”要件，《网络安全法》当然是其中重要的前置法，联系它考虑该罪之保护法益无可非议。然而，《网络安全法》的立法目的本身就是保障网络世界的安全，其中包括信息安全。该法第 1 条规定：“为了保障网络安全，维护网络空间主权和国家安全、社会公共利益，保护公民、法人和其他组织的合法权益，促进经济社会信息化健康发展，制定本法。”可见，信息安全只是国家网络安全中的一部分。对于侵犯公民个人信息的行为而言，侵害个人信息安全并不等于侵害整个网络的信息安全。侵犯公民个人信息罪的侧重点是公民个人的人身、民主权利，所以该罪的司法解释[①]才强调信息对特定公民个人身份的可识别性。而《网络安全法》重在保护社会安全秩序，所以其核心在于整个网络空间的秩序以及提升安全保障能力，“随着新技术、新应用发展以及国际利益格局的发展演变，中国网络安全法应当以提升安全保障能力为核心”[②]。不能因为《网络安全法》第四章专章保护“网络信息安全”，以及侵犯公民个人信息罪是针对信息而设立的，而且在当下网络时代显然主要是针对网络信息安全而设立的，就武断地将《网络安全法》所保护的网络信息安全嫁接为侵犯公民个人信息罪的保护法益。

---

① 2017 年 5 月 8 日最高人民法院、最高人民检察院公布的《关于办理侵犯公民个人信息刑事案件适用法律若干问题的解释》第 1 条规定：“刑法第二百五十三条之一规定的‘公民个人信息’，是指以电子或者其他方式记录的能够单独或者与其他信息结合识别特定自然人身份或者反映特定自然人活动情况的各种信息，包括姓名、身份证件号码、通信通讯联系方式、住址、账号密码、财产状况、行踪轨迹等。”

② 王婧. 网络安全法应以提升安全保障能力为核心. 法制日报，2019-06-4 (10).

联系到侵犯公民个人信息罪之“违反国家规定”这一构成要件要素，毫无疑问，与公民个人信息保护最直接关联，也是最重要的前置法当属“个人信息保护法（草案)”。该法（草案）第1条规定：“为规范个人信息的收集、处理和利用，保护自然人个人信息权以及其他合法权益，促进个人信息的合理利用，规范个人信息跨境传输，特制定本法。”该条明确规定侵犯公民个人信息违法犯罪行为侵害的是公民个人法益，是“自然人个人信息权以及其他合法权益”，而不是抽象的网络安全或秩序。联系《刑法》第253条之一的规定，该条正是针对非法出售、提供、获取公民个人信息等行为而设立的罪名，侵犯与公民个人信息有关事项的信息权益的才能构成本罪，而不论这种行为是否侵犯了网络信息公共安全。可见，《个人信息保护法（草案)》正是针对公民个人信息权益受到侵犯而设立的法律，这与刑法规定侵犯公民个人信息罪的立法诉求完全一致。从这个角度而言，侵犯公民个人信息罪的保护法益显然应该是个人法益，而不是超个人法益。

毫无疑问，侵犯公民个人信息罪在一定程度上的确侵犯了信息的公共安全以及社会管理秩序，但是，如果仅仅侵犯了这样的超个人法益，并不能确定犯罪成立。换言之，这类超个人法益对于该罪的成立并不具有构成要件解释机能的作用，因为该罪作为侵犯公民人身权利、民主权利罪中的罪名之一，只有侵犯了公民个人人身权利、民主权利等个人法益的，才能构成犯罪。“‘法益’的词源是德语中的‘法律性财货’（Rechtsgut)。所谓‘财货’，不仅其本身实际存在，同时，因为对人有用而被赋予某种价值，那么，所谓‘法益’，就是以具有经验性可把握之可能的实体（经验的实在性)、对人的有用性（与人相关的有用性）为理由，而需要法律保护的对象。刑事立法，只有在有助于保护此意义上的‘法益’的限度之内，才能为被正当化。”[①] 抽象的超个人法益本身就难以把握并无法发挥犯罪构成要件解释机能的作用。这也是笔者认为诸如刑法典分则第三章“破坏社会主义经济秩序罪”、第六章“妨害社

① 松原芳博. 刑法总论重要问题. 王昭武，译. 北京：中国政法大学出版社，2014：12.

会管理秩序罪”等典型法定犯只有单纯的对国家规定的不服，从而欠缺法益侵害性的理由。而现在，侵犯公民个人信息罪本身为侵犯公民人身权利、民主权利罪中的罪名，持超个人法益说者罔顾这一事实，抛弃可以经验性地把握并有助于解释该罪成立的个人法益于不顾，主张抽象、空泛的超个人法益。这既违背了罪刑法定原则，也违背了刑事立法的指向性。由此，如果在主张个人法益说的同时，认为侵犯公民个人信息罪还可能侵犯了超个人法益，那么，这样的观点或许还可以得到认同；但是如果完全撇开个人法益，而认为该罪只是侵犯了超个人法益，则等于本末倒置，从而应该被否定。

综上，根据个人法益与超个人法益的有关理论，以及侵犯公民个人信息罪的立法定位和该罪之前置法的有关规定，该罪的保护法益是个人法益，而不是超个人法益。

（二）侵犯公民个人信息罪保护的是作为新型权利的个人信息权，而非传统个人权利

在明确侵犯公民个人信息罪的保护法益是个人法益之后，还需进一步明确是何种个人法益。根据该罪的构成要件，尤其是“违反国家规定”这一构成要件要素，该罪具体保护的个人法益不是隐私权等传统的个人权利，而是网络信息时代的新型权利即个人信息权。

笔者以为，前述关于侵犯公民个人信息罪所保护法益的个人法益说中的六种学说中，前四种其实都可概括为隐私权说，后两种则可概括为信息权说。其一，前四种学说即隐私权说、隐私权说＋其他学说、公民个人生活安宁说、公民人格尊严与个人自由说，其在本质上都是侵犯隐私权或与隐私权相关权利的学说，完全可以被统一概括为隐私权说。隐私权说或隐私权＋其他学说，它们在本质上都是一样的，即都是以隐私权为主要法益的学说。公民个人生活安宁说、公民人格尊严与个人自由说，其在本质上也是隐私权说，因为“隐私权主要包括生活安宁和私人秘密两个方面”，同时隐私权也是“宪法所保护的人格尊严的具体体现”[①]。

---

① 王利明．隐私权概念的再界定．法学家，2012（1）．

比如，关于刑法中的非法侵入个人住宅罪，一般认为其保护法益是公民生活的安宁权，而“在居住方面，隐私也被把握为安宁”[①]，换言之，侵犯安宁也就是侵犯了隐私。同时，侵犯隐私权的行为往往都是侵犯个人自由的行为，比如《刑法》第 253 条规定的私自开拆、隐匿、毁弃邮件、电报罪等，就是违背他人自由意志非法获取隐私的行为。总之，前四种学说完全可以被统一概括为隐私权说。其二，后两种学说，即公民个人信息权说和公民个人信息自决权说，其在本质上则都是信息权说。《个人信息保护法（草案）》第 11 条规定，自然人拥有个人信息权，“自然人的个人信息权包括信息决定、信息保密、信息查询、信息更正、信息封锁、信息删除、信息可携、被遗忘，依法对自己的个人信息所享有的支配、控制并排除他人侵害的权利”。同时，该法（草案）第 12 条至第 19 条依次规定了八种具体的个人信息权：信息决定权、信息保密权、信息访问权、信息更正权、信息可携权、信息封锁权、信息删除权、被遗忘权。因此，个人法益说的第六种学说主张的公民个人信息自决权，无非是个人信息权中的一种具体权利而已，该说从本质上说当然也是一种信息权说。总之，个人法益说中的六种学说，看似学说纷纭，其实主要就是隐私权说与信息权说的对立而已。

首先，根据《个人信息保护法（草案）》《网络安全法》《民法总则》等有关国家规定以及侵犯公民个人信息罪的构成要件，该罪的保护法益不是作为传统个人权利的隐私权，而是作为新型权利的个人信息权。

侵犯公民个人信息罪的对象为个人信息，网络时代个人信息不仅具有人格属性，还具有财产属性，隐私权等传统权利涵盖不了信息的财产价值属性。个人信息权是一种新型的综合性权利，可以有效体现对公民人格利益以及信息的财产利益的综合保护。

隐私权，是一种古老的或者说传统的个人权利。1890 年，美国学者沃伦与布兰代斯在《哈佛法学评论》上发表了一篇名为《论隐私权》的文章，

① 大谷实. 刑法讲义总论：新版 2 版. 黎宏，译. 北京：中国人民大学出版社，2008：119.

首次提出了“隐私权”的概念，其“实质上是政治或宪制意义上个人自由在法律上的表述”[①]。因此，隐私权天然是一种与自然人人身相关的“精神性的人格权”，它“虽然可以被利用，但其财产价值并非十分突出”[②]。在美国，隐私权是宪法中的一项基本权利，同时也是一项重要的民事权利。在德国，隐私权在人格权的发展过程中逐步得到发展，并作为基本权利被规定在《德国基本法》中。在我国，隐私权为人格权中的一种权利，有越来越多的学者主张其为宪法性的基本权利。我国刑法中诸如侮辱罪、诽谤罪、非法侵入住宅罪等，其实都暗含了侵犯公民隐私权的法益侵害性。总之，无论隐私权是何种属性以及在何种法系和国家，其都是公民个人权利中的一种重要权利，也是一种古老的或者说传统的公民权利。

个人信息权则不同，它是一种新型的综合性权利。在《个人信息保护法（草案）》第11条明确规定了公民个人信息权之后，个人信息权在《民法总则》中也得到了确认。《民法总则》第111条规定：“自然人的个人信息受法律保护。任何组织和个人需要获取他人个人信息的，应当依法取得并确保信息安全，不得非法收集、使用、加工、传输他人个人信息，不得非法买卖、提供或者公开他人个人信息。”该条在民法学界被认为规定了个人信息权。虽然《民法总则》没有明确使用个人信息权的概念（第111条），但在解释上可以认为，其承认了独立的个人信息权。这就反映了互联网时代、大数据时代和高科技时代的特征。[③] 关于这一权利的性质是什么，在民法上一度有较大的争议。个人信息权究竟是人格权、财产权、知识产权、还是新型权利？

从目前民法学界对个人信息权的定位来看，关于其性质可谓众说纷纭、莫衷一是，其中最主要的两个学说是人格权说与新型权说。前者认为，“个人信息权是一项人格权”，它“与个人隐私在内容上存在一定的重合，但整体而言，个人信息概念远远超出了隐私信息的范围，应当将

---

① 高富平. 个人信息保护：从个人控制到社会控制. 法学研究，2018（3）.

② 王利明. 论个人信息权的法律保护——以个人信息权与隐私权的界分为中心. 现代法学，2013（4）.

③ 王利明，周友军. 我国《民法总则》的成功与不足. 比较法研究，2017（4）.

个人信息权单独规定，而非附属于隐私权之下”[1]。后者主张：“不能把‘个人信息权’纳入公法权利、民法人格权，也不能纳入物权法财产权，更不能纳入知识产权。‘个人信息权’属于继股权、知识产权之后的新型民事权利。为了有效保护‘个人信息权’，中国有必要制定专门的个人信息保护法。”[2]从民法角度分析个人信息权显然不是本章的任务，然而，从这两种对立的学说中，仍然可以发现有关个人信息权的共性。王利明教授即便采纳了人格权说，但是也认为，“个人信息权不属于一般人格权”，“个人信息权是一种新型的具体人格权”，是“一项新型的民事权利”[3]。同时，王利明教授也认为个人信息权是不同于隐私权的一项具有单独立法价值的权利。这表明，王利明教授在肯定个人信息权的人格权属性时，并没有回避该项权利因保护“客体具有丰富性”“不宜为其他权利所概括”[4] 而具有的独立的、新型权利的特质。可见，主张其为人格权者并没有回避个人信息权是信息时代赋予公民的一项新型民事权利。

根据新型权利的理论，“所谓新型权利的‘新’，即其并未为现行法律所承认，尤其是未为现行立法所确认。中外权利发展史上的一个普遍现象是，一项权利先在学理和司法判例上获得承认，而后立法加以确认，获得正式法律地位之前的权利一般称为新型权利”[5]。个人信息权在《民法总则》立法之前，仅在《个人信息保护法（草案）》中出现过；而且，《民法总则》第111条的规定虽并未明确采用个人信息权的概念，但从实质上表明该条规定的就是个人信息权。与此同时，在这些立法（草案）之前，我国民法学者早已就该项权利的性质、该项权利与隐私权的关系等作了诸多探讨，而刑法学者对个人信息权的讨论更早：自2009年2月28日公布的《刑法修正案（七）》第7条增设侵犯公民个人

① 王利明．论个人信息权在人格权法中的地位．苏州大学学报（哲学社会科学版），2012（6）．

② 李伟民．“个人信息权”性质之辨与立法模式研究．上海师范大学学报（哲学社会科学版），2018（5）．

③④ 同①．

⑤ 陈彦晶．新型权利“新”在哪里．北京日报，2018-06-11（14）．

信息罪为《刑法》第 253 条之一之后，刑法学界就开始围绕个人信息权为侵犯公民个人信息罪的保护法益进行了不同角度的研究，并且在实务中有司法判例对此予以承认。[①] 可见个人信息权作为一项新的权利充分体现了新型权利的产生规律。同时，新型权利“是自觉的、法定（裁定）的和统一的”[②]，个人信息权正是由网络时代到信息时代催生且自觉产生的对公民信息保护的一项权利，它已由《个人信息保护法（草案）》《民法总则》等所规定并继而将由个人信息保护法所确立，同时它在民法、刑法、行政法等法律体系中以及法学理论上和立法实践中都是一项稳定而统一的新型权利。

以个人信息权这一新型权利作为侵犯公民个人信息罪的保护法益可以更好地保护公民个人信息。个人信息权作为一种综合性的新型权利，不像隐私权仅仅是一种精神性权利。信息作为数据，本身具有保护公民隐私的价值，同时，基于数据的财产性，公民个人信息也具有一定的财产价值，因此，公民个人信息权既含有精神权利的部分内容，又兼有财产利益的部分内容，还包含公民自由权利的部分内容等，故它是一种综合性权利。个人信息权的精神权利部分涵盖了隐私权的内容，当行为人侵犯公民个人信息时，无疑侵犯到了公民基于自由权利而免受外界干扰的独处的隐私权利，同时，也侵犯到了公民合理使用自己信息获取经济利益或其他利益的权利，并侵犯到了公民自由决定自己信息如何使用等权利。总之，个人信息权是一项综合性权利。较之隐私权，以之为侵犯公民个人信息罪的保护法益，更有利于全面保护公民与信息有关的个人权益。

其次，根据《个人信息保护法（草案）》的规定，侵犯公民个人信息罪的保护法益是作为新型权利的个人信息权。

在众多个人法益说中进行取舍时，应联系《个人信息保护法（草案）》的规定综合考量。前已述及，《个人信息保护法（草案）》第 1 条

① 陕西省汉中市汉台区人民法院（2017）陕 0702 刑初 100 号、四川省成都市高新技术产业开发区人民法院（2018）川 0191 刑初 94 号等。

② 谢晖．论新型权利的基础理念．法学论坛，2019（2）．

规定："为规范个人信息的收集、处理和利用，保护自然人个人信息权以及其他合法权益，促进个人信息的合理利用，规范个人信息跨境传输，特制定本法。"该条确定了侵犯公民个人信息罪侵犯的是个人法益即"个人信息权以及其他合法权益"。据此规定，侵犯公民个人信息罪侵犯的具体个人法益是什么？这还需进一步分析。笔者以为，该条中的主导权利是个人信息权，换言之，该条明确确立了一项新的权利：公民个人信息权。至于"其他合法权益"，则属于本条的兜底性表述，它表明在个人信息权之外，可能还有其他权益比如传统的自由、安宁权等，但是，个人信息权才是个人信息保护法保护的主要权益。既然如此，笔者以为，侵犯公民个人信息罪的主要保护法益也应该是个人信息权，虽然侵犯公民个人信息的行为也可能同时侵犯其他合法权益，但其他合法权益对该罪的认定不能发挥主要的构成要件解释机能。

综上所述，侵犯公民个人信息罪的保护法益是个人法益，但不是以隐私权为代表的个人法益，而是网络信息时代作为新型权利的个人信息权。至于具体侵犯的是个人信息权中的哪项权利，比如是否为前述个人法益中的公民个人信息自决权，由于篇幅所限，不在此处探讨。

（三）小　结

当前各国的立法趋势是，"各国基本上都在实行犯罪化，不断增设新的犯罪"。为了使新增的保护范围合理化，"只有借助法益保护说，通过证明某种行为严重侵害了国民的生活利益"①。因此，讨论侵犯公民个人信息罪这一较新罪名的保护法益为何，无疑具有重要的理论意义与实践意义。然而，该罪保护法益的确定不是刑法内部可以探讨解决的问题。基于法律一体化的思维，从《个人信息保护法（草案）》《民法总则》等有关国家法律法规中，即从刑法外部有关规定中寻找其保护的权利类型，再结合该罪的构成要件规定，才能准确确定该罪的保护法益。据此，该罪的保护法益不是超个人法益，而是个人法益；不是个人法益

① 张明楷．刑法理论与刑事立法．法学论坛，2017（6）．

中的隐私权，而是个人法益中的个人信息权。这一法益因应了网络信息时代更加有力、有效、有针对性地保障公民信息权利的时代诉求，因而更加合理。

三、个人法益：内容宽泛个人法益之限定与具体个人法益之确立

前述表明，侵犯公民个人信息罪的保护法益是个人法益而非超个人法益；同时，该罪保护的个人法益，具体而言是个人信息权。然而，虽然“刑法理论不应当要求法益概念具有绝对的明确性”①，但是为了避免法益概念的抽象化、精神化等松弛法益保护原则的趋势，理应尽可能将个罪比如侵犯公民个人信息罪的保护法益个人信息权具体化。

《民法总则》第 111 条规定：“自然人的个人信息受法律保护。任何组织和个人需要获取他人个人信息的，应当依法取得并确保信息安全，不得非法收集、使用、加工、传输他人个人信息，不得非法买卖、提供或者公开他人个人信息。”虽然《民法总则》的这一规定“没有明确使用‘个人信息权’的概念（第 111 条），但在解释上也可以认为，其承认了独立的个人信息权。这就反映了互联网时代、大数据时代和高科技时代的特征”，同时，也“将有力遏制非法的‘人肉搜索’、非法侵入他人网络账户、贩卖个人信息、电信网络诈骗等违法行为”②。据此，可以说《民法总则》确立了公民的个人信息权，它是指个人信息本人依法对其个人信息所享有的支配、控制并排除他人侵害的权利。然而，个人信息权的内涵和外延是什么，根据《民法总则》第 111 条的规定并不能确定。前已述及，《个人信息保护法（草案）》第 11 条对个人信息权的内涵与外延作了明确规定。该条指出：“自然人的个人信息权包括信息决定、信息保密、信息查询、信息更正、信息封锁、信息删除、信息可携、被遗忘，依法对自己的个人信息所享有的支配、控制并排除他人侵

① 张明楷．刑法理论与刑事立法．法学论坛，2017（6）．

② 王利明，周友军．我国《民法总则》的成功与不足．比较法研究，2017（4）．

害的权利。”同时，对于该条规定的信息决定权至信息被遗忘权等权利，该法在第12条至第19条依次进行了规定，即信息决定权（第12条）、信息保密权（第13条）、信息访问权（第14条）、信息更正权（第15条）、信息可携权（第16条）、信息封锁权（第17条）、信息删除权（第18条）、被遗忘权（第19条）。那么，这是否意味着，刑法中侵犯公民个人信息罪的保护法益即个人信息权，就是《个人信息保护法（草案）》规定的这八项权利？如果是，这样的法益概念显然有失宽泛。“我国宪法关于‘国家尊重和保障人权’以及‘中华人民共和国公民的人格尊严不受侵犯’的规定，是责任主义的宪法根据”①，而刑法中的法益正是实现宪法人权保障法治精神与刑法责任主义的重要理论，也是宪法用来限制刑事立法的工具。刑法中所有犯罪都“依附于各该犯罪所保护的法益，因此确定其所保护的法益依然是检验各该构成要件正当性之出发点”，换言之，“法益的确定”应该是“在自由的（亦即对市民自由非必要限制的抵抗）方向上，控制禁止内容，且涉及法律解释时，法益的确定不仅是内在的，而且也是批判的”②。可见，为了更好地发挥法益的限制机能，侵犯公民个人信息罪的法益不能被界定得如此宽泛。但是，侵犯公民个人信息罪的法益如果不是概括了这八项权利的笼统的个人信息权，那么，究竟是其中的哪项权利？

（一）个人信息保护理论源头与刑法信息自决权保护法益之确立

在民法典编纂背景下，基于刑民一体化视角，根据欧洲、美国两大模式中个人信息保护的理论源头分析，侵犯公民个人信息罪的保护法益应为个人信息权中的个人信息自决权，它和《个人信息保护法（草案）》第12条规定的个人信息决定权基本含义相同。

刑民一体化是解决侵犯公民个人信息罪的保护法益究竟为何的基本视角。这意味着，刑法各罪所保护法益的确立，必须同时结合刑法以及民法的规定。团藤重光教授认为，“一个法秩序，应该形成统一的体系。

① 张明楷. 责任论的基本问题. 比较法研究，2018（3）.

② 何赖杰. 法益保护原则//许玉秀，陈志辉. 不移不惑献身法与正义——许迺曼教授刑事法论文选辑. 台北：新学林出版股份有限公司，2006：229.

例如，在作为一个法秩序的日本法内部，有民法、刑法等分支，且各自以不同的原理让社会生活规律化，但这些分支必须相互之间没有矛盾，最终作为整体法秩序而具备统一性。亦即，法秩序作为一个整体必须是无矛盾地统一的事物”①。民法是前置法，它在前，拦截违法行为；刑法是保障法，它在后，惩治未被成功拦截的犯罪行为。民法先确立违法性，刑法后确立犯罪性。虽然前置法的提法主要出现在法定犯中，而侵犯公民个人信息罪又是刑法分则第四章规定的侵犯公民人身权利、民主权利的犯罪之一，换言之，它是自然犯，但是违反前置法的不一定都是法定犯，自然犯也可能违反某些前置法，而且，侵犯公民个人信息罪本身也确实具有法定犯的气质，亦即“自然犯的法定犯化”②，因此，确立侵犯公民个人信息罪的保护法益究竟为何，必须参考《民法总则》及其他有关个人信息保护法律法规的规定。这种刑民一体化视角并不影响该罪作为自然犯的根本性质。

当今世界各国保护个人信息主要有两种模式：一种是欧洲模式，其理论源头是对公民个人尊严与基本人权的保护，并在立法上采取了统一模式；另一种是美国模式，其理论源头是对公民个人隐私与自由的保护，并在立法上采取了散在模式。从个人信息保护的理论源头分析，侵犯公民个人信息罪的保护法益应为个人信息自决权而非泛泛的个人信息权。

1948 年 12 月 10 日，联合国大会通过第 217A（II）号决议并颁布《世界人权宣言》，其中第 12 条规定：“任何人的私生活、家庭、住宅和通信不得任意干涉，他的荣誉和名誉不得加以攻击。人人有权享受法律保护，以免受这种干涉或攻击。”这一规定中蕴含了对个人生活的尊重和个人事务自决（自由）原则，从而被世界各国认为是个人信息保护的法律渊源。2007 年 12 月旨在保障欧盟公民权利的《欧盟基本人权宪章》颁布，其中第 8 条规定，“人人有权保护涉及自身的个人数据”，从

---

① 团藤重光．法学の基础．东京：有斐阁，1996：84.

② 刘艳红．侵犯公民个人信息罪法益：个人法益及新型权利之确证．中国刑事法杂志，2019（5）.

而明确地将个人数据保护权视为一项独立的人权加以保护。① 但是，无论是《世界人权宣言》还是《欧盟基本人权宪章》，都没有使用“隐私”的概念，而是基于保障公民个人尊严推演出对由个人权利衍生的数据权利的保护。与此同时，源于人格尊严与自由发展理论，依人格法益的私领域性，人格法益被分为私密领域的、私人领域的、个人领域的②以及社会领域的，其中涉及私密、私人领域法益的个人信息原则上应免受不法侵犯。③ 这种个人信息不受侵犯的权利体现为个人对其信息自决的权利，即个人对其个人信息拥有控制权，非经该个人同意，他人不得收集、处理和利用其个人信息。④ 德国司法实践在欧洲最先实现了对信息自决权的确认，它执行了《德国基本法》第 1 条第 1 项，即“人之尊严不可侵犯，尊重及保护此项尊严为所有国家机关之义务”，这一内容也即一般人格权。同时，目前的德国通说也认为，《联邦个人信息保护法》保护的是“个人信息权”（Recht am eignen Datum），即个人信息自决权，且该权利属于《德国民法典》第 823 条第 1 款规定的“其他权利”⑤。由此，在欧洲，个人信息立法保护的权利或者说法益是基于人的尊严而确立的作为人格权的个人信息自决权。同时，欧洲也是世界上最早进行专门个人信息立法保护的地区：“欧盟委员会于 1995 年颁布的《个人数据保护指令》在世界上个人数据保护法律中占有非常重要的地位”，并且欧洲的“大部分国家和地区采取统一立法的形式并覆盖公私两个领域”⑥。总之，欧洲基于公民个人尊严与基本人权保护并在立法上采取了统一模式，由此形成了其在个人信息保护方面独特的模式。

---

① 高富平. 法律应如何保护个人信息. 中国审判，2017（3）.

② BGHZ 169，193，199；BGHZ 164，203，209.

③ Vgl. Hubmann，Das Persönlichkeitsrecht，2. Aufl.，1967，S. 268ff.

④ Vgl. Steinmüller，Lutterbeck，Mallmann，Harbort，Kob，Schneider：Grundfragen des Datenschutzes，Gutachten im Auftrag des Bundesministeriums des Inneren，1972，S. 85ff.

⑤ Vgl. Herbert Meister，Datenschutz und Privatrechtsordnung，BB1584，1587，1976 ff；Walter Knabben，Datenhaftung，1979，S. 14.

⑥ 弓永钦. 个人信息保护问题研究——基于跨境电子商务. 北京：人民日报出版社，2018：37，38.

在美国，对公民个人信息予以保护的法律根据不是《世界人权宣言》，其理论源头也不是保护公民个人尊严，进而也缺乏对人格权理论的发展和研究。美国采取的是通过隐私权理论体系来进行个人信息保护，并通过案例判决来确认个人信息保护。

自美国学者沃伦（Warren）和布兰代斯（Brandeis）于1890年在其《论隐私权》一文中将隐私界定为一种“免受外界干扰的、独处的”权利后，隐私权日益引起学界、司法实务界的广泛关注。1890年，美国学者沃伦和布兰代斯提出了“隐私权”（the right to privacy）的概念，也即“独处的权利”（right to be let alone）①，同时对于这项权利的由来指出，古老的普通法只保护有形的个人在人身和财产上的利益，但是，随着政治、社会和经济的变化需要承认新的权利，“人们开始意识到人的精神本质，意识到人的情感和智力。这些法律权利的范围逐渐扩大。现在，生命的权利已经意味着享受生命的权利，享受独处的权利。自由权是行使广泛公民权利的保障”②。随着计算机和网络在美国的率先发明与普及，侵犯公民个人信息的行为日益增加，美国的隐私权概念也因此“逐渐被理解为一种维持对个人信息的内在领域和对某人身体和能力的一定程度的控制的权利”③。美国对隐私权的保护根植于宪法上的自由。1977年，美国联邦最高法院在Whalen v. Roe一案的判决中指出，隐私权是受宪法上正当程序（Substantive Due Process）原则保护的权利，“以保护‘隐私’为特征的案件至少涉及两种不同的利益，一是避免个人事务披露的个人利益，另一个是作出某些重要决定的独立性利益”④。因此，个人信息隐私在美国受宪法保护，个人对之享有独立的不受影响的决定权。同时，在网络环境下，美国“经常使用information privacy一词”，以指明“保护个人信息不被泄露或滥用，以免造成

①② Samuel D. Warren，Louis D. Brandeis：The right to Privacy，Harvard Law Review 1890，volume 4，p. 193.

③ 高富平. 个人信息保护：从个人控制到社会控制. 法学研究，2018（3）.

④ Whalen v. Roe，429 U. S. 589，1977.

对信息主体的伤害，或者能够控制他人对个人信息的使用”[①]。美国的“隐私控制是自由自治原则的产物”，而“自治也意味着对自己的事务作出决定”，比如“个人对个人数据使用的选择及其使用谈判，以促进个人自治”[②]，因此，个人信息的自主控制由此成为美国的信息控制理论。总之，在美国，由隐私权发展出了个人的信息权益并进而发展出了个人信息控制权。隐私权的确认和保护是个人信息保护的理论源头，个人信息保护几乎等同于隐私保护。同时，在立法上，美国的保护模式是散在式立法，即在各个行业分别制定有关个人信息保护的法律规制、准则，而不制定统一的个人信息保护法律。[③] 总之，美国对公民个人信息的保护是在隐私权与自由权体系内进行的，并在立法上采取了散在立法模式。

虽然欧洲、美国在个人信息保护的理论源头与立法模式上有所区别，但无论是作为欧洲信息保护的理论源头的公民个人尊严，还是美国个人信息保护的理论源头即公民隐私与自由，它们的“目标和结论都是人的独立自主或自治，因而均将个人信息归由个人控制，法律保护这种控制即是保护个人自治”[④]。而且，前述欧洲（包括德国）对个人信息权的保护正是基于对个人生活的尊重和个人事务自决（自由）原则，而确立作为人格权的个人信息自决权的。虽然美国基于隐私权理论发展出的对个人信息的保护并不称为个人信息自决权，而是个人信息控制权，但是控制和自决都是指向个人对自己信息的自治的，都是指个人对其信息使用享有决定权；作为权利最后落脚点的个人信息自决权和个人信息控制权之间并无实质性差别。

总之，从个人信息保护的欧洲、美国不同理论源头及两大模式分析，基于对个人尊严或个人自由权利的保护，发展出与人身一体化的个人信息

---

① 弓永钦．个人信息保护问题研究——基于跨境电子商务．北京：人民日报出版社，2018：13.

② 高富平．个人信息保护：从个人控制到社会控制．法学研究，2018（3）.

③ 周汉华．中华人民共和国个人信息保护法（专家建议稿）及立法研究报告．北京：法律出版社，2006：79-80.

④ 同①.

保护。如果个人无法知道自己的信息在何种程度上被何人获取并利用，那么，个人将失去作为主体参与信息保护的可能性，而沦为他人可以操纵的信息客体①，而被沦为客体是人被物化并丧失人性尊严之体现。这非但在一定程度上解释了为什么我国《刑法》第253条之一将侵犯公民个人信息罪规定在刑法典分则第四章“侵犯公民人身权利、民主权利罪”中，解释了为何该罪的保护法益是个人法益而不是泛泛的信息安全等超个人法益，也回答了为何侵犯公民个人信息罪的保护法益虽然是个人信息权，但又不是泛泛的个人信息权，而是该项权利中的根本权利即个人信息自决权。为了突出对公民个人信息的保护的主体属性，换言之，为了表明刑法设立侵犯公民个人信息罪并非仅仅保护作为客体的信息，还保护作为（信息）主体的人，侵犯公民个人信息罪的保护法益也必须聚焦于个人信息自决权，以杜绝将该罪保护法益泛化为个人信息权后所带来的主体迷失及主体与客体之间的混同，并突出个人信息权在理论源头上与人的尊严和自由的密切相关性。

（二）刑民一体化视野下侵犯公民个人信息罪的保护法益：个人信息自决权

在民法典编纂背景下，必须基于刑民一体化视野与法秩序统一原理，分析《民法总则》第111条以及其他有关个人信息保护法律法规的内容，讨论刑法中侵犯公民个人信息罪个人保护法益为何是个人信息自决权。根据《民法总则》及有关个人信息保护法律法规的规定，我国民事立法确立了个人信息权，侵犯公民个人信息罪对之予以了刑法确认。同时，刑法所确认的个人信息权不是隐私权，也不是人格权或与之类似的个人尊严与自由等权利，而是一种需要独立对待的新型民事权利。基于“民法要扩张刑法要谦抑”② 的理念，侵犯公民个人信息罪所保护的也不是泛泛的等同于民事权利的个人信息权，而是其中最核心的权利即个人信息自决权。

---

① Vgl. Spiros Sitimis, Kommentar zum Bundesdatenschutzgeseta, 4. Aufl., 1993, Art. I, Rn. 169.

② 王利明. 民法要扩张刑法要谦抑. 民主与法制，2016（44）.

1. 在民法典编纂背景与刑民一体化视野下，侵犯公民个人信息罪的保护法益是对《民法总则》及相关法律法规所确立的个人信息权的刑法确认

《刑法》第253条之一规定，“违反国家有关规定”，侵犯公民个人信息情节严重的行为构成侵犯公民个人信息罪。《刑法》第96条规定：“本法所称违反国家规定，是指违反全国人民代表大会及其常务委员会制定的法律和决定，国务院制定的行政法规、规定的行政措施、发布的决定和命令。”据此，构成侵犯公民个人信息罪必须要违反有关个人信息保护的法律、行政法规等国家规定。我国关于个人信息保护的法律法规非常多，其中较为重要的，除前述2012年的《关于加强网络信息保护的决定》、2016年的《网络安全法》、2017年的《个人信息保护法（草案）》和《民法总则》之外，还有2011年10月29日修正的《中华人民共和国居民身份证法》（以下简称《身份证法》）、2013年10月25日第二次修正的《中华人民共和国消费者权益保护法》（以下简称《消费者权益保护法》）等。要明确侵犯公民个人信息罪的保护法益是个人信息自决权，必须先明确《民法总则》第111条及有关个人信息保护的法律法规是否确立了个人信息权，因为，“个人有权控制和支配其个人信息的流向，这项权利的基础在于……个人信息权”[①]。在此基础上，还需明确个人信息权的性质是什么，以解决为何侵犯公民个人信息罪的保护法益是个人信息权中的个人信息自决权。

那么，《民法总则》第111条究竟有没有确立个人信息权？有观点认为，《民法总则》第111条“立法上采用的‘公民个人信息’的表述毕竟不同于‘公民个人信息权’，公民个人信息究竟属于隐私权的一个具体内容还是具体独立的民事权利，可以说仍未明确”[②]。这种观点值得商榷。笔者赞成王利明教授等所主张的，认为虽然《民法总则》没有明确使用个人信息权的概念，但在解释上可以认为其承认了独立的个人

① 杨芳．个人信息自决权理论及其检讨．比较法研究，2015（6）．

② 曾粤兴，高正旭．侵犯公民个人信息罪之法益研究//赵秉志．刑法论丛（2018年第3卷·总第55卷）．北京：法律出版社，2019：209．

信息权。然而，为何在解释上可以得出这样的结论，则需仔细分析。

根据法律体系解释可以发现，在有关个人信息保护的法律体系内，对个人信息权的确认具有延续性。《民法总则》第111条关于对个人信息予以保护的规定，与其制定之前的《身份证法》《消费者权益保护法》《关于加强网络信息保护的决定》《网络安全法》等对个人信息保护的规定是一致的。《身份证法》第13条规定："有关单位及其工作人员对履行职责或者提供服务过程中获得的居民身份证记载的公民个人信息，应当予以保密。"《关于加强网络信息保护的决定》第1条规定："国家保护能够识别公民个人身份和涉及公民个人隐私的电子信息。任何组织和个人不得窃取或者以其他非法方式获取公民个人电子信息，不得出售或者非法向他人提供公民个人电子信息。"该决定第2条规定："网络服务提供者和其他企业事业单位在业务活动中收集、使用公民个人电子信息，应当遵循合法、正当、必要的原则"。《消费者权益保护法》第14条规定："消费者在购买、使用商品和接受服务时，享有人格尊严、民族风俗习惯得到尊重的权利，享有个人信息依法得到保护的权利。"《网络安全法》第41条规定，"网络运营者收集、使用个人信息，应当遵循合法、正当、必要的原则，公开收集、使用规则，明示收集、使用信息的目的、方式和范围"。

分析这些规定可知：2011年《身份证法》首先确立了对公民居民身份证等信息的保护。2013年《消费者权益保护法》明确规定了"个人信息依法得到保护的权利"，这一表述虽然形式上不是个人信息权，但其实质上就是确立了一项新的权益即公民个人信息权。2012年《关于加强网络信息保护的决定》则对公民个人电子信息的保护予以明确，并首次确立了公民个人电子信息获取、使用的"合法、正当、必要的原则"。这一原则以及该决定中的其他有关公民个人电子信息保护的内容，和《网络安全法》中有关个人信息保护的第41条等相关条文的内容，一起构成了2017年《民法总则》的第111条、第117条等的立法基础。最终，《个人信息保护法（草案）》第1条规定了个人信息权这一公民基本权利，即"为规范个人信息的收集、处理和利用，保护自然人个人信息权以及其他合法权益，促进个人信息的合理利用，规范个人信息跨境传输，特制定本法”。

立法的发展变化表明，在我国，对个人信息的保护从无到有，保护范围从线下信息发展到线上电子信息；对个人信息的保护，也从保护作为客体的信息发展为保护作为信息主体的人；个人信息权在有关法律中被明确规定并使用，个人信息自决权也随着个人信息权的日益确认而得到立法的肯认。从个人信息保护的法源分析，上述法律法规都是我国个人信息保护立法的法源；同时，无论是《身份证法》还是《消费者权益保护法》，无论是《关于加强网络信息保护的决定》还是《网络安全法》，都是《民法总则》的制定基础。“编纂民法典不是制定全新的民事法律，而是对现行的民事法律规范进行科学整理”[①]，《民法总则》作为民法典的总则，其中既有全新确立的新的民事权利，比如第16条对胎儿利益主体资格的确认，也有对以往尊重与保障公民个人合法权益的各项规范的整理，比如第58条对法人成立条件的规定，就是在《民法通则》《公司法》《证券法》《保险法》等有关规定的基础上制定的。既然如此，在个人信息权已得到《民法总则》制定之前的法律法规的确认之后，因为《民法总则》为对公民基本生活规范的总整理，所以对其第111条的理解，不能停留于民法规则内部，而应该从法律体系的角度，分析该条的来源、个人信息权利的发展演变，并从个人信息保护立法体系化的角度，毫无疑问地将《民法总则》第111条的规定解释为对个人信息权的确认。

根据法律规范的构造进行解释，《民法总则》第111条在法律规范的结果上指示着对个人对信息权的确认。“在法律规范中与事实构成相连的法律结果，以权利和义务为内容。法律结果的指令指示着权利和义务的存在或不存在。”[②] 虽然《民法总则》第111条规定“自然人的个人信息受法律保护”时没有明确采用个人信息权的表述，但是该条后半

① 关于《中华人民共和国民法总则（草案）》的说明，2017年3月8日第十二届全国人民代表大会第五次会议.

② 卡尔·恩吉施. 法律思维导论. 郑永流，译. 北京：法律出版社，2014：17.

段规定表明，法律所保护的并非作为客体的个人信息，而是作为主体的人。“任何组织和个人需要获取他人个人信息的，应当依法取得并确保信息安全，不得非法收集、使用、加工、传输他人个人信息，不得非法买卖、提供或者公开他人个人信息。”这表明，对公民个人信息的取得、使用应当依法进行，而不得进行非法获取、买卖、提供等行为。合法与非法，正是对个人信息使用等行为性质的划分，而这一性质的划分，正是源于法律对权利的保护，因为无论是民法还是刑法，目的都是保护法益亦即法律上利益，而法益本身的内涵就是法权，是法律上的一种权利，“权利的维护是刑法的当然目的”，“犯罪是一个刑法中规定的违法或者说由刑法加以威慑的与他人权利相违背的行为”①，无论是公民的权利还是国家的权利都是法律所保护的对象。“不得非法收集”“不得非法买卖”等行为是收集、使用信息的人所应该履行的法律义务，它从反面确立了信息主体对其个人信息所拥有的权利，因为“不存在无权利的义务和无义务的权利，因为一方的义务总是与另一方的权利相对应”②。由法权论衍生的法益论，以及法律规范中权利与义务的一致性等都表明，当法律将对个人信息的获取、提供等行为划分为合法与非法时，意味着法律已经将个人信息权作为一项权利属性来保护，换言之，法律不在仅仅保护作为客体的、与公民之主体性脱离的个人信息。

总之，虽然《民法总则》第111条没有明确使用个人信息权的概念，但从解释论的角度完全可以得出该条确立了个人信息权的结论。在此背景下，侵犯公民个人信息罪的保护法益为个人信息权可以说正是对《民法总则》及相关的法律法规中的个人信息权的刑法确认。

2. 在刑民一体化视野与法秩序统一原理下，侵犯公民个人信息罪的保护法益个人信息权不是隐私权或者人格权等传统权利，而是独立的新型权利

明确《民法总则》第111条确立了个人信息权及其刑法确认之后，

---

① 安塞尔姆·里特尔·冯·费尔巴哈．德国刑法教科书：14版．徐久生，译．北京：中国方正出版社，2010：35，36.

② 卡尔·恩吉施．法律思维导论．郑永流，译．北京：法律出版社，2014：17.

还需明确该项权利的性质。前述欧洲、美国的模式无疑是有区别的：前者是由公民个人尊严与基本人权发展出一般人格权，是在人格权的领域内讨论公民个人信息权；后者是在公民自由权的基础上发展出隐私权，是在隐私权的领域内讨论公民个人信息权。这种区分在一定程度上影响了我国学界对侵犯公民个人信息罪保护法益的主张。前述主张隐私权说的学者实际上就是根据美国模式得出结论的，而主张该罪的保护法益是公民人格权的学者则是根据欧洲模式得出结论的。[①] 然而，在民法典编纂背景下，基于刑民一体化视野以及法秩序统一原理，应该否认侵犯公民个人信息罪的保护法益为隐私权或人格权的观点。

首先，《民法总则》第 111 条确立的个人信息权在性质上不是隐私权，侵犯公民个人信息罪的保护法益也不是隐私权。

随着侵犯公民个人信息行为之方式及后果的多样化，尤其是隐私权作为具体的法益在实务中认定的困难以及僵化日渐显现，人们难以运用这一权益在公民个人基本权利与信息公共安全利益之间取得平衡。“将宪法隐私权作为公法上信息保护的理论基础，并无法因应普遍且广泛的信息保护需要”[②]，故关于侵犯公民个人信息罪的保护法益，不宜再采用隐私权说。

一方面，《民法总则》是将个人信息权作为不同于隐私权的一种权利的，将个人信息权作为隐私权来理解，不符合对《民法总则》法律条文之间关系的理解。《民法总则》第 110 条规定，“自然人享有生命权、身体权、健康权、姓名权、肖像权、名誉权、荣誉权、隐私权、婚姻自主权等权利。法人、非法人组织享有名称权、名誉权、荣誉权等权利”。该条中的隐私权与第 111 条的个人信息权并列，犹如第 114 条的物权、第 118 条的债权、第 123 条的知识产权等并列。这表明，个人信息权不是隐私权，我们也不宜将个人信息权解释为隐私权。另一方面，隐私权是防御性权利，要求发生实际损害，而个人信息自决权是主动性权利，

① 周光权. 刑法各论：3 版. 北京：中国人民大学出版社，2016：71-72.

② 赵宏. 从信息公开到信息保护：公法上信息权保护研究的风向流转与核心问题. 比较法研究，2017（2）.

不要求发生实际损害，故用个人信息自决权更加有利于实现对公民个人信息的保护。“隐私权是一种消极的、防御性的权利，在该权利遭受侵害之前，个人无法积极主动地行使权利”[①]，因为防御性权利启动以发生实际损害为前提，损害之有无因此成为信息开发、利用的边界。但是，《刑法》第253条之一第3款对非法获取型侵犯公民个人信息罪的规定是，“窃取或者以其他方法非法获取公民个人信息的，依照第一款的规定处罚”。这意味着，非法获取型侵犯公民个人信息罪的定罪标准也应该按照该条第1款的“情节严重”的规定来确定。根据2017年6月1日起施行的最高人民法院、最高人民检察院《关于办理侵犯公民个人信息刑事案件适用法律若干问题的解释》第5条的规定，这里的“情节严重”并不一定是指造成严重的后果，换言之，并非要求发生实际的损害。发生实际损害固然是情节严重的表现，但是如果非法获取的信息数量较大，即便没有造成任何实际损害，也能够成立犯罪，比如“非法获取、出售或者提供行踪轨迹信息、通信内容、征信信息、财产信息五十条以上的”，或“非法获取、出售或者提供住宿信息、通信记录、健康生理信息、交易信息等其他可能影响人身、财产安全的公民个人信息五百条以上的”等，都属于情节严重，应该被认定为犯罪。因此，如果仍采取传统的隐私权说，不利于保护公民个人信息免受非法侵犯。事实上，姑且不论《刑法》第253条之一的第1、2款之规定，暂且就其第3款而言，至少表明，该种行为重点侵犯的是公民对自己信息的自决权，比如，当使用爬虫软件获取他人信息时，如果爬虫者不受信息提供者或所有者控制而擅自窃取公民个人信息的，就已经侵犯了公民个人信息。至于爬虫者在窃取到这些信息后是否公开、是否侵犯到他人隐私，并不影响窃取行为本身对公民个人信息权的侵犯，具体而言就是对公民的个人信息自决权的侵犯。个人信息自决权体现的是信息所有者对信息的主动权，该项权利具有进击性而不是防御性，只要其受到侵犯，不需要产生严重后果，侵犯行为也可以构成犯罪。而且，个人信息的范围大于隐

① 王利明. 个人信息权与隐私权有何区别. 北京日报. 2014-03-24 (18).

私的范围，虽然很多个人信息涉及个人隐私，但是个人信息不完全属于隐私的范畴，不能将二者混同，二者在性质与内容、侵害与保护方式等方面都不同。[①] 将个人信息权等同于隐私权或者将其解释为隐私权，无疑会缩小对公民个人信息的保护范围。事实上，在美国，“隐私权的内涵也已从消极被动的‘私生活不受干扰’的人格性权利发展为积极能动的‘自己的信息自己控制’、兼具人格和财产属性的权利”[②]。这也更加说明，将侵犯公民个人信息罪的保护法益定位为个人信息自决权，更加符合隐私权说的发展趋势。

总之，根据刑民一体化视野及法秩序统一原理，《民法总则》是将个人信息权作为不同于隐私权的权益加以规定的，刑法上侵犯公民个人信息罪的保护法益也不宜被确立为隐私权。

其次，《民法总则》第 111 条确立的个人信息权不是人格权，侵犯公民个人信息罪的保护法益也不是人格权或者与之类似的个人尊严与自由等权利。

受欧洲模式的影响，我国民法学界有学者主张：“在我国未来的民法典中，应当将个人信息权单独规定，而非附属于隐私权之下。即应以私权保护为中心，将个人信息权作为一种具体的人格权加以保护，并制定个人信息保护法。”[③] 前述刑法学界认为侵犯公民个人信息罪的保护法益为人格权的观点，与民法学界的此种观点，无疑在法秩序原理内完全统一。但是，其一，《民法总则》第 109 条规定：“自然人的人身自由、人格尊严受法律保护。”这表明，《民法总则》第五章规定的民事权利都是出于对公民个人人身自由与人格尊严的保护而设立的。而规定公民个人信息权的第 111 条正好在第 109 条之后，这也许是认为个人信息权是人格权的学者的立法根据所在。然而，该章所规定的其他权利如物权、债权、知识产权等，也都在该第五章之内、第 109 条之后，但是并

---

① 王利明主编．中华人民共和国民法总则详解：上册．北京：中国法制出版社，2017：458-459.

② 朱宁宁．刷脸时代拿什么保护公民生物信息．法制日报，2019-04-16（6）.

③ 王利明．论个人信息权的法律保护——以个人信息权与隐私权的界分为中心．现代法学，2013（4）.

没有人会认为物权、债权等是人格权。换言之，第 109 条的规定只能表明个人信息权是对个人尊严与自由保护的延续，这一点，正好与欧洲、美国对个人信息权保护的理论源头是一致的。该条只是肯定了人的尊严与自由是个人信息权的理论基础，但并不能据此认为个人信息权的性质是人格权。其二，根据个人信息权的规定以及其权利内容，它应该是一种科技、网络时代的新型权利，而非传统的人格权等权利。“个人信息作为新型的受法律保护的客体，是随着科技发展和社会进步而产生的，是社会进入信息时代、大数据时代的产物……”[①] 个人信息权是一种新型的综合性权利，它既含有人格权的内容，具有精神权利的性质，因为个人信息权毕竟是个人尊严与自由的衍生，同时又含有财产权的内容，体现出大数据时代信息的可交换性、可利用性等经济属性；此外，它还含有隐私权的内容，因为公民个人信息中有相当部分涉及的公民个人的秘密信息如婚姻状况、个人爱好等。其三个人信息权的保护也和隐私权、财产权的绝对保护不同，它必须兼顾信息的保护与利用之间的关系；等等。因此，“不能把‘个人信息权’纳入公法权利、民法人格权，也不能纳入物权法财产权，更不能纳入知识产权”，个人信息权“属于继股权、知识产权之后”的“独立的新型民事权利”[②]。因此，个人信息权不宜被理解为人格权。对于“将个人信息权作为一种具体的人格权加以保护”[③] 之类的观点，笔者持反对态度。当然，毫无疑问，公民个人信息具有人格属性，但这和个人信息权是人格权是两回事。总之，不宜在人格权的框架内研究个人信息权，而应该将之作为一种独立的新型民事权利予以对待。

总之，个人信息权不是任何一种传统的权利，而是一种独立的新型民事权利。在分析侵犯公民个人信息罪的保护法益时，应该跳出传统思维，抛弃诸如隐私权说、个人尊严与个人自由说、个人生活安宁说等种

---

① 郭明瑞．民法总则通义．北京：商务印书馆，2018：175．

② 李伟民．“个人信息权”性质之辨与立法模式研究．上海师范大学学报（哲学社会科学版），2018（3）．

③ 王利明．论个人信息权的法律保护——以个人信息权与隐私权的界分为中心．现代法学，2013（4）．

种根植于民法传统权利的法益学说，将个人信息权作为一种独立的权利来对待，作为不同于传统法益的法益来保护。

3.《民法总则》第111条确立的个人信息权是一种宽泛的信息权利，基于前述“民法要扩张刑法要谦抑”的理念，侵犯公民个人信息罪的保护法益个人信息权应进一步明确，具体为个人信息自决权

确立了《民法总则》第111条的权利是个人信息权，并从刑法层面确认了其为侵犯公民个人信息罪的保护法益，以及个人信息权在权利体系中的独立地位之后，就需对这一具有独立地位的权益进一步具体化。民法是规范公民生活方方面面的法律，刑法是所有部门法的保障法，因而在公民社会生活治理层面，刑法对公民个人信息以及公民个人信息权的保护范围肯定要窄于民法的保护范围。个人信息权的核心是个人信息自决权，亦即信息主体原则上有权决定其个人信息能否被他人获悉以及被获悉的方式、范围。[①] 因此，这项权利的实质是个人自由权，这才是刑法所要保护的重点。刑法为最后保障法，侵犯公民个人信息罪理当择最重要者予以保护。

前述对欧洲、美国个人信息保护的理论源头分析表明，在欧洲，个人事务自决原则是个人信息保护的理论渊源；在美国，由隐私权理论发展出的个人信息控制权是个人信息保护的理论渊源。这表明，个人信息权益保护的核心是个人信息自决权。甚至，在德国，个人信息权常常就被称为个人信息自决权，对它的保护体现的是对个人自决等有关人的尊严利益的保护，大多数学者认为，侵害个人信息实际上侵害了个人的自由，因此，保护个人信息不受非法数据处理等技术的侵犯，也就是保护了公民个人人格尊严和自由权利。[②] 而个人信息自决权，就是可以充分体现这样的权利内容的一个概念。由于个人信息自决权在德国司法判例中发挥的积极作用，也由于这一概念表现出的“定位明确、意涵清晰、价值多元、体系开放等诸多优势”，因此这一概念“更宜成为我们系统

① Vgl. BVerfGE 65，42f.

② 王利明. 论个人信息权的法律保护——以个人信息权与隐私权的界分为中心. 现代法学，2013 (4).

构建个人信息公法保护体制的理论基础”①。

在我国，现行立法表明个人信息权的核心也是个人信息自决权。《关于加强网络信息保护的决定》第2条规定，网络服务提供者和其他企业事业单位在业务活动中收集、使用公民个人电子信息必须“经被收集者同意，不得违反法律、法规的规定和双方的约定收集、使用信息”。《网络安全法》第41条规定，网络运营者收集、使用个人信息，应当“经被收集者同意”，不得违反“双方的约定收集、使用个人信息，并应当依照……与用户的约定，处理其保存的个人信息”。该法第42条规定，“网络运营者不得泄露、篡改、毁损其收集的个人信息；未经被收集者同意，不得向他人提供个人信息。但是，经过处理无法识别特定个人且不能复原的除外”。这些立法，充分保护了信息主体个人意志，它们实际上都“赋予个人对与其自身相关的资讯，能拥有决定在何种范围、于何时、向何人、以何种方式加以揭露或处分使用的自主权，此即赋予个人对个人资讯得拥有自我决定之权”②，亦即个人信息自决权。正是以这些规定为基础，《个人信息保护法（草案）》才有了第12条关于信息决定权的规定。虽然《个人信息保护法（草案）》第12条至第19条规定了八项具体的信息权利，其中第12条规定了个人信息决定权，即“个人信息权人得以直接控制与支配其个人信息，并决定其个人信息是否被收集、处理与利用以及以何种方式、目的、范围被收集、处理与利用”，但实际上，另外七项权利，即信息保密权、访问权、更正权、可携权、封锁权、删除权、被遗忘权，都是建立在个人信息决定权亦即个人信息自决权的基础之上的。总之，可以说个人信息自决权在我国是有立法根据的，是在法律上早已得到确认并经《个人信息保护法（草案）》予以明确的公民对其信息拥有的一项权利。

以个人信息自决权作为侵犯公民个人信息罪的保护法益，正是一般

① 赵宏．从信息公开到信息保护：公法上信息权保护研究的风向流转与核心问题．比较法研究，2017（2）．

② 邱文聪．从信息自决与信息隐私的概念区分——评“计算机处理个人资料保护法修正案草案的结构性问题”．月旦法学杂志，2009（168）．

性的自决权在刑法个罪中的体现。个人信息自决权充分体现了刑法的自由保障机能，侵犯个人信息自决权的犯罪与刑法中其他侵犯了自决权法益的犯罪在刑法内部体系上是一致的。

以往刑法中的很多犯罪可能对法益的保护是比较宽泛的或者并未凸显对个人主体地位的尊重，但是随着法治进程的推进、人权保护的加强与对人的主体地位的尊重日益凸显，传统犯罪所保护的法益也出现了变化。作为“一般性之‘自我决定权’（Selbstentscheidungs-befungis）的一种特殊形态”[①]，无论是有关个人信息的自我决定权还是其他自我决定权，在刑法保护法益的范围内都日益丰富。比如刑法中同意他人对自己实施的伤害行为不构成犯罪的自我决定权，财产犯罪所保护的法益即处分权，强奸罪与强制猥亵、侮辱罪所保护的法益即性的自主决定权，都是自我决定权；甚至猥亵儿童罪的法益其实也并非我国大多数学者所认为的儿童的身心健康权或者人格名誉权，而是性行为自主权(“儿童也有性行为自主权，而不是只有人格、名誉权，而且儿童的性行为自主权是一项重要法益”[②])，此外，强迫劳动罪侵犯的其实也是以身体自由为内容的自我决定权。这些都是一般性自我决定权中的不同种类，它们都体现了法治国原则的自由保障机能与规范性意涵，是一般性自我决定权在刑法个罪保护法益上的具体化。

以强奸罪为例可以清晰展现刑法是如何逐步重视对个人基本权利的保护的。强奸罪在我国一直属于侵犯公民人身权利、民主权利犯罪之列，即便如此，其侵犯的法益是什么也是随着人们主体性意识的觉醒而在发生变化的。早期刑法理论关于强奸罪侵犯的法益有两种有力主张：第一种主张认为强奸罪侵犯的法益是“妇女的性的不可侵犯的权利”[③]或“妇女的性尊严”[④]，这种主张尊重女性作为人的主体性地位，尊重

① 邱文聪. 从信息自决与信息隐私的概念区分——评“计算机处理个人资料保护法修正案草案的结构性问题”. 月旦法学杂志，2009 (168).

② 张明楷. 刑法理论与刑事立法. 法学论坛，2017 (6).

③ 高铭暄主编. 刑法学：修订版. 北京：法律出版社，1984：440.

④ 阮齐林. 刑法学：3版. 北京：中国政法大学出版社，2011：481.

其作为权利主体的独立意志，但是，其过于抽象、空洞并且缺乏法益甄别和限定值得处罚的行为的机能。“任何权利都是不可侵犯的，在性权利前面加上‘不可侵犯这一限定词，纯属多余’”[①]，同样，侵犯公民人身权利、民主权利的所有犯罪也都侵犯了人的尊严，认为强奸罪侵犯了性尊严会无限扩大强奸罪的处罚范围。另一种主张认为强奸罪侵犯的法益是“妇女的人身权利、身心健康、人格和名誉等。其中有的仅表述为是‘妇女的人身权利’，有的仅表述为‘妇女的身心健康’；还有的仅表述为‘妇女的人格、名誉’，等等。持这种观念的人认为，把此种犯罪的客体解释为是妇女性的不可侵犯的权利，虽然不错，但未免过于狭窄，因为强奸妇女罪所侵犯的绝不限于妇女性的不可侵犯权”[②]。并且，该主张也因此将强奸罪称为“侵犯女性身心健康的犯罪”[③]。很显然，相较于认为强奸罪侵犯的法益是妇女的身心健康权，认为强奸罪侵犯的法益是妇女性的不可侵犯的权利无疑更加尊重人的主体性；而认为强奸罪侵犯的法益是身心健康、妇女人格与名誉等的主张，无疑是站在人是客体不是主体这样的立场来界定强奸罪的保护法益的。在个人应受刑法保护的法益中，“国民的生命、自由以及追求幸福的权利，只要不违反公共福利，在立法以及其他国策上，必须受到最大限的尊重”，“一切法律价值的基础在于尊重个人”[④]，其中第一位的个人法益是生命，第二位的则是自由。在自由法益中，主要是身体自由与意思自由。“尊重人同时意味着肯定人的意志，肯定人的主观能动性”[⑤]，如果行为人违背他人性的自主决定之自由，则意味着他人的身体自由与意思自由都受到了侵犯。因此，当前世界各国包括我国的刑法理论都认为，性犯罪侵犯的法益不是社会风尚，也不是人格名誉，而是“性的自己决定之自由”[⑥]，

---

① 黎宏．刑法学各论：2版．北京：法律出版社，2016：229．

② 高铭暄主编．新中国刑法学研究综述（1949年—1985年）．郑州：河南人民出版社，1986：592．

③ 王作富．中国刑法研究．北京：中国人民大学出版社，1988：538．

④ 大谷实．刑法讲义各论：新版2版．黎宏，译．北京：中国人民大学出版社，2008：6．

⑤ 张明楷．责任论的基本问题．比较法研究，2018（3）．

⑥ 西田典之．日本刑法各论：6版．北京：法律出版社，2013：66．

又称为“性的自我决定权”[①]或“性自主权”[②]，这种“自主决定权是妇女的人身自由、意思自由的一种体现”[③]，其核心无非是妇女有选择自己的性行为的自由。

强奸罪的保护法益从身心健康、人格、名誉等到性的自我决定权的发展变化，清晰地呈现了人作为法律保护的客体到人作为法律行为主体的变化，以及刑法对人的自由的充分保护。这样的变化昭示着，在自由、人权作为社会普世价值的当下时代，将侵犯公民个人信息罪的保护法益定位为个人信息权，以及根据该项权利中的核心内容即个人信息自决权，并考虑刑法对公民个人自由的充分保护、自决权在刑法体系内的发展变化，以个人信息自决权作为侵犯公民个人信息罪的保护法益，无疑既契合民法典编纂背景下《民法总则》第111条的规定，最大限度地实现了刑民两大基本法保护法益在法秩序内的统一，充分贯彻了刑民一体化的思维，又符合刑法中一般性自我决定权的日益丰富和具体化的趋势，还能充分发挥刑法保护公民自由等个人法益的机能。

四、结语：具体个人法益的出罪功能

刑法通过定罪量刑剥夺他人自由，同时通过法治国的罪刑法定原则的实质侧面让不具备实质可罚性的行为出罪，因此，“刑法不仅限制自由，它还创造自由”[④]。法益正是实现这一目的的有力工具。因为现代刑法犯罪论体系是“以法益概念为出发点建立的目的论的犯罪论体系”，法益在犯罪论体系的实践中所发挥的作用是“确定某一行为是否侵害了刑法所保护的法益、是否达到应受刑罚处罚的程度”[⑤]。侵犯公民个人

---

① 刘艳红主编．刑法学：下　2版．北京：北京大学出版社，2016：207.

② 张明楷．刑法学：下　5版．北京：法律出版社，2016：868.

③ 黎宏．刑法学各论：2版．北京：法律出版社，2016：229.

④ 汉斯·海因里希·耶赛克，托马斯·魏根特．德国刑法教科书：上．徐久生，译．北京：中国法制出版社，2017：3.

⑤ 刘艳红．实质刑法观：2版．北京：中国人民大学出版社，2019：220，221.

信息罪的保护法益为个人信息自决权，这一法益的确立对于合理限制侵犯公民个人信息罪的成立范围、甄别值得处罚的信息犯罪行为，具有重要的法治机能。

甲从公开的信息网爬取公开发布的数据涉嫌构成侵犯公民个人信息罪一案可以充分说明个人信息自决权在侵犯公民个人信息罪中甄别值得处罚的侵害行为的机能。甲从商贸网站和政府部门公开企业信息的网上搜集企业公开发布的信息，包括企业的名称、产品、经营行业、注册信息，以及法定代表人、联系人的姓名、职务、联系方式等。甲将上述信息存入数据库，供他人付费查询使用。[①] 甲的行为是否构成侵犯公民个人信息罪？分析本案，关键的因素在于，对于公开网站上信息提供者公开发布的信息，行为人进行爬取的，是否属于“非法”？如果其中涉及公司法定代表人个人信息的，是否构成侵犯公民个人信息罪？毫无疑问，在明确了该罪所保护的法益为个人信息自决权的基础上，对该案可以从甲的行为是否侵害了个人信息自决权并达到值得处罚程度的角度予以分析。

分析该案，甲的行为从形式上都符合犯罪构成要件的规定，比如甲主观上出于故意，客观上实施了未经他人授权或同意即爬取他人信息的行为；尤其是其在爬取后，通过他人付费而将爬取到的信息提供给他人，这一行为更是没有经过信息权人的同意。假设甲涉案的信息数量也达到了立案标准，那么，从形式上看，将甲的行为定性为侵犯公民个人信息罪似无疑问。然而，如果联系该罪的保护法益个人信息自决权来分析，既然“信息自决权是指每个人自行决定与其个人相关的数据在应用上的权利，即每个人都必须知道，他自己的信息对于谁、何时以及哪些得到了公开”[②]，那么，商贸网站和政府部门公开企业信息的网上公开的企业法定代表人或联系人的个人信息即为当事人同意并授权这些网站

① 喻海松．侵犯公民个人信息罪的司法适用态势与争议焦点探析．法律适用，2018（7）．

② Vgl. Jan Hildebrandt，Informationelle Selbstbestimmung und Medienfreiheit：Wie viel Datenschutz muss sein，2013，S. 9.

予以公开的，这些个人信息的发布是公民个人自由选择、自己决定的结果，甲上网爬取这些信息并没有侵犯公民个人信息自决权，没有侵犯《刑法》第253条之一的保护法益，因此，甲的行为不应构成侵犯公民个人信息罪。至于甲将这些信息提供给他人的行为，“除相关权利人要求‘二次授权’的外，宜推定存在概括同意，不宜对收集后出售或者提供的行为要求‘二次授权’”，故该行为不应构成《刑法》第253条之一第1款规定的出售、提供型侵犯公民个人信息罪。甲在网上获取这些信息是源头行为，出售和提供给他人是下游行为，源头行为合法，下游行为也不应入罪。同样的道理，对于用户在自媒体上自行公开的邮箱、电话号码、工作或家庭地址，对于用户在单位网站公布的邮箱信息等等，如果行为人使用爬虫软件予以取得的，则用户的自愿公开行为阻却爬取行为的违法性，爬取行为不应构成犯罪。再如李某等六人涉嫌侵犯公民个人信息犯罪案[①]，韦某、张某、鲍某涉嫌侵犯公民个人信息罪案[②]，朱某、黄某涉嫌侵犯公民个人信息罪案[③]，等等，均可以行为未侵犯个人信息自决权或者侵犯的程度未达到值得处罚的程度，认定相关行为不构成侵犯公民个人信息罪。

在民法典编纂背景下，基于刑民一体化视角以及法秩序统一原理，根据《民法总则》第111条等有关规定，刑法中侵犯公民个人信息罪的保护法益应该是个人信息自决权，而不是其他个人法益。“正在审议的民法典人格权编草案专门设立了隐私权和个人信息一章，对个人信息受法律保护的权利内容及其行使作了规定。个人信息保护法已经列入了本届全国人大常委会的立法规划，目前法工委正在会同有关部门研究论证，加紧推进起草工作，将按照立法工作计划，适时提请常委会审议。”[④] 未来我国刑法如何实现与万众期待的民法典规范以及个人信息

① 辽宁省朝阳市建平县人民法院（2018）辽1322刑初174号。

② 广东省珠海市香洲区人民法院（2016）粤0402刑初1823号。

③ 陕西省榆林市榆阳区人民法院（2017）陕0802刑初80号。

④ 朱宁宁．聚焦全国人大常委会法工委首场发言人记者会 正加紧推进个人信息保护法起草工作．法制日报，2019-08-22（1）．

保护法的对接，如何在刑民一体化视野下实现对公民个人信息的有效保护与合理使用之间的平衡，如何通过个人信息自决权这一刑法保护法益甄别值得处罚的侵犯公民个人信息的行为等问题，无疑是需要进一步深入讨论的。

第七章　构成要件如何不该当：构成要件要素的出罪解释

该当构成要件是犯罪成立的第一个要件，而构成要件该当与否是通过对构成要件要素的解释来实现的。罪刑法定是刑法帝王原则，也是刑法教义学中的帝王教义。原则理应遵守，教义必须服从，“教义就是听从、根据立法者的”意思。[①] 实质法治与法教义学具有密切的关联，后者是保障前者实现的基本工具和技术力量。构成要件该当性判断并非完全套用刑法的条文规定，特别是，有些情况下刑法中具体犯罪的成立需要援引前置法或者其他待判断的规范，此时，构成要件要素便有进行出罪解释的空间。

一、构成要件要素的出罪解释与罪刑法定原则

每个犯罪都有各自独立的构成要件要素，构成要件理论的重要意义之一是为区分不同类型的犯罪提供标准。比如，故意杀人罪和故意伤害罪的构成要件要素之区别在于犯罪结果的差异，放火罪与失火罪的构成要件要素之区别在于主观认识的差异，等等。构成要件是具体犯罪构成要件要素的有机组合，而每个要素又是相对独立的个体，因而构成要件是否该当关键还是要看犯罪的各个构成要件要素是否得到满足。

构成要件具有实现罪刑法定原则法治精神的机能，即构成要件该当

① Cohn/Wendland，Philonis Opera，Band3，1926，S. 66. 转引自周升乾. 法教义学研究. 中国政法大学博士学位论文，2011：12.

性判断“是为了将不符合法律上的处罚规定的行为排除在犯罪对象之外，以担保罪刑法定原则”[①]。但是，刑法理论上的构成要件并非法律规定本身，而是对法律的解释。一般而言，犯罪之构成要件要素有主体、行为、结果、因果关系、正犯性等等，但并非所有的刑法条文都是完备的刑法规范，还可能存在空白刑法规范。比如，《刑法》第325条第1款规定，“违反文物保护法规，将收藏的国家禁止出口的珍贵文物私自出售或者私自赠送给外国人的”，构成非法向外国人出售、赠送珍贵文物罪。此处的“文物保护法规”，显然是指《文物保护法》《文物保护法实施条例》以及其他相关规范。如果仅停留在刑法规范中寻找犯罪的构成要件要素，那么可能无法拼凑出完整的犯罪构成要件，自然也无法保障罪刑法定主义的实现。由此可见，构成要件是否该当的判断是罪刑法定原则最直接的体现。

构成要件要素的出罪解释是罪刑法定原则的体现，它是将案件事实转化为构成要件要素的结论之一。在面对案件之时，将案件事实转化为刑法理论语言即构成要件要素之后，可以形成两个结论：一是该当犯罪构成要件，二是不该当犯罪构成要件。很显然，前者是最常态的现象，绝大多数情况下都能够得出该结论。但不可否认的是，在某些情况下也会得出不该当犯罪构成要件的结论，比如涉及规范的构成要件要素、不成文的构成要件要素等。构成要件该当性毕竟是刑法理论语言，虽然它已经尽可能以类型化的方式来展现，但个案的情况总是复杂的，加之构成要件该当性判断未必能够做到价值中立，是否该当构成要件之判断也存在误判的风险，因此，构成要件理论自身也需要通过某种方式加以修正，而构成要件要素的出罪解释恰恰是从法教义学的视角使其自我修正的重要手段。对不符合构成要件的行为进行出罪解释，当然是为了维护罪刑法定原则，因为这类行为在本质上就不满足刑法规定的构成要件，不是类型化的犯罪行为。

---

① 松原芳博．刑法总论的重要问题．王昭武，译．北京：中国政法大学出版社，2014：36．

二、形式入罪：构成要件要素的解释应坚守法治底线

构成要件该当与否是判断行为是否构成犯罪的第一道闸门，构成要件该当性满足之后，再加以违法性与有责性的判断，犯罪才能成立。然而，虽然实质刑法观倡导对构成要件的实质解释，虽然构成要件具备甄别值得处罚的法益侵害行为的机能，但是，“对于法律根本没有任何规定的而社会危害性严重的行为”，“必须坚持普通正义而牺牲个案正义”①，要坚持形式入罪、实质出罪，以实现既遵守罪刑法定原则的形式侧面又实现该原则所蕴含的实质侧面亦即刑法处罚范围的合理化。入罪坚持形式解释，法有明文规定的才能定罪量刑；出罪采实质解释，“实质犯罪论限于出罪解释，通过提倡实质的犯罪论建立‘有罪不一定罚’的出罪机制”，从而“将法虽有明文规定但规定本身不合理的行为或者不属明文规定而不能处罚的行为排除在刑法处罚范围之外”②。罪刑法定原则是对构成要件要素进行入罪解释所必须恪守的法治底线。以法无明文规定的单位犯罪为例分析：针对这一问题，刑法学界一部分学者主张有罪论，这违背了形式入罪的基本要求；在对具体犯罪如集资诈骗罪、信用卡诈骗罪等构成要件的解释中，有学者突破了罪刑法定原则，对单位犯罪主体进行了不当入罪。

我国《刑法》第 30 条明确规定“法律规定为单位犯罪的”才“应当负刑事责任”。刑法明文规定单位可以作为犯罪主体而成立的犯罪被称为单位犯罪，其他只能由自然人构成、单位不能成为主体的犯罪，如果司法实践中单位实施了，比如盗窃罪、信用卡诈骗罪等，则为法无明文规定的单位犯罪。近年来，针对司法实践中出现的大量单位实施非单位犯罪的情况，我国刑法理论界出现了有罪与无罪两种论调，前者主张按照个人犯罪处理，后者主张按照无罪对待。为了解决实务中与理论上

① 刘艳红．实质刑法观：2 版．北京：中国人民大学出版社，2019：239.

② 刘艳红．实质犯罪论．北京：中国人民大学出版社，2014：92，91.

的这一争议，我国颁布了一系列立法与司法解释，数量较多且前后立场不一，它们在解决问题的同时也造成了很多新的问题。2014 年 4 月 24 日全国人大常委会《关于〈中华人民共和国刑法〉第三十条的解释》（以下简称《单位犯罪立法解释》）明确规定："公司、企业、事业单位、机关、团体等单位实施刑法规定的危害社会的行为，刑法分则和其他法律未规定追究单位的刑事责任的，对组织、策划、实施该危害社会行为的人依法追究刑事责任。"该解释对法无明文规定单位犯罪持有罪论立场。该解释出台后，司法实务定罪有据，理论上有罪论胜出，看似各方争议顿消。然而，在我国法学界教义学化方兴未艾之际，尤其是在刑法教义学兴盛发展的大背景之下，以及 2015 年 8 月 29 日公布的《修（九）》仍坚持单位犯罪法定主义的情况之下，立法与司法解释或刑法理论对法无明文规定单位犯罪持有罪论，其实问题重重。对之予以反思，也许正是对我国法教义学事业的尊重。

（一）"规范隐退论"与"反教义学化"：一个紧密相关的话题

无视法无明文规定而入罪的现状即为规范隐退，是"反教义学化"的。如何处理法无明文规定单位犯罪行为，一直以来是我国刑法立法与司法关注的重点，该问题经历了无罪论到有罪论的发展变化与理论争议。其中，有罪论是对刑法规范的消解，也是对刑法教义学奉现行规范为圭臬之主旨的违背，它破坏了形式法治的安定性，迁就了功利主义却抛弃了刑法规范和规则主义，满足了实用主义但违背了法实证主义和教义学原理。

1. 何为"规范隐退论"？何为"反教义学化"？

晚近以来，在我国随着刑法解释理论与技艺的日益成熟，在一些刑法解释场合，解释者看似在解释刑法规范，实际上却是在进行"解释性立法"，以解释之名行立法之实。在这些场合，解释的对象即刑法规范看似非常重要，实际作用却在减弱和隐退。这种现象，即为规范隐退。法律的规范作用在变小，法律成为法学研究者手中随时可以"揉捏"的对象。"创造性成了法律解释的本质，对法律的忠诚很少被人提及，法律的规范约束作用越来越小”，法律规范的权威受到了质疑，打着各种旗号的刑法解释如客观解释、实质解释等被倡导。“法律规范作用的隐退已经在法学研究中实现了‘软着陆’，成了时髦法学的显著特征”，法律的“规则之治实际上已经被荒废”[①]。法律规范的隐退，意味着创造性法律解释的凸显和法解释对象即法律规范作用的降低，解释者的主观性在法律解释中扮演着日益重要的作用。法律的权威在降低，这种现象，即为规范隐退。

刑法教义学的日益发展使刑法理论日益丰富，尤其是刑法解释论得到了极大发展。然而，此种现象在某种程度上也加剧了规范隐退，这恐怕是法教义学者始料未及的。如果法学界也有热搜榜，那么其头条毫无疑问是法教义学。法教义学是当下我国法学者最为热衷的法学研究范式。法教义学来源于德文 Rechtsdogmatik，其中的 Dogma 意指定理、原理或原则，后来引申为教义或信条，因此教义学就是讨论原理、原则或教义信条的理论学说，是指“信奉特定的思想或经典的思维方式和理论。法律信条论的信奉对象当然就是法律本身，而且包括法律的原理和原则”[②]。在刑法教义学学者看来，刑法教义学等同于刑法解释学。[③] 其原因在于，“从历史上看，法律的权威不是建立在人们对它的理性研究的态度之上，而是借助于政治上的强者。因此，传统法学对法律的研究基本上是建立在一种对之深信不疑的基础上，而鲜有批判精神。一如对圣经的解释态度，法律解释学也因此被称为独断型解释”[④]。这决定了法教义学一开始就和法解释学产生了密切的联系，我国学者进而将刑法教义学等同于刑法解释学。刑法教义学强调对“确切的概念进行理解，从而使正当的判断成为可能”[⑤]，简言之，是对刑法规范的解释及其基

① 陈金钊．法律人思维中的规范隐退．中国法学，2012（1）．

② 陈妙芬．Rechtsdogmatik——法律解释学，还是法律信条论?．月旦法学杂志，2000（3）．

③ 张明楷．也论刑法教义学的立场．中外法学，2014（2）；陈兴良．刑法教义学彰显对法条的尊崇．检察日报，2014-07-1（3）．

④ 焦宝乾．法教义学的观念及其演变．法商研究，2006（4）．

⑤ 沃尔福冈·弗里希．法教义学对刑法发展的意义．赵书鸿，译．比较法研究，2012（1）．

础上的体系化。这就导致，刑法教义学学者认为，将不好的法律解释为好的法律才是一个刑法教义学学者的最高追求，由此导致了法治立场的丧失和对法规范的解释性消解，并在此基础上延伸出技艺丰富、功能强大乃至无所不能的“解释万能论”，却忘记了解释的合法性应该取决于对法规范的恪守而不是超越。由此一来，在一直以来为人所传诵的刑法格言“法律不是嘲笑的对象”的影响之下，刑法教义学学者都基于释法中心主义而致力于对刑法规范进行解释，并在对刑法规范的解释中由于解释机能的日益强大而最终使解释超越了规范，使解释日益成为解释者个人意志的体现，而不是对法规范的忠诚诠释。法教义学的解释功能发展成为准立法功能，刑法学者似乎正在打着教义学的旗号消解教义学，我国刑法学的教义学化也因此滑向了“反教义学化”。

虽然刑法解释学认为“法官解释法，但不制定法”[①]，但是解释者却在越来越多的场合引导法官去制定法。解释者不断通过新的解释结论冲破规范的既有边框，刑法规范的约束功能被合理性、正当性等实质与客观需求取代了。比如，有学者没有探讨《刑法》第 13 条中的但书是否适用于类似于醉驾、扒窃等行为的出罪前提下，就直接将但书适用于轻微违法行为予以出罪，从而实际上消解了《刑法》第 133 条之一规定的危险驾驶罪与《刑法》第 264 条规定的扒窃型盗窃罪的刑法规范；将过失共同犯罪强硬解释为《刑法》第 25 条规定的共同犯罪，从而消解了该条“故意共同犯罪”之明确规定；将生产经营的内容扩大解释为包括几乎所有的社会业务，从而消解了《刑法》第 276 条对破坏生产经营罪的规定；将承诺为他人谋取不正当利益解释为《刑法》第 388 条中的“为请托人谋取不正当利益”，从而消解了该条的规定；将几乎一切没有规定为危害公共安全的行为解释为“以其他危险方法危害公共安全”的行为从而消解了《刑法》第 114 条对以危险方法危害公共罪的规定；将所有打群架，而且不论打了没打的行为解释为聚众斗殴行为，从而消解了《刑法》第 292 条的规定；不加区分地将盗窃所有虚拟财产的行为解

① 张明楷. 刑法格言的展开：3 版. 北京：北京大学出版社，2013：4.

释为盗窃行为，从而消解了《刑法》第264条对盗窃罪的规定；将正常买卖行为解释为扰乱市场秩序的非法经营行为，从而消解了《刑法》第225条的规定；将有偿使用抢票软件抢票的行为解释为倒卖车票，从而消解了《刑法》第227条第2款对倒卖车票、船票罪的规定；将生产销售问题疫苗的行为解释为故意杀人罪或者以危险方法危害公共安全罪，从而消解了《刑法》第114条或第232条的规定。如此等等，不一而足。

2.“规范隐退论”与“反教义学化”的一体化关系

“规范隐退论”与“反教义学化”是一体的，“规范隐退论”就是“反教义学化”。“规范性以及法的效力乃法教义学的研究对象”，“法教义学是将成文法和法官法联结起来的纽带”[①]，因此，法教义学将现行刑法规范奉为圣经，不允许随意批判法规范的解释而提倡恪守法规范的解释，认为刑法规范而非法事实是刑法教义学的边界，而在解释刑法规范时，不允许以法规范之外的东西为基础。正因为如此，才会有“法教义学彰显对法条的尊崇”[②] 之论断。总之，法教义学以法律规范为核心，以法律解释为方法，以教义发展与体系构建为理论目的，以服务司法实务为实践目的。如前述，法教义学中的解释是一种独断型解释，根据康德的观点，“教义学是‘对自身能力未先予批判的纯粹理性的独断过程’，教义学常从某些未加检验就被当作真实的、先予的前提出发，法律教义学者不问法究竟是什么，法律认识在何种情况下、在何种范围内、以何种方式存在”[③]。独断型解释与主观解释关系深厚，它意味着对立法者意图的肯认，主张对法规范采用主观解释，通过主观解释来探寻法律规范的立法目的。很显然，法教义学与形式法治以及主观解释一脉相承。“相反，所谓的‘客观解释’则是主观的法官造法。因此，主

① 托马斯·维滕贝尔格. 德国视角下的基础研究与教义学. 查云飞，张小丹译//李昊，明辉主编. 北航法律评论，2015 (1)：5.

② 陈兴良. 刑法教义学彰显对法条的尊崇. 检察日报，2014-07-31 (3).

③ 阿图尔·考夫曼，温弗里德·哈斯默尔. 当代法哲学和法律理论导论. 郑永流，译. 北京：法律出版社，2002：4.

观解释是客观的，客观解释则是主观的。”[①] 主观解释“释有”，客观解释“释无”；主观解释追寻的是立法者的法意，客观解释表达的是解释者的立场。前述所有导致刑法规范隐退的解释案例都采取的是客观解释，而且是一种极端的客观解释。如果说一般的客观解释只是丰富法规范的意义，则极端的客观解释是在立法，它使解释结论远离既有的法规范，法规范不再重要，解释结论创立的新的规范才是目标。一如盗窃罪中扒窃行为一律入罪的规定被架空，而被以但书为由强行解释为具有严重社会危害性的扒窃行为才能入罪，从而导致扒窃行为与盗窃数额较大和盗窃次数较多的盗窃行为具有一样的入罪标准。“在司法过程和法律解释中，追寻法律的原意似乎已经成了笑柄。人们忘记了，法律的独断性是与法律解释的探究性相联系的，而只是在以探寻的方式寻找意义。”[②] 现在，解释者对时代背景、打击需求、利益衡量等因素的过多考虑，使刑法规范的意义不是被探寻而是被创立，刑法规范只不过是解释者的泥塑。假以时代的客观需要之名，各种打击犯罪的现实需求都一再挑战着法律规范的权威性。如果法教义学离开了规范，那就意味着它可能演变为了社科法学，或者政法法学，但肯定不是法教义学。法教义学中的教义通过解释与发展规范而形成，规范又进一步固化教义的地位和作用。比如，刑法中的犯罪构成理论，它正是通过解释刑法分则中每一个罪刑规范，解决罪与非罪、此罪与彼罪的问题，历经刑法规范与各种不同案件事实的对接，发展出不同的精妙的解释理论如主观与客观归责、行为与结果无价值等。与此同时，刑法规范又通过总则与分则对构成要件的规定，进一步维护和发展了犯罪构成理论。离开了规范，法教义学就没有解释的对象，进而也无法形成“教义”。当下中国法学教义学化热潮涌动，教义学研究成就斐然。然而，很多教义学学者打着教义学的幌子，以教义学研究之名在解构规范、消灭教义；种种刑法解释看似围绕刑法规范进行解释，实际上却是在违背甚至抛弃刑法规范。这不

---

① K. F. Röhl，Allgemeine Rechtslehre，Köln，1995，s. 649；转引自魏德士．法理学．丁小春，吴越，译．北京：法律出版社，2003：354－355.

② 陈金钊．法律人思维中的规范隐退．中国法学，2012（1）.

但表明刑法规范在隐退，而且表明对法教义学的背离和违反，因为这与法教义学以规范为核心的宗旨愈来愈远。

“规范隐退论”以及“反法教义学化”的共同危害是对形式法治的损害。法治的最高境界是形式法治与实质法治的统一，而法治的阿喀琉斯之踵是形式法治，实质法治只有在实现形式法治的意义上才具有价值。突破形式法治的实质法治是反法治。法律规范是形式法治的体现，是法治的载体，孕育在其中的正当性、合理性等实质法治理念在实现过程中，必须坚守形式法治的底线。法律规范代表了法的安全性、稳定性、可预见性等形式法治的重要价值，因此，对法律规范的尊崇是对形式法治尊崇的必然结果。法教义学之所以得到更多人的簇拥，恰恰是因为其天然的形式法治特性。法学界对形式法治观的理解和接受，一个重要体现就是“各部门法学科各种法教义学主张的出现”，如“刑法学科从刑法哲学、刑事政策学等多元视角回归到对刑法教义学的强调”，因为“法教义学正是一套约束法律判断、避免恣意、避免法律外因素对法律判断的影响、保证形式公正的基本工具”[①]。因此，在我国刑法学者批判传统苏俄刑法学之时，刑法教义学成为取代苏俄刑法理论的新工具，以化解后者的政治性、随意性等与法治建设不相协调的部分，为此，晚近二十余年来，我国刑法学研究一直行进在刑法教义学化的路上。既然如此，我们在进行刑法解释时就不能置刑法教义学所要求的形式法治之底线于不顾。“刑法学的核心内容是刑法教义学，其基础和界限源自刑法规范”[②]，刑法规范的被遵守程度决定着形式法治的实现度。罪刑法定原则的形式侧面也要求对刑法规范严格恪守，并有效地约束着刑法教义学的解释。因此，刑法教义学的解释应该在合法性原则的范围内进行，法教义学不能突破形式合法性；对现行刑法规范的恪守才能确保解释结论的形式合法性。规范隐退的背后，是对法教义学的以规范为核心、以形式法治为底线等特质的违反，“以自由为代价而扩大国家的

---

① 张翔. 形式法治与法教义学. 法学研究，2012（6）.

② 汉斯·海因里希·耶赛克，托马斯·魏根特. 德国刑法教科书：上. 徐久生，译. 北京：中国法制出版社，2017：59.

职权，损害主体权利，通过拓展例外大规模地突破法律原则”[①]，最终导致“形式主义法治所张扬的规范作用在降低”[②]，进而导致形式法治受到损害。如果刑法解释不强化刑法规范约束国家权力的作用，而是弱化刑法的作用，使之成为随需就用的两可之法，则无穷之端就会产生：将会大大削弱刑法规范的权威性、严肃性，从而导致刑事法治国的目标难以达成。

只有捍卫法教义学的规范思维，才能建立（刑）法教义学。法教义学的特点是重视规范。以规范为前提，对规范进行解释以及体系构建乃至发展出教义，是整个教义学的核心工作。规范思维的特点是，对错有无直接明了。法无明文规定的单位犯罪，属于罪刑法定之外的罪；未入刑的罪，也不是刑法意义上的罪，至多只是犯罪学意义上的罪。没有规定，就不能解释为有规定。比如刑法分则没有规定单位可以成为信用卡诈骗罪的主体，就不能通过惩罚其主管人员与直接责任人员而实际上将单位作为该罪的主体。规范思维的好处是，最大限度地贯彻法教义学的形式法治，只考虑是否有规范以及是否有罪，而不会以是否具有处罚的实质正当性亦即单位实施非单位犯罪造成严重后果是否应受处罚来决定是否入罪。在入罪的问题上，必须恪守规范正义，否则，罪刑法定原则就会失去它的法治意义。实质的判断，是在既有形式规范的前提之下对现实规范本身的价值拓展，比如，对信用卡诈骗罪中“使用伪造的信用卡”的理解，从伪造本身的含义、其与变造的区分以及刑法分则对伪造与变造犯罪的体系性规定等来决定是否将变造行为解释为伪造，亦即，伪造的实质内涵由社会生活的变化来决定。但是，当信用卡诈骗罪没有规定某种行为如恶意透支为犯罪时，无论此种行为的危害后果如何严重，也不能以实质超越形式、以后果代替规范进行入罪。不捍卫法教义学的规范思维，是反教义学化的，刑法教义学自将无从建立。

（二）法规范未规定的单位犯罪行为之处理：无罪论抑或有罪论

人们虽然对罪刑法定原则早已耳熟能详，但是仍有意无意地无视构

① 卡尔·恩吉施．法律思维导论．郑永流，译．北京：法律出版社，2004：124．

② 陈金钊．法律人思维中的规范隐退．中国法学，2012（1）．

成要件要素的法无明文规定，或者将彼犯罪的构成要件要素当作此罪的构成要件要素。对于法无明文规定单位犯罪行为，在当下立法与司法解释中乃至刑法理论上，基本上是以有罪论为主导。然而，有罪论因何形成？是否伴随无罪论的不同意见？有罪论的产生以及其与无罪论的争论是否属于“规范隐退论”所说的范畴？有罪论违反了法教义学吗？要回答这些问题，必须深入了解关于法无明文规定单位犯罪行为入罪抑或出罪的观点的脉络及现状。

1. 单位盗窃：三部司法解释有罪论立场之确立

20 世纪 90 年代初，随着改革开放、市场经济建设的逐步推进，企业生产经营活动日益频繁，相应地，各地出现了很多单位窃电案件。由于当时的亦即 1979 年刑法典并没有规定单位犯罪，是否及如何处理单位窃电案件便成为困扰各地司法机关的一大问题。为此，1996 年 1 月 23 日最高人民检察院作出了《关于单位盗窃行为如何处理问题的批复》（以下简称《1996 年单位盗窃解释》），并规定：“单位组织实施盗窃，获取财产归单位所有，数额巨大、影响恶劣的，应对其直接负责的主管人员和其他主要的直接责任人员按盗窃罪依法批捕、起诉。”

1997 年刑法施行以后，随着中国经济的飞速发展，企业的经营行为更加活跃，各地的单位盗窃案件此起彼伏，实践中以单位窃电为代表的单位窃取各种能源的案件不断涌现，于是，如何处理单位实施的非单位犯罪，一时之间成为新问题。按照罪刑法定原则，单位不是盗窃罪的主体，因此不应被追究刑事责任。但实务中此类问题过于突出，下级司法机关不知如何应对：追究责任怕有违罪刑法定原则，定罪于法无据；不追究刑事责任，又绕不过以社会危害性为主导的我国犯罪观。各地司法机关便不断向最高司法机关请示。为此，2002 年 8 月 13 日最高人民检察院作出了《关于单位有关人员组织实施盗窃行为如何适用法律问题的批复》（以下简称《2002 年单位盗窃解释》），规定：“单位有关人员为谋取单位利益组织实施盗窃行为，情节严重的，应当依照刑法第二百六十四条的规定以盗窃罪追究直接责任人员的刑事责任。”该解释延续了《1996 年单位盗窃解释》的立场和内容，肯定了对单位盗窃行为应予处罚。在1997年刑法第264条没有规定单位犯罪的前提下，该解释等于承认了单位实施非单位犯罪（如盗窃罪）应该以犯罪论处，只不过追究的是自然人而不是单位的刑事责任。此立场，姑且称为“有罪论”。

十余年后，盗窃罪无论数额还是表现形式均发生了诸多变化。比如，就单位盗窃而言，发生了很多单位出面，组织、策划、指使盗窃犯罪，但又不一定为了本单位的利益，也可能是为了单位别的利益，也可能是为了组织者等自己的利益的案件；何为“单位有关人员”也争议颇多。因此，《2002年单位盗窃解释》渐渐不能适应盗窃犯罪的变化。在此基础上，2013年4月2日最高人民法院、最高人民检察院颁布了《关于办理盗窃刑事案件适用法律若干问题的解释》（以下简称《2013年单位盗窃解释》），其中第13条规定，“单位组织、指使盗窃，符合刑法第二百六十四条及本解释有关规定的，以盗窃罪追究组织者、指使者、直接实施者的刑事责任”。较之于《2002年单位盗窃解释》关于“单位有关人员为谋取单位利益组织实施盗窃行为”的规定，该解释进一步重申并明确和强化了有罪论立场及追究刑事责任的条件：其一，将“单位有关人员”明确为“组织者、指使者、直接实施者”；其二，将“为谋取单位利益”的规定取消，使没有为单位谋利的情况也可以被追究刑事责任，从而扩大了追究单位实施盗窃犯罪的刑事责任的范围。但无论如何变化，2013年解释从总体上只是借鉴了2002年解释的“相关规定，明确单位组织、指使盗窃，符合刑法第264条及本解释有关规定的，以盗窃罪追究组织者、指使者、直接实施者的刑事责任”①。

2. 单位实施其他非单位犯罪：有罪论的延续与无罪论的出场

晚近二十年我国其他有关单位实施非单位犯罪的司法解释有四部，其中三部延续了前述单位盗窃司法解释的有罪论立场，一部体现了无罪论立场。有罪论与无罪论在司法解释中的对立、延续，折射出对于单位实施非单位犯罪不能武断地一概以有罪论定。

① 陈国庆，韩耀元，宋丹．解读最高人民法院、最高人民检察院关于办理盗窃刑事案件司法解释．检察日报，2013-06-05（3）．

采取有罪论立场的三部司法解释分别针对的是拒不执行判决、裁定犯罪，计算机犯罪，偷越国边境犯罪。第一部是 1998 年 4 月 17 日最高人民法院《关于审理拒不执行判决、裁定案件具体应用法律若干问题的解释》(以下简称《1998 年判决裁定解释》)，其中第 4 条规定，“负有执行人民法院判决、裁定义务的单位直接负责的主管人员和其他直接责任人员，为了本单位的利益实施本解释第三条所列行为之一，造成特别严重后果的，对该主管人员和其他直接责任人员依照刑法第三百一十三条的规定，以拒不执行判决、裁定罪定罪处罚”。《刑法》第 313 条规定的拒不执行判决、裁定罪本为只能由自然人构成的犯罪，若单位实施本罪该如何处理？上述司法解释采取了有罪论立场，认定为有罪，但只追究自然人的刑事责任。第二部是 2011 年 8 月 1 日最高人民法院、最高人民检察院《关于办理危害计算机信息系统安全刑事案件应用法律若干问题的解释》(以下简称《2011 年单位计算机犯罪解释》)，其中第 8 条规定，“以单位名义或者单位形式实施危害计算机信息系统安全犯罪，达到本解释规定的定罪量刑标准的，应当依照刑法第二百八十五条、第二百八十六条的规定追究直接负责的主管人员和其他直接责任人员的刑事责任”。在《修（九）》颁布以前，《刑法》第 285 条规定的非法侵入计算机信息系统罪，非法获取计算机信息系统数据、非法控制计算机信息系统罪，提供侵入、非法控制计算机信息系统的程序、工具罪，第 286 条规定的破坏计算机信息系统罪，均为自然人犯罪，单位不是其犯罪主体。针对实践中诸多单位实施计算机犯罪的情况，《2011 年单位计算机犯罪解释》采取了有罪论立场，认定其成立犯罪，但不追究单位的刑事责任只追究自然人的刑事责任。第三部是 2012 年 12 月 12 日最高人民法院、最高人民检察院《关于办理妨害国（边）境管理刑事案件应用法律若干问题的解释》(以下简称《2012 年偷越国边境解释》)，其中第 7 条规定，“以单位名义或者单位形式组织他人偷越国（边）境、为他人提供伪造、变造的出入境证件或者运送他人偷越国（边）境的，应当依照刑法第三百一十八条、第三百二十条、第三百二十一条的规定追究直接负责的主管人员和其他直接责任人员的刑事责任”。第 318 条规定的组织他人偷越国（边）境罪，第320条规定的提供伪造、变造的出入境证件罪，出售出入境证件罪，第321条规定的运送他人偷越国（边）境罪，均为自然人犯罪。该解释采取有罪论立场，将单位实施此三种行为的认定为有罪，并追究自然人的刑事责任。

采取无罪论立场的那部司法解释针对的是单位实施贷款诈骗罪颁布的。2001年1月21日最高人民法院《全国法院审理金融犯罪案件工作座谈会纪要》（以下简称《2001年金融会议纪要》）就单位实施贷款诈骗行为如何处理作了明确规定："单位不能构成贷款诈骗罪。根据刑法第三十条和第一百九十三条的规定，单位不构成贷款诈骗罪。对于单位实施的贷款诈骗行为，不能以贷款诈骗罪定罪处罚，也不能以贷款诈骗罪追究直接负责的主管人员和其他直接责任人员的刑事责任。但是，在司法实践中，对于单位十分明显地以非法占有为目的，利用签订、履行借款合同诈骗银行或其他金融机构贷款，符合刑法第二百二十四条规定的合同诈骗罪构成要件的，应当以合同诈骗罪定罪处罚。"《刑法》第193条规定的贷款诈骗罪是只能由自然人实施的犯罪，当单位实施贷款诈骗行为时，既不能追究单位的刑事责任，也不能追究直接负责的有关自然人的刑事责任。虽然前述纪要规定有些时候对单位贷款诈骗行为可以按照合同诈骗罪来处理，但那是因为贷款诈骗罪与合同诈骗罪本身有法条竞合关系，而且合同诈骗罪属于既可由单位构成又可由自然人构成的犯罪。当单位实施贷款诈骗行为且符合合同诈骗罪时，按照合同诈骗罪定罪纯属根据法条竞合理论处理的结果，即或前述纪要不规定，在理论上和实践中也应如此认识和操作。换言之，纪要要求单位实施贷款诈骗的如果符合合同诈骗罪的构成要件则按合同诈骗罪处理的规定，属于重申和提示性的注意规定。可见，《2001年金融会议纪要》对单位实施非单位犯罪即贷款诈骗罪采取了无罪论立场，单位实施贷款诈骗时，单位和自然人都不能被追究刑事责任。

3. 有罪论对无罪论的终结：单位实施非单位犯罪的立法解释

接下来分析上述七部有关单位犯罪的司法解释的效力：首先，《1996年单位盗窃解释》已经失效。2002年2月25日公布的《关于废止部分司法解释和规范性文件的决定》(高检发释字[2002]2号)明确规定废止高检发研字[1996]1号,因此该解释目前已失效。其次,根据新法优于旧法原则,针对同一问题的司法解释中只新的解释有效,原来的司法解释自动失效。因此,《2002年单位盗窃解释》失效,应该适用《2013年单位盗窃解释》。因此,上述七部司法解释中有效的应该是《1998年判决裁定解释》《2011年单位计算机犯罪解释》《2001年金融会议纪要》《2012年偷越国边境解释》《2013年单位盗窃解释》。去掉两部失效的司法解释,剩下的五部司法解释就单位实施非单位犯罪如何处理的规定完整地体现了有罪论与无罪论的对立。

为解决以上司法解释相互矛盾、不统一的问题,防止今后再出现单位实施其他非单位犯罪无法可依的现象,2014年4月24日全国人民代表大会常务委员会《单位犯罪立法解释》明确规定,"公司、企业、事业单位、机关、团体等单位实施刑法规定的危害社会的行为,刑法分则和其他法律未规定追究单位的刑事责任的,对组织、策划、实施该危害社会行为的人依法追究刑事责任"。较之有关单位犯罪的上述司法解释,该立法解释无疑具有普遍适用性。同时,该立法解释沿袭了以单位盗窃犯罪系列司法解释为代表所确立的有罪论立场,统一地明确了单位实施的非单位犯罪时一律按照犯罪处理并追究自然人的刑事责任;同时,该立法解释将单位实施的非单位犯罪时视为自然人犯罪的倾向非常明显。《单位犯罪立法解释》在很大程度上解决了之前有关单位犯罪的司法解释之间立场矛盾的主要问题,并宣告了《2001年金融会议纪要》无罪论立场的终结,使单位实施非单位犯罪的刑事责任认定统一化、清晰化。

从1996年单位犯罪第一个司法解释到2014年《单位犯罪立法解释》,近二十年的时间里,对于单位实施法无明文规定犯罪行为的处理,从有限有罪论(仅限于盗窃罪)到无罪论,再到全面有罪论,《刑法》第30条关于单位犯罪的规定节节败退并最终隐退,法教义学对规范的背离以此为例,无出其右者。

三、实质出罪：规范论的恪守与教义学化的坚持

构成要件要素的出罪解释是刑法规范和形式法治的必然要求。法无明文规定单位犯罪行为有罪论的全面胜利，恰恰意味着刑法规范的隐退与法教义学的受损。有罪论从根本上是反规范主义与反教义学化的，它以处罚的合理性和现实打击单位犯罪的需要这些功利主义、实用主义等实质法治的概念为名，消解刑法规范乃至形式法治的意义。对此，我们既需警惕，更需深思。

（一）法无明文规定单位犯罪行为有罪论对形式法治的消解之一：导致规范隐退

法无明文规定单位犯罪行为有罪论，是迄今为止刑法领域“规范隐退论”的最典型体现。有罪论置《刑法》第 30 条于不顾，通过刑法法理解释、司法解释乃至最终立法解释，于实质上创设了新的单位犯罪规定。原有第 30 条的规定，以及《刑法》第 3 条对罪刑法定原则的规定，全部被消解乃至隐退。有罪论关注的是社会效果而不是法律效果，是“端着法律的饭碗瓦解法律”① 的行为，是刑法规范被消解、隐退的体现。

在 1997 年刑法颁布之前，1979 年刑法既没有规定单位可以成为犯罪主体，也没有规定罪刑法定原则。为了打击单位盗窃，《1996 年单位盗窃解释》将单位盗窃按照自然人盗窃对待并处理的做法是可行的。事实上，早在 1985 年 7 月 18 日最高人民法院、最高人民检察院《关于当前办理经济犯罪案件中具体应用法律若干问题的解答（试行）》中就已有了类似规定。该解释明确指出，“国营单位或集体经济组织，不具备履行合同的能力，而其主管人员和直接责任人员以骗取财物为目的，采取欺诈手段同其他单位或个人签订合同，骗取财物数额较大，给对方造成严重经济损失的，应按诈骗罪追究其主管人员和直接责任人员的刑事责任。如果经对方索取，已将所骗财物归还的，可以从宽处理”。没有

① 陈金钊. 法律人思维中的规范隐退. 中国法学，2012（1）.

单位犯罪的刑法规定，意味着司法解释将其按照自然人犯罪处理是合适的。也正因为实践中不断发生此类单位犯罪案件，同时当时的刑法理论界和实务界均认为“只按照自然人犯罪处理”[①]不合适，那样无异于放纵了单位的责任，所以刑法理论界和实务界才推动了1997年刑法增加了单位犯罪主体。换言之，在单位犯罪前法定主义时代，此种做法只是权宜之计。

1997年刑法增加了单位犯罪的规定。《刑法》第30条规定：“公司、企业、事业单位、机关、团体实施的危害社会的行为，法律规定为单位犯罪的，应当负刑事责任。”据此，在我国刑法中，单位犯罪采取的是法定主义，亦即只有在刑法分则相关罪名中明确规定单位为其犯罪主体的犯罪才是单位犯罪。比如《刑法》第198条规定的保险诈骗罪是单位犯罪，因为该条第3款明确规定，“单位犯第一款罪的，对单位判处罚金，并对其直接负责的主管人员和其他直接责任人员，处……”。刑法第264条规定的盗窃罪并没有规定单位可以构成本罪，换言之，盗窃罪只能由自然人构成，它不是单位犯罪。同时，更为重要的是，《刑法》第3条规定了罪刑法定原则，即“法律没有明文规定为犯罪行为的，不得定罪处罚”。在1997年刑法采单位犯罪法定主义以及将罪刑法定原则法典化的背景之下，《2002年单位盗窃解释》与《2013年单位盗窃解释》延续《1996年单位盗窃解释》有罪论的立场令人质疑。同时，通过另外三部关于单位实施非单位犯罪的司法解释，即《1998年判决裁定解释》《2011年单位计算机犯罪解释》《2012年偷越国边境解释》，有罪论从单位盗窃犯罪蔓延到单位拒不执行判决、裁定犯罪，单位计算机犯罪，单位偷越国边境犯罪。这种趋势，使我国刑法对单位犯罪的处罚范围日益扩大。那些看似只能由自然人构成的犯罪，通过这六部司法解释，在实际上也变成了可以由单位构成的犯罪，只不过采取的是只处罚自然人的单罚制。单位实施非单位犯罪的有罪论立场，无疑是面对实践中大量出现的单位实施非单位犯罪的现象，为了发挥刑法打击犯罪、治

① 黎宏. 近年来国外法人刑事责任理论的若干特点. 比较法研究，2002（4）.

理社会的功效，在单位犯罪法定主义之外采取的一种实用主义、便宜主义的立场。纵然《2001 年金融会议纪要》采无罪论，然而该纪要只能在个罪中适用，难以与有罪论抗衡。有了《单位犯罪立法解释》之后，根据上位法优于下位法的基本法理，以往有效的五部司法解释应该不再适用，而直接适用该立法解释。《单位犯罪立法解释》的颁布，使单位实施非单位犯罪一律有罪化，导致刑法的处罚范围急剧扩张；使单位实施非单位犯罪后受处罚的不再是个别犯罪，而是所有犯罪。刑法实务处理单位实施的非单位犯罪时不再纠结于“法律是否规定为单位犯罪”；对于刑法有明文规定的单位犯罪，按照刑法条款处理，采用双罚制追究单位的刑事责任；对于单位实施时非单位犯罪的，按照立法解释处理，采用单罚制追究个人的刑事责任。刑法面对所有的单位犯罪，实现了一网打尽的社会治理目标。《刑法》第 30 条成为摆设，其规范意义与效果被彻底架空。在这里，我们看到的是，《刑法》第 30 条对单位犯罪的规定一再隐退。一个法治国家应该采取规则功利主义，规则至上意味着法治主义，离开规则功利主义不可能实现法治。规范隐退的后果是刑法权威被削弱，是实质法治对形式法治的突破。在此，人们看不到规范，只看到现实；看不到形式，只看到实质；看不到罪刑法定，只看到出入人罪。我国刑法的单位犯罪理论、罪刑法定原则，乃至我国的刑事法治事业，均受到严峻冲击。

（二）法无明文规定单位犯罪行为有罪论对形式法治的消解之二：导致“反教义学化”

法无明文规定单位犯罪行为有罪论是晚近中国刑法教义学化过程中最明显的“反教义学化”。有罪论没有以刑法规范为核心，不是通过对规范的逻辑分析并将之上升为体系的教义化过程来解决打击单位实施犯罪行为的现实需求，而是粗暴地通过有权解释修改原有规范，从而破坏了法教义学的安定性价值。有罪论使用的不是刑法教义学这一工具，但它确确实实为刑法教义学学者所赞同。它打着法教义学的旗号对法规范进行解释，瓦解了法规范，最终以法教义学的名义瓦解了法教义学。

法学为什么会走上教义学之路？这一问题需要反思。在基尔希曼提出“作为科学的法学的无价值性”这一命题之后，耶林以“法学是一门科学吗”加以回应，拉伦兹作出“论作为科学的法学的不可或缺性”这一极其努力但在基尔希曼的耀世演讲面前仍不免乏力的跨世纪回应。这些均表明，法教义学的发展在很大程度上是为了拯救法学自身，是为了让法学更加接近科学乃至最终成为一门科学。传统的法教义学极其强调形式主义与逻辑体系的价值取向，虽然现代的教义学在自由法运动的推动下呈现开放性，但是其法教义学的基底从未改变，那就是，“通过一种概念形式主义的教义学给法律带来可计算、可预测的理性主义”①，通过对规范的解释和体系化构建，推动法教义的形成，使规范与正义高度统一。因此，法教义学具有落实和强化法的安定性价值之功效。

然而，法无明文规定单位犯罪行为有罪论，恰恰是对规则功利主义、形式主义的破坏。可以说，单位犯罪的法定主义在1997年刑法实施之后只维持了短短的一年时间。随着《1998年判决裁定解释》等一系列关于单位实施非单位犯罪的立法与司法解释的颁布，单位犯罪法定主义屡受功利主义和实用主义的冲击。现行刑法在既有罪刑法定原则又实行单位犯罪法定主义的前提下，将现行刑法之前对单位犯罪只追究自然人的刑事责任的权宜之计，推广到所有单位实施非单位犯罪的情况，无疑是对罪刑法定原则和单位犯罪法定主义的嘲讽。单位实施非单位犯罪是否应被追究刑事责任的本质，不应该是是否追究自然人的刑事责任简单问题，而是如何看待罪刑法定主义、如何看待单位犯罪法定主义与功利主义之间的关系、如何在处理单位犯罪时贯彻责任主义等的复杂问题。

罪刑法定是刑法规则功利主义、形式主义、理性主义的总体现。当今世界各国，“无论是对法人犯罪持肯定态度还是持否定态度的国家，在对法人活动的刑法规制问题上，均是抱着一种非常矛盾的心情，在必须以刑法手段对犯罪学上所谓的法人犯罪进行规制的功利考虑和如何坚

① 陈辉. 德国法教义学的结构与演变. 环球法律评论，2017（1）.

持近代刑法基本原则之一的责任原则之间踟蹰徘徊”[①]。我国关于单位犯罪的司法与立法解释中有罪论与无罪论的对立，恰恰体现了这一点。虽然《单位犯罪立法解释》从刑法解释的效力上以有罪论终结了无罪论，但在刑法理论上，对这一问题的探讨远未完结。在《单位犯罪立法解释》颁布之后，如何看待单位实施非单位犯罪（即盗窃罪）的有罪论立场与《2001 年金融会议纪要》所确立的单位实施非单位犯罪（即贷款诈骗罪）的无罪论立场的矛盾？对这个问题的回答，也是对如何看待《2001 年金融会议纪要》的无罪论立场与另外六部司法解释的有罪论立场对立问题的回答。简单地以立法解释在效力上高于司法解释为由将此问题完全回避掉，恐怕对于推动关于单位犯罪的立法、理论与实践毫无助益。即或以立法解释之效力强行推行有罪论，也无法正面回答为何对法无明文规定的单位犯罪行为予以处理这一涉及罪刑法定原则的根本性问题，由此一来直接动摇了刑法教义学的安定性价值。

“如果有人基于政治的、伦理的或者社会效果的因素试图背离既有的教义学规则，则必须承担相应的论证负担。”[②] 因此，不妨看看有罪论是如何论证的。无罪论认为：诸如盗窃等法定个人犯罪不能被认定为单位犯罪。在单位盗窃的案件中，盗窃行为具有单位属性，不能被认定为自然人的行为，且单位盗窃的受益主体是单位而不是自然人，对此种行为应以单位犯罪论处。但由于单位不是盗窃罪的主体，因而单位不构成犯罪，更不能以盗窃罪为名将单位盗窃行为转嫁到自然人身上并追究刑事责任。[③] 有罪论主张，单位实施非单位犯罪，意味着是自然人在实施犯罪，因此，即便不追究单位的刑事责任，那也应该追究自然人如直接责任人员等的刑事责任。[④] 持该种观点的学者认为，无罪论如果成立将会导致后果不堪设想[⑤]，比如，甲科技创新企业为了在与乙科技创新

---

① 黎宏．近年来国外法人刑事责任理论的若干特点．比较法研究，2002（4）．

② 张翔．形式法治与法教义学．法学研究，2012（6）．

③ 陈兴良．盗窃罪研究//陈兴良．刑事法判解：第 1 卷．北京：法律出版社，2000：36．

④ 张明楷．法益初论．北京：中国政法大学出版社，2000：364．

⑤ 张明楷．诈骗罪与金融诈骗罪研究．北京：清华大学出版社，2007：373－374．

企业的竞争中保持优势，决定杀掉乙科技创新企业中的某海外科学家丙。甲科技创新企业经董事会密谋后，出巨资派出了单位中略会武功的保安丁杀害了乙科技创新企业的海外科学家丙。本案中，甲科技创新企业及其负责人、保安丁是否成立故意杀人罪？这一问题“抵在了枪口上”，非常尖锐。对杀人行为不追究刑事责任，违反一般国民的法情感。但是，这一论证并非不可反驳。不管是在“德国等少数不承认法人犯罪的欧洲大陆国家的刑法中”还是“在承认法人犯罪的英美法系国家的刑法中”，“不存在法人雇员实施纯正自然人犯罪不受惩罚的问题。法人雇员只要实施犯罪就必须承担刑事责任”，这在刑法理论上和司法实务中并不存在任何争议。[①] 换言之，单位集体决定派职工实施的杀人行为，在刑法技术上被处理为自然人犯罪没有任何困难，因为杀人罪属于极端犯罪，个人即可实施。雇员的行为在这里更加类似于被劝喝酒然后开车肇事的原因自由行为，雇员可以选择杀人或不杀人。这和单位盗窃等财产、经济犯罪根本不具有可比性。因此，类似于故意杀人罪、抢劫罪、强奸罪等犯罪行为，即或是由单位决定派雇员实施，但由于这类犯罪属于只能由自然人亲自实施的犯罪行为，雇员在实施犯罪行为过程中，完全能够意识到这类行为的性质与意义，而仍然予以实施的，无论单位是否构成犯罪，根据刑法犯罪构成理论，对实施这些行为的个人追究刑事责任完全符合罪刑法定原则。这意味着，无论是否有司法或立法解释，对于以单位名义实施的这些人身犯罪行为并不需要讨论是否处罚的问题，否则就是强不同以为同，并将《刑法》第 30 条中的“规范正义”与《刑法》第 232 条中的“个案正义”相混同。这样的论证本身就不够教义学化，以之为理由主张将法无明文规定的单位犯罪行为一律入罪，显然是站不住脚的。既然如此，有罪论的恣意性以及其对统一法律规范的破坏性、对罪刑法定原则这一形式法治底线的逾越，都将成为其难以摆脱的指责。“从形式的角度看，刑法主要是保证法安定性的法治国家原则的要素。由于刑法可能对公民的个人自由予以最严厉的干涉，因此

① 王良顺．论参与实施纯正自然人犯罪的单位成员的刑事责任．法商研究，2013（2）．

尤其需要采取特殊的预防其被滥用的措施。”① 在面对法无明文规定的单位犯罪行为时，功利主义、实用主义不应冲破规则功利主义的藩篱，不应去滥用刑法处罚。离开规则约束的功利主义充满了保护社会的刑罚扩张思想，“功利主义的解释思路往往会努力摆脱法律的束缚，突破基本的人权边界，尤其是在保护法益、保护社会的绝对‘政治正确’的名义下，更容易将解释进行到底而‘榨干’法条，使人们丧失刑法可能成为‘恶’法的必要提防与警觉意识”②。有罪论使所有法无明文规定的单位犯罪行为都可以被追究刑事责任，使《刑法》第30条的规定不但被榨干而且被架空，从而使对法无明文规定单位犯罪行为的处罚不受形式法治的价值约束，单位犯罪法定主义变成普遍主义。在这里，不是法律规范优先，也不是法治逻辑优先，而是生活价值优先，治理犯罪现实需要优先。而法教义学所倡导的法律解释方法要求“表达精确传递的规则”③ 而不是解释性的立法。有罪论恰恰是破坏形式主义的解释性立法的理论。

符合法规范与解释规则的结论才具有刑法教义学上的解释力。法无明文规定单位犯罪行为有罪论欠缺在刑法教义学意义上的解释力。《刑法》第30条与规定单位犯罪的法条之间存在一脉相承的关系，后者是前者的体现，前者是后者的约束，它们之间相互形成一个协调的法律体系。但有罪论打破了这种体系的协调性。“如果某个理论最大限度地符合了解释规则和人们的基本范式，那么，这个理论就拥有了最大的解释力”，“如果教义学理论在一定程度上陷入了价值矛盾，显然违背了词义，忽视了体系性联系，或者得出了公然不顾规范之目的的结论，那么，我们就可以较容易地判定，这种教义学理论是站不住脚的”④。可

① 汉斯·海因里希·耶赛克，托马斯·魏根特．德国刑法教科书：上．徐久生，译．北京：中国法制出版社，2017：36.

② 蔡道通．特别法条优于普通法条适用．法学家，2015（5）.

③ 阿图尔·考夫曼，温弗里德·哈斯默尔．当代法哲学和法律理论导论．郑永流，译．北京：法律出版社，2002：272.

④ 金德豪伊泽尔．适应与自主之间的德国刑法教义学．蔡桂生，译．北京：国家检察官学院学报，2010（5）.

见，如果理论与现行法规范之间相互冲突，那么，理论的解释力就会减弱甚至消失。片断性的法益保护体系是刑法教义学的体系性工作之限制与特征。有罪论是对法无明文规定单位犯罪行为这一问题的局部解释理论，而不是基于刑法典与法治原则的整体解释理论。这种解释理论“把刑法机制当成社会现实的一个机能性要素来把握”[①]，而不是把刑法机制当成有关正当化的根基性问题来反思。在后者，刑法教义学是用来控制处罚范围的边界的。刑法具有片断性和不完整性，它不可能保护社会生活中的所有法益，而只能打击侵害其中应受保护的法益的行为，保护那些重要的法益。这种选择性的法益保护恰恰是犯罪论体系上对刑法的限制。为了惩罚单位犯罪，刑法通过设立“禁止规范来保障一个预先确定的法秩序”[②]。例如，为了惩处票据诈骗罪、金融凭证诈骗罪、信用证诈骗罪等单位金融诈骗罪，刑法通过第194条、第195条以及第200条，共同达到这一目的。如果司法机关对于发现了法无明文规定的单位犯罪行为如单位集资诈骗罪、单位贷款诈骗罪、单位信用卡诈骗罪等不予处罚，表明作为法律体系最后手段与屏障的刑法的不完整性已经得到人们的普遍接受。此外，“刑法本来是被限制在保护个人化的法益以免受侵害这样的任务上的，人们也将这种刑法称为服务于法治国家这一导向的刑法，可是，目前刑法的发展趋势越来越偏离这种‘法治国家导向’了”[③]。法无明文规定单位犯罪行为有罪论的提出不是为了使个人化的法益免受侵害，而是为了使社会化、集体化的法益免受侵害，所以，它不是服务于法治国家的导向，而是服务于福利国家的目的；它无法作出与刑法规范体系相协调的解释，反而基于刑事政策预防犯罪、惩罚犯罪的需要而解释。可见，有罪论违反了刑法教义学化的趋势与要求，它是中国刑法偏离法治国家导向的明显体现。有罪论事实上是以实质解释突破刑法的形式规定，以利益考量冲破刑法规范。对于法无明文

① 金德豪伊泽尔．适应与自主之间的德国刑法教义学．蔡桂生，译．北京：国家检察官学院学报，2010（5）．

②③ 汉斯·海因里希·耶赛克，托马斯·魏根特．德国刑法教科书：上．徐久生，译．北京：中国法制出版社，2017：77．

规定的单位犯罪行为如贷款诈骗罪等以单位犯罪论处，是出于此类行为严重侵害法益的实质正义考虑，是担心不追究会放纵犯罪，从而广泛地“将利益均衡（Gueterabwaegung）原则引进民、刑法之解释适用中”[①]，尤其是引进以法益保护为目的的刑法之中。然而，此种解释方法，系法律有规定之时的解释方法，亦即是对现行法的解释方法，而不是对法无明文规定行为的入罪解释方法。如果因法益侵害性严重而将法无明文规定行为入罪，则意味着利益衡量超越刑法规范成为刑法适用的根据。此种做法是对刑法规范的消解，也是对罪刑法定原则的消解，还是对法治主义的消解。法益是刑法教义学的核心概念和重要教义，使用它应该是为了实现法教义学的形式法治基本目标，而不是为了扩大法益的内涵和外延，增强入罪的随意性和可操作性，以教义学的名义瓦解教义学。

（三）形式法治的重申与构成要件要素的出罪解释

特别需要说明的是，《修（九）》对于其所认为的单位犯罪，仍然采取的是“单位犯……罪的，对单位判处……”的法定主义，而并未采取《单位犯罪立法解释》的全面有罪论。这意味着，《单位犯罪立法解释》并没有从根本上撼动单位犯罪法定主义，形式法治高于实质法治通过《修（九）》对单位犯罪的规定得到了坚守。

这恰恰给了刑法学理界一个反省的机会：法无明文规定单位犯罪行为有罪论可能存在疑问之处：既然根据有罪论对所有法无明文规定的单位犯罪行为都可以按照《单位犯罪立法解释》追究刑事责任，那么，为何《修（九）》对单位犯罪仍然采取法定主义？《修（九）》仍然根据《刑法》第 30 条，采用了“法律规定为单位犯罪的”才“应当负刑事责任”的立法形式。这无疑令人深思。比如，《修（九）》将《刑法》第 313 条规定的拒不执行判决、裁定罪由自然人犯罪规定为单位犯罪：“单位犯前款罪的，对单位判处罚金，并对其直接负责的主管人员和其他直接责任人员，依照前款的规定处罚”。再如，在《修（九）》颁布之前，《刑法》第 285 条规定的非法侵入计算机信息系统罪，非法获取计

① 王立达．法释义学研究取向初探：一个方法论的反省．法令月刊，2000（9）．

算机信息系统数据、非法控制计算机信息系统罪，提供侵入、非法控制计算机信息系统的程序、工具罪，第 286 条规定的破坏计算机信息系统罪，这四个罪都是自然人犯罪，单位不是其犯罪主体。为此，《2011 年单位计算机犯罪解释》第 8 条规定："以单位名义或者单位形式实施危害计算机信息系统安全犯罪，达到本解释规定的定罪量刑标准的，应当依照刑法第二百八十五条、第二百八十六条的规定追究直接负责的主管人员和其他直接责任人员的刑事责任。"无疑，这一司法解释完全可以解决这几个单位计算机犯罪的处理问题，一如前述几部持有罪论的司法解释；更何况，根据立法解释的效力高于司法解释的效力的基本法理，也完全可以直接适用《单位犯罪立法解释》。但是，《修（九）》第 26 条、第 27 条分别修改了《刑法》第 285 条、第 286 条，增加了单位犯罪主体。其中第 26 条规定：单位犯前三款罪的，对单位判处罚金，并对其直接负责的主管人员和其他直接责任人员，依照各该款的规定处罚。总之，《修（九）》共有 11 个条文（分别涉及《刑法》第 260 条之一、第 283 条、第 285 条、第 286 条、第 286 条之一、第 287 条之一、第 287 条之二、第 307 条之一、第 308 条之一、第 313 条、第 390 条之一），对 12 个罪名增加规定了单位犯罪，大大扩展了我国刑法单位犯罪成立的范围。

毫无疑问，《修（九）》对于法无明文规定的单位犯罪行为，并没有因《单位犯罪立法解释》已经解决了问题而置之不管，反而置该立法解释于不顾，再度回归《刑法》第 30 条规定的单位犯罪法定主义。它明确表明，除前述 11 个条文规定的 12 个罪名的犯罪主体包括单位之外，没有特别规定"单位犯前款罪"的一律不能认定为单位犯罪。它似乎意味着，持法无明文规定单位犯罪行为有罪论的司法和立法解释，其实只是不得已而为之的权宜之计，而不代表刑法法理上对有罪论的肯认；或许它还意味着，这是对《单位犯罪立法解释》隐退刑法规范、违反法教义学以及破坏形式法治的某种纠正。如果以上揣测都不准确，至少它表明了，法无明文规定单位犯罪行为有罪论并不稳妥，将有罪论的观点推广适用于所有法无明文规定的单位犯罪行为，既不符合立法本意，也不符合立法现实。因此，《修（九）》对单位犯罪法定主义的回归，恰恰表明了有罪论可能欠缺规范上的合法性与学理上的正当性，对之应该持谨慎与反省的态度，而不是持推而广之的态度。同时，《修（九）》对单位犯罪法定主义的坚守也表明，未来我国刑法如何统一、发展单位犯罪立法与相关立法、司法解释，显然还是一个未完待决的问题。

如何处理法无明文规定的单位犯罪行为，一直以来是我国刑法立法与司法关注的重点。关于该问题经历了从无罪论到有罪论的发展变化与理论争议。有罪论无视《刑法》第 30 条以及刑法分则对单位犯罪的明文规定，通过对单位有关主管人员与直接责任人员的处罚，变相地将单位犯罪扩大于所有的犯罪，使刑法典中的全部犯罪实际上都可以由单位构成。这种解释结论违背了《刑法》第 30 条的规定，而不是与之相适应。对刑法的科学解释应该从刑法规范开始，但是，有罪论让人看不到刑法规范，规范隐退，隐退在解释者的解释结论之后。有罪论也不让人看不到规则功利主义，只看到打击犯罪的功利主义在蔓延。有罪论是一种新的责任转嫁，它强化个人责任以弥补单位责任的不足，不利于现代企业制度的构建。有罪论也模糊了自然人犯罪与单位犯罪之间的界限。中国刑法理论采用大陆法系“法人实在论”的观点，进而在刑事立法中承认单位可以成为犯罪主体，以“法律规定为单位犯罪的，应当负刑事责任”的立法模式确立了追究单位刑事责任的法规范依据，从而使“法律没有规定单位犯罪则不应当负刑事责任”成为必然的结论。中国法治建设过程中，必须确保形式法治、规范至上，并确立法教义学的基本视角。中国刑法如果要实行教义学化，必须恪守规范主义。法教义学的研究取向，是以实际生活事件的规范问题为核心的，因此法教义学首先是注意现行法律体制，例如罪刑法定等各种既存制度，其次才是兼顾社会普遍承认的各种价值。这意味着，形式正义与形式法治是法教义学的前提，在对单位犯罪等具体问题的研究中，不能罔顾刑法规范，抛却形式教义如罪刑法定原则等，一味迁就功利主义。

四、欠缺构成要件该当性出罪的个案演绎

构成要件的实质解释需要兼顾法规范的实质内涵以及由此延伸出来的司法良知。在中国社会发生巨大变革的当下，呼格吉勒图案、聂树斌案等一系列备受关注的刑事判决引发的社会大众对司法正义的阵阵批判风暴，“吹得正义女神花容失色”[①]。如何面对这一个个引发热议的刑事案件，也体现了一个有良知的刑法学者自处与他处的态度。刑法学界同行纷纷发表高见，以表明自己的立场与对被告人的声援。然而，迄今为止的声音显示，学者惯常使用法教义学的思路来分析、批判判决，或者利用技术性的指标不断解释“玩具枪不是枪”。殊不知，对于一个欠缺常识的人而言，一切高深的理论似乎都显得多余。不停地纠结于枪支鉴定的技术标准以及寻幽入微地解释玩具枪为何不是枪支，更显得啰唆和重复。这样的做法只会加重“法律（人）是技术（人）”的偏见。为此，下文的探讨（虽然不能完全排除从技术的层面）将尽量从法理视角予以展开，以期推动对个案的深入探讨。下文将从“摆摊打气球案”开始探讨。

“摆摊打气球案”的基本案情为：2016年8月至10月12日间，天津大妈赵某华在河北区李公祠大街亲水平台附近，摆设射击摊位进行营利活动。该摊位是从一个老汉手中转过来的。赵某华的射击摊上有9支枪形物，并用塑料子弹打气球。2016年10月12日22点左右，赵某华被抓了。判决书显示，公安机关在巡查过程中将赵某华抓获归案，当场查获涉案枪形物9支及相关枪支配件、塑料弹。经天津市公安局物证鉴定中心鉴定，涉案9支枪形物中的6支为能正常发射、以压缩气体为动力的枪支。同年12月27日，天津市河北区人民法院一审判决认为，赵某华违反国家对枪支的管理制度，非法持有枪支，情节严重，其行为已构成非法持有枪支罪；辩护人所提赵某华具有坦白情节、系初犯、认罪态度较好的辩护意见，予以酌情采纳，遂判决赵某华犯非法持有枪支

① 西奥多·齐奥科斯基. 正义之镜——法律危机的文学省思. 李晟，译. 北京：北京大学出版社，2011：100.

罪，判处有期徒刑3年6个月。[①] 赵某华的女儿王某提出，她没有想到摆一个射击摊会被判刑，而且这么重，“都知道那是玩具枪”。她称，母亲赵某华将提出上诉。随着案件的宣判，社会各界对被告人赵某华给予了广泛的同情，对我国的刑事司法也提出了诸多质疑。而与此同时，“摆摊打气球案”在天津并未完结，“治枪患”行动似乎才刚刚拉开帷幕。深入思考本案判决引发的法律、司法体制、司法伦理问题以遏制今后再度产生同类判决是当务之急。

（一）构成要件的合理解释需要司法良知

“摆摊打气球案”是我国近年来逐渐增多的因使用玩具枪而获刑的现实案例之一。较之同类案件，该案被告人动机纯良（系谋生而非放逸玩乐）、行为克制（仅限于生意经营而无生活之用途）、时间短暂（才经营2个月）且系弱势群体（51岁的妇女），因而本案一经宣判，立刻将公众的视线从热议的聂树斌案等案中吸引过来，公众发出一边倒的声音，认为，“摆摊打气球案”应该判决无罪，法院判决有误。此案所彰显的司法与民众立场的对立，反映了这样一个根本问题：该案的判决是否有效实现了司法正义？为何民众惊人地一致主张无罪论？

司法良知是实现司法正义的桥梁，守护正义当有司法良知。刑法规范的有限性与文字表达的歧义性，和法官实现个案正义之间充满了矛盾。司法良知恰恰可以调和这种矛盾，通过它，可以最大化地实现个案正义，从而最大化地实现司法正义。因此，“司法良知是法官必需的职业素养，是法治正义的不竭源泉”[②]。当下社会弥漫着对司法公正的怀疑，这种怀疑源于不公正的司法个案之判决。这类判决固然受法律理解与适用能力、证据收集与分析能力等因素影响，但同时，还有一个异常重要的因素是，司法良知的缺乏。良知是人所特有的重要人格要素之一，是人之为人的内在基本属性之一。良知主要涉及义务和责任，而且

---

① 天津市河北区人民法院（2016）津0105刑初442号刑事判决书。

② 顾鲁晓，魏杰．守护正义当有司法良知．http://www.chinacourt.org/article/detail/2014/02/id/1218880.shtml．[2017-01-13]．

还是基本的义务和责任。[①] 司法良知是法官作为司法主体时所具有的法律职业素养，其建立在法官对世俗人情的深刻把握和对人性深入洞察的基础之上，是法官基于对法律规则的正当性与合法性的认识和理解以及对自身法律生活的反思所形成的一种对善恶正误的理性判断，体现出法官的司法理念、正义追求、职业道德、责任担当及人文情怀等内心意志。[②]

王阳明是中国历史上较早明确指出何为良知之人。他曾言："良知者，心之本体，即所谓恒照者也。心之本体，无起无不起。"[③] 良知是人心最基本的质素，每个人都有良知，只是有时人不自知。这意味着，司法判决的形成需拷问法官内心的良知。当法官的良知被遮蔽，无良知的司法判决于是产生。司法良知缘何形成？良知，"致良知说"也，换言之，良好地知道，知道的是良善的。什么样的"知"才会形成司法良知？笔者以为，司法良知源于对法的精神之把握，以及对法的经验生命之理解与运用。(1) 司法良知来源于对法的精神的把握。诚如萨维尼所言，法律是自然生长的有机体，而不是立法者的创造。[④] 孟德斯鸠曾言："法律必须与政体所能承受的自由度相适应；还要与居民的宗教、性癖、财富、人口、贸易风俗以及言谈举止发生关系。"[⑤] 法官只有了解法的历史、过去和现在，清楚地知道法同本国民众的风俗习惯、生活方式、民众观念等之间的关系，进而理解了法的精神，才可能具备基本的司法良知。(2) 司法良知还来源于对法律生命的理解。"法律的生命不是逻辑，而是经验。时代的迫切要求、当下流行的政治与道德理论、公共政策的直觉认识，甚至还有法官与同僚所共有的偏见，这些无论是直言不讳的还是隐约其词的，在确定约束人民行为的规则的作用上远胜于三段论式的演绎推论。"[⑥] 事实上，法

---

① 何怀宏．良心论．北京：北京大学出版社，2009：36.

② 何勤华，齐恺锐．司法良知：法律与道德的完美结合．人民法院报，2016-01-15 (2).

③ 王阳明．传习录全译．贵阳：贵州人民出版社，1998：168.

④ 萨维尼，格林．萨维尼法学方法论讲义与格林笔记．杨代雄，译．北京：法律出版社，2008：4.

⑤ 孟德斯鸠．论法的精神．孙立坚，等译．西安：陕西人民出版社，2001：12.

⑥ 小奥利弗·温德尔·霍姆斯．普通法．冉昊，姚中秋，译．北京：中国政法大学出版社，2006：1.

是历史、国家与社会环境等综合的产物，不是逻辑而是社会生活的经验的总和，法的适用要贯彻法的精神。在法律稳定的规则之下，法官尽量作出符合社会生活经验的、法的基本精神的判决，才是具备司法良知的体现。如果司法良知欠缺、技术技能至上，司法正义将遭受重创。

法官良知之有无对于司法良知的实现与否具有直接的影响和作用。“司法判决是经过法官良心过滤的法律”[①]，从这个意义上说，法官良知之有无与高低直接决定着司法良知之效果。但法官良知不应该是司法良知的目的指向，它只能是司法良知的实现途径；司法良知最终的目的是实现司法正义。在工具理性盛行的当下，当社会民众“大部分都放弃了对于正义的思考，而转向于关注法庭上的辩论策略、法律人的职业生活与日常生活”时[②]，强调“司法良知比司法技能更重要”无疑更具有紧迫性，从价值理性的层面思考司法良知对于司法正义实现的作用也更为必要。司法如果不坚守良知，反复作出不公正的判决，则意味着司法公信力的逐步丧失，司法正义的节节败退。因个案判决而引起的民众质疑，将会蔓延并引发对司法人员之职业素养与道德良知的追问，最终转变为全社会对司法公正的怀疑。法治所要求的正义与法官所欲实现的正义二者之间的对接只有通过对司法良知才能达到平衡，此种平衡意味着真正的司法正义之实现。

刑法底线也是司法正义的底线，实现司法正义必当坚守刑法底线，而刑法底线就是罪刑法定原则。刑法学作为最为实用的法学学科，它具有其他“实用科学的特征”，“它必须解决一个由质料所限定的问题”[③]，具体来说，就是由罪刑法定原则这一刑法的特质来解决如何限定处罚的问题。因此，刑事犯罪的认定，并不是单纯的、技术性的构成要件文字的对接，而是要在此过程中贯彻“如何限定处罚”的思路，来有效、准

① 顾鲁晓，魏杰. 守护正义当有司法良知. [2017-01-13]. http://www.chinacourt.org/article/detail/2014/02/id/1218880.shtml.

② 西奥多·齐奥科斯基. 正义之镜——法律危机的文学省思. 李晟，译. 北京：北京大学出版社，2011：前言3.

③ 施塔姆勒. 正义法的理论. 夏彦才，译. 北京：商务印书馆，2012：3.

确地实现对犯罪的精准打击。这也正是刑法存在的意义。刑法是限制法，即限制国家权力侵犯公民个人权利的法律，而不是鼓励扩张国家权力以打击犯罪的法律。实际上，没有刑法反而最有利于打击犯罪。这也是法的特性所决定的。法是“一种特别和受限的手段”，“法律规则是一种命令，这种命令通过强制力从外部向接受命令的人呈示它自身。因此，外部秩序永远不能成为受它约束的人的绝对法则。作为服务于人类目的的法要证明其正当性就需要提供这样的证据——它是达到正确的目的的正确的手段”[①]。在古典思想家的自然法理论、孟德斯鸠的三权分立理论和费尔巴哈的心理强制理论基础之上发展而来的罪刑法定原则，从国家为何有处罚公民的权力的来源角度赋予刑法规则以正当性。与此同时，它又赋予刑法以防止国家刑罚权的滥用而损害公民权利的限制意义。法的特性也决定了刑法的本质机能就是规制机能，即“对一定的犯罪，预告施加一定的刑罚，由此来明确国家对该犯罪的规范性评价”，以及对“各种犯罪值得施以各种刑罚这一强劲的强制力”[②]。要守住刑法的底线，则必须坚守罪刑法定原则；要坚守罪刑法定原则，则必须坚守“对各种犯罪值得施以刑罚”这一标准。这也是刑法理论将“刑罚”一词发展为“刑事可罚性”的缘由。

坚守司法良知，坚持刑法底线，才能实现司法正义。司法良知代表了法规范之外的司法正义的实现路径，刑法底线则代表了法规范之内的司法正义的实现路径，二者分别从法规范的外部与内部共同时发力，合力实现司法正义。由此，司法良知与刑法底线在司法正义的实现之路上交汇了。

（二）司法良知是构成要件实质出罪的价值基础

司法良知如何在个案中影响着司法正义的实现，它又如何渗透到司法过程之中，影响着司法判决的正义与非正义？“摆摊打气球案”提供了一个很好的分析样本。

“摆摊打气球案”入刑，适用的是《刑法》第 128 条规定的非法持

① 施塔姆勒. 正义法的理论. 夏彦才，译. 北京：商务印书馆，2012：3.

② 西原春夫. 刑法的根基与哲学. 顾肖荣，译. 北京：法律出版社，2004：44.

有枪支罪。违反枪支管理规定，非法持有、私藏枪支的，即构成本罪。从该条立法分析，该罪是简单罪状，司法解释亦没有规定这里的“枪支”是真枪还是也包括玩具枪、仿真枪等，因此，从法条表面看，条文文字与案件事实似乎是一一对应的。然而，稳定的法条与活生生的现实之间的差距，恰恰需要司法人员作出价值与知识、事实与经验的多重判断，才能实现司法良知。本案判决，让人们看得到法律，却看不到司法对善的追求；看得到判决，却看不到正义。

赵某华作为一个以摆打气球摊谋生的妇女，其所使用的是玩具枪以及塑料子弹。经天津市公安局物证鉴定中心鉴定，涉案9支枪形物中的6支为能正常发射、以压缩气体为动力的枪支。然而，仅此就能将赵某华以非法持有枪支罪入刑吗？回答是否定的。“摆摊打气球案”的有罪判决，表明了法官既不具备对中国社会生活经验的了解，也缺乏对中国世俗人情与人性的洞察，更缺乏悲天悯人的良善之德，导致对何为枪支这一构成要件要素的解释严重偏离社会生活，进而产生了如此这般缺乏司法良知的判决。

“摆摊打气球案”违背了人们对“三常”的认知和对事物的判断。司法良知以司法人员对社会生活中的“常识、常情、常理”的认知为基础，包含着其对社会生活经验及一般道德观念的领悟。[①]“三常”法治观的提出者陈忠林教授早有慧言：现代法治归根到底是人性之治、良心之治，而“常识、常理、常情”是现代法治的灵魂。[②]对于“三常”法治观，学界褒贬不一，然而，不容否认的是，正如任何真理都带有不纯粹的一面一样，任何受到质疑的观点也一定有其真理性的一面。这也是“三常”法治观何以能成为何勤华教授所总结的“司法良知”的重要内容之缘由。同时，在我们这个社会，各种令人大跌眼镜的事件层出不穷，其中包括各种案件与判决违背常识，不合常理，成为人们对司法不信赖的重要因素。比如内蒙古农民王某靠贩卖玉米谋生，却被法院定为非法经营罪。[③]法官似乎不了解《刑法》第225条的基本规定，不了解

① 何勤华，齐凯悦．司法良知：法律与道德的完美结合．人民法院报，2016-01-15（2）．
② 陈忠林．“常识、常理、常情”：一种法治观与法学教育观．太平洋学报，2007（6）．
③ 内蒙古巴彦淖尔市临河区人民法院（2016）内0802刑初54号刑事判决书。

贩卖大米、玉米与贩卖服装并无二致（欠缺常识），脱离市场经济的基本内涵，缺乏对一般商品买卖行为的基本了解（欠缺常理），将玉米解释为国家不允许或者管制买卖的商品，将农民正常的收购加工与出卖玉米养家糊口的行为定性为非法经营罪（欠缺常情）。试问：如此一来，社会上还有什么买卖行为不能定为非法经营罪的。

“摆摊打气球案”同样如此。虽然经鉴定赵某华的摊上的玩具枪达到了国家标准，符合2010年12月7日公安部《公安机关涉案枪支弹药性能鉴定工作规定》（以下简称《枪支鉴定规定》）对枪支的要求，但是，此规定之外是否还有其他规定？仅仅依据比动能“大于1.8焦耳/平方厘米”是否就可以认定本案中的玩具枪为刑法意义上的枪支？这样的标准是否符合人们的常识？在社会中，“老百姓通俗理解的标准：枪，至少能近距离打死一只兔子吧”[①]。《枪支鉴定规定》中的标准是将2001年8月17日公安部发布的《公安机关涉案枪支弹药性能鉴定工作规定》对枪支的认定标准大幅度提高之后的新标准，而且与此同时，有关部门也并未广泛普及这一新的更为严格的枪支认定标准。无论如何，这表明，公众对枪支的常识是其具有一定程度的哪怕是极其轻微的杀伤力。而“1.8焦耳比动能的弹丸远远不能击穿人体皮肤，而一个不能击穿人体皮肤的比动能作为对人体的致伤力标准是不合适的”[②]。将玩具枪认定为刑法中的枪支，违背了人们认为枪支是具有杀伤力的武器这一根本常识。同时，无论是玩具枪还是仿真枪，只要不是以实施犯罪或违法行为为目的，行为人收藏或者使用或者用于打气球，均与刑法中所说的犯罪并无任何关系。如此做法，是将生活行为一律纳入刑法规制范围，是对正常生活秩序的破坏而不是维护。然而，违背“三常”法治观的判决并不鲜见。对于和“摆摊打气球案”相似的18岁的刘某蔚网购仿真枪获判无期徒刑的案件，媒体的声音是“买仿真枪判无期，别再有这种荒唐案了”[③]。如此种种的新闻标题与各界声音，充分表明法官对该案的

---

① 沈海平．认定枪支，司法标准应具有独立性．检察日报，2016-08-17（5）．

② 李刚，姚利．枪弹痕迹的法庭科学鉴定现状与未来．警察技术，2008（1）．

③ 徐明轩．买仿真枪判无期，别再有这种荒唐案了．新京报，2016-10-19（A03）．

判决是多么违背社会的“三常”法治观。此类判决暴露了以案件数量作为考核标准的我国司法体制的种种弊端。

司法良知意味着对“法是社会生活的经验的总和”观念的认识和运用。法律的生命不是逻辑而是经验。“摆摊打气球案”的判决违背了法律人对社会生活经验的把握，生硬地适用法律条文，表明法官缺乏对世俗人情的深刻把握和对人性的深入洞察，缺乏对事物的是非善恶之基本判断。法官作为个人，理应对“人类的境遇作出回应。他们不是居住在真空里”[①]。法官与其他民众一样，一定经历过各种消费与娱乐的诱惑，同时也亲眼见识（说不定还亲自实践过）如同赵某华打气球摊位一样的摊位。然而，当法律文字遇见了案件事实，二者之间的机械对照使法官迅速得出了赵某华有罪的判决。在此法官没有对赵某华的境遇作出任何回应，甚至都没有仔细去分析：对赵某华定罪的判决将会是一个公正的判决吗？这是对法律正义的实现吗？法官们似乎完全与民众的生活隔离，似乎完全缺乏对民众生活艰辛的同情与慈悲。对于法官，法国《刑事诉讼法典》第353条规定，“法律只要求他们心平气和、精神集中，凭自己的诚实和良心，依靠自己的理智，根据有罪证据和辩护理由，形成印象，作出判断”。有良知的法官，应该洞悉普罗大众包括赵某华谋生的无奈与艰辛，从中体味到的应该是在“摆摊打气球案”中枪支作为玩具的性质——如同摆着被打的气球一样。如果法官将赵某华的玩具枪认定为枪支，那是否也可以将赵某华的气球认定为爆炸物？因为在没有子弹射入的情况下，谁也不能确保气球不会突然被引爆或者自爆。可见，法官只要稍稍观照中国的现实，关切赵某华使用玩具枪射击气球的谋生需求，关注案件中玩具枪存在的价值和意义，再对《刑法》第128条的立法价值与打击取向及适用范围予以分析、解释，就可以形成其内心确信：本案不应构成非法持有枪支罪。司法如果缺乏对民众的体恤，以法律之名肆意剥夺公民的权利，其所作出的判决将是不正义的。“如

① 亨利·J. 亚伯拉罕. 司法的过程——美国、英国和法国法院评介. 泮伟江，等译. 北京：北京大学出版社，2009：81.

果法庭的判决与文明所拥有的是非观一致，我们会说这是一个正义的判决；反之，我们将会指责判决的非正义性”①。丧失正义性的判决，又何来良知。

“摆摊打气球案”的判决违背了人们对善恶正误的基本理性判断，违背了人们对司法明辨是非的价值诉求，阻碍了司法追求和平的终极目标之实现。司法良知是法官基于对法律规则的正当性与合法性的认识和理解以及自身对法律生活的反思所形成的一种对善恶正误的理性判断。② 司法最基本的价值诉求是明辨善恶是非、正义与邪恶，最终实现人类社会的公平与正义，因此，“司法的最终目标是和平”③。然而，“摆摊打气球案”一经曝光，引发各界热议，其中一个重要而共同的声音是法律“欺负老实人”。自购仿真枪当玩具，以及使用玩具枪摆摊打气球，都是没有任何社会危害性的行为。既未将枪支对准他人瞄准射击，也未使用枪支作奸犯科，不宜认定为犯罪。而结果是，法官判决他们有罪，民众看见了司法的不正义，认为司法善恶是非不分。由此不但激发了被告人对判决的不服，也激发了全社会对判决的质疑与批判。如同康德那句名言所说，如果一部法律得到全体公众的认同，它就是公正的④；如果一项判决得到全体公众的认同，它就是公正的。不公正的判决所导致的结果不是“和平”，而恰恰是新的社会矛盾。比如谁杀了聂树斌案中的被害人康菊花？此乃旧病。聂树斌是否为康菊花案中的犯罪分子？最终通过司法审判判处聂树斌死刑所带来的对法治进程的伤害多大？此乃新伤。不能明辨是非的司法谈不上有良知，不公正的判决会导致新的社会矛盾。这些使司法离它所追求的和平目标愈来愈远，离公平、正义的基本价值取向也愈来愈远。欠缺了良知的司法，最终损害的是人类社会对法治目标的终极追求。

---

①② 西奥多·齐奥科斯基．正义之镜——法律危机的文学省思．李晟，译．北京：北京大学出版社，2011：359.

③ 保罗·利科．论公正．程春明，译．北京：法律出版社，2007：前言4.

④ 迈克尔·桑德尔．公正——该如何做是好?．朱慧玲，译．北京：中信出版社，2011：159.

（三）司法良知作为犯罪构成要件实质出罪的判断运用

刑法的底线是罪刑法定原则，以及作为其体现的罪刑规范（构成要件）。通过“看得见的正义”的方式进行刑法规范之适用，最终通过判决将一般正义实现为个案正义。较之多少有些“道德说教”的司法良知调控模式，刑法规范清晰而完整。在刑法规范面前，“摆摊打气球案”入刑是否妥当的问题，就成为刑事司法是否坚守了刑法底线的现实问题。

法院判决认为：赵某华违反国家对枪支的管理制度，非法持有枪支，情节严重，其行为已构成非法持有枪支罪。该判决对《刑法》第125条的适用存在问题。面对刑法规范，法官不应对法条进行机械适用和简单的文字对接，而应在法律中找到明确的原则及其限制。在客观违法层面与主观有责层面分析，“摆摊打气球案”入刑意味着对客观行为对象的机械理解，放弃了在违法性层面与有责性层面“对各种犯罪值得施以刑罚”的实质考量，亦即放弃了在法律中寻找对有关何谓枪支以及是否具有归责可能性等的明确理解及限制，从而违反了罪刑法定原则对刑罚法规的妥当性之要求，处罚了不该处罚的行为，突破了刑法的底线。

1. 在客观违法层面的分析

在客观违法层面，“摆摊打气球案”入刑意味着对非法持有枪支罪处罚对象的扩大化，对玩具枪、仿真枪在刑法上给予了与真枪一样的规范评价，从而将不具有可罚的违法性的行为当作犯罪处理，突破了刑法对客观构成要件的规定。“摆摊打气球案”的焦点问题在于赵某华所持玩具枪是否为刑法意义上的“枪支”。这也是当时各界人士讨论得最多的问题。刑法中有关枪支的犯罪规定在《刑法》分则第二章第125条至第130条，共6个条文、8个罪名，而“枪支”是这8个罪名的共同对象，因而枪支的认定标准尤其重要。这不是“摆摊打气球案”这一个个案所涉及的问题，广州卖仿真枪的小贩王某其案①、兰州玩具小贩冉某

① 曹晶晶. 广州卖仿真枪小贩为求无罪终得到“不构成犯罪”说法. 南方都市报，2016-01-27（AA16）.

案、四川达州小伙子刘某蔚案[1]、网购仿真枪的少年刘某明案[2]等均涉及这一问题，因而这是一个带有普遍性的问题。

目前，刑法中有关枪支的认定标准，依据的是《枪支鉴定规定》，其中第1条规定，枪支分为“制式枪支”与“非制式枪支”，前者是按国家标准或公安部、军队下达的战术技术指标要求由合法企业生产的各类枪支；后者是指未经有关部门批准定型或不符合国家标准的各类枪支，包括自制、改制的枪支和枪支生产企业研制工作中的中间产品。“摆摊打气球案”中的枪支属于“非制式枪支”。对于“非制式枪支”的鉴定标准，《枪支鉴定规定》第3条第3项规定：“对不能发射制式弹药的非制式枪支，按照《枪支致伤力的法庭科学鉴定判据》（GA/T 718—2007）的规定，当所发射弹丸的枪口比动能大于等于1.8焦耳/平方厘米时，一律认定为枪支。”“摆摊打气球案”中，经天津市公安局物证鉴定中心鉴定，6支枪形物能正常发射与之相匹配的以压缩气体为动力的BB弹，比动能为2.17焦耳/平方厘米至3.14焦耳/平方厘米，大于1.8焦耳/平方厘米，因此，这6支枪支达到了《枪支鉴定规定》中枪支认定的国家标准。据此，“摆摊打气球案”是否可以被定罪？回答是否定的。

我国法律、规章等对枪支的认定标准是形式（技术）标准与实质（性能）标准的统一。“摆摊打气球案”中的玩具枪只符合我国枪支认定的形式（技术）标准，故不符合枪支认定的实质（性能）标准，故不能认定为刑法中的“枪支”。虽然枪经天津市公安局物证鉴定中心鉴定，“摆摊打气球案”中6支枪形物比动能为2.17焦耳/平方厘米至3.14焦耳/平方厘米，大于1.8焦耳/平方厘米，但是，《枪支鉴定规定》只对枪支的技术标准（比动能大于1.8焦耳/平方厘米）作了规定，这一技术标准仅是枪支认定的形式标准，枪支的认定还有性能标准，亦即实质标准。2015年4月24日修正的《中华人民共和国枪支管理法》（以下

---

① 唐金龙.“网购”来的无期徒刑.华西都市报，2016-05-5（A05）.

② 嵇石.网购24支仿真枪少年终审被判无期.南方都市报，2015-09-22（15）.

简称《枪支管理法》）第46条规定："本法所称枪支，是指以火药或者压缩气体等为动力，利用管状器具发射金属弹丸或者其他物质，足以致人伤亡或者丧失知觉的各种枪支。"据此，枪支的动力特征是以火药或者压缩气体等为动力；枪支的发射工具特征是利用管状器具作为发射工具；枪支的发射物质是金属弹丸或者其他物质；最后也最重要的是，枪支的性能特征是必须足以致人伤亡或者丧失知觉。"性能特征是枪支被纳入严格管制物品范围的关键特征，是从发射物对所指向之人的作用效果（即杀伤力）角度对枪支的特征作出的界定。"[①] 虽然"摆摊打气球案"中玩具枪的比动能为2.17～3.14焦耳/平方厘米，大于1.8焦耳/平方厘米，但是，比动能如此低的玩具枪根本没有达到"足以致人伤亡或者丧失知觉的"枪支实质标准。因为如前述，1.8焦耳比动能的弹丸远远不能击穿人体皮肤。"假枪真罪首案"第一人王某其曾试验，他用自己买卖的仿真枪打自己，"最多就是红一点点，有点痛，都不至于流血"[②]。玩具枪既然不能射伤人的皮肤，连表皮伤都无法造成，当然不能被视为足以致人伤亡或丧失知觉。姑且不论《枪支鉴定规定》规定的比动能大于1.8焦耳/平方厘米的标准是否过低，单从《枪支管理法》所要求的枪支性能标准分析，"摆摊打气球案"中的玩具枪就无法达到"足以致人伤亡或者丧失知觉"的程度，没有达到枪支的性能标准。当然，反对者会指出，有关部门鉴定研究结果和文献显示，之所以采取"1.8焦耳/平方厘米"的比动能标准，是因为"经试验测定，枪口比动能达到1.8焦耳/平方厘米时，就会对人体裸露的眼睛造成损伤"[③]。但是，枪支致人伤亡的能力即其致伤力，应该是针对人体任何部位的，而不是单单指向某个特定部位的，何况眼睛还是人体最脆弱的特定部位。一粒沙子可以导致失明，以比动能达到1.8焦耳/平方厘米可以致伤眼

① 陈志军. 枪支认定标准剧变的刑法分析. 北京：国家检察官学院学报，2013（5）.

② 周浩杰. "假枪真罪首案"当事人：如果大妈摆摊违法，做枪的厂要不要查. 华西都市报，2017-01-05（A5）.

③ 佚名. 天津老太摆射击摊被判非法持枪背后：枪支鉴定标准曾大幅降低. http://news.ifeng.com/a/20161230/50503759_0.shtml.［2016-12-30］.

睛为由，认为赵某华的玩具枪也具有致伤力，这是对致伤力的误解。果真如此，沙子也可以成为枪支了。总之，“对人体的致伤力的比动能标准应该是对人体的任何部位都能够造成轻伤以上伤害的标准”①，而不只是考虑对人体眼睛的伤害。

由上可见，严格根据我国有关枪支法律、规章等规定，“摆摊打气球案”中的玩具枪不是法律意义上的枪支，不能对之予以刑法意义上的违法性评价。对枪支的认定要严格遵守法律法规规定的形式条件与实质条件，既要达到比动能达到 1.8 焦耳/平方厘米的技术标准，又要达到“足以致人伤亡或者丧失知觉的”的性能标准，“具体性能和杀伤力也是一个重要鉴定标准”②。此外，规范枪支性能标准的是《枪支管理法》，其位阶高于部委规章性质的《枪支鉴定规定》。这意味着，在认定玩具枪、仿真枪等是否为枪支时，必须严格恪守法律法规的规定，贯彻从形式到实质的双重标准，而非单一的形式标准。由此一来，“摆摊打气球案”中的玩具枪只达到了形式标准，没有达到实质标准，故不能被认定为刑法意义上的枪支。一律将比动能达到 1.8 焦耳/平方厘米的玩具枪、仿真枪评价为刑法意义上的枪支，是对枪支的扩大解释，从而不当扩大了刑法涉枪犯罪的处罚范围。

---

① 李刚，姚利．枪弹痕迹的法庭科学鉴定现状与未来．警察技术，2008 (1)．需要特别说明的是，学界有观点认为，《枪支鉴定规定》属于行政规章，其中规定的枪支鉴定标准不能适用于刑法中枪支的认定，其“是由公安部发布的，是否可作为涉枪犯罪的司法标准，存在疑问”。[沈海平．认定枪支，司法标准应有独立性．检察日报，2016-08-17 (5).] 这种看法其谬大也。《刑法》第 125 条至第 130 条的 8 个罪名均为行政犯。所谓行政犯，即国家出于行政取缔目的，将严重违反国家行政管理法规的行为规定为刑法中的犯罪；它们有别于杀人抢劫这种“天生恶”的自然犯，是根据（行政）法律的禁止并被上升为刑法禁止的犯罪行为。行政犯的罪状大多不完备，比如何为“金融票证”（《刑法》第 177 条）、何为“上市公司”（《刑法》第 169 条之一）、何为“增值税专用税发票”（《刑法》第 205 条），等等，对它们的理解与适用均需要行政法律法规的补充。这是因为“行政犯罪的原初属性是行政违法性，因此自然要依照行政管理法规来补充适用”（刘艳红，周佑勇．行政刑法的一般理论．北京：北京大学出版社，2008：38）。因此，《刑法》第 125 条至第 130 条 8 个枪支犯罪中认定枪支的依据当然是《枪支鉴定规定》；如同对“货币”“税收”“金融票证”“上市公司”等概念的认定均需借助经济行政法规进行补充一样。这在刑法法理上不存在任何问题。

② 孙瑞丽，赵明．气球射击摊撞上“治枪患”，摆摊老太非法持有枪支获刑．新京报，2017-01-07 (A12).

在客观违法层面，还需指出的是，“摆摊打气球案”中的被告人并没有实施违法行为。只有“行为被评价为违反了刑法的应当性秩序，并且作为有社会危害性的行为而不被允许”[①] 时，才能认定其行为具有违法性。违法性并不仅包括形式上违反了法律的规定，比如违反了《刑法》第 128 条关于禁止非法持有枪支的规定，还包括实质的违法性，亦即行为具有实质的社会危害性或者法益侵害性。赵某华的行为并不具有任何社会危害性：既没有其他人动用赵某华的玩具枪伤人，赵某华本人也没有动用过玩具枪实施违法行为。赵某华及其他人均没有认识到其摊位上的玩具枪是国家禁止持有的。赵某华客观上既无对社会的任何危害，主观上也无任何犯罪的恶意。从客观行为到主观罪过，赵某华的行为根本就不是“作为有社会危害性的行为而不被允许”，其行为不具有社会危害性，不是违法行为，故不能对她追责。总之，即便对于将赵某华的玩具枪认定为刑法中的枪支不存在争议，本案定性也存在问题：不对犯罪行为在客观违法的实质危害性的层面进行考量，仅仅根据赵某华持有枪支行为本身就定罪处罚，这不但违反了客观违法构成要件的意义，也违反了罪刑法定原则中刑罚法规的妥当性这一实质侧面，从而突破了刑法的底线。

2. *在主观有责层面的分析*

在主观有责层面分析，“摆摊打气球案”入刑意味着对行为人主观意图的漠视，无视刑法中违法性认识与刑事可罚性认识相联系的追责原理，处罚了没有违法性认识亦不具有可罚的主观意思的行为，突破了刑法对主观责任要件的规定。

最权威的关于归责的解释是：“将一个应谴责的行为、一个错误归在某人的名下。因此，它是一个预先设定的针对应谴责的行为所违背的义务或违反的禁令的行为”；“将一个行为归责于某人，就是将该行为归结于这一行为的真正行为人，即可以说将该行为算到他的账上，并使其

① 克劳斯·罗克辛．德国刑法学总论：第 1 卷　犯罪原理的基础构造．王世洲，译．北京：法律出版社，2005：556.

作为对该行为的负责人”[①]。既然归责是把某事算到某人的账上，那么是把玩具枪打气球算到赵某华的账上，还是算到转让摊点给她的老汉的账上，抑或生产玩具枪的厂家的账上？由此衍生的问题是：使用玩具枪打气球的玩客也是赵某华的共犯？如果不是厂家生产并销售了玩具枪，如同赵某华一样靠摆摊打气球的百姓是无从得到玩具枪的；如果老汉不转让摊点给赵某华，或没有玩客，都不会发生本案。这意味着，法律只看到现象，看不到背后的原因，导致归责主体模糊不清。这未必不是一个问题。当然，对于此案，舆论不会关注其他人，最终还是会回到问题的根本：可否将持有玩具枪的行为归责于赵某华？如果可以，赵某华就要具有归责可能性或者说非难可能性。然而，恰恰在这一点上，本案未能经得起检验。

“无责任不处罚”是现代刑法责任主义的基本原理，而责任的极简含义是对行为人实施违法行为所作的意思决定的法律谴责，因此，“对行为人的行为，只有在能以责任能力以及故意、过失为要件进行谴责的场合，才能追究行为人的责任”[②]。行为人只有具备责任能力且因故意或过失实施了违法行为，才具有归责可能性，法律也才能对行为人追责并最终判处刑罚。作为责任要素的故意或过失是具有责任能力的个体是否具有应受谴责性的关键。在“摆摊打气球案”中，赵某华显然具有责任能力，其行为也不是出于过失，因此本案行为人是否具有归责可能性的问题，其实就是赵某华的行为是否具备作为责任要素的故意的问题。

故意以对符合构成要件的客观事实具有认识并加以实现的意思为内容。[③] 故意的成立与违法性认识具有密切联系。一般而言，对于自然犯，只要行为人认识到构成要件的客观事实，即可认定其具备违法性意识，比如盗窃天价葡萄，即便行为人不知道某种葡萄是特殊试验品种的天价葡萄，其行为也构成盗窃罪，因为行为人清楚地知道自己的行为是

---

① 保罗·利科. 论公正. 程春明，译. 北京：法律出版社，2007：14.

② 大谷实. 刑法讲义总论：新版2版. 黎宏，译. 北京：中国人民大学出版社，2008：281.

③ 同②320.

偷窃的违法行为并且具有实现偷窃的意思，当然成立故意。对于法定犯，在由于国家行政取缔目的而禁止事项的规定中，比如非法捕捞水产品、非法狩猎等，就要求行为人对于禁渔期、禁渔区、禁猎期、禁猎区等有明确认识，否则，就意味着行为人不具有违法性认识，故意难以成立，因而难以对行为人归责。而对行政犯中的禁止事项的刑法理论主张“标示主义”，比如“禁止区域的制定必须设置一定标识”[①]，只有在该种标识错误的场合才能认定为事实错误，否则，如行为人明确了标识之内容而仍然实施某种行为的，就不能认定其具有违法性认识，因而不能认定存在故意。枪支犯罪均为行政犯，其犯罪对象是枪支，因此需要赵某华主观上的故意内容就要求认识到其所持有的是法律意义上的枪支而非玩具枪。问题是，赵某华“认为自己摊子上的枪是玩具枪”，“根本不知道那是法律意义上的枪啊，如果知道是枪根本碰也不会碰啊。”[②] 这意味着，行为人赵某华根本无法辨知其摊子上摆放的玩具枪的性质，没有基本的违法性认识，完全不了解玩具枪的性质。此外，这些玩具枪或者仿真枪基本上都是通过网店或者实体店等正规的销售渠道购买而来的，既然如此，何以能知道这些玩具枪或者仿真枪是刑法意义上的枪支？我国禁止枪支在市场上流通，那就意味着，在市场上流通的不应该是国家法律禁止流通的枪支。所以王某其、刘某蔚等都无法认识到自己所买卖的玩具枪或仿真枪是法律禁止私人持有的枪支。换言之，这些案件的行为人都有一个共同点：对枪的性质并没有认识，只是以为其所持的是玩具枪或仿真枪，而不是刑法意义上的枪支。行为人欠缺违法性认识，必然也欠缺故意。由此一来，实践中出现了一个怪圈：法院定罪不考虑主观故意之有无，只讨论枪支数量之多少，从而量刑标准是重枪支数量而不是案件“质量”。这些案件实乃属“无责任的违法”案[③]，甚

① 西田典之. 日本刑法总论. 刘明祥，王昭武，译. 北京：中国人民大学出版社，2007：203.

② 孙瑞丽，赵明. 气球射击摊撞上“治枪患”，摆摊老太非法持有枪支获刑. 新京报，2017-01-07（A12）.

③ 山口厚. 刑法总论. 付立庆，译. 北京：中国人民大学出版社，2011：99.

至可以媲美严格责任案件。如果要严格打击枪支犯罪，加大对枪支的管控，也应该从源头抓起，从玩具枪、仿真枪等的生产厂家抓起。[①]

由上可见，将不具有违法性认识、不具有犯罪故意的行为当作具有归责可能性的行为处理，突破了刑法主观归责要件。在主观有责层面，无视行为人是否具有违法性认识，意味着对诉讼程序中“有责性与被告的恶意”[②]，亦即故意责任标准的抛弃。拉丁谚语云，“任何人得其应得(suum cuique tribuere)”[③]。这不但是正义的最朴素内涵，也是刑法上罪刑法定原则之刑罚法规的妥当性的最原始表述。“摆摊打气球案”的刑事判决突破了刑法主观责任要件的要求，逾越了罪刑法定原则之规定，突破了刑法之底线。

(四) 结　语

目前，全国其他地方同天津一样展开“治枪患”行动的越来越多，在“摆摊打气球案”之前，此类案件已不鲜见。如何有效遏制再度产生对此类案件的错误判决，如何有效保障公民的权利，是继“摆摊打气球案”之后需要深入思考的问题。

“法之极，恶之极”，这句西塞罗曾在《论义务》中引用的古老法谚，在这个喧嚣的时代仍然被人们常常提起。[④] 它使用在刑事司法中，所表达的内涵精确地反映了一般正义与个案正义、一般解释（形式解释）与衡平解释（实质解释）之间的紧张关系。法律的无所不及，意味着自由的丧失殆尽，意味着有益于人类的法治会成为损害人类权利的害恶。为此，今后我国司法领域面对“摆摊打气球案”的同类案件时，应尽量坚守司法良知、恪守刑法底线，不滥用国家刑罚权利惩治善良的公民。

正义是社会制度的首要价值，具有司法良知是对正义这一合法、良

---

① 周浩杰．“假枪真罪首案”当事人：如果大妈摆摊违法，做枪的厂要不要查．华西都市报，2017-01-05（A5）．

② 西奥多·齐奥科斯基．正义之镜——法律危机的文学省思．李晟，译．北京：北京大学出版社，2011：359．

③ 保罗·利科．论公正．程春明，译．北京：法律出版社，2007：前言8．

④ 同②前言1．

善价值的追求，是实现司法正义的内在支撑。“摆摊打气球案”的有罪判决违背了“三常”法治观，暴露出司法人员的社会生活经验的缺乏，与世俗人情疏离，对事物缺乏基本的是非善恶之判断。所以刑法的底线是罪刑法定原则以及作为其体现的罪刑规范（构成要件）。“摆摊打气球案”的有罪判决，意味着司法人员机械理解了刑法条文，放弃了在法律中寻找对有关何谓枪支以及是否具有可罚违法性与归责可能性等的明确理解及其限制，处罚了不该处罚的行为，突破了刑法的底线。坚守司法良知，坚持刑法的底线，才能实现司法正义。司法良知代表了法规范之外司法正义的实现路径，刑法的底线代表了法规范之内司法正义的实现路径，二者分别从法规范的外部与内部共同发力，合力实现司法正义。

司法良知是一种强大的力量，也是一种特别的力量。司法良知如被摧毁，那是我们集体的损失。司法良知应该能得到培育，立法规定、个案判决等都能起到培育司法良知的作用。“对于我们所有人来说，理解和领会良知的力量是必要的，但是对于立法者、执法人员和法学教授尤为必要。”[①] 为了实现司法良知，法官尤其要理解和领会良知的力量。有良知的法官会尊重民众内心的感受，尊重常识、常情与常理，尊重社会风俗与社会道德习惯，并在良知看似模糊实则清晰的准则中找出自己行为的理由，找出判案的真正法律依据，准确适用法律。法官不能以为，只有将所有违法行为都绳之以法，正义的神坛才能屹立不倒。这是对正义的误读。

刑法的底线是法律适用的高压线，也是一条特别的对公民的保护线。刑法的底线如被摧毁，那是法治的悲哀。刑法的底线必须得到坚守，适用刑法条文不得突破刑法客观违法与主观归责的构成要件要求，不得放弃对刑事可罚性的考量。达到国家枪支的技术标准但不具备足以致伤力，从而不符合枪支的实质标准的玩具枪、仿真枪等，不会对公共

① 琳恩·斯托特．培育良知——良法如何造就好人．李心白，译．北京：商务印书馆，2015：225.

安全法益造成侵害或者威胁；赵某华等的行为不具有任何社会危害性，处罚他们，与刑法所要求的处罚值得处罚的法益侵害行为之犯罪标准相违背，与罪刑法定原则之刑罚法规的妥当性之实质侧面相违背。法官应致力于在一般（形式）解释与衡平（实质）解释之间寻找平衡，尤其当法律精神与法律条文存在着对立时，法官必须在文字的要求与法条背后的理念之间，对法条予以充分的理解，对案件事实进行综合的考量，然后再得出妥当的结论。

如果我们想要步入真正的法治社会和文明社会，就不能忽略良知的重要作用；如果我们想要避免刑法制裁的反复无常，就不能无视罪刑法定原则这一刑法的底线。法律制度的目的是修正人们恶的行为，而不是去滋生恶的行为。法官不得主动寻找案件，而应主动寻找不定罪的出路。只有良善地适用法律，法律才可能进一步鼓励人们实施合法的行为。刑法的底线是司法正义的最后防线，法官在适用刑法时不得突破犯罪成立要件的规定，不得突破罪刑法定原则，并在形式化地考量违法与责任要件具备与否之后，再立于刑事可罚性的立场，整体判断“摆摊打气球案”类似案件中持有仿真枪等行为的可罚性之有无，以免使公民动辄得咎。唯有如此，才能避免“刑事司法机器损害被害人、违法者以及社会公众的情感需求”[①]。恪守司法良知、坚守刑法的底线，才能实现个案正义、司法正义。

五、结　语

保护所有法益对刑法而言是不可完成的任务，刑法保护的不完整性通过罪刑法定原则得到固守，通过刑法规范予以载明，通过刑法教义学得到实现。刑法规范本身并非“无漏之身”，也并非绝对明确的规则，所以它允许存在不规范的构成要件要素或不成文的构成要件要素等需要进行价值判断或援引其他法律规范的构成要件要素，这也决定了刑法规

① 斯蒂芬诺斯·毕贝斯．刑事司法机器．姜敏，译．北京：北京大学出版社，2015：165.

范本身是包容构成要件要素的出罪解释的。在维护罪刑法定原则方面，虽然我们一直强调“法无明文规定不为罪，法无明文规定不处罚”，但现实情况是，很多实质上不该当构成要件的行为都被直接或间接构成要件化了。为坚守真正的罪刑法定原则，防止其成为排除个别构成要件要素乃至入罪的借口，刑法教义学要肯定构成要件要素的出罪解释，以便于从前端将罪刑法定原则通过这种方式固定下来，并通过阶层理论递进传递的方式全面贯彻罪刑法定原则。

第八章　违法性出罪：以违法阻却为视角

违法性是三阶层理论的第二个阶层，其功能在于检验行为是否符合法律规定及规范目的。违法性出罪，确切地说，就是将形式上符合构成要件但实质上没有违反法规范或侵害法益的行为不作为犯罪处理。它主要是通过违法阻却理论来体现的。如果说构成要件主要是浅层次的事实归纳与对规范内容的形式理解，那么违法性出罪主要系价值论的范畴，其必然会触及更深层次的规范目的。

一、阶层论体系下违法成立的前提条件

过失犯罪如今在实践中，特别是在与交通事故犯罪的联系上，具有极为重要的意义。[①] 在当前我国经济飞速发展的时代背景之下，汽车行业飞速发展，汽车驾驶者日益增多。国家为了促进经济的发展，也致力于推动汽车大众化。因汽车驾驶而死伤等违法行为随之急速增加，交通事故已成为和平时期严重危及民众生命、财产安全的“第一杀手”。在这样一个几乎“国民都有驾照”的年代，伴随着我国成为世界上最大的“车轮上的国家”时代的到来，研究交通过失犯罪无疑具有重要的理论和实践意义。

（一）交通过失犯的本质：结果回避义务之确立

交通过失犯是指从事交通运输的人员，在具有预见能力的前提下，

① 冈特·施特拉腾韦特，洛塔尔·库伦. 刑法总论Ⅰ——犯罪论. 杨萌，译. 北京：法律出版社，2006：399.

违反考虑避免犯罪事实发生的交通注意义务而致损害法益结果发生的犯罪行为。显然，交通注意义务是交通过失犯的核心，它包含结果预见义务与结果回避义务。交通过失犯之注意义务的本质是结果预见义务还是结果回避义务？旧过失论认为结果预见义务是过失犯之注意义务的本质，新过失论则认为是结果避免义务。如何取舍，是认定交通过失犯时必须首先回答的问题。笔者以为，根据交通活动的特性以及现代社会生活的最低需求，宜以结果回避义务作为交通过失犯之注意义务的本质。

在现代社会，科学技术日新月异，交通工具如飞机、汽车、地铁、高铁等日益发展，以汽车为首的交通工具极大地推动了社会文明的进步和财富的增加。但是，交通运输活动充满了巨大的危险，随时可能导致灾害事故的发生。旧过失论认为，只要没有履行结果预见义务的，就可以成立交通过失犯罪。据此，在公路上驾驶车辆，行为人一般都会认识到驾驶行为的危险性以及驾驶行为可能造成的后果，在造成危害结果的情况下，几乎所有的交通事故都可以被认定为交通过失犯罪。这无异于结果责任。比如，甲以正常的速度驾驶汽车行驶在某公路上，远远看见一头受惊的牛正在公路上横冲直撞。甲迅速采取措施，减速并且打左转向灯，准备驶入旁边一条道路以避让惊牛。然而，受惊的牛以迅猛的速度冲击过来，恰好撞在意欲左拐的车辆前方，导致车辆撞向路旁行人乙并致其死亡。根据旧过失论，甲能够预见自己的行为可能产生的后果，虽然采取了必要的结果回避措施，但是仍然没有避免致人死亡结果的发生，故应成立交通过失犯罪。在此，本属于不可抗力的行为也被作为犯罪处理，其结果是交通过失犯的处罚范围大大增加。旧过失论的做法无疑阻滞了交通领域的发展，易造成交通领域活动的停滞不前，从而有悖时代的发展要求。为了维持现代社会基本生活，满足社会运转的最低需要，对交通领域的活动只能着眼于行为的社会意义与刑法法益保护机能的双重层面来评价。为此，刑法学者创设了允许的危险理论，允许此类具有危险的行为在合理范围内存在，并对交通运输、医疗行业等领域过失犯罪的处罚范围进行限定，限定的办法是，以结果回避义务作为这些领域过失犯罪之注意义务的本质，即即使行为人预见到了自己的行为可能会发生损害法益的结果，如果行为人尽到了结果回避义务，则不成立过失犯罪。因此，类似于前述受惊之牛引发的交通事故案中，乙已经尽了最大努力来回避结果的发生，所以虽然结果不可避免，但并不追究乙交通过失犯的责任。由此可见，新过失论的主张更能限制交通过失犯罪的处罚范围，有利于克服旧过失论的缺陷。

交通驾驶行为对社会的发展来说，具有危险性、日常性与普遍性。新过失论从社会有用性角度鼓励交通运输行为的正常存在，确认了社会发展与交通运输行为之间的内在相容机理。针对交通运输行为讨论过失犯罪的成立，采取新过失论无疑更具有天然的亲和性、针对性及时代性。日本在昭和三十年代（1954 年～1964 年）经济高速增长期间，也改变了之前对汽车驾驶者追究结果责任的做法，认为过失是指违反了防止结果发生所必要的行为基准，亦即违反了结果避免义务。我国台湾地区的司法实践在经济迅速增长、机动车广泛普及的年代也一度以新过失论为判例的主要学说依据。[①] 当今日本学者中主张旧过失论、新过失论的都很多，二者之间未有明显的阵营大小差别，“但现在旧过失论者都在适用被允许的危险理论与信赖原则”[②]，而被允许的危险理论、信赖原则等恰恰是新过失论的主张。当今我国台湾地区支持过失犯理论的学者虽然在一定程度上转向了客观归责理论[③]，但是，在反对客观归责论的阵营中，新过失论仍是主流学说。[④] 总之，在当前我国汽车广泛普及、社会高速发展的时代背景下，针对交通运输活动的特性并结合过失犯的学说、理论，应采取新过失论，以结果回避义务作为交通过失犯之

① 陈朴生．刑法专题研究．台北：三民书局，1988：311.

② 马克昌．外国刑法学总论（大陆法系）．北京：中国人民大学出版社，2009：139.

③ “客观归责论迄今为止最大的贡献，正是在于过失犯领域及其要件体系化的重构”（林钰雄．新刑法总则．自版，2006：480）。主张客观归责论者，自然不再关心传统过失犯领域的新旧过失论等问题，而是主张直接以客观归责论替代过失犯论的内容与逻辑架构。然而，由于客观归责论对大陆法系刑法的“中坚”——三阶层犯罪论体系的巨大冲击，其前途地位并非如其主张者所认为的那般乐观。

④ 陈子平．过失犯理论与医疗过失初探//“海峡两岸暨内地中青年刑法学者高级论坛”会议文集——过失犯研究论文集．中国人民大学刑事法律科学研究中心、中国人民大学国际学院，2010：266．廖正豪．过失犯论．台北：三民书局，1994：241-250.

注意义务的本质。

（二）规范的结果回避可能性：注意规范保护目的理论之前提

以结果回避义务作为交通过失犯之注意义务的本质，意味着结果回避义务可以充分合理地说明过失责任。但是，新过失论以客观外在的注意义务作为基准行为时，“决定何为基准行为，最终的落脚点还只得是行政取缔法规所规定的义务”①。换言之，对于交通过失犯中的基准行为必须借助于交通行政法规来判定。然而，在很多情况下，是否履行了结果回避义务，并不是仅仅通过判断是否违反了交通行政法规就可以认定的。正如德国学者施特拉腾韦特指出：有些行为，即使违反了交通行政法规也不能立即推断行为人可以避免结果的发生②，还须借助违规行为与交通事故结果之间是否具有因果关系来判断；只有发生的结果是由违反交通法规保护目的的行为所引起的，才能追究行为人的责任。“判定行为人是否注意，应把行为人的行为与是否符合特定的注意义务的要求进行比较。检验行为人的行为是否符合特定的注意义务的要求，不能简单地从已经发生的损害结果中来判定行为人是否违反了注意义务。”③

例如，甲在限速每小时 40 千米的某路段以时速 30 千米的速度行驶，穿过一个乡村小镇时，正在停靠于路边的收割机后玩耍的乙童突然想跑到马路对面，并横穿公路来到车前。集中注意力驾驶的甲立即刹车，但仍未阻止乙童被汽车撞伤而死亡。而在此半个小时之前，在离事故路段几十公里之外的某路段，甲曾驾驶汽车在限速每小时 110 千米的某路段以每小时 130 千米的高速行驶。本案中，虽然甲曾在事故发生半小时前违法超速行驶，但是，认为如果甲半小时前不超速行驶就可能错过乙童横过马路的时间点，从而不会撞上乙童并致其死亡，并进而追究甲交通过失犯的责任，无疑是错误的。交通行政法规

---

① 西田典之. 日本刑法总论. 刘明祥，王昭武，译. 北京：中国人民大学出版社，2007：210.

② 冈特·施特拉腾韦特，洛塔尔·库伦. 刑法总论Ⅰ——犯罪论. 杨萌，译. 北京：法律出版社，2006：406.

③ 王利明. 侵权行为法归责原则研究. 北京：中国政法大学出版社，1992：247.

限制汽车时速的意义和目的在于，使驾驶人员在出现突发情况时能够有足够的时间及时作出刹车、避让或者停车等反应，从而避免他人死伤结果的出现。① 这种目的与结果之间的关联，仅仅存在于违法行为实施的当场当时，也就是说甲在事故发生前半小时外的违法行为不能及于半个小时后、远在超速地段几十公里之外的乙童玩耍之地。② 甲对自己半个小时前的超速行为与后来发生的乙童死亡的结果之间的因果关系无法预见，二者之间不具有规范保护目的的关联性亦即因果联系。在交通过失犯中，“每一个交通规则实际上都是预防性规则，其目的在于通过规定特定的措施来防止结果的发生，因此，只有发生的结果属于规则企图防止的结果时，才可能以违反规则对主体进行谴责”③。所谓“规则的目的”，也就是注意规范保护目的，它们正是为了避免交通危害结果的发生而设立的。只有“因果历程满足”了注意“规范保护目的”④，才能追究行为人交通过失犯的责任。

“注意规范保护目的”概念由此进入我们的视野。交通领域中损害法益的结果是否由违反注意规范保护目的的行为所引起，成为判断交通过失犯是否成立的重要标准。换言之，“在行为人违反交通规则的场合，是不是该违反交通规则的行为引起了结果”⑤ 十分引人注目。那么，这一问题，究竟是单纯因果关系的问题，还是结果回避义务的问题？如果是前者，就没有必要在交通过失犯之注意义务的本质的层面上探讨注意规范的违反问题，而可以采取讨论因果关系的常规做法即在构成要件符合性中进行讨论，不过，这样的探讨对于交通过失犯而言效果并不乐观。因果关系解决的是行为与结果之间的联系问题，因而必须肯定“过

① 约翰内斯·韦塞尔斯．德国刑法总论．李昌珂，译．北京：法律出版社，2008：399.

② 林钰雄．新刑法总则．自版，2006：486.

③ 杜里奥·帕多瓦尼．意大利刑法学原理：注评版．陈忠林，译评．北京：中国人民大学出版社，2004：198.

④ Ingeborg Puppe．规范保护目的理论．李圣杰，译//民主·人权·正义——苏俊雄教授七秩华诞祝寿论文集．台北：元照出版有限公司，2005：97.

⑤ 北川佳世子．交通事故和过失论．黎宏，译//高铭暄，赵秉志．过失犯罪的基础理论．北京：法律出版社，2002：75.

失行为”的存在。然而，过失犯是在危害结果发生之后倒推过失行为的存在。例如，甲高楼抛物如果砸死路人乙，可倒推甲高楼抛物的行为即为过失致人死亡罪中的过失行为；如果甲高楼抛物并未发生任何危害后果，则同样的行为并不会成为过失犯罪中的过失行为。正因为如此，刑法理论上对于过失犯是否具有实行行为一直持否定的态度。在此情况下，通过构成要件符合性及因果关系理论解决上述问题，显然是一种奢望；将上述问题作为因果关系问题加以解决的见解应被否定。如果在结果回避义务的层面探讨上述问题，也存在分歧。旧过失论认为，因果过程是否符合注意规范保护目的的问题，应当作为责任谴责的结果预见可能性以及结果回避可能性的问题加以解决。此即为事实的结果回避可能性问题的见解。而新过失论认为，此问题应当作为有无结果回避的义务或是否增加危险的问题加以解决。此即为规范的结果回避可能性的问题的见解。[①] 究竟应当如何看待新旧过失论的这两种不同学说?

（三）注意规范保护目的之前提：以因果预见可能性为内容的规范的结果回避义务说

笔者以为，从结果预见可能性的机能、刑法责任原理以及交通过失犯罪的举证责任等方面分析，应提倡以因果预见可能性为内容的规范的结果回避义务说。

首先，结果预见可能性所具有的帮助判断选择何种结果避免措施的机能，决定了应该提倡规范的结果回避义务说。随着新旧过失论的交替发展，虽然二者都承认结果预见可能性对于过失犯成立所具有的作用，但在旧过失论那里，结果预见可能性是结果回避义务的前提，它是具体而高度抽象的，它决定着过失的成立；而在新过失论那里，结果回避义务才决定过失犯的成立，而结果预见可能性只是结果回避义务的前提，它所具有的是“为选择结果避免措施提供标准的机能”[②]。同时，新过

① 北川佳世子．交通事故和过失论．黎宏，译//高铭暄，赵秉志．过失犯罪的基础理论．北京：法律出版社，2002：76.

② 马克昌主编．外国刑法学总论（大陆法系）．北京：中国人民大学出版社，2009：142.

失论“看重行为，所以，不仅是发生构成要件的结果，连发生该结果的因果经过也被作为预见可能性的对象”①。这表明，在违反交通规则的场合能否预见该违规行为将引起结果，是交通过失犯之结果预见可能性的问题。对此问题预见，可以帮助判断是否具有结果回避可能性以及选择何种措施以回避结果的发生。“在违反交通规则的场合能否预见该违规行为将引起结果”的问题，也就是交通违规行为与损害法益的结果之间的因果过程是否符合注意规范保护目的的判断问题，简言之，是注意规范保护目的的关联性判断问题。因而，注意规范保护目的理论的运用和分析，就成为与结果回避义务之有无密切相关的问题。现在，一些有影响力的旧过失论者也开始持这种观点，例如山口厚就明确指出，“能够将因果经过的预见可能性的内容解释为，在与结果回避义务的关系上进行判断”，“是在采取措施是为了回避结果的意义上来确定的”，换言之，“将因果经过认定为‘预见可能性的结果回避义务关联性’也不是不可能的”②。总之，结果预见可能性具有的帮助选择结果回避措施的作用，使以因果经过为内容的结果预见可能性在刑法规范的层面上演变为结果回避可能性。主张此种因果经过是否符合注意规范保护目的的问题属于规范的结果回避可能性的问题的见解于是成为当然之理。

其次，规范的结果回避义务说避免了处罚没有预见因果经过的行为人这一违背刑法责任原理的做法。该当于交通过失犯罪构成要件的行为，必须是违反以结果预见义务为前提、以结果回避义务为核心的行为，因此，危险驾驶行为与结果之间是否具有因果联系，决定了交通违规行为损害法益的结果究竟是由行为人造成的，还是由其他人造成的。如果危险驾驶行为与结果的发生之间没有内在因果联系，驾驶者就不应对自己的行为承担刑事责任。例如，甲少量饮酒后驾车，轧死了突然出现的、事先没有任何预兆而突然左拐的

① 黎宏．日本刑法精义：2版．北京：法律出版社，2008：210.

② 山口厚．从新判例看刑法．付立庆，刘隽，译．北京：中国人民大学出版社，2009：66.

骑自行车的人乙。事后查明，这一事故是不可避免的。虽然甲饮酒了，但他只饮了很少量的酒，其辨认和控制自己行为的能力并未减弱。而且，甲在该路口已经减速慢行，面对突然出现的乙，甲也有效刹住了汽车。甲即使不饮酒，也不可能避免骑自行车人的死亡。所以，即使有些行为违反了交通法规，也不能立即推断行为人可以避免结果的发生。[①] 禁止饮酒的交通法规其目的在于确保行为人具有正常的判断和控制能力，以保证在发生事故时其具有正常的反应能力，从而避免交通事故中损害法益之结果的发生。本案中，虽然甲有酒后驾车的违法行为，但乙违反交通法规突然蹿出是甲不可预见的，而且事后查明甲的少量饮酒根本未影响其对乙突然出现这一事件的正常处理，所以甲酒后驾车的违规行为与乙死亡结果之间的因果过程并不符合禁止饮酒这一规范的保护目的，对甲不能追究交通过失犯罪的责任。可见，处罚对因果关系没有预见可能性的行为人，既是不当扩大处罚范围的做法，也违背了现代刑法的责任原理。肯定注意规范保护目的之关联性的规范的结果回避可能性说为交通过失犯责任的成立提供了合理的判断标准。

最后，从交通过失犯罪的实践分析，规范的结果回避义务说可以实现交通过失犯罪举证责任的合理分配，实现控辩双方力量的平衡。

旧过失论以结果预见义务为交通过失犯之注意义务的本质，认为一旦发生交通事故的危害结果基本上就可以肯定行为的违法性，只要公诉机关证明被告可以预见危害结果的发生，就可以定罪。而根据新过失论，即使公诉机关证明被告可以预见到危害结果的发生，被告如果能够举出证据证明自己已经采取了最大限度的结果回避措施，就可以不承担刑事责任。刑事诉讼的举证规则是“谁主张，谁举证”，因此，刑事案件中举证责任一般是由控方代表被害人来承担。而依在新过失论所主张的结果回避义务说，证明被告无罪的责任由控方承担转由辩方承担。此

---

① 冈特·施特拉腾韦特，洛塔尔·库伦．刑法总论Ⅰ——犯罪论．杨萌，译．北京：法律出版社，2006：406.

即举证责任的倒置。虽然世界各国对于被告人之举证责任的规定并不统一，但是举证责任倒置在立法上和刑事司法实践中不鲜见。[①] 然而，那些可以进行举证责任倒置的犯罪基本上或者是源于刑事法律的规定，或者是由长期的判例推动形成的。在立法没有明确规定的情况下，将举证责任倒置使用于交通过失犯罪领域是否可行？笔者对此持肯定态度。

从我国的司法实务分析，在法定的巨额财产来源不明罪等允许举证责任倒置的罪名之外，其他非法定的但也允许被告人承担举证责任的罪名主要是那些控方举证极其困难的犯罪，如环境污染事故犯罪、医疗责任犯罪、大型责任事故犯罪等。“一些国家在环境犯罪中，运用推定原则来确定环境污染案件中的因果关系，从而将推翻这种推定的举证责任转移给了被告人……”[②] 之所以如此，是因为在环境污染事故犯罪中，环境污染结果往往是长时间的污染行为逐步造成的，其中的因果关系很复杂，“而且还涉及专业知识，因此一般的受害人往往无力证明。为了更好地保护环境污染受害人的权益并进而加强对环境的保护，很多国家的法律都对‘谁主张谁举证’原则进行了修正，要求被告方即加害人承担其污染行为与损害结果之间不存在因果关系的证明责任”[③]。在医疗责任犯罪中，在医护人员救治病人，发生了病人因救治不力而死伤等严重医疗事故的情况下，是否需要追究医护人员医疗过失犯罪的刑事责任，其核心在于证明医护人员的过失行为与死伤结果之间是否具有因果关系。然而，病人尤其是一些重症病人，在处于治疗期间时其身体上的疾病会影响到其认知能力的水平，加之医疗行为的专业性和技术性，无

---

① 在有的大陆法系国家，法院的判例表明，在涉及行为不可归罪的原因时，会将举证责任转到受追诉的一方。比如在日本，当检察官认为对被告人有利的事实不存在时，被告人负有实质上的举证责任；当不存在违法或责任阻却事由时，被告人负有形式上的举证责任。[熊秋红．对刑事证明标准的思考——以刑事证明中的可能性和确定性为视角．法商研究，2003 (1).] 此外，为了更好地打击洗钱犯罪，《联合国禁止非法贩运麻醉药品和精神药物公约》对于洗钱罪中的没收财产措施规定举证责任可以倒置，并得到了各成员国的一致认同。在我国，巨额财产来源不明罪、持有型犯罪也采用了举证责任倒置原则。

② 熊秋红．对刑事证明标准的思考——以刑事证明中的可能性和确定性为视角．法商研究，2003 (1).

③ 何家弘．论推定规则适用中的证明责任和证明标准．中外法学，2008 (6).

论是病人本人还是其家属，均无法对医生的医疗行为全面掌握和了解，对于该行为与死伤结果之间是否具有因果关系难以判断，因而此时完全由控方举证，显然不利于有效地保护被害人的合法权利，也不利于诉讼活动的顺利进行。因此，医疗责任犯罪中在被告人举证更加有利于满足诉讼活动的证明需要的情况下，适当地适用举证责任倒置原则，在医事刑法中早已得到认同。[①] 在矿难等大型责任事故犯罪中，也是如此。

同样的道理，在交通过失犯罪中，也可适用举证责任倒置原则。一方面，同环境污染事故犯罪、医疗责任犯罪等其他事故型犯罪一样，交通过失犯罪中的因果关系也极为复杂，由被告人举证更加有利于案件事实的认定和诉讼证明的实现。如果说环境污染事故犯罪中因果关系的特殊性在于污染行为与污染后果之间的渐进性与时间的大跨度，且涉及专业知识，因而认定困难，那么，交通过失犯罪中因果关系的特殊性在于，交通事故后果往往是多种原因造成的，其中包括驾驶者的行为、被害人的行为、车辆的状况、路面的其他状况等；这些行为中有的是违反交通行政法规的行为，有的是合法行为，有的是意外，对这些行为之性质的认定，同样涉及道路交通方面的专门知识，因此，交通过失犯罪中的被害人一般很难举证是否存在因果关系。另一方面，根据与证据关系“最密切联系”原则[②]，也应由掌握证据的一方当事人举证。在众多原因之中，作为驾驶者的被告人往往对这些情况最为清楚，由其举证能充分说明结果是否由其自身违章造成的。这是因为，机动车的驾驶者不但了解道路交通法规，而且了解自己行为的性质（譬如是否酒后驾车、车速是多少、是否开了转向灯等），他们本人对于自己驾驶机动车的行为是否违章有着充分的认识和了解；而作为受害人一方（比如行人）则未必，尤其是一些从未接触过机动车或不会开车的行人，根本不了解机动车驾驶者的行为是否违章。在事故发生后，由对驾驶行为并不了解的“主张”者即受害人举证，显然并不现实；由掌握证据的一方当事人即

① 刘维新．医事刑事法初论．北京：中国人民公安大学出版社，2009：303-305.

② 吕立秋．行政诉讼举证责任．北京：中国政法大学出版社，2001：89.

被告人举证，则符合证据规则的效力要求。“举证责任的分配，在纯粹的当事人主义诉讼结构中，最初是严格执行的。但若掺加职权主义进来，就不能严格执行了。在职权主义的旧刑事诉讼法中，被告人如不主张对自己有利的事实并予证明，其事实说不定也有被忽略或不为人知的危险。在这个意义上，也可以说被告人有若干形式的举证责任。”[①] 可见，在交通过失犯罪中，如果受害人并不了解驾驶者采取过何种措施以避免结果的发生，而司法机关事后也无法收集到充分的证据来加以证明，则此时由被告人自己合理举证，说出那些“被忽略或不为人知”的事实，以证明自己实施了结果回避措施，但是仍旧难以回避结果的发生，此时就可以不对交通事故的结果承担刑事责任。这是一种出罪的证明，由被告人自己举证显然更合理。此外，在交通事故发生后，受害人非死即伤，甚至神志不清，其对于事故的结果是否是因被告人违章造成的，根本无法举证。即或受害人精神尚属正常，但是被害人在身心遭受重创的情况下还由其承担举证责任，显然不利于控辩双方力量的平衡，不利于案件公平公正地解决。

总之，对于交通过失犯罪中，可以如同环境污染事故犯罪、医疗责任犯罪中一样，由被告人承担举证责任，证明其在事故发生时是否实施了结果回避措施，是否尽到了结果回避义务。因此，采用规范的结果回避义务说，有利于适当地实现举证责任的合理分配。[②]

二、因果关系的否定与违法性的排除

厘清了使用注意规范保护目的判断因果关系的前提条件即采用规范的结果回避义务说的问题，表明可以在交通过失犯之注意义务的本质即结果回避义务的层面适用注意规范保护目的理论。那么，在交通过失犯

① 小野清一郎. 犯罪构成要件理论. 王泰，译. 北京：中国人民公安大学出版社，1991：139-140.

② 当然，在被告人承担交通过失犯罪举证责任的情况下，还有诸如证明的标准、适用范围、证明责任的内容等诸多问题需要探讨。笔者以为，对于事故类犯罪适用举证责任倒置原则可以进行类型化的研究，以进一步明确在法律规定的可以适用举证责任倒置原则的犯罪范围之外，为何这些事故类的犯罪也可以适用举证责任倒置原则。

罪中，适用注意规范保护目的的基础是什么？注意规范保护目的在交通过失犯罪中属于何种性质的要素？适用它有何必要性或者意义？对这些本源性问题的解析，显然较之于对适用注意规范保护目的的前提性问题的探讨，更为重要。

（一）注意规范保护目的的基础定位：作为行为基准的交通行政法规

注意规范保护目的的核心是“注意规范”与“保护目的”，要想准确理解它们，必须结合注意规范保护目的的基础即作为交通过失犯行为基准的交通行政法规来说明。

新过失论以结果回避义务作为过失犯之注意义务的本质，然而，是否尽到了结果回避义务，不可能是一种主观内在的判断，而是从客观外在上看行为人是否实施了某种避免结果发生的行为。对于这种客观的行为，如前所述，是通过以交通行政法规为标准来判断的，即“奠定注意义务基础的根据所举出的是各种行政取缔法规，其典型的是道路交通法上的交通规则”①。例如，“将《道路交通法》所规定的徐行义务、确认安全义务、注视前方义务、停车义务、保持车距义务作为基准行为，违反这些义务的即为过失。其结果便是，业务过失致死罪便成了这些违反行为的结果加重犯”②。这样的结果使理论上有观点认为，新过失论以交通行政法规作为判断是否履行了结果回避义务的标准会扩大刑法的处罚范围。③ 笔者不同意这种看法。援引交通行政法规作为确定是否履行结果回避义务的判断基准，对于过失犯罪来说，是合理的；对于交通过失犯罪来说，更无可责难之处。一方面，过失犯罪中除却极少数的自然犯，例如过失致人死亡、过失致人重伤等，绝大部分都是行政犯，交通过失犯就是其中最为常见的一种行政过失犯罪。“刑法上之

---

① 曾根威彦．交通事犯与不作为犯．黄河，译．当代法学，2007（6）．

② 西田典之．日本刑法总论．刘明祥，王昭武，译．北京：中国人民大学出版社，2007：210．

③ 北川佳世子．交通事故和过失论．黎宏，译//高铭暄，赵秉志．过失犯罪的基础理论．北京：法律出版社，2002：71．

处罚过失犯，仍类皆罚其被害人生命、身体之安全发生重大威胁或实害之情形，唯行政刑法已不乏对于特别事犯，为确保行政取缔目的之实效性，罚其违反行政取缔目的状态之过失犯”[①]，而对于行政犯，一般刑事立法都是采取空白罪状的方式，即必须援引行政法规来确定行为人的行为是否违法。如果因为援引行政法规就认为会扩大过失犯罪的范围，那么行政过失犯罪的存在似乎都应受到质疑，甚至包括故意犯罪在内所有的行政犯罪似乎都应存疑。所以，对于作为行政过失犯罪的交通过失犯来说，将违反客观注意义务的行为之基准确定为交通行政法规，实属正常之理，根本无须指责。故意类的行政犯罪如此，过失类的行政犯罪同样如此。另一方面，根据是否遵守交通行政法规来确定是否履行了结果回避义务，更加有利于司法实践认定作为行政犯的交通过失犯罪。“遵守交通行政法规的运输行为，从社会的角度来看，就是妥当的合法行为”[②]，而交通行政法规又是“根据经验和思考对可能危险进行全面预见的结果；交通行政法规通过自身的存在表明：在这个领域中，违反这些规定就可能存在发生事故的危险”[③]。比如我国《刑法》第 133 条规定，违反交通运输管理法规的违章驾驶的行为，如果导致人员伤亡或者重大财产损失，成立交通肇事罪。在此，驾驶人员是否履行了结果预见义务要根据行车当时的情况具体分析，在得出肯定结论之后，其是否履行了结果回避义务，还要借助于其是否违反了交通规则来判断，例如在十字路口是否减速、红灯亮时是否停车、转弯时是否打了方向灯、是否超载或超速以及是否酒后驾车，等等。所以，将交通过失犯罪的行为基准确定为交通行政法规，恰恰可以避免司法人员对过失行为的认定漫无边际，同时也使司法实践对交通过失的认定更加容易，也更加有章可循。

是否遵守了交通行政法规是判断行为人是否履行了交通过失犯中的结

---

① 陈朴生. 刑法专题研究. 台北：三民书局，1988：301.

② 北川佳世子. 交通事故和过失论. 黎宏，译//高铭暄，赵秉志. 过失犯罪的基础理论. 北京：法律出版社，2002：70.

③ 克劳斯·罗克辛. 德国刑法学总论：第 1 卷　犯罪原理的基础构造. 王世洲，译. 北京：法律出版社，2005：716.

果回避义务与否的标准，交通行政法规因而成为针对交通运输人员设定的注意义务，遵守了它们就是合法的，反之就是违法的。因此，这些林林总总的交通行政法规正是刑法注意规范的下位规则或者说基础。为此，注意规范保护目的中的所谓注意规范，一方面是指刑法规范及其注意义务，另一方面则是指刑法之行政犯罪规范的下位规范即交通行政法规。这些交通行政法规并非先于刑法而存在，从刑法规范界定刑事不法的任务来看，这些交通安全法规只有在刑法之下才有意义，它们是为了满足刑法所要求的避免损害法益结果发生的目的而存在的。[①] 刑法及其下位规范交通行政法规所要求的避免发生法益结果损害结果的目的，即为注意规范的"保护目的"。可见，与"注意规范"一样，这里的"保护目的"一方面是指刑法规范的法益保护目的，另一方面则是指交通行政法规规范的法益保护目的。

（二）注意规范保护目的的体系定位：客观违法要素抑或主观责任要素

注意规范保护目的在交通过失犯中究竟属于何种性质的要素？这是引入注意规范保护目的来判断交通过失犯是否成立时所要解决的核心问题。

目前学界运用注意规范保护目的来分析交通过失犯的学者不多。运用这一理论的学者倾向于在客观归责理论的范围之内加以探讨，具体做法是将注意规范保护目的作为客观归责理论中判断是否实现了法所不容许的风险的标准，只有危害结果与行为人所违反的注意规范保护目的具有关联性，亦即只有行为造成结果根据注意规范所指向的保护目的具有客观上的可归责性时，才能将结果归责于行为人。[②] 德国学者 Roxin、Wessels、Puppe 以及我国台湾地区学者林山田、林钰雄等都持有此种观点。也有学者不在客观归责理论之下探讨这一理论，而是将注意规范保护目的作为过失犯的构成因素来对待，在作为结果回避义务之前提的结果回避可能性中予以探讨。意大利学者帕多瓦尼即在此列。帕多瓦尼将过失构成要素分为犯罪事实的非意志性、违反旨在避免损害法益的行

---

① 许玉秀. 当代刑法思潮. 北京：中国法制出版社，2005：345.

② 约翰内斯·韦塞尔斯. 德国刑法总论. 李昌珂，译. 北京：法律出版社，2008：387－406；林钰雄. 新刑法总则. 自版，2006：483-490.

为规范、遵守行为规范的可能性和在遵守预防性规范的情况下危害结果的可避免性四个方面[①]，然后在其中第二和第三个要素中探讨注意规范保护目的。他举例说，在某人开车逆向行驶时车轮碰飞了路上的石头，结果将人行道上的一个小孩砸伤，这里的小孩受伤就不属于交通规则所欲防止的结果，因为制定该规则是为了防止与正向行驶的车辆相撞，而不是为了保证路面的平整。[②] 在此，帕多瓦尼虽未使用注意规范保护目的之表述，但其分析正是采用注意规范保护目的的思考方式来排除交通过失犯罪成立的。不过，帕多瓦尼并未分析为何注意规范保护目的可以作为过失犯的要素。因此，下文有必要展开分析为什么注意规范保护目的是过失犯的构成要素以及它是何种要素。

首先，运用注意规范保护目的来分析交通过失犯的成立，无须在客观归责理论之下进行。

要求交通运输行为人所造成的损害法益的后果是其违反注意规范保护目的所造成，意味着“如果由行为人违反注意义务的行为所引起的结果处于被侵害规范的保护范围之外，则欠缺违法性联系”。对此种注意规范及相应的特别的违法关联的要求“无异于将客观归责理论适用于过失犯”[③]。若果真如此，交通过失犯之注意义务的本质及相关的预见可能性的问题其实就是一个客观归责问题，而不是与交通过失犯之注意义务的本质相关的问题了。笔者以为，事实并非如此。

客观归责论者如 Roxin、Puppe 等主张，过失犯的行为必须与结果的发生具有注意规范保护目的之关联性，“仅仅在结果和肇事者所制造的不被容许的风险之间有因果关系，尚不足以满足客观构成要件，此一结果尚须为避免危险的规定的保护目的所包含”[④]。只有行为人违反义务的行

① 陈忠林．意大利刑法纲要．北京：中国人民大学出版社，1999：129-130.

② 杜里奥·帕多瓦尼．意大利刑法学原理：注评版．陈忠林，译评．北京：中国人民大学出版社，2004：198.

③ 汉斯·海因里希·耶赛克，托马斯·魏根特．德国刑法教科书（总论）．徐久生，译．北京：中国法制出版社，2001：703，701.

④ Claus Roxin，Die Lehre von der objektiven Zurechnung，许玉秀，译．政大法学评论，1994（50）.

为实际导致了结果的发生，才能将结果归之于行为人，亦即危害结果是由违反规范保护目的的行为所引起的。比如，甲违规超车，被超车人受惊吓，从而引发心肌梗死并死亡。罗克辛认为，法律关于禁止超车之规定的目的在于避免由此种危险的超车引发的相撞等交通事故，而心肌梗死的发生不是禁止超车规定的保护目的所能涵盖的，因此，被超车人突发心肌梗死并死亡的结果不可归责于超车者。在此，是否违反注意规范保护目的，是“根据对构成要件性的结果在客观上的可以预见性和可以避免性，根据人的行为对因果发生的可以控制性”等情况来“确定归责终止的界限”的。[①] 在此，罗克辛对注意规范保护目的在过失犯中的运用，事实上是与行为人的主观预见能力和结果回避可能性紧密联系的。超车案中，超车人也许能够预见自己的超车行为可能引发交通事故，但超车人不可能预见到被超车人突发心肌梗死，所以，被超车者突发疾病并死亡结果的发生明显超出了超车者的结果预见可能性，自然，超车者无法避免对方死亡结果的发生或者说无法履行结果回避义务。因此，所谓注意规范保护目的理论，实际上是借助结果预见义务与结果回避义务来判断行为是否违反规范保护之目的，进一步而言，是用本属于违法中的要素来判断行为可否归责而已。难怪日本学者铃木茂嗣指出：“在该行为惹起的结果在规范的保护目的的范围之内，而且违反结果回避义务的行为造成了结果的场合，该结果才能在法律上归属于该行为。检讨在何种具体状况下具有结果回避义务，正是客观归属理论的任务。”[②] 对于结果具有回避义务的，就可以将结果归之于行为人；反之，则不能实现归责。总之，在过失犯中，注意规范保护目的表达的是以下思考：“注意规范的遵守可能可以，甚至是应该可以避免结果的发生……”[③] 可见，对于过失犯而言，客观归责论所要解决的全部问题其实就是是否违反结果预见义务与结果回避义务，而这样的问题，恰恰是以因果关系的预见可能性为前提、以结果回避义

---

① 约翰内斯·韦塞尔斯．德国刑法总论．李昌珂，译．北京：法律出版社，2008：106.

② 铃木茂嗣．刑法总论（犯罪论）．东京：成文堂，2001：52-53.

③ Ingeborg Puppe．规范保护目的理论．李圣杰，译//国际刑法学会台湾分会．民主·人权·正义——苏俊雄教授七十华诞祝寿论文集．台北：元照出版有限公司，2005：99.

务为本质的交通过失犯的内容，因为如前所述，注意规范保护目的正是判断规范的结果回避义务中关于因果关系的理论。既然如此，就没有必要通过将客观归责论适用于过失犯罪来适用注意规范保护目的理论。

其次，独立于客观归责理论之外的注意规范保护目的应该是交通过失犯中的违法要素。

肯定了注意规范保护目的可以独立于客观归责理论之外来适用，也就意味着它可以单独作为交通过失犯的构成要件要素而存在。那么，注意规范保护目的是交通过失犯的什么要素？

根据新过失论，即便驾驶者预见到了自己的行为可能会发生危害社会的后果，但是否成立交通过失犯罪，还应根据驾驶者的驾驶行为是否在社会相当性的范围以内。如果行为没有脱逸社会相当性，是在允许的范围以内的，即便发生了他人伤亡的后果，也不能追究驾驶者的刑事责任。换言之，新过失论中论及结果预见可能性时，自然不再是如同旧过失论那样注重结果，而是置重于行为以及行为引起法益损害的过程时（即引起结果的过程）是否适合法秩序的要求。① 驾驶者的驾驶行为只有是社会不容许的不注意时才能成立过失犯罪。这样，过失犯罪的成立不仅要求有危害后果，还要求行为人在结果发生的过程之中没有有效地履行结果回避义务、没有实施回避结果的行为，简言之，过失犯罪的成立不仅是结果无价值的问题，还是行为无价值的问题。② 而所谓社会不容

① 林山田．刑法通论．台北：三民书局，1990：324，310．

② 结果无价值认为违法性的本质是对法益的侵害或者威胁，它以“结果”为中心考虑违法性问题；行为无价值认为违法性的本质是对法秩序的违反，它以“行为”为中心考虑违法性的问题。目前刑法理论上结果无价值与行为无价值的对立，实际上是指纯粹的结果无价值（即完全不考虑行为的样态、主观内心等行为无价值的内容）与以结果无价值为基础同时也考虑行为无价值的“二元论”的对立（曾根威彦．刑法学基础．黎宏，译．北京：法律出版社，2005：译者序：2-3），而后者，正是当今学界所说的行为无价值。换言之，当今刑法理论中存在单纯的、远离行为无价值的结果无价值，但不存在纯粹的、远离结果无价值的行为无价值。正因为如此，笔者认为，新过失论只不过是在旧过失论结果无价值的基础上引入了行为无价值，它对交通过失的认定是在发生了法益损害结果的情况下，还要考虑行为人是否有义务及是否可能避免此种结果的发生，只有具有结果回避义务及结果回避可能性时，它才会将此种结果归责于行为人。因此，引入行为无价值的新过失论对交通过失犯的成立来说，其所起到的是出罪的作用。既然如此，采用以行为无价值为基础的新过失论解释交通过失犯之本质并无不妥之处。

许的不注意，其内容为：没有采取一定措施防止结果的发生；未遵守交通行政法规谨慎行驶。行为人违反交通行政法规的行为与所发生的危害结果之间的因果过程是否违法，则成为判断交通过失犯成立与否的关键。对这种因果过程的判断不是主观内在的责任范畴，它是从客观外在上看行为人是否实施了某种避免结果发生的行为，属于客观行为范畴，与行为无价值论所主张的违法是对具体行为人之行为的否定评价之观点是一致的，因此，它重视的是行为与结果之间的因果过程发展是否合乎社会相当性，其所体现的是违法还是合法的问题。对此，西原春夫曾明确指出，注意义务不是脱离具体的态度或者结果而抽象地成为问题，而常常是在与同结果之间具有因果关系的某种特定态度是不是不注意的这种评价的关联上成为问题的。[①] 这表明，根据新过失论，违反注意规范保护目的导致结果发生的因果关系，体现出行为具有不法性，能够唤起处罚的情感；行为与结果之间的因果发展本身没有违反注意规范保护目的的，则是在社会相当性的范围以内的合法行为。

综上所述，客观归责理论所主张的注意规范保护目的，其所解决的实质上恰恰是结果回避可能性的问题，这一问题正是交通过失犯的核心问题，因此，运用注意规范保护目的理论无须以客观归责理论为前提。注意规范保护目的理论作为判断违反交通行政法规的行为与危害结果之间存在因果关系与否的理论，所要解决的是交通过失犯中因果过程是否合乎法秩序的问题，它不是责任层面的要素，而是过失犯中的违法性要素。

（三）运用注意规范保护目的分析交通过失犯罪成立的必要性与意义

为什么要运用注意规范保护目的理论分析交通过失犯罪的成立？运用注意规范保护目的理论有何特殊的意义？对此，笔者以为，运用注意规范保护目的理论能够解决以往学说所不能解决的问题，并通过对交通过失犯的目的性解释来合理限定其处罚范围。

---

① 西原春夫．犯罪实行行为论．戴波，江溯，译．北京：中国检察出版社，2006：126.

首先，运用注意规范保护目的理论能解决以往学说所不能解决的问题。

姑且不论对因果过程的预见是否属于有关结果回避义务的问题，仅就因果关系的判断这一技术层面的问题而言，当今我国和日本的主要学说是相当因果关系说。然而，相当因果关系说由于其内容模糊不确定，因而并不容易判断违反交通行政法规的行为与法益损害结果之间是否具有因果关系。因此，立足于交通过失犯之注意义务的本质即结果回避义务，运用注意规范保护目的理论来分析规范的结果回避可能性中因果关系成立与否，就成为认定交通过失犯罪成立与否的有效手段。

相当因果关系说以条件论为前提，在此前提之下，它认为，根据社会一般人的经验法则，只有在行为与结果之间具有相当性的场合，才能承认因果关系的存在。“相当因果关系有两个特点：一是排除条件说中的不相当的情况，即以条件关系为基础，同时以法的观点将因果关系限定在日常生活经验上通常可能产生的范围内；二是以行为时的一般人社会生活上的经验为标准判断是否具有相当性。”[①] 为此，判断是否存在相当因果关系，必须首先“排除条件说中的不相当的情况”，这实际上是在确定因果关系的事实范围，观察并确定哪些事实与结果之间具有因果关系。此一阶段，进行的是原因的筛选。而下一阶段判断所确定的条件与结果之间“是否具有相当性”，显然不是纯自然科学概率层面的逻辑推理，也不是价值中立的形式考量，而是以行为实际上所造成的客观结果为基础，并借助行为人的结果预见可能性与结果回避可能性等刑法规范层面的思考以及刑事政策、法律目的等进行相当性的常识判断，最终确定是否以及如何将结果归之于行为人。然而，虽然相当因果关系说中存在主观说、客观说与折中说等判断相当性的不同主张，但是各说的差异也仅仅限于行为时是否存在一般人难以认识到的情况。[②] 如果某种行为产生该结果在日常生活中是一般而非异常的，是盖然性高而非低

---

① 张明楷．外国刑法纲要：2版．北京：清华大学出版社，2007：123.

② 马克昌主编．外国刑法学总论（大陆法系）．北京：中国人民大学出版社，2009：117.

的，在行为时并不属于一般人难以认识到的，那么其因果关系就是相当的。例如，司机甲在单行道上逆行开车，并未超速，乙突然横穿马路，甲见状急踩刹车，但乙仍被甲的车撞死。是否应该追究甲的责任？以相当因果关系说来分析，司机甲逆行致乙被撞死似乎并不属于极其特殊或可能性极小的异常情况，将乙死亡的结果归之于甲也是可能的。这意味着，根据相当因果关系说容易降低交通过失犯罪之因果关系的认定门槛，扩大交通过失犯的处罚范围。也许有反对者得出甲不应承担责任的结论，但这也恰恰揭露了相当因果关系说的致命缺陷，即：相当性根本就不是一个内涵清晰而规范的法律概念。正是对相当性的不同看法为相当因果关系说的采用打下了争议的基础。相当因果关系说的自身问题，注定了其在解决交通过失犯甚或一般犯罪的刑法因果关系时都存在内容抽象不确定而难以合理地界定的问题。如果采用注意规范保护目的理论，则可认为，虽然行为人甲违反禁止逆行的交通行政法规，并发生了乙被撞死的危害结果，但是，这一危害结果不是禁止逆行规则本身所预防的结果。“在单行道上开车逆行的甲司机，在自己并没有超速，并采取了必要预防措施的情况下，就不应对行人突然横穿马路而撞死在车前的交通事故承担责任，因为，法律规定禁止单行道逆行的目的在于防止车辆相撞，而不是避免行人横穿马路而发生的交通事故。”① 这样的解释，就可以避免采用相当因果关系说认定甲的违章行为与乙死亡之间有无因果关系的争议，因为注意规范保护目的是明确而规范的法律概念，通过它分析因果的发展是否合法，显然更加容易，也更具有可操作性。

除了相当因果关系说自身的问题，对于交通过失犯罪而言，采用注意规范保护目的理论还具有特别的意义。交通运输活动涉及的范围广泛，不同主体的违法行为往往交错进行，例如驾驶者、行人或者其他车辆和同乘者等各种不同人的违法行为时常交错发生，在存在复数原因的情况下，对相当因果关系的判断困难重重。

其次，注意规范保护目的理论通过对交通过失犯罪的目的性解释，

---

① 陈忠林. 意大利刑法纲要. 北京：中国人民大学出版社，1999：135.

可以有效地限制交通过失犯的处罚范围。

在民法领域，采用注意规范保护目的理论来限制损害赔偿的范围的做法早已有之，而且这一做法也不是在客观归责理论之下进行的，因而笔者以为，这对于交通过失犯中采用注意规范保护目的理论很有借鉴意义，只不过，民法中将其翻译为条文保护目的。在普通法系国家，如 Joseph W. Bingham 教授在 1909 年发表的论文中就已经明确提出并熟练运用注意“义务的目的”“义务的保护范围”或“法律的目的”等概念。他指出，法定义务总是基于某种法定目的而被赋予，法律因果关系就是确定具体义务的具体目的的问题；对行为造成了损害结果进行责难都是通过澄清被违反的义务的目的来解决的。只有错误行为同时处于法律设定义务的目的范围之内，才有可能追究行为人的责任，反之，该行为也就不是结果的法律原因。① 在德国联邦最高普通法院的判例集中，有判例早已采用了条文保护目的的观点来判定法益损害与交通违规行为之间的因果关系，自此以后，考察条文保护目的的必要性被普遍认可。据此，对因果关系成立的法益损害行为的归责，必须符合加害人之行为所违反的条文的保护目的。② 虽然民刑两法性质有异，民法确定损害赔偿责任，刑法确定刑事惩罚责任，但是，民刑责任的确立都是建立在行为与结果之间有因果关系之基础上的。因此，借用民法中的相关理论，并考虑到这一理论要求损害法益的结果要与注意规范保护目的相对应，完全可以依注意规范保护目的理论对刑法交通过失犯罪进行目的性解释，在我国，可以依该理论对《刑法》第 133 条规定的交通肇事罪进行目的性解释。更何况，行为人应否对过失造成的法益损害结果承担责任属于违法性之判断，当然应依注意规范保护目的理论来认定。

通过对交通过失犯进行目的性解释，结合每一具体交通规则的不同目的，就可合理限制交通过失犯的成立范围。交通行政法规林立，而且

① Joseph W. Bingham，Some Suggestions Concerning “Legal Cause” at Common Law，Columbia Law Review，Vol. 9，No. 1，1909，pp. 34-36//韩强．法律因果关系理论研究．北京：北京大学出版社，2008：128.

② 马克西米利安·福克斯．侵权行为法．齐晓琨，译．北京：法律出版社，2006：80-81.

不同的交通行政法规不但内容不同，其目的也不同，比如制定行车须带驾照的规则只是出于交通行政管理目的而不出于确保交通安全之目的，而制定禁止超速的规定则是为了确保交通运输行为不致对行人或其他车辆或财物造成损害，等等。这些目的各不相同的交通行政法规又是判断是否履行了结果回避义务的行为基准。为了不至于仅因行为人违反了交通行政法规就得出其违反了结果回避义务，进而一律追究责任的扩大化结论，采用注意规范保护目的理论无疑具有极大的现实意义：针对不同交通过失犯的具体情况，通过注意规范保护目的理论来合理限制交通过失犯中因果关系，缩小交通过失犯的成立范围，避免交通过失责任沦为结果责任。

三、判断基准与违法性出罪的司法适用

根据注意规范保护目的理论，只有当法益损害结果是由违反注意规范保护目的的行为引起时，才能认定行为人对于该行为应该避免，亦即对于结果的发生具有回避的义务，进而才能认定交通过失犯罪成立。然而，交通规则密密麻麻，各有其规范目的，有些固然在于防止和避免事故及死伤结果的发生，例如禁止超速与超车的规则；有些则明显具有行政管理目的，例如行车应携带行车执照与驾照等，因而不能一概而论。显然，对于交通过失犯，应该具体结合刑法规范法益保护目的及交通行政法规的不同目的予以分析。这样，违反注意规范不能泛泛而论，须结合个案具体情况及所违反规范的目的方能得出结论。“规范是否确实具有保护目的，则应该从具体的个案来着手检验，因为只有透过具体的案例我们才能确定，规范的遵守是否可以适当地阻止结果发生”①。因此，下文将主要结合不同类别交通行政法规的不同目的以及司法实务中的交通事故案件，具体分析注意规范保护目的的违反与结果回避可能性的问题。

（一）具有确保交通安全目的的注意规范违反之判断

大多数交通行政法规的目的都是预防和减少交通事故，确保交通安

① Ingeborg Puppe. 规范保护目的理论. 李圣杰，译//国际刑法学会台湾分会. 民主·人权·正义——苏俊雄教授七十华诞祝寿论文集. 台北：元照出版有限公司，2005：105.

全，如禁止超速、禁止酒后驾车或服用国家管制的精神药品和麻醉药品后驾车、禁止疲劳驾车、遵守交通信号灯、遵守交通标志等。不过，同为交通安全规则，有的属于确保他人安全的规范，例如禁止超速；有的则属于确保驾驶者自己安全的规范，例如系安全带、戴头盔等。依据针对不同对象的交通安全规则，对交通事故案件的判断结论不同。

1. 具有确保他人安全目的的注意规范违反之判断

违反为了确保他人安全的交通规则导致他人死伤的，其因果历程是否必然满足注意规范保护目的？不能一概而论。

有的违反为了确保他人安全的交通规则导致他人死伤的，其因果历程不能满足注意规范保护目的之要求，因而不能成立交通过失犯。例如前述甲在限速每小时 40 千米的某路段以时速 30 千米的速度行驶而撞死乙童案件中，虽然甲此前半小时曾有超速行驶行为，但该案中的因果历程并不能满足禁止超速这一保障他人生命、健康之安全的注意规范的保护目的，其行为与他人死亡结果之间不具有注意规范保护目的的关联性亦即因果联系，因而甲不构成交通过失犯。

有的违反为了确保他人安全的交通规则导致他人死伤的，其因果历程可能满足注意规范保护目的之要求，因而可以认定成立交通过失犯。例如，丁驾驶小型货车从甲地往乙地行驶，当行至车流量较大的某国道时，丁超速行驶，因对前方道路及行人动态观察不够，其车右后视镜与步行在公路旁的戊肩部发生碰撞，戊倒地，被小型货车后面丙驾驶的正常行驶的桑塔纳轿车碾压，后经抢救无效死亡。经鉴定，戊的肩部仅构成轻伤，其系因车辆碾轧后引起的多发性复合伤而死亡。[①] 对于本案，笔者认为，丁违规超速行驶的行为符合禁止超速注意规范保护目的之要求，其行为成立交通过失犯罪，戊与丙无罪。具体分析如下。

---

① 丁栋生，张达伟. 碰撞致他人被后面车辆碾死如何定性. 检察日报，2005-03-04 (3). 该文作者基于“没有丁的交通肇事行为在先，就不会有丙的碾压行为，也就不会有导致戊死亡结果的发生”的立论，也认为丁的行为成立交通过失犯，但是，这种忽视交通过失犯的特殊性而站在传统因果关系学说基础之上“鸡生蛋蛋生鸡”“连环套”式的解释方式所达到的效果，无论从说理的逻辑性、清晰度上还是从充分性、可接受性上，都远不及使用注意规范保护目的理论所达到的效果。

其一，在公路旁行走的戊并无责任。不同于全封闭的高速公路，国道是敞开式的一级公路，允许行人上路行走，但行人应靠路边行走。戊行走于国道的右路边，并无任何妨碍国道车辆行驶的行为，故其本人并不应该对其被撞倒在地乃至被轧死的结果承担责任。其二，丙也不应该承担责任。丙在国道上在正常行车，虽然丙能够认识到国道上会有行人，但根据交通行政法规的规定，国道上的行人只能靠路边行走而不得随意在路面穿行；更何况，丙并不能预见到戊会倒地。戊倒地发生在丁车超速碰撞之后的瞬间，在此瞬间丙以正常速度以及与丁之车的正常车距行车至此，显然已无法避让。只有丙远远看见戊被撞倒却不采取措施而致戊被轧死，才可追究丙的责任。易言之，丙不具有对戊被轧死的结果的预见可能性，当然也就不能要求丙对戊死亡的结果予以回避。对丙而言，戊被其所驾车辆轧死，属于意外事件。其三，丁撞倒戊并致戊被后行车辆轧死的行为属于违反禁止超速注意规范保护目的之行为，该行为与戊死亡的结果之间具有因果关联，戊的死亡结果应该归于丁。戊被丁的车碰撞了肩膀但并未死亡，但是，正是这一碰撞致戊倒地而被后来的车辆碾轧致死。丁因意图超速而未能将其精力集中于路边的行人，未能与行走于路边的戊保持适当的车距，因而丁之车与戊的肩部发生碰撞。如果丁常速行车，即或其未能与戊保持适当车距，也不一定会导致戊倒地。丁行车时速度过快，其牵引力量较之常速车辆的显然更大，因而致戊倒地。在国道上行人突然被撞倒在地是极端危险的情况，此类事故往往发生于瞬间而致后行车辆难以预见。本应预见到这一切的丁因超速行驶而未能对戊的安全采取必要的措施，最终导致戊的死亡。禁止超速行驶注意规范的保护目的在于，使驾驶人保持清醒而集中注意力，对行人或其他车辆的安全等路面情况全面观察，及时发现并采取必要的防果措施来化解交通险情。但是，丁因超速未能有效避让本不该发生的险情及结果。综上，本案中戊死亡的结果系丁违反了禁止超速行驶注意规范保护目的所致，对丁应以交通过失犯罪论处，按照我国刑法，即为交通肇事罪。

2. 具有确保驾驶者自己安全目的的注意规范违反之判断

有的交通行政法规虽然也属于为了确保安全的规范，但是，这些规范并不是为了保障其他车辆或行人等交通参与者的安全，而完全是为了保障交通工具驾驶者自身的安全。在对此类规范的违反引发了交通事故产生了危害结果的情况下，不能追究行为人的刑事责任。换言之，此时案件中的因果历程并不符合此类注意规范保护目的之要求，因此不能将结果归之于行为人。系安全带、戴头盔即属典型的为了确保驾车者自己安全的注意规范。

甲、乙二人均未戴安全头盔骑着摩托车行驶，甲还搭载着同样未戴头盔的丙由西向东行驶，乙由北向南行驶，两车在没有交通标志和标线控制的道路交叉处相撞。甲、乙受轻伤，丙死亡。甲、乙是否应对丙的死亡承担刑事责任？经查，甲、乙、丙都违反了我国《道路交通安全法》第 51 条，即“摩托车驾驶人及乘坐人员应当按规定戴安全头盔”；乙还违反了《道路交通安全法实施条例》第 52 条——“没有交通标志、标线控制的，在进入路口前停车瞭望，让右方道路的来车先行”[①]。笔者以为，根据注意规范保护目的理论，本案中甲不应对丙的死亡承担责任，乙则应该对丙的死亡承担交通过失犯的责任。分析如下：其一，虽然甲有未戴头盔的行为，但是戴头盔是为了确保摩托车驾驶者自己的安全，在发生碰撞时保障驾车者的生命和健康免受损害，而不是为了保证同乘者丙的人身安全。换言之，丙死亡的结果并不是由甲未戴头盔的违规行为所引起，二者之间并不存在符合禁止戴头盔注意规范保护目的之要求的因果历程，故甲不应对丙的死亡承担刑事责任。其二，基于前述同样的理由，虽然乙也存在未戴头盔的行为，但是该行为与丙的死亡之间同样不存在注意规范保护目的意义上的关联性。不过，乙驾驶摩托车由北向南行驶至没有交通标志、标线控制的路口时，理应在进入路口前停车瞭望，让从其右方来的车辆即甲由西向东行驶的摩托车先行，但乙没有做到这一点，从而导致两车相撞丙死亡。关于“没有交通标志、标线控制的，在进入路口前停车瞭望，让右方道路的来车先

① 本案例经过作者改编，原案参见郑雅芳，周国均，张永坡. 论因果关系理论在交通事故责任认定中的应用. 中国人民公安大学学报（社会科学版），2007（6）.

行”的规定的目的就在于，确保行驶至交叉路口的车辆能够先后有序行驶而不至于发生碰撞等交通事故。丙的死亡恰系乙违反了交叉路口停车观望让右车先行的注意规范保护目的所致，乙应对丙的死亡结果承担责任。

可见，违反为了确保驾驶者自己安全的注意规范，即或发生了交通事故，也不存在据此要求行为人对事故结果承担交通过失犯的刑事责任之问题。本案中甲即属此种情况。

需要说明的是，为了确保他人安全和确保自己安全两种注意规范的区分只具有相对的意义。交通行政法规总体上而言都是安全法规，它们一般既保护驾驶者的安全也保护道路交通参与人的安全。比如德国著名的汽车肇事案中，A与B分别驾驶两辆汽车，在夜间前后鱼贯而行，俩人皆未打开车灯。行驶在前的汽车驾驶者A因欠缺照明操作不当，导致翻车，造成伤害结果。若B履行符合交通规则要求的开灯义务，则A有可能因B车的照明正确操作，避免翻车受伤的结果。本案中，B未开车灯上路并不属于违反交通过失犯之结果回避义务的行为。德国帝国法院判决认为，由小心谨慎的交通参与者所设计的开灯规则，其目的乃在于避免驾驶者自己在黑暗中行驶而与他车互撞，而非充当路灯，故A受伤的结果并不在注意规范保护目的范围之内，B对于A受伤不应承担责任。[①] 本案就不同于行车时不系安全带或者不戴头盔等情况。B开车灯并非全然是为了保护自己的安全，有车灯照明时B可以避免因为看不清路面车辆和行人的情况而与其发生碰撞，从而确保他人的道路交通的安全。当然，这种安全的保障是针对自身车辆而言的，换言之，开车灯是为了给自己所开车辆照明，不是为了给其他车辆照明。从这个角度而言，该规定又可以说是为了确保驾驶者自己行车安全的注意规范。交通行政法规中大多数规范，比如禁止酒后驾车、禁止超速行驶、发生车障及时设置警示装置等注意规范，只有极少数规范只保护一方主体的安

① 克劳斯·罗克辛．德国刑法学总论：第1卷　犯罪原理的基础构造．王世洲，译．北京：法律出版社，2005：256.

全，如系安全带就只是保护驾车者的安全，对于其他交通参与人的安全并没有实质意义。在此之所以如此区分，只不过是为了使对注意规范保护目的的研究更为具体而已。

（二）具有交通行政管理目的的注意规范违反之判断

交通行政法规中有很多规范只是单纯指向行政管理目的，对于驾驶人、乘车人或其他行人及车辆的安全并没有保护的意义和作用，比如，禁止尚未登记的机动车上路行驶，禁止无牌照车上路行驶，禁止遮挡、污损机动车号牌，驾驶人应携带驾驶执照及行车证，等等。这些规范的判定只是为了方便交通行政管理部门对车辆与驾驶人员等进行管理，以及在发生交通事故的情况下能够予以有效处理。对于这些出于维持交通行政秩序之管理行政目的而不出于确保交通安全、防止道路危险目的的交通行政法规，行为人即使违反了，也不应该构成交通过失犯罪。

甲开车正常行驶在某市内公路上。乙在非人行道的路面违规横穿马路，甲紧急踩刹车，但因乙已至甲之车前，避让不及，乙被撞死。后经查明，甲未携带驾驶执照。本案中，虽然乙被甲之车撞死，甲违背了带驾照行驶的注意规范，但是，甲违反这一规范不能被判定违反了结果预见义务，更不因此有回避结果的义务。根据交通行政法规，带驾照规范之目的只是满足路途中交警检查的管理之需，而不是避免撞死他人。分析甲应否对乙的死亡负责的有效因素是：乙横穿马路时甲是否可以预见，以及甲是否采取了交通行政法规所要求的避让措施。交通行政法规规定，机动车行经人行横道时，应当减速行驶；遇行人正在通过人行横道，应当停车让行；行经没有交通信号的道路，遇行人横过道路时，应当避让。换言之，乙横穿马路固然违法，但并不能因此认为甲可以对之视而不见而不采取任何避让措施，否则，甲就应该承担乙死亡的责任。但本案中，乙突然横穿马路，正常开车行驶的甲看见乙横穿马路后踩刹车试图停车避让乙，但乙的速度太快甲车避让不及，最终致乙死亡，因而甲不应对乙的死亡承担交通过失犯的责任。可见，甲在没有违反为了确保交通安全的注意规范之时，仅仅违反了交通行政管理目的的注意规范，尚不能成立交通过失犯。

如果说为了确保交通运输安全的规范往往难以绝对分清是为了确保他人安全还是为了确保驾驶者自己安全目的的，那么，具有交通行政管理目的的规范与具有确保道路交通安全目的的规范之间的区分却是容易的，通常也是清晰的。具有交通行政管理目的的规范具有静态的特性，例如携带驾照行车或者禁止随意涂改车辆号牌，对于车辆在道路上动态地行驶及驾驶者自身和他人的安全没有影响。区分具有确保交通运输安全目的的规范与具有交通行政管理目的的规范，对于认定行为人的违法行为以及有人员死伤的交通事故犯中因果关系是否满足注意规范保护目的之要求，具有很明显的意义：如果违反的是后者，通常可以通过采用注意规范保护目的理论来排除因果关系的成立。

（三）同时具有多种注意规范保护目的的注意规范违反之判断

多因一果型交通事故犯的情况比较复杂。比如，驾驶者既违反了以确保他人安全为目的的交通法规，又违反了以确保自己安全为目的的交通法规；或者同时违反了两项以上以确保他人安全为目的的交通法规，或者既违反了以确保交通安全为目的的规范又违反了以交通行政管理为目的规范等。此种情况下，要分清在众多违规行为中，何种行为与结果之间的因果历程符合注意规范保护目的。

李某系一辆大货车车主，货车未办牌照。李某雇用付某为水泥厂运矿石，并多次授意付某超载运送。某天，付某驾驶该无牌照大货车装载20吨矿石（已超载），因占道行驶，与相对行驶的另一大货车相撞并坠下公路，造成付某及该车的两名搭乘人员当场死亡。经交警部门认定，付某在此次事故中负主要责任。本案中，是否应该既追究李某的责任又追究付某的责任？有观点认为：李某明知自己的车辆系无牌照车辆，仍然雇用他人驾驶，并授意超载运送矿石，存在两处指使他人违法驾驶的行为。根据最高人民法院的相关司法解释，机动车辆所有人指使、强令他人违规驾驶造成重大交通事故的，以交通肇事罪定罪处罚。因此李某的行为构成交通肇事罪。反对者认为，李某的行为不构成犯罪，因为"本案事故的原因是占道行驶，是付某在驾驶过程中处置不当，而与李某指使的超载行为没有关联"[1]。笔者以为，有罪论显然是在相当因果关系说主导下作出李某的行为与结果之间具有相当性的肯定回答的，同时它也是错误的结论；无罪论虽然结论正确，但是由于不可避免地以传统因果关系为基调，因而其不但暴露了说理难以充分的弊端且未能一针见血地指明问题的本质，即为何事故的原因是占道行驶而不是指使超载。运用注意规范保护目的理论来分析，对本案中李某与付某的行为会是另一种性质。

其一，车主李某未给大货车办理牌照以及让付某超重装载货物的行为，均属违反交通行政法规的行为。如前述，无牌照车辆上路行驶属于违反具有交通行政管理目的的规范的行为，对此类规范的违反与交通事故的发生之间并没有关联性，本案中对此违法行为可不予考虑。至于李某授意付某超载运货的行为，其与付某等人死亡之间的因果经过并不符合禁止超载注意规范的保护目的。禁止超载注意规范的目的在于保障汽车的安全行驶。根据《超限运输车辆行驶公路管理规定》，汽车超载时，稳定性会较差，转弯时离心力增大，如果车速较快则极易翻车；汽车超载时，制动效果会降低，同时下坡时加速度会增快并致汽车重心易前移，容易失去控制而发生事故。虽然付某超载行驶大货车，但是，其所发生事故的路段是直行且平稳的路段，不存在弯道或者下坡路，车辆坠下公路也不是因为制动不成功或者转弯，可见，超载事实与事故的发生并没有产生关联性，换言之，超载与事故结果之间并不存在符合禁止超载这一注意规范的保护目的的因果历程。因此，李某不应对付某及几位同乘者的死亡承担刑事责任。其二，付某的占道行驶行为与该行为所造成的本人及同乘者的死亡结果之间的因果过程，符合禁止占道行驶的注意规范之保护目的。交通行政法规明确规定，禁止机动车借道超车或者占用对面车道行驶。该规定的目的在于，保证交通秩序有序进行，以免阻碍对面车道车辆的正常行驶，确保对面车道车辆的优先通行权，同时

---

① 李涪燕. 超载发生事故 车主是否构罪——关键看超载与危害结果是否有因果关系. 检察日报，2009-03-04（3）.

避免车辆相向行驶而发生刮碰事故。付某正是因为驾驶货车占道行驶于对面车道，才与相对行驶的另一货车相撞导致发生死伤结果。即或付某驾驶的车辆正常装载货物，其占道行驶时碰上另一大货车也会坠下公路，因此，付某及其同乘者的死亡是占道行驶行为所致，付某应对其同乘人员的死亡承担责任。

总之，在多因一果的交通过失犯中，其认定与一因一果的交通过失犯中认定并无二致。只不过，此时必须对众多的原因逐一排查，以明确何种行为所致的结果符合注意规范保护目的规制的因果过程中的结果，从而合理认定交通过失犯的成立。

四、结 语

对于形式上符合构成要件的行为未必要在刑法上给予其否定性评价，违法性出罪的目的在于否定行为的刑事违法性，但同时并不排除该行为的民事或行政违法性，两者并不矛盾。这是因为，不同法规范有着各自的规范目的，其在相应的规范领域内是自洽的。虽然某种行为违反了前置法，但显然还不能直接将之作为犯罪处理，还要看该行为是否造成了法益侵害或法益侵害的危险以及是否与法益侵害结果有因果关系等，如此才能够对阶层论中的违法性作出完整的判断。

交通过失犯的注意义务以结果回避义务为其本质，但只有在具有结果回避可能性的情况下才能说明行为人具有结果回避义务；如果结果的发生不是由于违反了注意规范的保护目的的行为，就意味着行为人没有结果回避可能性。所以，对交通过失犯之注意义务本质结果回避义务的判断，是以具有结果回避可能性为前提的，而对结果回避可能性的判断是以有结果预见可能性为前提的。注意规范保护目的使对作为结果回避义务前提的结果预见可能性的判断具体化，并以此解释交通过失犯罪的违法行为，从而使对交通过失犯的违法性之考量更为客观可循，并与“违法是客观的”“责任是主观的”这一现代犯罪论的核心命题相吻合。使交通过失犯的责任成立的对损害法益行为的归责，必须符合行为人所违反的注意规范的保护目的，将看似具有因果关系，而实际上危害结果并非由违反注意规范保护目的的行为引起的情况排除在交通过失犯的处罚范围之外，从而有效地限定了交通过失犯的成立范围。更具刑法概念品质的注意规范保护目的理论，也使对交通过失犯的认定更加具有操作性与规范性。

我国刑法理论对过失犯的探讨并未建立在过失犯之注意义务的本质基础之上，体现在交通过失犯领域，交通过失犯之注意义务的本质究竟是结果预见义务还是结果回避义务一直不够明确。这样的现状导致在分析交通过失犯的成立时未能结合其注意义务本质而加以法规范层面的说明，往往以公安部门所出具的交通事故责任认定来代替刑法中对交通过失犯罪的认定，即以责任认定书作为认定交通肇事罪成立的直接依据，从而大大地扩大了交通过失犯的成立范围。例如，某日晚十时许，K 驾驶一辆无号牌大货车，沿着 107 国道从广州往 A 市市区方向行驶。行至 A 市 B 区一路口红绿灯处遇红灯停车等候时，其车车尾被从后面同方向驶来由 S 醉酒驾驶的小客车的车头碰撞，造成司机 S 及小客车上的三名乘客严重受伤，四人经抢救无效于当天死亡。事故发生后 K 即驾车逃逸。次日，K 到公安机关投案。A 市公安交通警察支队依《道路交通安全法》的规定，认定 K 负事故的主要责任，S 负事故的次要责任，其他三名乘客不负事故责任。关于本案如何定性，有观点认为，既然 K 负事故的主要责任，那么，K 当然构成交通肇事罪。[①] 这样的结论显然是荒唐的。运用注意规范保护目的理论予以分析就可发现，虽然 K 有驾驶无牌照车辆以及事后逃逸两种违规行为，其行为违反了《道路交通安全法》实属无疑，然而，违反行政法规范并不能从逻辑上上升为必然违反刑法规范。禁止车辆无牌照上路行驶之规范的目的是保证交通管理部门对路上行驶车辆的有效管理，而不是防止车辆被他人追尾。换言之，是否悬挂牌照与是否于夜间打开车灯不同，前者不具有任何保障他人安全的目的，K 的车被 S 醉驾追尾并不会因为悬挂了牌照而得以幸

---

① 刘婵秀，邓世坤．负事故主要责任的陈某是否构成交通肇事罪．刑事法学，2006 (5)．

免。禁止交通事故发生后行为人逃逸之规范的目的也是方便交通管理部门有效处理交通事故，以及避免事故严重化与扩大化以及责任主体的缺失。换言之，是否逃逸只是事故发生后的事实，它体现了行为人对待交通事故的处理态度，它根本不能证明行为人是否是肇事者。S醉驾追尾K之车的行为，违反了禁止酒后驾车的规定，而该规定的目的就在于确保行为人安全驾驶车辆，不至于因酒后注意力与判断力下降而影响交通安全，因此，S应是本案刑事责任的主体。事实上，虽然公安部门根据K的事先违法及事后的驾车逃逸而将其认定为事故的主要责任人，但是，这样的认定主要是出于对行为人违反《道路交通安全法》的考虑，是对交通违法行为之行政责任的划分；它对于交通过失犯的成立完全不具有作为定罪根据的作用，甚或对于认定民法中的损害赔偿责任也不具有作为赔偿根据的作用。

遗憾的是，我国司法实践中往往根据驾驶员的事先违规尤其是事后逃逸等行为，来认定交通运输人员以及被害人等各交通参与人的责任；法院往往根据公安部门出具的交通事故认定书直接认定交通过失犯成立与否。这种以行政责任认定书作为刑法定罪处罚的直接根据，从而扩大交通过失犯罪之成立范围的做法，无疑是错误的。造成这一现象的原因有我国法治意识不够健全、行政责任与刑事责任的界限模糊等一系列原因，其中一个重要的原因是，刑法理论对类似案件往往没有结合交通过失犯之注意义务的本质及理解、适用加以解释，而仅仅就作为客观构成要件内容的因果关系进行分析，而且分析因果关系时采用的又是相当因果关系说或者偶然必然因果关系说，用它们对交通过失犯中的因果关系作出说明难以使人信服。如果我国刑法理论能够在交通过失犯之注意义务的本质的层面展开对交通过失犯中的因果关系的探讨，并能够对“交通规则中各种注意规范的保护目的，及违反交通规则行为与所生事故结果之间有无特殊的关联性”[①] 加以重视，亦即通过适用注意规范保护目的理论来确认交通过失犯中因果关系之有无，进而确定结果回避义务之

① 林钰雄. 新刑法总则. 自版，2006：483.

有无和交通过失犯罪能否成立，那么，我国刑法理论和实践就可以实现在法规范的层面对交通过失犯的成立进行合理的说明，有效缩小交通过失犯的成立范围，走出我国以交通事故行政责任书作为交通过失犯成立依据的误区。

第九章　有责性出罪：基于规范责任论的分析

实质出罪的第三条通道是有责性判断。有责性，亦称责任，既不是指一般意义上的主观恶性，也不是指单纯的人身危险性，而是指对符合构成要件的不法行为的非难可能性，即法对不法事实的谴责。“没有责任就没有刑罚”的责任主义是近代刑法的一个基本原理。换言之，没有责任就没有犯罪，责任是犯罪成立的要件。由此不难理解有责性的出罪意义。然而，民法中谴责意义上的责任的地位似乎没有刑法中规范意义上责任的地位突出，故意和过失如此，违法性认识更是如此。在刑民交叉视角下研究责任的出罪功能对于理解刑事责任与民事责任的本质区别以及责任主义的犯罪评价意义具有重要的指引作用。

一、刑事责任与民事责任的基本关系

刑事责任与民事责任具有相对独立性，二者不必严格遵循彼此。要探究刑事责任与民事责任相互之间的影响，刑民交叉案件是适例。刑民交叉、刑民互涉案件，是指案件既涉及刑事法律关系，又涉及民事法律关系，刑事法律关系与民事法律关系相互间存在交叉、牵连、影响的案件，或是指对于同一法律事实所涉及的法律关系，一时难以确定是刑事法律关系还是民事法律关系的案件。刑事犯罪和民事纠纷交叉的现象并非新鲜事物。当前，不动产已经在我国国民生活中占据极为重要的地位。同时，由不动产所引发的纠纷也越发多元化和复杂化，可能导致刑民交叉案件出现新的疑难问题。在数量上不动产纠纷已经超越传统的简单的买卖或者租赁纠纷。不动产的巨大价值促使银行等金融机构通过抵押担保的方式对债务人予以信赖，并发放数额较大的贷款。同样因为不动产的经济价值，很多人为了谋取非法利益，往往铤而走险，触犯刑法。单纯涉及不动产的刑事案件并不常见，更常见的是基于不动产而发生的刑民交叉案件。对此类案件进行处理时亟须对相关案件所涉及的刑民交叉法律关系抽丝剥茧，把准其中的脉搏。以下举例加以阐释。

1997年3月，邓某与陈某协议离婚，约定二人共有的位于A地的房屋归陈某所有，并于2001年3月办理了过户登记手续。2005年9月，邓某在窃得陈某的房产证后，伙同张某伪造陈某的身份证件，在房产中介过某安排下将房屋过户至自己名下（房屋所有权证号为3007××××）。随后，张某以邓某的名义，以房屋产权作抵押，获得中国银行无锡市南长区支行抵押贷款10万元，张某于2008年10月将上述贷款偿还完毕。2008年11月，在张某的指使下，邓某又将上述房屋以虚假买卖的方式过户至张某的妻子刘某名下（房屋所有权证号为100010××××）。之后，张某以刘某的名义，以房屋产权作抵押，获得中国工商银行无锡市分行（以下简称工行无锡分行）抵押贷款17万元，由无锡市某投资担保公司承担连带保证责任。张某在归还上述贷款中的1.5万元后便下落不明。

之后，陈某发现了邓某、张某等人的上述行为。因办理房屋产权过户的无锡市房管局位于无锡市崇安区，故陈某向江苏省无锡市崇安区人民法院提起行政诉讼。2009年11月，该院判决撤销无锡市房管局于2005年9月核准登记的锡房权证第3007××××号房屋所有权证。2010年4月，工行无锡分行以刘某未按约还款为由向江苏省无锡市南长区人民法院提起民事诉讼，要求行使房屋抵押权，提前收回贷款，并由无锡市某投资担保公司承担连带保证责任。2011年3月，江苏省无锡市南长区人民法院一审认为，工行无锡分行与刘某签订的抵押贷款合同合法有效，刘某构成违约，遂判决支持工行无锡分行的上述诉求。

2012 年 6 月，第三人陈某不服江苏省无锡市南长区人民法院的一审判决，向江苏省无锡市北塘区人民检察院提起申诉。陈某主张：邓某、张某等人在自己不知情的情况下窃得房屋产权证件，先后两次虚假买卖其名下的涉案房产，并向中国银行无锡市南长区支行和工行无锡分行办理抵押贷款。上述行为严重违法，银行也不属于善意取得，不能对抵押房产行使优先受偿权。

随后，江苏省无锡市北塘区人民检察院以张某涉嫌贷款诈骗罪向江苏省无锡市北塘区人民法院提起公诉。2013 年 4 月，江苏省无锡市北塘区人民法院认定，张某以非法占有为目的，将涉案房屋过户至其妻刘某名下，后又骗取银行贷款 17 万元，涉嫌贷款诈骗犯罪，并依法判处张某有期徒刑 5 年 6 个月，并处罚金人民币 6 万元。2013 年 5 月，江苏省无锡市北塘区人民检察院对江苏省无锡市南长区人民法院的民事判决作出提请抗诉报告书，认为以江苏省无锡市北塘区人民法院的刑事判决作为新的证据，足以推翻江苏省无锡市南长区人民法院的民事判决，并以应认定房产过户登记、贷款抵押合同无效为由，提请江苏省无锡市人民检察院抗诉。后江苏省无锡市人民检察院就该案向江苏省无锡市中级人民法院提起抗诉。抗诉后，江苏省无锡市中级人民法院将案件发回江苏省无锡市南长区人民法院再审，该院再审查明的事实与一审查明的事实一致，遂维持原判。后陈某不服，向江苏省无锡市中级人民法院上诉。江苏省无锡市中级人民法院二审再审后仍维持原判。

本案所带来的争议问题主要有三：第一，工行无锡分行对涉案房屋行使抵押权是否构成善意取得？第二，工行无锡分行与刘某签订的借款合同是否合法有效？第三，在先民事判决的效力是否受在后刑事判决的影响？

（一）不动产贷款诈骗犯罪中第三方（银行）所取得抵押物权的性质

在刑民交叉案件中，如果行为人的行为被认定为犯罪，比如本案中张某的行为被认定为贷款诈骗罪，而此时，张某用于骗取贷款的房屋已抵押给银行，那么，银行对于此种抵押是否构成善意取得？这涉及抵押行为是否有效的问题。这与合同诈骗罪中，如果犯罪被认定，那么，行为人与其他人签订的合同是否需要履行是同样的问题。

综合本案的案情，其核心问题之一是银行取得涉案房屋的抵押物权是否构成善意取得。

根据《物权法》第106条的规定可以得知，一般物权的善意取得的构成要件有四个：(1) 行为人所为行为为无权处分；(2) 受让人受让该财产时是善意的；(3) 有相应的对价；(4) 转让的财产按照法律规定应当办理登记（不动产）或者交付（动产）。而担保物权相较于一般物权具有特殊性。根据《物权法》第172条以及《担保法》第5条之规定，担保物权具有从属性，担保合同（条款）是否有效，取决于主合同（即主债权债务）是否有效。因此，担保物权的善意取得还要有第五个要件，即 (5) 主合同有效。

因为不动产价值较高，涉及利益重大，所以不动产的移转采登记主义，由国家土地或房屋管理部门进行登记，该登记具有公示及公信效力，即一旦当事人在变动物权时以法定方式进行了公示，法律就赋予该物权变动完全的效力。即使公示有瑕疵，善意的受让人基于对公示的依赖，亦不负返还义务，仍能取得物权。此制度设立的初衷在于保护交易不动产的安全，保护善意第三人。不动产这一特殊财产的物权变动采登记主义，公示方式更为严格，在实践中，发生不动产善意取得的一般情形是具有夫妻或者家庭成员此类共同共有关系的人，共同所有一套房产，但房产仅登记在一方名下，一方擅自处分共有房产并办理了登记时，善意第三人可以取得房产的物权。

本案中银行对抵押权的取得是否为善意取得，不属于上述实践中的一般情形，较为特殊，有必要结合构成要件探讨以下几个问题。

(1) 无权处分。本案中，刘某所为行为是否是无权处分？所谓无权处分是指行为人无处分权但处分了相应的物权。在本案中即指抵押权。刘某是否构成无权处分有待于探讨两个问题：一是刘某是否“无权”，二是该抵押权是否有效。在存在合法有效的抵押权的前提下，刘某才存在处分的可能性。对于是否“无权”这个问题，从案例中可以得知，邓某伪造材料，骗取房产过户到自身名下当属无效，邓某无法取得该处房产的所有权。邓某又将该处房产卖给刘某，属无权处分，且刘某并未给付对价，故刘某无法善意取得是不言自明的，所以刘某亦无处分权。

（2）对价。本案中，银行取得抵押权存在对价当无争议。抵押权是指为担保债务的履行，债务人或者第三人不转移财产的占有，将该财产抵押给债权人，当债务人不履行到期债务或者发生当事人约定的实现抵押权的情形时，债权人有权就该财产优先受偿的权利。银行放贷为银行取得抵押权的对价。

（3）登记。本案中涉案房产在双方签订抵押合同之后，亦办理了抵押登记，故满足该项要件。

（4）善意。本案的另一个争议的焦点是银行是否为善意。所谓“善意”，主要指不知情，是指行为人在为某种民事法律行为时不知存在某种足以影响该行为之法律效力的因素的一种心理状态。认定这种“心理状态”，应当考虑以下几个因素：首先，受让人是否有“知情”的义务，即通过他的专业知识以及对转让人的了解程度，受让人是否能够判断出他的取得是善意的；其次，受让人是否支付了合理的对价，如果受让人明知其取得该物的价格与实际价值相差极大，则可以认定为其行为出于“非善意”；最后，应当考虑交易的场所是否符合常理。本案中，银行作为金融机构，具有专业能力，法律赋予的义务也高于所赋予一般人的，故其应当履行尽职审查义务，但该审查应仅限于形式审查，银行仅需依照法定程序审验按揭贷款必备材料，查验清楚其真实性、有效性。本案中，银行已经审验房产证并且及时前往房管局办理抵押登记，基于此登记的公信力，应当认定银行为善意。

（5）主合同的效力。抵押合同是否有效由两个条件决定：1）抵押合同是否具备合同生效的要件；2）其主合同（借款合同）是否有效。本案中，抵押合同具备合同生效的一般要件，满足了第一个条件，因此，抵押合同有效与否由借款合同有效与否来决定。

（二）不动产贷款诈骗犯罪成立后是否影响贷款合同的效力

首先，如前所述，银行取得涉案房屋的担保物权是否构成善意取得的关键在于本案中的贷款合同是否有效。

根据我国民法规定，合同无效的情形主要有以下五种：(1) 主体不适格，即行为人不具备相应的行为能力；(2) 意思表示不真实，即一方以欺诈、胁迫的手段订立合同，损害国家利益；(3) 恶意串通，损害国家、集体或者第三人的利益；(4) 以合法形式掩盖非法目的；(5) 其他损害社会公共利益或者违反法律、行政法规的强制性规定的情形。依据上述法律规定，确定贷款合同是否有效需要考察该合同是否具备合同有效要件及是否属于法定无效情形。

第一，考察贷款合同的主体是否适格，即合同当事人是否具备相应的民事行为能力。本案中，张某以刘某的名义，以登记在刘某名下的房屋的所有权作抵押与工行无锡分行签订抵押贷款合同。张某实际占有和使用该笔款项并嗣后承担还款义务。因此，张某是否可以取代刘某成为合同的当事人，值得商讨。合同是当事人之间设立、变更或中止民事法律关系的意思表示，为债的发生原因之一。相较于其他民事法律关系（如物权法律关系）合同法律关系的最重要特点在于相对性。合同法律关系的相对性，在大陆法中被称为“债的相对性”[①]，指债能够且只能够在债权人和债务人之间产生拘束力。合同的关系中，相对性主要指主体的相对性，即合同的关系只能发生在特定的主体之间，只有合同一方当事人能够基于合同向合同另一方当事人提出请求或提起诉讼。[②] 故基于相对性规则，合同的当事人仅是签订合同并且互享权利互负义务的双方当事人。在本案中，我们不能因为张某实际享受合同利益以及承担合同义务就认为其取代了刘某的当事人之地位，忽视其第三人的本质。因此，本案中贷款合同的当事人是刘某与工行无锡分行，且在签订合同时均具备完全的民事行为能力，显然本案的合同主体是适格的。

第二，考察本案是否符合一方欺诈、胁迫，从而损害国家利益的情形。很明显，贷款合同双方当事人在签订合同时意思表示自由，不存在

---

① 李宜琛. 日耳曼法概说. 北京：商务印书馆，1944：72.

② 王利明. 论合同的相对性. 中国法学，1996 (4).

胁迫、乘人之危情形，故只需探讨是否存在欺诈即可。最高人民法院《关于贯彻执行〈中华人民共和国民法通则〉若干问题的意见（试行）》第 68 条规定："一方当事人故意告知对方虚假情况，或者故意隐瞒真实情况，诱使对方当事人作出错误意思表示的，可以认定为欺诈行为。"本案中，刘某隐瞒贷款实为张某处分且偿还的事实，使银行陷入错误认识，从而签订贷款合同，银行如若知情，为规避风险，就不一定会贷出此笔讼争款项，故可以认定刘某构成欺诈。至于国家利益，为我国立法中的抽象概念。我国有学者主张国家利益主要包括国家的安全利益、外交利益、军事利益以及意识形态利益等，以维护统治阶级的统治为目的。[①] 国家利益是指国家在整体上具有的政治、经济和安全利益。而国有企业、国家控股——参股企业的利益不能等同于国家利益。[②] 王利明教授亦指出，"国家利益"是指国家经济利益、政治利益、安全利益等，而不应当包括国有企业的利益。[③] 本案中，银行利益是否攸关国家利益？应遵循民法上关于价值判断的一项实体性论证规则——自愿原则（此乃民法之核心原则），即没有正当且充分的理由，不得限制民事主体的自由。回到本案中，银行的贷款行为当属商业行为，不涉及国家利益，故此贷款合同尽管是受欺诈签订的，但并未损害国家利益，并非无效，当属《合同法》第 54 条[④]第 2 款规定之情形，为可变更、可撤销的合同。

第三，考察是否存在恶意串通，损害国家、集体或者第三人利益的情形。"恶意串通"强调双方均存在"恶意"。如前所述，本案中贷款合同一方主体工行无锡分行尽了谨慎注意义务，对抵押贷款材料尽到了尽

---

① 胡锦光，王锴．论我国宪法中"公共利益"的界定．中国法学，2005（1）．

② 王轶，董文军．论国家利益——兼论我国民法典中民事权利的边界．吉林大学社会科学学报，2008（3）．

③ 王利明．合同法研究：第 1 卷．北京：中国人民大学出版社，2002：643．

④ 《合同法》第 54 条规定："下列合同，当事人一方有权请求人民法院或者仲裁机构变更或者撤销：（一）因重大误解订立的；（二）在订立合同时显失公平的。一方以欺诈、胁迫的手段或者乘人之危，使对方在违背真实意思的情况下订立的合同，受损害方有权请求人民法院或者仲裁机构变更或者撤销。当事人请求变更的，人民法院或者仲裁机构不得撤销。"

职审查义务，不存在恶意，更加不存在与对方恶意串通的情形。

第四，考察是否损害社会公共利益及违反法律、行政法规的强制性规定。本案中的贷款合同是借款人向贷款人借款，到期返还借款并支付利息的合同。当事人平等协商、自愿达成，符合银行贷款合同的形式要求，并不损害公共利益及违反法律、行政法规的强制性规定，不属于该项规定的无效情形。

第五，考察是否属于以合法形式掩盖非法目的而致合同无效的情形。如果得出肯定性的结论，则符合“违反法律或者社会公共利益”，从而使合同归于无效，否则正如前述，当属可变更、可撤销的合同。可以得出初步结论，此处的“以合法形式掩盖非法目的”构成与否直接决定了本案贷款合同的有效与否。

其次，如前所述，银行取得涉案房屋的担保物权是否构成善意取得的最终落脚点在于本案中的贷款合同中刘某是否“以合法形式掩盖非法目的”。这直接影响到本案中贷款合同的效力。

所谓“以合法形式掩盖非法目的行为，是通过使用不直接违反禁止性规定的手段，在实质上实现法律所禁止内容的行为，在民法理论上称为脱法行为或规避行为”①。此乃规避法律行为说。也有学者主张隐藏行为说，即“所谓以合法形式掩盖非法目的的行为，是指行为人利用一个合法的民事行为掩盖一个非法的民事行为。这种民事行为实际上包括两种：一是用来掩盖另一种民事行为的伪装行为，二是被掩盖的真实行为。此行为也可称为隐藏行为、隐匿行为”②。相较于隐藏行为说，规避法律行为说更为妥当，理由主要如下：“非法目的”强调其非法性，隐藏行为只是掩盖事实，不能直接体现非法性，而规避法律本身存在非法性，如其规避强行性或禁止性规定，则更具非法性的特征。

“以合法形式掩盖非法目的”中的“合法形式”其本质上亦是一法律行为，是符合行为的形式要件的、法律所允许的亦即给予正面评价之

① 梁慧星. 中国民法典草案建议稿附理由·总则篇. 北京：法律出版社，2004：148.

② 马强. 合同法总则. 北京：法律出版社，2007：58.

行为，而“非法目的”则为行为背后之法律所禁止之效果。本案中，暂不考虑刘某的主观动机，仅就刘某使用其名下房屋作抵押向银行贷款，且双方签订书面的抵押贷款合同这一系列民事法律行为来看，具备合同成立的一般要件，符合合同的形式要件，当属这里所述之“合法形式”。至于是否存在“非法目的”，值得进一步探讨。

“非法”一词就文义解释而言，当指违反法律、行政法规的强制性规定。而依据体系解释之方法，诚如林诚二先生言，“法律条文之结构有其连贯性，各法条彼此调和而形成有组织之规范体系，故解释一规范体系，必须前后法条所含概念要一致，不能割裂而做断章取义之解释”[①]。我们应该排除《合同法》第52条规定的合同无效的其他四种情形，将“非法”理解为间接违反法律的强制性规定，即规避法律。行为人不是简单地为了实施一个民事法律行为而实施这个民事法律行为，而是为下一个民事法律行为的实施创造前提条件，即使下一个行为得以进行。[②] 应为实施民事法律行为之“目的”。结合本案就“非法目的”检讨如下。

作为贷款合同当事人一方的刘某向银行贷款，其目的并非自己获得这笔款项，而是帮助其丈夫张某取得这笔贷款。张某在取得此笔款项并归还1.5万元后便下落不明，显示张某有侵占此笔款项的意思，或骗取此笔款项的意思。显然，张某所为之行为应当受到法律的负面评价。这里能否依据张某存在“非法性”而证明刘某亦存在“非法性”呢？刘某与张某存在夫妻关系，此夫妻关系为民法上确认及保护的人身关系，受到法律的规制。客观证据可以佐证作为妻子的刘某参与了贷款过程的各环节——（1）房屋买卖中签订购房合同及在房管局办理过户登记；（2）与银行签订贷款合同；（3）将房屋抵押给银行并办理登记。在各环节中，刘某均存在过错。

（1）房屋买卖为虚假买卖，不存在真实的房款支付。此买卖的目的在于为嗣后与银行办理抵押贷款创设抵押物条件。按照房产买卖的法定

① 林诚二. 民法总则：上册. 北京：法律出版社，2008：51.

② 薛虹. 民事行为之目的刍议. 法律科学，1994（3）.

程序的要求，刘某在此过程中需要亲自签订书面的房屋买卖合同以及在房管局办理房产过户登记手续。作为一名完全民事行为能力人，刘某理应对自己的行为尽审慎注意义务并负担相应责任。

（2）贷款合同关系中，刘某作为借款人向银行申请贷款，并非供本人使用，而是供其丈夫张某使用，因其丈夫如若亲自贷款则可能获得不了此笔款项。刘某在这里只是充当张某获取银行贷款的一个工具而已，但基于合同的相对性，银行审核此项贷款时仅需就相对人刘某及其所提供之抵押房产作风险评估，从而决定放贷与否。尽管刘某相当于张某所使用之工具，但其在从事该项行为时，不仅存在钻政策空子的意图，而且应当完全意识到这笔大额款项的去向及该行为所面临着的后果，故其应当为自己的行为负责。

（3）在将房屋抵押给银行并办理登记的环节中，刘某明知该处房产既非其本人所有亦非其丈夫张某所有，仍然将该讼争房产作为贷款的抵押财产抵押给银行。可见，其主观上存在恶意，目的在于满足银行的放贷条件，以期获取贷款。刘某贷款时隐瞒贷款意图及明知房屋所有权存在重大瑕疵而仍以该房产作抵押，其违反先合同义务，存在占有该笔款项的故意。

如上所述，刘某凭借一个不合法的房产所有权，采用抵押贷款的方式获得银行贷款，而所贷款项均由其丈夫张某处分，还款义务亦由张某负担。张某随后的行为表现出其有骗取该笔款项的故意，刘某主观上亦具有间接的“非法性”目的，旨在规避法律、钻政策空子，只想将款项从银行贷出，而从不考虑归还贷款。此外，关于张某犯贷款诈骗罪的刑事判决亦可以成为张某具有“非法目的”的有力证据，从而其妻子刘某存在间接的“非法性”目的亦得到有力的佐证，至少其发挥了帮张某骗取贷款的辅助作用。民法上的“非法目的”标准不同于刑法上严格的主观归责标准，仅就其行为外观来推定其行为的目的，故张某是否犯“贷款诈骗罪”的刑事审判结果必然对本案是否存在非法目的的判断起着支撑作用。这要返回到对张某犯贷款诈骗罪一案的探讨中来。张某通过非法手段帮助刘某取得房屋所有权并进行了不动产登记，该登记具有公示公信效力，能否将其认定为贷款诈骗犯罪中的“虚假产权证明”？笔者认为应当将其认定为虚假产权证明，虽然该证明在形式上是真实的，但是其内容是虚假的。刑法与民法关于产权证明之真实性的认定标准不一样：民法更多的是从形式上来判断的，侧重保护民事流转的可信赖性，故民事行为只要具备行为有效的一般要件并符合法定形式就有效；刑法更多地从实质进行判断，侧重保护法益不受侵犯。因此，一些表面上看来符合民事法律行为要式的行为，在刑法上可能被认为是无效的或者虚假的。例如，重婚罪中的第二次登记结婚，从民法上看，是符合婚姻的要式的，但是从刑法上来看，无疑不会因为其有所谓合法的结婚证就不认为是犯罪。当然，这里并不是说，在民法上合法的行为可以变成刑法上违法的行为，法秩序是统一的，民法上合法的行为在刑法上更加是合法的。上述行为虽然进行了登记与公示，但即使从民法的角度也不能被认为是合法的。它只是为善意取得创造了条件，其本身是违法的、虚假的。因此，可以肯定的是，张某犯贷款诈骗罪的认定并没有错误。但是，问题在于：张某贷款诈骗罪（亦即张某主观上具有“非法占有目的”）的刑事判决对之前的民事判决是否会产生影响？换言之，张某的“非法占有目的”是否会导致刘某与工行无锡支行所签订的借款合同符合“以合法形式掩盖非法目的”的情形，进而被认定为无效？

（三）不动产贷款诈骗犯罪中刑事判决对民事判决的影响力的确定

在本案的审理过程中，对于在先民事判决的效力是否受在后刑事判决的影响存在争议。第一种意见认为，刑事判决的效力在位阶上应当高于民事判决的效力，因于刑事证据的证明标准要比民事证据的高，民事判决的既决内容不能约束刑事判决，而刑事判决的内容是对民事判决产生拘束力的，故在先民事判决应当根据在后刑事判决的内容作出相应调整。第二种意见认为，在先民事判决不会受到在后刑事判决的影响。理由为：江苏省无锡市北塘区法院作出的张某犯贷款诈骗罪的刑事判决中查明的事实与江苏省无锡市南长区人民法院的民事判决中已经查明的法律事实没有根本性出入，本案没有出现新的重要法律事实，且没有法律或司法解释规定刑事判决的效力高于民事判决的效力。

在审判实务中，任何裁判都需要追溯其法律依据。同样，如果认为刑事判决的效力应当高于民事判决的效力，进而对民事判决产生影响，也必须要有相应的法律依据。笔者认为，在刑民交叉案件中，对合同效力的认定可能会受到刑事判决结论的影响，即如果在刑事案件的审理中发现了新的证据，且该新的证据足以推翻原有的民事判决和裁定的，便符合《民事诉讼法》第200条规定的当事人申请再审的条件，当事人可以启动审判监督程序。① 但是这种影响和刑事判决的效力没有必然联系。

就本案而言，《合同法》第52条第3项规定“以合法形式掩盖非法目的”并未强调此非法目的一定存于合同签订人之间，其所保护的应当为法律的严肃性，以此防范别有用心之人钻法律漏洞、不法规避法律规制之可能性。但是关于本案当事人具有“非法目的”的推断并非依据对张某的刑事判决书，而是依据已有的证据。综合全案，虽然没有直接证据证明刘某对于其丈夫张某意图占有此笔贷款知情，但是刘某以购买房屋的名义向银行进行贷款，实质上帮助张某达成了此项贷款。之后刘某既未实际占有使用房屋，又没有偿还贷款。由此可以看出，刘某的一切行为仅是为了获取该笔款项，用于其他用途，即其本身存在规避法律的意图。故刘某在本案中应当为自己行为的不谨慎与动机的不当承担责任。

基于以上分析，刑事判决对民事判决并不会产生影响。确定借款合同中存在“以合法形式掩盖非法目的”的依据是刘某自身的过错和规避法律的动机，故借款合同无效，作为从合同的抵押合同与保证合同亦归为无效。对刑民交叉案件的分析和处理不同于对单独的刑案或民案的分

① 《民事诉讼法》第200条规定：“当事人的申请符合下列情形之一的，人民法院应当再审：（一）有新的证据，足以推翻原判决、裁定的……（二）原判决、裁定认定的基本事实缺乏证据证明的；（三）原判决、裁定认定事实的主要证据是伪造的；（四）原判决、裁定……（八）无诉讼行为能力人未经法定代理人代为诉讼或者应当参加诉讼的当事人，因不能归责于本人或者其诉讼代理人的事由，未参加诉讼的；（九）违反法律规定，剥夺当事人辩论权利的；（十）未经传票传唤，缺席判决的；（十一）原判决、裁定遗漏或者超出诉讼请求的；（十二）据以作出原判决、裁定的法律文书被撤销或者变更的；（十三）审判人员审理该案件时有贪污受贿，徇私舞弊，枉法裁判行为的。”

析和处理，尤其是在本章讨论的合同效力的认定直接涉及刑案与民案的处理结果的案件中，争议极大。对于此类案件，既不能一律将涉案合同认定为有效，也不能一律认定为无效，而必须结合具体案情具体分析，既要根据合同本身的内容，也要根据合同签订时是否违背对等原则等具体情况来分析。同时，对民事案件和刑事案件的认定，必须分清刑民法理，分别适用，准确处理，避免进入“以刑伤民”或者“以民入刑”的误区。

二、责任要件在刑法中具有不同于民法的出罪意义

刑事判决与民事判决不会必然影响彼此，责任要件亦在刑法中具有不同于在民法中的出罪意义。综观当今世界各国刑事立法与刑事判例，违法性认识[①]越来越成为影响罪责的有无及轻重的判断要素。在过去几十年里，针对这一问题，中外刑法学界进行了广泛的讨论，并形成了诸多见仁见智的看法。就其结论而言，违法性认识之体系性地位问题，就是讨论违法性认识能否作为罪责要素以及如何在罪责要素中分配。关于这一点，目前刑法理论上远远没有达成一致性的意见。然而，随着近年来刑法理论的研究重心转向违法性阶层（目前表现为行为无价值与结果无价值之争），对这一问题的研究逐渐被淡化。直至今日，该问题已成为刑法理论上一直悬而未决的盲点。

案例：A 酒馆的经营者为吸引顾客，制作了与百元纸币相同尺寸的优惠券，并将其带到警察署进行检查，结果没有受到任何责难。于是，该酒馆经营者就放心地制造了正式的优惠券并进行了发放，结果这被认定为“制造与货币相混淆之物的行为”，该经营者被追究刑事责任。[②]

此案中，A 酒馆的经营者在不能确定自己的仿照纸币制作优惠券行为是否为法律所允许的情况下，并没有直接实施相关行为，而是请求有

① 关于违法性认识，有形式和实质两个层面的含义，实质的违法性认识是指对行为社会危害性的认识，本书在形式上使用违法性认识的概念，即对行为是否违反现行法规范的认识。

② 最判昭和 62 年［1987 年］7 月 16 日刑集 41 卷 5 号第 237 页//松宫孝明．刑法总论讲义．钱叶六，译．北京：中国人民大学出版社，2013：151.

相当法律经验的警察署进行检查。嗣后，基于对警察署的信赖，A 酒馆的经营者按照指示对优惠券进行了修正并正式制作、发布了优惠券。[①] 在这种情况下，此经营者的行为是否存在以预防为目的的处罚必要性，是一个刑事政策问题；而能否据此认定该经营者缺乏违法性认识并在此基础上相应地减轻或者免除其责任，则是一个有关罪责判断的学理问题。

在民法领域中，行为人对民事责任构成要件的认识仅限于对事实性要件的认识，故违法性认识影响民事责任的成立。以侵权责任为例：对于无过错责任而言，行为人的主观认识（有无过错）不影响责任的承担，也就无所谓违法性认识问题；而对于过错责任而言，不论是采取"主观标准说"还是"客观标准说"抑或"综合标准说"[②]，影响有无过错的总是事实性的要素，只不过具体的判断立场有所差异，行为人对民事法规范的态度——有无违法性认识不在考虑之列。

而在刑法领域中，行为人对相关犯罪要件的认识状况，是罪责判断的重要构成要素。关于这里的"犯罪要件"究竟是只包含纯粹的事实认识，还是涵盖对法规范的态度，刑法理论上存在着违法性认识不要说与违法性认识必要说的分歧。受苏联故意概念构成理论的影响，我国目前刑法通说采纳违法性认识不要说，认为故意犯的成立只要求认识到构成要件前提事实以及构成要件事实，而不要求认识到行为的违法性。[③] 但是，随着规范责任论的演进，理论界越来越发现违法性认识不要说与现代刑法基本理论存在难以调和的地方，故违法性认识必要说逐渐成为有力的学说。究竟是违法性认识不要说合理还是违法性认识必要说更为妥当，当前理论界仍然没有定论。不仅如此，即使在违法性认识必要说内部也存在着不同立场，并在此基础上形成了形形色色的见解。[④] 鉴于对

① 松宫孝明．刑法总论讲义．钱叶六，译．北京：中国人民大学出版社，2013：151.

② 魏振瀛，王小能．论构成民事责任条件中的过错．中国法学，1986（5）.

③ 陈兴良．违法性认识研究．中国法学，2005（4）.

④ 以必要说为基础，关于违法性认识之体系性地位的问题，刑法理论上存在诸多学说，其中有代表性的主要有：故意说、限制故意说、责任说、限制责任说、自然犯与法定犯区别说。

违法性认识的判断可能影响到罪责的有无及轻重，进而对量刑产生实质的影响，在学理上厘清违法性认识的体系性地位问题亦具有重大的实践意义。

三、规范责任论之下违法性认识成为出罪事由

正如前文所述，民法责任的构造对过错要件作了较为缓和的处理，影响过错的认识仅限于对事实性要件的认识，违法性认识不影响过错的成立。而由于刑事责任的严厉性与特殊性，违法性认识的有无是否影响罪责判断以及在何种程度上影响刑事责任不仅仅是一个学理问题，还会对实践中行为人之刑事责任的分配产生实质的影响。因此，下文将就刑事层面对违法性认识的主要学说分歧予以展开和评析。

（一）违法性认识不要说的立足点：心理责任论

违法性认识的体系性地位问题，就是违法性认识能否作为罪责要素以及在罪责要素中如何分配的问题。在过去相当长的一段时间内，违法性认识不要说在德日刑法学界占据着支配地位，认为故意犯的成立不要求认识到行为的违法性，在要素的分配上违法性认识也并非罪责构成要素。这种将违法性认识排除在罪责构成之外的违法性认识不要说，在我国当前刑法理论界处于通说地位。

违法性认识不要说有着深刻的历史渊源。责任理论发端于蒙昧时代结果责任的观念[①]，主张将行为所造成的危害结果作为核心的归责要件，而不考虑行为人是否具有违法性认识，甚至也不要求行为人主观上具有故意或过失。于是，责任要素完全被客观因果化了，或者说只要存在客观行为与结果以及二者之间存在因果关系，就能够对行为人进行归责。结果责任否定了人的主体性地位，将人完全看作实现责任的工具，扭曲了责任的本质，因而随着科学主义的发展逐渐消失。

现代意义上的违法性认识不要说，究其实质，是建立在心理责任论

① 冯军. 刑法功能责任论的理论与现实之惑. 检察日报，2011-06-16（2）.

基础之上的。心理责任论的哲学基础是“自然主义哲学观”，这种哲学观认为“所有知识来源都是经验的”①，哲学研究应当仅限于纯粹的事实性研究，一切形而上学性的价值评价都应当从哲学研究中驱逐出去。心理责任论奠定了古典犯罪论体系的基础，是现代意义上责任理论发展的开端。心理责任论认为，责任不是对行为的评价，而是对行为人的评价，只有在行为人的动机与法律的“社会心理强制”效果发生冲突时，行为人才能被谴责。于是，“罪责概念的发展不得不取决于针对内心之人的义务的概念的本质”②，这是法规范对具体的个人提出的要求。心理责任论深受自然科学思维方式的影响，将罪责理解为对犯罪主观成分——心理事实的事实评价，而不包含价值评价。这样，罪责概念位于不法概念之后，成了犯罪的第二个范畴，客观不法与主观责任得到清晰界分。③ 在此基础上，心理责任论区分了故意和过失两种责任形式，它们与归责能力构成了罪责要素的全部内容。于是，故意的认识内容也仅限于事实性认识，违法性认识也理所当然地从罪责要素中被排除出去。

不可否认，违法性认识不要说有着一定的合理性与相当的解释力。众所周知，国民知法是其守法以及国家司法权干涉其不法行为的重要前提，否则国民的行动自由难以得到保障，以人权保障为中心的刑法体系也必将面临挑战。然而，一方面，法律是一个历史范畴，不同时代对同样的行为可能存在完全相反的规定，例如，封建时代许多有关性伦理的犯罪，在今天已经明显缺乏处罚根据了；另一方面，对于绝大部分犯罪来说，人们对其违法性有着普遍的认识，没有必要在行为后再进行违法性认识的判断。于是，出于维护法律权威以及经济司法的考虑，法律在行为人实施犯罪行为之前就推定其知法，随后也就形成了在现代法律中仍然颇有影响力的“不知法律不免责”的思想。沿着这样的思路，我

---

① 罗素．西方哲学史．张作成，译．北京：北京出版社，2007：140.

② 弗兰茨·冯·李斯特．德国刑法教科书．徐久生，译．北京：法律出版社，2000：252.

③ 克劳斯·罗克辛．刑事政策与刑法体系．蔡桂生，译．北京：中国人民大学出版社，2013：64.

们不难得出结论：违法性认识是先于犯罪构成而存在的事实，没有必要被纳入犯罪论体系中加以判断。换言之，三阶层体系中任何一个阶层的判断都是建立在行为人有违法性认识的基础之上的，罪责判断也不例外。

但是，从实质上看，心理责任论存在明显的弱点：第一，将罪责判断事实化。故意是否存在是一个可以被衡量的事实问题，然而，能否成立犯罪故意，进而肯定行为人的可谴责性是一种价值评价，需要通过一定的标准进行规范的判断。例如，对于伤害行为之行为人存在故意，人们往往并不存在争议，但是，能否认定该行为人具有故意伤害罪意义上的故意以及肯定行为的可谴责性则可能是一个见仁见智的问题。价值评价是超越事实判断而独立存在的，是一个具有开放性的要素。心理责任论排除价值评价要素，会导致罪责体系封闭化，缺乏发展的空间。第二，忽视主观要件与客观要件的联系。罪责虽然主要是一种主观现象，但却必须建立在客观事实的基础之上。换言之，故意和过失并不是完全独立的要素，对其进行判断需要综合考虑行为人对法规范的忠诚态度。正因为如此，从今天的角度看，心理责任论仍然是一个不成熟的罪责构成方案。

（二）违法性认识必要说的归属：规范责任论

为了克服心理责任论的缺陷，规范责任论应运而生。规范责任论以新康德主义为哲学根基，认为世界分为现实的物质世界与非现实的价值（观念）世界，并且二者相互独立；在认识论上否定客体可以从其自身被理解，强调主体对客体的认识能动性。① 新康德主义主张客观现实与价值世界相分离的方法上的二元论，于是在责任领域罪责概念超越事实层面，进而发展出可责难性概念，实现了罪责阶层由现实世界向价值世界的转换。按照规范责任论，要对该当构成要件的违法行为进行责难必须满足三个条件，并且每个条件都是必要条件，三者合在一起构成可责难性的充要条件：第一，行为人必须具有承担刑事责任的能力，即必须具有正常的精神状况且达到法定的责任年龄；第二，行为人对于行为和结果必须具

① 许玉秀. 当代刑法思潮. 北京：中国民主法制出版社，2005：128.

有心理上的联系，即故意和过失；第三，行为时不存在阻碍行为人自由选择的客观状况，即如果行为人处于难以抉择的状态，则即使其实施了失范行为，刑法也不应对其归责。其中第三条发展成了期待可能性理论。[①]

违法性认识必要说基于规范责任论，认为违法性认识是罪责的规范评价要素，只有在具备违法性认识的场合才能对行为人进行相应的归责。但是，关于违法性认识究竟如何分配到罪责要素中，刑法理论上存在着不同的见解：（1）严格故意说，认为故意犯的本质在于行为人具有违反法规范的意思，缺乏违法性认识就不成立故意犯罪。[②] 但是，此说一则没有进一步对过失责任作出处理；二则可能引致处罚的漏洞，例如在惯犯、确信犯以及行政犯的场合，行为人要么违法性认识较弱，要么欠缺违法性认识，但是法律并不因此而减轻或者免除其责任，有时甚至从严处罚。（2）限制故意说，主张将违法性认识可能性作为故意的要素，于是在缺乏违法性认识的场合，阻却故意责任。限制故意说是为了缓和违法性认识不要说的缺点而提出的，但是其修正的力度不够，而且存在故意概念与过失概念相混淆之嫌。[③]（3）责任说，主张将违法性认识可能性作为责任要素。根据缺乏违法性认识可能性的情形下责任形态的不同，该说可分为严格责任说和限制责任说。严格责任说认为：第一，具备其他罪责要素的不法行为，如果行为人具有违法性认识可能性，即成立故意犯罪；如果行为人缺乏违法性认识可能性，则阻却责任。第二，过失犯没有成立的空间。限制责任说认为，违法性认识可能性是故意和过失共同的责任要件，这便意味着在具备违法性认识可能性的情况下，过失犯仍有成立的余地，而缺乏违法性认识可能性则阻却责任。[④] 责任说可以说是位于故意说（包括严格故意说与限制故意说）与不要说之间的折中的观点。确实，故意说在某种程度上矫枉过正了，例

① 山口厚．刑法总论．付立庆，译．北京：中国人民大学出版社，2008：251.

② 大谷实．刑法讲义总论．黎宏，译．北京：中国人民大学出版社，2008：309.

③ 过失概念的实质在于行为人对于结果存在认识与预测可能性，如果将违法性认识可能性作为故意的要素，会使故意与过失的界限模糊化。

④ 周光权．违法性认识不是故意的要素．中国法学，2006（1）.

如限制故意说将违法性认识可能性作为故意的构成要素，对过失责任不作任何处理。在这一点上，责任说有着明显的优势。但是，责任说并不能建立一个周延的体系，只是对问题作了简化处理，即以违法性认识可能性完全取代违法性认识。例如，在行为人虽然具备违法性认识可能性但却缺乏违法性认识的场合，根据责任说往往要追究行为人故意犯罪的责任。这可能与充当过失概念基础的要素相冲突，并且使故意与过失的区分重新回归到心理责任论的心理联系上。(4) 自然犯与法定犯区别说，此说也持一种折中的立场，认为自然犯的善恶容易判断，不需要违法性认识；而法定犯的善恶难以确定或者说不存在绝对的善恶，其是根据国家的行政计划、行政命令等不断调整的，因此需要违法性认识。但是，一方面，自然犯也存在要求违法性认识的情形；另一方面，随着法定犯自然犯化，对于部分法定犯国民已经在内心中形成了关于善恶的直观判断标准，因而这种区分也是不妥当的。

虽违法性认识必要说已经在刑法学界获得了众多人的支持，但是在违法性认识必要说内部展开的争论仍然此起彼伏，其中任何一种学说都还没有产生足够的说服力。初步看来，规范责任论引入价值评价是一次方法论上的变革①，突破了传统罪责概念事实化的限制，所建立的罪责体系相对于之前的罪责体系有着明显的突破。然而，规范责任论虽然将违法性认识引入罪责体系，但是缺乏进一步论证，无法说明违法性认识如何在罪责要素中分配。此时，有必要回归到刑法的一般原理，对违法性认识重新进行审视，以解决规范责任论无法明确违法性认识之体系性地位的问题。

四、刑民交叉视野下违法性认识的实质出罪路径

（一）刑民交叉视野下违法性认识要素的相对性

正如前文所述，在民法领域，违法性认识不是过错的构成要素，不

① 欧阳本祺．犯罪构成体系的价值评价：从存在论走向规范论．法学研究，2011 (1).

影响民事责任的成立；而在刑法领域，违法性认识至少影响责任的轻重。于是，进一步需要回答的问题是：产生这种违法性认识体系地位差异的根源为何？这是由民事责任与刑事责任不同的规范目的与性质所决定的。

民事责任的首要目的在于填补损害，所以只有在既定损害发生之后才有民事责任的有无和轻重问题。也就是说，民事责任的重心在于确定客观损害的有无及轻重，而行为人的主观过错只是辅助性的确定责任要素，虽然通常是必备的，但是只要达到日常生活意义上的过错标准即可。况且，出于对某些特殊情况的考虑，民事立法设定了无过错责任，行为人即使主观上没有过错，也应当承担责任。这几乎完全消解了主观要素对民事责任的影响。

相对地，刑事责任则有着三重目的：第一，从被侵害的法益（包括个人、国家和社会法益）角度考虑，以法益保护为首要目的。这与刑法的整体目的具有一致性。为了全面“保护法益”，不必等到法益受侵害后才追究行为人的刑事责任，只要能够认定行为人的行为具有侵害法益的危险就有动用刑法追究行为人刑事责任的可能，由此便与民事责任填补损害的单一功能区别开来。第二，从行为人角度来看，通过刑事责任消除行为人的人身危险性。这就意味着，如果行为人没有人身危险性则没有必要动用刑罚，也就是说，如果行为人不存在与法规范相敌对的态度，即连违法性认识可能性都没有，则没有必要追究行为人的刑事责任。第三，从国家角度来看，设定刑事责任的目的在于确证法规范的效力。如果没有对应的刑事责任，那么刑法只能是宣示性的法律，不可能对社会公众的行为起到规范的作用。因此，在限制刑事责任的同时，也必须将那些值得刑罚处罚的行为纳入处罚范围，不能让违法性认识成为不法分子逃脱刑罚制裁的工具。由此可见，对于刑事责任的确定而言，违法性认识要素承载着重要的限制处罚范围的功能，但同时也要对其体系地位作出合理的限制，以防止其走向消极的一面。

（二）违法性认识的形式与实质

违法性包括形式违法性与实质违法性两个层面。“形式违法性，意指行为人违反法规范，违反法的禁止或命令”，即“从形式上将违法定义为违反实定法”①。据此，行为只要符合某一犯罪的构成要件且不存在违法阻却事由即具备形式的违法性。“实质的违法是指危害社会的（反社会的）行为。违法行为是对受法律保护的个人或集体的重要利益的侵害，有时是对一种法益的破坏或危害。其侵害法规范所保护之生活利益，即法益，与规律共同社会之法秩序之目的矛盾。”② 根据我国刑法的规定，刑法所禁止的是具有法益侵害或者法益侵害危险的行为（具有社会危害性的行为），因此，实质违法性所指向的即为行为的社会危害性。

对有责性的判断，究竟需要认识到何种层面的违法性？对此，笔者认为，通常情况下为了确保刑法规范的有效性，只需要认识到实质的违法性，即只需要认识到行为的社会危害性；但是在例外情况下，为了出罪，要求行为人认识到行为的形式违法性。这是因为：第一，要求行为人认识到形式违法性不利于规范犯罪行为。实质的违法性，即社会危害性，属于基本的善恶内容，人们在行为当时通常容易认识到，并且能够作出自由选择；而形式违法性是从具有实质违法性的行为中挑选出值得刑罚处罚的行为所具有的性质，是一个更高层次的概念。如果要求故意犯罪的成立认识到形式违法性，势必会使罪责判断的权力转移到犯罪人手中，这无疑是放纵犯罪。况且，从实质违法性与形式违法性的关系来看，在法治比较健全的社会，基本的善恶、对错（实质违法性）判断是正常的国民都具备的，但是何种行为值得刑罚作处罚（形式违法性）则只能交由国家来评判。第二，完全否定形式违法性认识的必要性会在某些情况下封闭正当的出罪路径。对于有些犯罪而言，实质违法性具有模糊性，换句话说，法律即使采用再先进的立法技术也不可能要求国民建立

---

① 张明楷．刑法学．北京：法律出版社，2013：109.

② 弗兰茨·冯·李斯特．德国刑法教科书．徐久生，译．北京：法律出版社，2000：201-202.

统一的善恶价值观。此时，如果行为人基于合理的信赖而作出了违反法规范的行为，则没有必要对其进行处罚，本章开篇案例中经营者的行为在某种程度上就具备了这种合理信赖的特质。

正因如此，一般情况下故意犯的成立只要求认识到行为的实质违法性（社会危害性）；而在例外情况下，为了满足出罪的需要，也要把形式违法性认识纳入罪责判断之中。下面将就故意与过失情况下违法性认识要素的分配分别检视之。

（三）作为故意要素的违法性认识

违法性认识是故意的要素。按照我国《刑法》第 14 条的规定，故意犯的成立首先要求认识到行为的实质违法性（社会危害性）。这似乎意味着只有对构成要件事实的认识是故意的认识内容，但是如果行为人基于合理的信赖而错误地实施了违法行为，则此时再加诸行为人故意责任，明显存在不妥之处。也就是说，如果行为人只有行为的故意而没有犯罪的故意，并且有足够合理的理由认为行为人实施该行为不存在与法律相对抗的动机，则不能对行为人科以责难程度过高的故意责任。这种逻辑上的矛盾的解决，依赖于这样的认识：通常情况下，只要行为具备实质违法性就推定行为人存在违法性认识；但是，当行为人基于合理的信赖而实施不法行为时，否定刑法规范所设定的违法性认识推定，进而阻却故意责任。也就是说，违法性认识是推定的故意要素，在行为人认识到行为的社会危害性之时，只要刑法将该行为明文规定为犯罪即可推定行为人存在违法性认识，并且如果行为人对行为不违法存在合理的信赖，即可推翻此推定。

问题是：何时才能够认定行为人不具有违法性认识，进而阻却故意责任？笔者认为，应当满足以下两个条件：其一，实质违法性难以判断。这种情况常见于非传统的自然犯，需要结合具体情况加以判断。其二，基于合理的信赖。按照《美国模范刑法典》第 204 条第 3 款 b 项的规定，“合理的信赖”主要存在于以下情形：（1）成文法或者成文法规的规定。法律、法规的规范性效力强大，因此，除了极其例外的情况，因遵守此法律、法规而触犯刑法的，可以认定为具备对有效法律、法规的合理信赖。(2) 法院的决定、意见或判决。法院的决定、意见或判决具备较高的权威性，行为人对判决的信赖是应当并且合理的。(3) 公共机关的意见。此种情形可见本章开篇案例。[①] 这两个要件缺一不可，也就是说，如果行为人具备实质违法性认识，即使行为人是根据法律、法院判决或者公共机关的意见等值得合理信赖的理由而实施违法行为的，也不能阻却故意责任。

(四) 作为过失要素的违法性认识可能性

违法性认识可能性是过失的要素。正如故意与过失的关系一样，违法性认识与违法性认识可能性是同一问题不同程度的概念。过失是对构成要件结果存在预见可能性，并进而违反结果回避义务的心理状态。但是其前提是行为人必须要形成对法规范的漠视态度，因此，从结论上看——正如多数学者所强调的那样，在缺乏违法性认识可能性的场合，行为人的责任被阻却。然而，这不是由于违法性认识可能性是责任要素，而是由于其为过失要素。如果将违法性认识可能性定位为责任要素，那么便无法说明为什么在缺乏违法性认识的场合阻却的是故意责任，因为违法性认识的前提在于行为人有违法性认识可能性。过失犯的实质意义在于，追究行为人漠视刑法所规定的禁止性规范的动机，因此，只有在行为人具备形成违法动机的可能性的场合，过失责任才能成立。因此，故意犯要求认识到规范的要素，相对应地，也必然要肯定过失犯存在对规范要素认识的可能性，于是，构成要件事实认识及可能性属于认识的事实面，构成要件违法性认识及其可能性属于认识的规范面，事实判断与价值评价得到统一。

经过上述讨论，可以得出最终结论：违法性认识与违法性认识可能性递进式地归属于故意和过失要素。对于符合构成要件的违法行为，在满足其他罪责要素的情况下，如果行为人缺乏违法性认识可能性，则排除犯罪的成立；如果行为人具备违法性认识可能性，但是因违反注意义务而没有认识到行为的违法性，则成立过失犯；如果行为人具备违法性

① 大谷实. 刑法讲义总论. 黎宏，译. 北京：中国人民大学出版社，2008：317-318.

认识，则成立故意犯。

五、结　语

刑事责任与民事责任具有相对独立性，规范责任论是判断该当构成要件的违法行为是否具备有责性的理论标准。最能反映这一问题的刑民交叉案件的复杂性在于其法律关系的复杂性。对这类案件的解决，需要把握案件的核心逻辑，寻找相应的法律关系，找到对应的法律依据，层层剥离其中存在交叉的法律关系，并最终得出案件解决方案的结论。行为人因“以合法形式掩盖非法目的”而使主合同的无效的，这种主合同的无效并不能基于刑事判决，刑事判决并不具有高于民事判决的效力。

基于规范责任论，违法性认识的体系地位在刑民中亦具有不同的地位。在民法领域，由于以事实作为归责的核心，因而对行为人过错的要求也相对缓和，违法性认识不是过错的构成要素。在刑法领域，违法性认识是罪责判断的规范构成要素，因此，有必要立足于刑法的一般原理重新审视其体系性地位。在要素的分配上，笔者主张以人权保障为中心，将违法性认识作为故意的要素，以确保国民的行动自由；以旧过失论为依据，将违法性认识可能性作为过失的构成要素，以明确罪责的起点。于是，在缺乏违法性认识仅存在违法性认识可能性的场合，故意责任被阻却，成立过失犯；在缺乏违法性认识可能性的情况下，过失责任被阻却，进而否定犯罪的成立。

第十章　程序正当性出罪：基于刑事一体化视野的分析

基于刑事一体化的视野，刑事程序出罪是刑法实体法出罪之外的一条出罪路径。作为一种立场、观念、方法，“刑事一体化是储槐植教授独树一帜的理论范式，是原创性的中国刑法理论”，它主张“治理犯罪的相关事项应该融通为一个整体，既注重刑事各学科的独立性，又要强调刑事各学科彼此照应、融合的整体性”①。对于刑法学者而言，刑事程序法不能偏废，将程序法与实体法有机结合起来会有意想不到的研究效果。实际上，在司法实务中，程序出罪更具重要意义。或言之，程序出罪在效率和有效性方面往往比实体出罪更高。以醉酒型危险驾驶案为例，程序出罪具体体现为以出罪为目的的刑事证据规则的构建、排除证据的客观性和合法性以实现实体出罪、引入刑事被告人的对质权以实现实体出罪三个方面。

一、基于刑事一体化的刑事证据规则：以出罪为目的

自 2011 年 5 月 1 日实施的《修（八）》第 22 条将醉酒驾驶行为入刑以来，该条关于“在道路上醉酒驾驶机动车的，处拘役，并处罚金”的极简规定，引发了理论界和实务界中对于醉酒驾驶行为是否一律入罪问题的探讨。仔细分析，醉酒驾驶行为是否一律入罪的问题，其要义在

① 张文．坚持“刑事一体化”协力推进刑事科学研究．中国检察官，2018（2）．

于如何以及可否对醉酒驾驶行为建立出罪机制。当前，刑法学者对此问题的探讨主要“固执于刑法学科内部，反反复复讨论《刑法》第13条但书可否适用于该罪。但无论得出何种结论，都无法破解醉驾犯罪作为类似于国外违警罪的立法类型与我国《刑法》第13条但书作为类似于国外重罪出罪条件之间的矛盾”①。可以说，醉酒驾驶、扒窃等行为的入罪，在某种程度上正是借鉴国外刑法“严而不厉”的立法模式之产物，与我国刑法传统的“厉而不严”立法模式主导下的罪名有根本性不同。看不到犯罪立法模式之变化，仍旧延续《刑法》第13条可否适用于这些新罪的传统思路来分析问题，其实是对新立法模式下出罪问题的有意忽视，以及对于类似于国外违警罪的行为入刑后所带来的如何出罪等新问题的庸俗化解读。因此，如何跳出传统既定思维，开辟醉酒驾驶行为的出罪通道，是摆在刑事法学者和实务工作者面前的一大难题。

由于对醉酒型危险驾驶罪的实体构成要件“醉酒驾驶”的认定，取决于刑事程序法中对酒精含量证据的鉴定意见，或者说，该罪是刑法中仅有的依据单个证据即血液中的酒精含量测试结果定罪的罪名，因而该罪产生了程序法与实体法上的共有问题，即如何严把证据关，从而严把入罪关。由此如何提高血液中的酒精含量测试结果的证明效力，以化解定罪时仅凭单个证据所可能带来的侵犯被告人人权之虞，从而通过程序法的保障最终实现刑法罪刑法定原则对刑罚处罚的妥当性要求？如何结合刑事诉讼中孤证不能定案的规则，对血液中的酒精含量测试结果的证明力进行质疑？如何解决在没有血液酒精测试结果而只有呼气酒精测试结果，或者只有旁证而无任何酒精测试结果的情况下进行定罪的证据问题等，成为认定醉酒驾驶行为成立犯罪的过程中亟待解决的理论与实务难题。在当前刑事实体法内部暂时难以解决醉酒驾驶行为出罪问题的情况之下，基于该种行为涉及程序法与实体法的双重性，不妨转换视角，基于刑事一体化之思维，在刑法之外研究刑法。② 为此，下文拟围绕以

① 刘艳红．刑法现状之评价与反思．法学研究，2013（1）．

② 储槐植．刑事一体化论要．北京：北京大学出版社，2007：25．

上问题，尝试建立醉酒驾驶行为入罪的刑事诉讼证据规则，以建立严格的入罪关口，从而将不符合证据标准的醉酒驾驶行为出罪；同时，结合有关醉酒驾驶行为的最新司法解释之规定[①]，对该解释中涉及醉酒驾驶行为入罪标准的相关规定进行分析与批判。

（一）醉酒型危险驾驶罪的理论与实务难题：如何建立有效的证据规则

根据有关法律文件的规定[②]，醉酒驾驶刑事案件（以下统称为醉驾案）的立案标准是，驾驶人员的血液中酒精含量大于或者等于 80mg/100ml。这表明，醉驾案的审判主要是依靠驾驶人员的血液中的酒精含量测试结果。“驾驶人血液酒精含量是否达到 80mg/100ml，是衡量醉驾人是否构成危险驾驶罪的唯一标准，其重要性可见一斑。因此，必须高度重视和依法规范收集”[③] 证据。对将醉酒驾驶（以下简称醉驾）行为入刑多年的国家比如美国、加拿大等的“研究表明，过去几十年，很多无辜的人因单一的刑事科学证据而被错误定罪”[④]。因醉酒型危险驾驶罪为一个施行不久的新罪，目前在我国尚未出现错案。但从预防冤假错案角度出发，及时展开对醉驾案定罪证据问题的探讨显然极有必要。我国醉驾案在实践中的表现形式各异，但迄今为止并未出台涉及醉驾案办理中的程序问题的细则化规定，“证据问题全靠实践摸索”[⑤]。因此，从确保醉驾案准确定性的角度而言，讨论醉驾案定罪证据如何落实的问题显然极有必要。

结合司法实践情况进行分析，醉驾案中突出的证据问题有三个，

---

① 2013 年 12 月 18 日最高人民法院、最高人民检察院、公安部《关于办理醉酒驾驶机动车刑事案件适用法律若干问题的意见》(以下简称《醉驾解释》)。

② 2011 年 4 月公安部《公安机关办理醉酒驾驶刑事案件程序规定（试行)》(征求意见稿）(以下简称《程序规定》)；2017 年 2 月 28 日修改的国家质量监督检验检疫总局《〈车辆驾驶人员血液、呼气酒精含量阈值与检验〉国家标准》(以下简称《国家标准》)。

③ 刘海东，曾凯. 县域醉驾重点要查二轮摩托. 检察日报，2013-03-26 (4).

④ Mordechai Halpert，Boaz Sangero，From a Plane Crash to the Conviction of an Innocent Person：Why Forensic Science Evidence Should be Inadmissible Unless it has been Developed as a Safety-Critical System，32 Hamline Law Review 65 (2009).

⑤ 李娜. 酒驾案移送检察后强制措施迥异. 法制日报，2012-05-02 (5).

即：在没有进行血液酒精测试时可否仅凭呼气酒精测试结果定罪；在没有呼气酒精测试结果时可否仅凭血液酒精测试结果定罪；在既无呼气也无血液酒精测试结果时可否仅以旁证推定定罪。

1．证据问题之一：在血液中的酒精含量未测试时可否仅凭呼气中的酒精测试结果定罪

如果驾驶人员在呼气酒精测试之后，以开车逃跑或其他方式逃避或拒绝抽取血样进行血液酒精测试，可否单独依据呼气酒精测试结果定罪？

目前我国相关法规对醉驾案规定了呼气酒精测试、血液酒精测试和申请重新鉴定三个程序。2011年4月《程序规定》第8条规定，“交通警察在道路执勤执法中发现机动车驾驶人有酒后驾驶嫌疑的，应当对其进行呼气酒精测试”。该规定第9条规定，“呼气酒精测试结果达到或者超过醉酒驾驶标准的”或“拒绝配合呼气酒精测试等方法测试的”或“对呼气酒精测试结果有异议的”，则“应当抽取血样，检验体内酒精含量”。可见，在法律文件中，呼气酒精测试与血液酒精测试之间的关系层级分明。然而，实践中醉驾案的证据收集并不能完全贯彻从呼气酒精测试到血液酒精测试的两级步骤。司法实践显示，“一些醉驾者逃避处罚的花样繁多，最典型的是在造成事故后先离开现场，等到酒精完全挥发后再投案，而此时司法机关已无法确定其驾车当时的血液酒精浓度”[①]。以下案例1与案例2均属此种情况。

案例1：某日晚上11点，肖某与朋友李某等聚餐饮酒。宴会结束后肖某欲开车回家，李某极力劝阻无效，遂向警方拨打了举报电话，并详细描述了肖某的回家路线。警方接到举报电话后，在肖某必经的路口拦截下了肖某，并对肖某进行了呼气酒精测试，结果为113mg/100ml。警察随后欲带肖某前往医院验血测试。肖某趁警方作笔录之际，开车加速逃离了现场。本案中的证据问题应该如何处理？

---

① 吴贻伙．醉驾入刑后，缓刑适用率居高不下．检察日报，2012-02-14（4）．案例1与案例2均针对此种情况编写而成。

该案反映的问题是：当呼气酒精测试结果达到了醉酒驾驶成立标准，且随后未能对驾驶人员进行血液酒精测试时，能否直接根据呼气酒精测试结果定案？进一步而言，"吸气测试结果是不是刑事案件的证据，如果是，应归于何种法定证据形式"①？呼气酒精测试结果与血液酒精测试结果之间的证据关系是什么？二者在醉驾案的证据体系中各自的地位是什么？此外，该案还反映了在醉驾案的证据收集中，仅仅根据他人的举报，是否可以随意对被举报人的车辆强制截停等程序正当性等问题，而这又事关证据的合法性。

此外，如果驾驶人员的呼气酒精测试结果与血液酒精测试结果之间的差异较大时，应以何者为准？尤其是，当血液酒精测试结果低于醉驾案立案标准，而呼气酒精测试结果已达到的情况下，可否单独依据呼气酒精测试结果定罪？如案例 2：某日上午 9 时许，甲闯红灯被交警拦截，后交警发现甲系酒后驾车。交警随即对甲进行了呼气酒精测试，结果为 95mg/100ml。随后，甲被交警带到某医疗机构抽血测试，结果为 76.5mg/100ml。此时究竟以呼气酒精测试结果还是血液酒精测试结果为准？

2. 证据问题之二：单独血液酒精测试结果可否证明醉驾行为成立犯罪

醉驾案中目前仅以驾驶人员血液酒精测试结果为标准来认定犯罪之有无，是典型的仅凭单个证据定罪的情形。如果没有呼气酒精测试结果而只有血液酒精测试结果，可否仅凭后者对驾驶人员定罪？

案例 3：2011 年 5 月 28 日晚上 9 点多，乙酒后骑摩托车下班回家。由于光线不太好，加之酒后感觉失控，开着摩托车在马路上逆行的乙行驶到某小区大门口时，突然撞上路边一堆石子，当即人仰车翻，乙昏迷。接到路人报警后迅速赶到的交警闻到乙一身酒味，立即对其进行酒精测试，发现其血液中酒精含量高达 236.26mg/100ml。②

---

① 游春亮，程海龙．深圳办理醉驾案件半年面临多重法律难题．法制日报，2011-12-06（4）．

② 吴贻伙．醉驾入刑后，缓刑适用率居高不下．检察日报，2012-02-14（4）．

该案中只有血液酒精测试结果，没有呼气酒精测试结果以及其他旁证，能否对乙以醉驾型危险驾驶罪定罪？如果乙以血液酒精测试结果不准确为由申请进行重新鉴定，该如何处理本案？《程序规定》第32条指出，如果犯罪嫌疑人对血液测试鉴定意见的准确性存有疑问时，“可以在办案部门送达《鉴定结论通知书》之日起三日内书面提出重新检验鉴定申请”。然而，较之于其他司法鉴定例如是否为精神病人等的重新鉴定不同，血液酒精含量受酒精挥发和人体吸收、消化等的影响，在3日内重新鉴定的准确率值得怀疑。血液酒精测试结果在醉驾案中举足轻重的地位，决定了应该更加审慎地对待这一证据。

3. 证据问题之三：既无呼气酒精测试结果也无血液酒精测试结果时可否仅依旁证定罪

有的案件中既无呼气酒精测试结果，也无当事人血液酒精测试结果，只有相关旁证证明当事人可能是酒后驾车、有可能成立醉驾型危险驾驶罪。此时，能否根据这些旁证定罪？

案例4：袁某驾车载乘其妻胡某、朋友姚某到邻镇赴宴，宴后醉酒超速逆向行驶，与相向行驶的摩托车相撞，致2人当场死亡。袁某让妻子胡某为其顶罪，并让姚某作伪证。后胡某到公安机关“投案”，称肇事车辆系其驾驶的。当晚胡某“顶包”把戏终被戳穿，公安机关对已被确定为肇事嫌疑人的袁某抽血测试，但此时袁某的血液酒精含量已远低于醉驾标准。依酒精测试结果，不能认定袁某醉驾或酒驾。但警察从陪同的姚某和一起喝酒的朋友以及饭店服务员处获取旁证，最终司法机关认定袁某“酒后”驾驶成立。由于致死两人不能仅认定为危险驾驶罪，因而司法机关最终认定袁某构成交通肇事罪，从重处罚。[①] 本案中，袁某是否有酒驾情节或者能否认定袁某成立醉驾型危险驾驶罪？

本案的症结在于因既没有呼气酒精测试结果又无血液酒精测试结果

① 王威，郭鼎. 妻子顶罪逃避酒精测试被揭穿“酒驾”没商量. 检察日报，2012-05-02 (7).

而难以认定。袁某令其妻子胡某顶罪，虽然其后“顶包”把戏被戳穿，但是却拖延了检验袁某之血液酒精含量的时间，再行测试时，袁某体内的血液酒精含量已远低于酒驾标准，更不成立醉驾。袁某究竟是酒后驾驶还是醉酒驾驶，客观上已无法查清。在此情况下，司法机关一致认定袁某成立酒后驾驶。显然，袁某被认定为存在酒后驾驶情节，“主要系从旁证中推定而得……是否妥当，值得商榷”[①]。

以上醉驾案中的三大证据问题，均反映出在实践中，由于醉驾案主要依赖血液酒精测试结果，在该测试结果或不准确或与呼气酒精含量测试结果不一致或不具备时，酒驾情节或醉驾情节难以认定，即在相关证据无法落实时案件如何处理的问题。

（二）醉酒型危险驾驶罪刑事证据规则之确立：以证据的证明力为中心

刑事证据规则是指在刑事诉讼过程中收集、运用、审查、判断证据认定案情时必须遵守的准则。[②] 刑事证据规则的意义在于规范诉讼过程中的取证、举证、质证和认证活动。它是指导司法证明实践、具有可操作性的准则，因此刑事证据规则具有规范性、程序性与具体性的特点。[③] 而刑事证据规则最终目的是提高证据的证明效力，“证据规则决定一个事实认定者在解决事实问题时可以使用什么材料，大多数的证据规则都是关于什么应被接受为证据的问题”[④]。醉驾犯罪倚重酒精含量测试结果定案时，如何确保各项证据的收集与认定具有规范性与程序性，正是醉驾案件办理过程中急需解决的问题。如何从理论上总结出可供醉驾案的司法证明实践操作的规则，并表明醉驾案在面临形形色色的证据时，可以何种证据作为定案证据，是醉驾案定罪量刑核心之所在。为此，下文拟结合醉驾案中血液酒精测试结果、呼气酒精测试结果以及

---

① 李森．认定醉酒驾驶的几个难点．检察日报，2012-05-18（3）．

② 房保国．刑事证据规则实证研究．北京：中国人民大学出版社，2010：23．

③ 宋英辉．刑事诉讼学研究述评．北京：北京师范大学出版社，2009：591．

④ 乔恩·R. 华尔兹．刑事证据大全．何家弘，等译．北京：中国人民公安大学出版社，1993：156．

其他旁证等不同证据的证明效力，基于前述醉驾案理论与实务难题，根据刑事诉讼法有关规定及原理，论证醉驾案中的证据收集与认定可以建立如下证据规则，即单独呼气酒精测试结果不能作为定案证据，单独血液酒精测试结果经查证属实后可作为定罪证据；既无呼气酒精测试结果，也无血液酒精测试结果时不能仅依旁证定罪。

1. 证据规则之一：单独呼气酒精测试结果不能作为定案证据使用

《醉驾解释》第 6 条规定："血液酒精含量检验鉴定意见是认定犯罪嫌疑人是否醉酒的依据。犯罪嫌疑人经呼气酒精含量检验达到本意见第一条规定的醉酒标准，在抽取血样之前脱逃的，可以以呼气酒精含量检验结果作为认定其醉酒的依据。"该解释明确了呼气酒精测试结果可以作为定罪证据使用；然而，这一规定明显不妥。根据我国办理醉驾案的有关法规及刑事证据学相关法理，呼气酒精测试结果不能作为定案证据使用。即或在有其他证据相印证的情况下，呼气酒精测试结果也只能作为醉驾案立案侦查的依据使用。

我国的诉讼证明模式是印证式的。证明模式，是指实现诉讼证明的基本方式，即人们在诉讼中以何种方式达到证明标准，实现诉讼证明的目的。印证式证明模式要求认定案件事实至少有两个以上的证据，其证明内容相互支持（具有同一指向），排除了自身矛盾以及彼此间矛盾，由此而形成一个稳定可靠的证明结构。证据是否确实，正是通过证据间的相互印证才被确认的。[①] 仅有呼气酒精测试结果，无论是否有其他证据可以相互印证，均不能支持其证明醉驾型危险驾驶罪的成立。排除呼气酒精测试结果作为定案证据，意味着在印证式证明模式之下，所谓的相互印证，一定是能够作为定案证据的材料与其他辅助材料之间的印证，绝非不分主次，绝非任何材料之间的印证均可证明案件的成立。

（1）呼气酒精测试主体不具备法定鉴定人资格。

在我国关于司法鉴定活动及司法鉴定机构和鉴定人有一系列的法律

① 龙宗智．中国法语境中的"排除合理怀疑"．中外法学，2012（6）．

法规，它们是 2005 年 2 月 28 日公布的全国人民代表大会常务委员会《关于司法鉴定管理问题的决定》（2015 年修正）（以下简称《司法鉴定决定》）、2005 年 9 月 29 日公布的司法部《司法鉴定机构登记管理办法》以及 2000 年 9 月 18 日公布的司法部《司法鉴定人管理办法》（已失效）。根据它们的规定，司法鉴定是指在诉讼活动中鉴定人运用科学技术或者专门知识对诉讼涉及的专门性问题进行鉴别和判断并提供鉴定意见的活动，所有司法鉴定都必须由有资质的专业鉴定机构的鉴定人进行。司法鉴定人是取得司法鉴定人职业资格证书和执业证书，在司法鉴定机构中执业，运用专门知识对诉讼活动中涉及的专门性技术问题进行科学鉴别和判定的专业技术人员。呼气酒精测试属于司法鉴定，理应由专门的司法鉴定人员进行。但司法实践中，对驾驶人员的呼气酒精测试是由交警进行的，而交警作为案件侦查人员，显然有别于具有法定资格的鉴定人员，他们并不具备专业的鉴定技术和知识，无法保证鉴定意见的准确性。“鉴定意见也可能会囿于鉴定人的资格、鉴定水平和职业操守等原因而发生错误。”“鉴定意见的科学性、真实性和权威性，在很大程度上不取决于鉴定意见本身，而依赖于鉴定人的专业资格、鉴定过程和判断能力。”① 同时，由交警承担呼气酒精测试工作，也违反了 2018 年《刑事诉讼法》第29 条关于侦查人员不得同时担任鉴定人的规定，也即不具备鉴定人资格的交警所进行的呼气酒精测试本身在鉴定程序上就是违反刑事诉讼法及鉴定管理法规的有关规定的。这决定了无论呼气酒精测试的结果如何，都不宜作为鉴定意见使用，更不能单独作为醉驾案的定案证据。

（2）呼气酒精测试结果的准确性尚需质疑。

呼气酒精测试又称为初步呼气测试，在美国和加拿大称为初步酒精检查，在我国香港地区称为检查呼气测试，是一种常见的检验醉酒状态的方法。英国《道路交通法案》第 6A 条给它下的定义是：初步呼气测试是使用经英国国务大臣认可的仪器对嫌疑人提供的呼气样本进行测

① 陈瑞华. 刑事证据法学. 北京：北京大学出版社，2012：115.

试，测试结果将会显示某人的呼气或者血液酒精含量是否有可能超过法定的上限。[①] 但是，实践证明，呼气酒精测试结果往往不够准确。比如在加拿大，初步呼气测试的仪器经常被校准到血液酒精浓度为 100mg/100ml 时才会显示测试未通过，如果驾驶人员未通过初步呼气测试，警察便会以合理的理由相信驾驶人员在血液酒精浓度超过 80mg/100ml 的情况下进行了醉酒驾驶的行为。[②]

实践表明，呼气酒精测试结果准确与否，除了与测试主体的资质有关，亦与测试仪器是否精准有直接关系。“众所周知，现在交警在路边例行测试的方法，一般使用让司机吹气的方式。一位办理过多起醉驾案的一线法官告诉记者，在审判中，法院一般采信交管提供的酒精测试结果。如果酒精测试仪出现故障，被告人在开庭中也难以提出相反的证据，无法对这个酒精测试结果进行质证。”[③] 我国现有行政法规和各地方性行政规定只是对呼气酒精测试的执法过程进行了原则性规定，而对呼气酒精测试仪器是否精准这样的细节性问题根本未有涉及。2008 年 11 月 15 日颁布的公安部《交通警察道路执勤执法工作规范》附件一规定：“对有酒后驾驶嫌疑的机动车驾驶人员，要求其下车接受酒精检验。对确认没有酒后驾驶行为的机动车驾驶人员，应当立即放行；使用酒精测试仪对有酒后驾驶嫌疑的机动车驾驶人员进行检验，检验结束后，应当告知检验结果；当事人违反检验要求的，应当当场重新检验。”地方性法规，比如 2011 年 11 月 24 日山西省公安厅发布的《公安机关办理醉酒驾驶刑事案件若干规定（试行）》第 9 条规定：“交通警察在道路执勤执法中发现机动车驾驶人员有酒后驾驶嫌疑的，应当对其进行呼气酒精测试。呼气酒精测试应当打印书面测试结果，由涉嫌醉酒驾驶嫌疑人签名、交通警察签名或盖章。涉案人对测试结果有异议或拒绝签名的，

---

① Road Traffic Act 1988，http://www.legislation.gov.uk/ukpga/1988/52#commentary-c1397107，last visited on Feburary 1，2012.

② Robert Solomon et al.，Random Breath Testing in Canada：Evidence and Challenges，49 Alberta Law Review 37 (2011).

③ 刘婷，胡振艺，等. 醉驾案审判面临 7 个“模糊地带”. 新法制报，2012-05-23 (2).

交通警察应当在书面测试结果上注明。”这些条文仅仅抽象地涉及了呼气酒精测试的执法过程，而对于如何确保测试仪器的安全、准确、可靠丝毫未有涉及。域外早已有立法对此作了明确规定，如 2012 年 3 月 15 日香港政府颁布的《2011 年道路交通（修订）条例》（以下简称《香港道路条例》）第 2 条规定：认可预检设备必须是警务处处长通过宪报予以公告认可的设备。认可操作员是指警务处处长书面授权作为操作员，使用认可的仪器进行初步呼气测试的警队成员。《加拿大刑法典》第 254 条规定，呼气样本的经核准的容器是由加拿大总检察长指定的用于容纳个人呼气样本以供分析的容器，核准的仪器是指为收存人的呼气样品并进行分析以测量其人血液酒精含量而设计的仪器，并经加拿大总检察长核准；合格的技师就呼气取样而言是指经总检察长批派能够操作核准器的人。1988 年英国《道路交通法案》第 6A 条规定：初步呼气测试仪器需要由英国国务大臣予以认可。在美国，呼气测醉仪必须经过定期校准和维护，以保证其持续的精密性。①

目前我国醉驾行为入刑时间不长，尚无立法对呼气酒精测试仪器的标准以及如何确保其精准性等问题进行详细的规定，实践中更是摸着石头过河，各地测试仪器差别也很大，这使我国呼气酒精测试仪器的准确性受到质疑，警察进行的呼气酒精测试的可靠性也无法保证。另外，很多物质诸如漱口水、呼气喷剂、止咳糖浆等也会包含酒精，摄入后也会导致口腔中含有酒精，因此英美国家往往在测试时会询问驾驶人员在测试之前 15～20 分钟之内有否摄入这些物质。② 但是我国所有关于醉驾鉴定的程序性规定都没有要求警察在进行呼气酒精测试前询问驾驶人员在接受测试前 15～20 分钟内是否有过饮酒行为或者摄入其他可能影响呼气酒精测试准确性的物质。同时，由于警察在进行呼气酒精测试时不具备专业的鉴定资格，因而在使用鉴定仪器后难以做到及时有效消毒，实务

① Joseph Tacopina, Chad Seigel, Strategies for Defending DWI Cases in New York 2011 Edition, Aspatore, April, 2011.

② Emanuel Antonio Lebron, Understanding Field Sobriety and Breath Testing Procedures, Aspatore, September, 2009.

中对于如何确保测试仪器不成为疾病传染的源头或媒介也颇有忧虑。

在呼气酒精测试过程中，其他因素影响也往往会导致测试结果不准确。有些类型的呼气酒精测试仪器会对某些特殊的物质而不是酒精产生反应，比如乙醚、三氯甲烷、丙酮、乙醛甚至卷烟都会被这些仪器误认为是酒精。[①] 我国司法实践中就曾出现了“吃‘蛋黄派’后能被检查出酒驾”[②] 的事例。经呼气酒精测试，吃 1 个蛋黄派，酒精浓度为 26mg/100ml，那么，吃不到 4 个蛋黄派，酒精浓度就可以达到醉驾犯罪成立标准；吃酒心巧克力或者与饮酒后的他人接吻等均能被呼气酒精测试认定为“酒后驾车”[③]；等等。以上这些均表明呼气酒精测试结果难以成为醉驾案的定案证据。正因如此，国外醉驾案的司法实践中，呼气酒精测试结果一般都不能在刑事诉讼中作为最终证据被使用和采纳。[④]

（3）呼气酒精测试结果宜作为立案侦查的依据，不应作为定案证据。

《国家标准》规定血液酒精含量大于或者等于 80mg/100ml 为醉酒驾驶；公安部《关于公安机关办理醉酒驾驶机动车犯罪案件的指导意见》（以下简称《指导意见》）规定：“当事人被查获后，为逃避法律追究，在呼气酒精测试或者提取血样前又饮酒，经检验其血液酒精含量达到醉驾标准的，应当立案侦查。当事人经呼气酒精测试达到醉酒驾驶机动车标准，在提取血样前脱逃的，应当以呼气酒精含量为依据立案侦查。”可以说，这两个行政法规对呼气酒精测试结果的性质作了明确。这表明，一方面，根据《国家标准》的规定，呼气酒精测试的对象并不属于该标准中规定的“血液酒精含量”，而是气体中的酒精含量，故不宜将呼气酒精测试结果作为醉驾案的定案证据；另一方面，呼气酒精测试结果虽然不能作为认定醉驾犯罪成立的依据，但根据《指导意见》，

① Leonard Stamm，The Top 20 Myths of Breath，Blood，and Urine Tests，29 Champion 44，45-46 (2005).

② 单思敬，王鹏飞．吃蛋黄派会酒驾？血检为准!．东亚经贸新闻，2012-07-15 (3).

③ 陈立新．酒驾．法制日报，2013-01-13 (8).

④ Christopher W. Nicholson，Maryland's Drunk Driving Laws：an Overview，11 Baltimore Law Review 357 (1982).

呼气酒精测试结果可以作为醉驾案件立案侦查的依据，其延伸意义则是可以为交警估计驾驶人员是否有可能处于醉酒状态提供盖然性指导。

然而，实践中有的司法人员或者司法部门对上述规定视而不见。一种相当有影响的观点认为："如果醉酒驾驶嫌疑人在进行血液酒精测试前使用各种不正当方法逃避规范测试的，当然也可以依现场呼气测试结论作为定案证据，因其同样具有证据的客观性、合法性与关联性。"[①]对于这种观点，实践中已有呼声回应，如某地方公安部门认为，"只要掌握充分证据，就是测试不到酒精含量，一样可以按照醉酒驾驶来处理"，"只要是现场逃逸的司机，被抓获归案后，要立即抽血，如果测试不到酒精含量，或酒精含量没有达到醉酒标准的，交管部门必须要认真调查，进行取证，比如，调看酒店或路边监控录像，调查与开车人一起喝酒的人，通过外围证据以及证人证言，还原'酒驾'者的本来面目，只要证据确凿，'零'酒精含量，也可按醉驾来处理"[②]。据此，无法查验驾驶人员的血液酒精含量时，只要有呼气酒精测试结果，就可以定醉驾型危险驾驶罪。这些观点和做法均令人质疑。前述表明，呼气酒精测试的主体并不具备鉴定主体资格，这导致该结果作为证据时在合法性上存在问题；该测试结果也因受多种因素的影响而并不准确，其客观性更值得怀疑；在无法与血液酒精测试结果印证的情况下，该测试结果仅仅与证人证言等旁证相印证，并不具备定罪证据所要求的证明能力。将呼气酒精测试结果作为定案证据，不但与《指导意见》将呼气酒精测试结果作为"立案侦查"依据的规定相违背，也与证据法的基本原理相违背。刑事诉讼中的定罪证据必须充分、确实，而"'证据充分'指凭现有证据足以认定案件事实，更须有多个证据，且其所含信息具有同一指向"[③]。仅有呼气酒精测试结果根本谈不上证据充分；直接采信呼气酒

① 黄祥青. 对刑法修正案（八）中盗窃罪与危险驾驶罪相关问题的理解与适用. 人民法院报，2011-05-04（6）.

② 朱俊俊. 想逃逸躲酒精检测？没用了。证据一锁定，就可按"醉驾"处理. 现代快报，2011-09-28（F11）.

③ 龙宗智. 中国法语境中的"排除合理怀疑". 中外法学，2012（6）.

精测试结果作为最终证据使用，是扩大定罪范围、侵犯人权的不妥做法，必须予以警惕。前述案例1中的肖某和案例2中的甲，虽然呼气酒精测试结果均已达到醉驾案定罪标准，但根据上文分析，由于缺乏最重要的血液酒精测试结果，故对此二人均不能定罪。此种结论，也有相关行政法规的支持，如《程序规定》第34条规定，血液酒精含量检验鉴定结论与呼气酒精测试结果不一致的，应当以血液酒精含量检验鉴定结论为准。

总之，呼气酒精测试的主体不具备司法鉴定人资格，测试仪器的精准性也值得怀疑，测试结果的准确性、可靠性与权威性无法保证；呼气酒精测试结果的主要作用在于使交警估计驾驶人员是否醉酒驾驶，它可以作为立案侦查的依据，但不能直接作为刑事诉讼活动中的定案证据；它与血液酒精测试结果之间是初步证明材料与最终定案证据的关系。即便《醉驾解释》已规定可以依照呼气酒精测试结果对醉驾行为定罪，但是，基于前述反对将呼气酒精测试结果单独作为定罪证据的法理分析，在实践中也应尽量减少单独依据呼气酒精测试结果定罪的做法，尽量采集并依据血液酒精测试结果定罪量刑，以严把醉驾行为的入罪关。

2. 证据规则之二：单独血液酒精测试结果经查证属实后可作为定罪证据使用

在既有呼气酒精测试结果又有血液酒精测试结果且二者能相互印证的情况下，认定醉驾犯罪没有问题；在没有血液测试结果的情况下，则要反对仅凭呼气酒精测试结果定罪。那么，在没有呼气酒精测试结果，仅有血液酒精测试结果时，是否可以认定醉驾犯罪？如果回答是肯定的，此时是否违反了刑事诉讼法中孤证不立原则？对作为定罪证据使用的血液酒精测试结果如何判断其证据能力？

(1) 醉驾案的独特性决定了可以仅凭血液酒精测试结果定罪，且不违反孤证不立原则。

根据前述《国家标准》、《程序规定》和《指导意见》等一系列行政性法规或规范文件的规定，驾驶人员的血液酒精含量是否达到80mg/100ml，是判断其行为是否构成危险驾驶罪的唯一标准。换言之，在醉驾案中，只要驾驶人员的血液酒精含量达到80mg/100ml，即使没有其他证据也可证明醉驾犯罪成立；其他证据再充分，只要没有血液酒精测试结果，就无法证明醉驾犯罪成立。“案件只有一项有罪证据，由于该证据形成了‘孤证’，得不到任何其他证据的印证，处于真伪难辨、虚实不明的状态，裁判者当然无法仅凭该项孤证来认定案件事实……”[①] 对于刑法中其他犯罪诸如杀人、抢劫、贪污等，证明行为人有罪的证据绝非一项；但对于醉驾案而言，其他证据都无法证明驾驶人员有罪，只有血液酒精含量才可以，换言之，醉驾型危险驾驶罪属于本身只重视“一项有罪证据”的罪名，这正是其特殊性之所在。

在英美法系国家，醉驾行为入罪同样也依赖血液酒精测试结果这一证据。“在醉酒驾驶犯罪的案件中，案件的审判可以依靠科学而具体的刑事技术证据，比如体内酒精呼气器，根据现行的法律，某人可以基于一个证据而被定罪。”[②] 对于醉驾型危险驾驶罪而言，血液酒精测试结果是案件的直接证据及原始证据，其证明力高于醉驾案中任何其他证据的证明力，依据它，完全可以认定犯罪成立。仅凭血液酒精含量定罪，不违反孤证不立原则；仅凭呼气酒精测试结果或者其他相关旁证定罪，才会违反孤证不立原则。在客观真实的前提之下，案件的直接证据能够单独包含案件主要事实的信息，既能够证明犯罪已经发生，也能够证明犯罪由犯罪嫌疑人所实施，而不是如同间接证据那样只能证明犯罪构成要件的某一环节或片段。因此，案件直接证据是能够证明案件主要事实的成立的。[③] 可以说，在醉驾型危险驾驶罪中，血液酒精测试结果就是能够证明案件主要事实的直接证据。而孤证不立原则主要是“为了保护被告人的权利，防止案件事实的误认，对某些证明力显然薄弱的证据，要求有其他证据予以证实才可以作为定案根据的规则”[④]，血液酒精测

---

① 陈瑞华. 论证据相互印证规则. 法商研究，2012（1）.

② Boaz Sangero，Mordechai Halpert，Why a Conviction Should Not be Based on a Single Piece of Evidence：A Proposal for Reform，48 Jurimetrics Journal 62-63（2007）.

③ 陈瑞华. 论证据相互印证规则. 法商研究，2012（1）.

④ 刘善春，毕玉谦，郑旭. 诉讼证据规则研究. 北京：中国法制出版社，2000：320.

试结果的证明力非但不“显然薄弱”，而且能够直接证明案件的主要事实，在醉驾案的所有证据中，证明力最强。

尤其是，孤证不立原则对于仅凭口供定罪的案件具有特殊的警示意义，而对醉驾这种主要根据生物学测试结论定罪的案件意义不大。在我国，仅凭口供定罪的现象曾经是刑事司法实务中较为普遍的现象，因此，孤证不立原则对于防止仅凭口供定罪具有特别的针对意义。2012年《刑事诉讼法》第55条规定：“对一切案件的判处都要重证据，重调查研究，不轻信口供。只有被告人供述，没有其他证据的，不能认定被告人有罪和处以刑罚；没有被告人供述，证据确实、充分的，可以认定被告人有罪和处以刑罚。”据此，仅有被告人的口供而无其他相关证据印证的，口供作为证据本身的证明力尚存疑。仅有口供，事实难测，无法证伪；如据此定罪，才违反了孤证不立原则。备受瞩目的张某强奸杀人案中，“唯一的直接证据”是“‘牢头’袁连芳供述”，而最重要的DNA鉴定证据则被排除[①]，司法人员仅据此口供证据将张某确定为强奸杀人案的罪犯。此案即为违反孤证不立原则定罪的典型案例。但在醉驾案中，无论是否有口供，都不会据此将驾驶人员定罪，而是必须要验证驾驶人员在驾车时血液酒精含量已经达到醉驾的标准后才能确定。“目前审理醉驾案件几乎无须考虑驾驶者是否处于醉态，而变成一个生物学问题——证明驾驶者的酒精含量是否大于或等于80mg/100ml。”[②]显然，孤证不立原则对于仅凭口供定罪的案件尤其具有针对性，对于根据生物学测试结果定罪的醉驾案针对性不强。根据驾驶人员的血液酒精含量定罪，是醉驾犯罪成立要件使然，并不违反孤证不立原则。

另外，没有呼气酒精测试结果而仅有血液酒精测试结果，也未必是真正意义上的孤证。孤证不立或者孤证不能定案，是我国刑事诉讼法学界与司法实务界的共识。“案件只有一项有罪证据，由于该证据形成了‘孤证’，得不到任何其他证据的印证，处于真伪难辨、虚实不明的状

① 张飚．“包青天”难不难．南方周末，2013-05-16（A1）．

② 杨志琼．美国醉驾犯罪的法律规制、争议及启示．法学，2011（2）．

态，裁判者当然无法仅凭该项孤证来认定案件事实……”[①] 显然，所谓孤证，在刑事诉讼中，是指有罪证据是孤立的。孤证概念是相对的，绝对孤证并不存在。在醉驾案中也不例外。根据司法实践，总体上醉驾案的“证据应包括以下主要方面：(1) 查获经过；(2) 证人证言；(3) 犯罪嫌疑人供述及现场同步录音录像；(4) 呼气酒精含量检验单和血液中酒精含量鉴定结论；(5) 血液提取笔录；(6) 犯罪嫌疑人的身份证明材料”[②]。可见，血液酒精测试结果是有罪证据，也是能够直接证明案件待证事实的主要证据。仅有此项证据，是相对于没有呼气酒精测试结果的案件而言的。除此之外，即或没有呼气酒精测试结果，也有证人证言、犯罪嫌疑人的供述或者其他证据证明其系属饮酒后驾车。如果说直接证据的数量是相对的，那么在现实案件中，间接证据的数量是绝对的。“在诉讼程序中人们发现并于审判程序提交的证据大多是间接证据，对于喜欢著名的米勒类推标准（Miller Analogy Test）的人来说，直接证据相对于间接证据，仅仅是间接证据的冰山一角。”[③] 换言之，直接证据是悬浮于海面上的冰山一角，间接证据才是整个冰山的大部分。如果有其他能证明案件事实某一片段的间接证据如证人证言等，且“经法庭举证、质证后”“作为醉驾定罪的补强证据”[④]，当血液酒精测试结果这一直接证据与其他间接证据相印证，形成行为人醉酒驾车的证据链时，当然能够证明其醉驾犯罪的成立。

总之，根据血液酒精测试结果定罪恰恰体现了醉驾案的独特性，而不违反孤证不立的证据法基本原则。只要经过查证，证明血液酒精测试结果是客观、准确的，而且其来源合法，取得程序没有违反法律规定，就可以将其作为定罪证据使用。

(2) 血液酒精测试结果必须经查证属实后，才能作为醉驾案中的定

① 陈瑞华. 论证据相互印证规则. 法商研究，2012 (1).

② 高晓军. 醉驾：争议中前行. http://www.jsfy.gov.cn/llyj/xslw/2012/10/31164349681.html. [2013-03-13].

③ David A1Binder，Paul Bergman，Fact Investigation，West Publishing Co.，1984；转引自赵信会. 英美证据评价制度的定位. 法律科学，2010 (4)。

④ 吴伯初. 应完善醉驾行为定罪的证据收集. 江苏法制报，2011-05-09 (6).

罪证据予以使用。

2018年《刑事诉讼法》第50条第2款规定："证据必须经过查证属实，才能作为定案的根据。"据此，血液酒精测试结果经查证属实后，可作为定罪证据使用。问题是：如何查证属实？对此必须联系证据的属性进行思考。刑事案件的定罪证据必须要具有客观性、关联性和合法性，这是刑事证据证明标准所要求的。所谓"证明标准是法律规定的运用证据证明待证事实所要达到的程度的要求"[①]。2018年《刑事诉讼法》第55条规定："证据确实、充分，应当符合以下条件：（一）定罪量刑的事实都有证据证明；（二）据以定案的证据均经法定程序查证属实；（三）综合全案证据，对所认定事实已排除合理怀疑。"具备了客观性、关联性与合法性的证据的证明力最强，这样的证据对待证犯罪事实的证明能够达到确实、充分的程度。因此，在某种程度上可以说证据的客观性、关联性与合法性是上述规定的学理反映。

证据的客观性要求证据必须是真实存在的可靠与可信的事实；证据的关联性是指证据所包含的事实与所要证明的案件事实具有联系；证据的合法性要求侦查人员在证据的取得上必须严格遵守法定程序。[②] 很显然，证据的客观性主要是回答证据是否确实亦即实质真实的问题；证据的关联性主要是解决各个证据之间是否与待证事实有关的问题；证据的合法性则是回答证据是否非法或存有瑕疵的问题。这决定了作为醉驾案定罪证据的血液酒精测试结果必须具有客观性、关联性和合法性。在证据三属性中，客观性是证据最本质的特征，它与合法性一起解决证据定性问题；关联性解决的是证据定量问题，对它"的判断是一个法官自由裁量权范围内的事"。加之证据的合法性"包容了证据的客观性和关联性"[③]，因此，判断一项证据是否经过查证属实，主要是判断其是否具有客观性与合法性；而该项证据与待证事实之间的关联性及程度，不妨由法官在审理中判定。正因如此，下文对醉驾案中血液酒精测试结果如

① 卞建林．证据法学．北京：中国政法大学出版社，2002：256．

② 陈瑞华．刑事证据法学．北京：北京大学出版社，2012：81-83．

③ 汤维建．关于证据属性的若干思考和讨论．政法论坛，2000（6）．

何查证属实的问题，主要联系证据的客观性与合法性进行探讨。

如果对血液酒精测试结果的客观性存疑，经排除合理怀疑后，该证据方能作为定罪证据使用。

血液酒精测试结果的客观性，就是证据是准确的，也即如实反映案件的客观真实，事实清楚，证据确实充分。换言之，血液酒精测试结果只要在客观性上不存疑问，则其必然是准确的。然而，醉驾案定罪证据客观（准确）性究竟应该达到何种程度，事关证据的客观性标准问题，同时也是证据法理论与实务中向来有争议的话题。联系刑事诉讼法有关规定及相关法理分析，血液酒精测试结果的客观性，只需达到排除合理怀疑证明标准。

其一，从刑事法理论分析，如果按照刑事案件的事实真相来要求证据的客观性，则证据必须能够全面彻底地证明案件的事实真相并恢复案件的本来面目。这种要求，意味着刑事案件的证据应该达到客观真实程度的最高证明标准。这固然有利于案件的侦破和查处，但忽视了在法院实际办案中这一证明标准的可操作性。今天“无论是在英美还是在大陆法国家，法院对案件事实的确定，都不需要达到客观真实的程度，而最多只需要达到‘排除合理怀疑’的程度”[①]。法院对于客观性存疑的证据，只要“认真、仔细地审查、判断”，“进行多方面的对比和鉴别，以判明真伪，并对其中存在的矛盾加以合理排除”，即可认为是“经过查证属实的证据”[②]，并以之作为最后定案的根据。其二，从我国刑事诉讼实践分析，目前审判前程序缺少中立裁判者，此时“要求警察和检察官对案件事实的揭示都达到客观真实的状态，这显得有些不切实际。事实上，警察和检察官如果自认为案件事实已经达到了这种客观真实的程度，那么，谁又能对此作出公平的判定呢？”[③] 更何况，如果说“‘事实清楚，证据确实、充分’标准的背后体现的是一种‘绝对的确定性’、‘客观的确定性’，那么，要求在审判前的程序中就达到这种最高程度的

① 陈瑞华．刑事诉讼法的前沿问题．北京：中国人民大学出版社，2000：210.

② 崔敏．怎样看待刑事证据的客观性?．法学杂志，1984（5）.

③ 同①212－213.

证明，显然存在逻辑上的矛盾。因为，既然侦查程序、起诉程序就要求结论绝对正确，那么，为什么还需要审判程序呢?”[①] 可见，强调绝对确定与真实的标准既不符合司法现实，也违背诉讼程序的内在法理。对于醉驾案中血液酒精测试结果这一证据的客观性，亦应以排除合理怀疑为标准。其三，我国刑事诉讼立法也确立了排除合理怀疑这一案件事实的证明标准。前述第 55 条第 2 款虽然是将“排除合理怀疑”作为下位款项即第 2 款的第 3 项规定在条文中，使“排除合理怀疑”在法条层级中似乎只是第 55 条确立的“证据确实、充分”的下位规则，但该条对“排除合理怀疑”的要求是建立在“综合全案证据”的基础上的，即综合全案证据可以排除合理怀疑的证据即为确实充分的证据。可见，从该条表述分析，“排除合理怀疑”实则是“证据确实、充分”的同义反复。

具有达到排除合理怀疑证明标准的血液酒精测试结果，即或没有其他证据相印证，亦可认定醉驾型危险驾驶罪成立。也因此，在司法实践中，对于仅有血液酒精测试结果而无呼气酒精测试结果的案件，都按照危险驾驶罪予以处理。

案例 5：2011 年某日，朱某在湖北鄂州某停车场内倒车时与停放的另一辆小轿车相撞，造成两车受损并发生纠纷。警察接到报警后赶赴现场。在现场，民警闻到朱某身上有酒气，即要求朱某接受呼气酒精测试，但朱某拒不配合呼气酒精测试。警察将朱某带至该市某医院抽血检验，结果显示朱某血液酒精浓度为 158mg/100ml，达到醉酒驾驶机动车标准。法院认定被告人朱某犯危险驾驶罪，判处拘役 3 个月，并处罚金 5 000 元。朱某没有提起上诉。[②] 虽然本案中只有朱某的血液酒精测试结果，没有呼气酒精测试结果及其他证据，但是，血液酒精测试结果这一证据是在正常状态下取得的，且没有呼气酒精测试结果是由于朱某拒绝了，且血液酒精测试结果是本案的直接证据，能够证明案件的主要事实。因此，本案最终能以醉驾型危险驾驶罪定罪量刑。

① 熊秋红. 对刑事证明标准的思考. 法商研究，2003 (1).

② 案例来源于前述公安部《指导意见》公布的醉驾实案。

如果对血液酒精测试结果的合法性存疑，则经排除合理怀疑后，该证据才能作为定罪证据用。

事实上，排除合理怀疑不仅是刑事证据客观性的标准，也是刑事证据合法性的标准。原因在于，在刑事诉讼中，证明有罪的标准通常是排除合理怀疑。[①] 证据的合法性要求证据的取得要依照法定程序进行，违反法定程序而取得的证据不具备合法性；如果血液酒精测试结果的取得在合法性上存疑，则同样必须在排除合理怀疑后，该结果才能作为定罪证据使用。“犯罪事实必须以‘证据’为基础，证据又必须经过‘合法调查’始得为法院判断之依据，此点昭示现代刑事诉讼法追求法治程序的核心问题。”[②] 对于醉驾型危险驾驶罪来说，除了必须依照刑事诉讼法对证据收集等的规定，还必须遵循前述《程序规定》。该规定第三章详细规定了醉驾案的查处程序，从呼气酒精测试到血液酒精测试中的抽血条件与抽血程序及口头传唤、询问、约束醉驾者等。但是醉驾案中证据收集的很多细化问题在刑事诉讼法中找不到答案。对于醉驾案来说，血液酒精测试结果的取得主要涉及一个最根本的问题，即犯罪嫌疑人拒不配合警察测试时，警察可否采取强制手段进行证据收集。其中，最常见的强制手段是：强制截停和强制测试。采取这两种强制手段取得的证据是否具有合法性，成为一个必须回答的问题。很显然，这涉及如何排除合理怀疑以保证血液酒精测试结果的合法性这一更为细致的问题。

总之，单独的血液酒精测试结果，只要其客观性与合法性经过核实，达到排除合理怀疑的程度之后，就达到了证明醉驾成立犯罪的证明标准，据之定罪并不违反刑事诉讼法中孤证不立的原则。前述案例 3 中虽然只有血液酒精测试结果，没有呼气酒精测试结果以及其他旁证，但是据此证据亦可以对乙以醉驾犯罪定罪量刑。至于前述美国、加拿大等国家出现了很多无辜的人因单一的刑事科学证据而被错误定罪的问题，只是表明其血液酒精测试结果在证明力上可能并没有达到排除合

① 易延友．论无罪推定的涵义与刑事诉讼法的完善．政法论坛，2012（1）．

② 林钰雄．严格证明与刑事证据．北京：法律出版社，2008：5．

理怀疑的证明标准，而不能据此否认单个血液酒精测试结果作为定罪证据的效力。至于如何排除合理怀疑以确保血液酒精测试结果的客观性与合法性，由于考虑到这一问题自身内容的复杂性，血液酒精测试结果作为定罪证据的重要性，将专门撰文论及。

3. 证据规则之三：无呼气酒精测试结果与血液酒精测试结果时不能仅根据旁证定罪

“一项专业机构的研究结果表明”，醉驾入刑以来虽然酒驾行为大幅度下降，但与此同时，“酒驾司机逃避酒精测试和‘顶包’行为也频频发生”[①]。这意味着，实务中有的驾驶人员可能确系酒后驾车，甚至也可能是醉驾，但是由于司机逃跑或“顶包”等种种原因，并没有任何酒精测试结果予以证明，即既没有呼气酒精测试结果，也没有血液酒精测试结果。但也许会有一些其他相关证据，比如同乘者的证言、饭店老板的证言、视频证据，这些旁证也许能够证实驾驶人员系饮酒后驾车。此时能否仅依这些旁证推定醉驾型危险驾驶罪成立？总之，“判断证据‘确实充分’标准不易把握。对于醉驾案，证据上一般要求有血液酒精含量测试结果、现场查获录像、犯罪嫌疑人供述等基本证据材料。但据检察官透露，实践中，有些案件犯罪嫌疑人拒绝配合血液酒精含量检查，或者犯罪嫌疑人现场逃跑，归案时已错过测试时间，导致无法进行酒精含量鉴定的，如何处理？能否根据喝酒的种类、数量进行推定？能否重新进行侦查实验？这一系列问题给司法认定带来困难”[②]。

对于这类没有任何酒精测试结果，只有其他旁证的疑似酒/醉驾案，目前理论上和司法实务中似乎存在着一种入罪化趋势，即尽管没有酒精测试结果，只要其他旁证能够证明，似乎也可认定酒驾情节或醉驾型危险驾驶罪，前述案例 4 即为适例。再如案例 6：某日晚，一辆桑塔纳行驶至河北邢台市中兴西大街地道桥上时，径直撞向道路中间的隔离栏。事故发生后，数名男女阻挠警察执法，车上驾驶人员乘机弃车而逃。经事后查明，肇事人员为邢台县国税局某税务分局负责人，本事件系其酒

①② 张维. 应提倡堵疏结合宽严相济酒驾治理方式. 法制日报，2012-04-06 (6).

后驾公车所为。[①] 有观点主张，“对于交警盘查时，弃车而逃，有其他证人证明或者交警能证实其曾经喝过酒的，也一律认定为醉驾”[②]。因此，该观点主张认定案例 6 中醉驾型危险驾驶罪成立。再如前述案例 4，地方司法机关认为，既然地方司法文件规定，“有其他相关证据证明行为人饮酒的，可以认定行为人酒后驾驶机动车辆”，“据此认为，犯罪嫌疑人袁某具有‘酒后驾驶’之情节”当然可以被认定。[③] 这两个案件中，驾驶人员系酒/醉驾看似旁证凿凿，但其实是在缺乏任何酒精测试结果的情况下仅根据旁证予以认定。此举既违背了刑事实体法对醉驾型危险驾驶罪构成要件的规定，也违背了刑事程序法有关无罪推定的基本法理。

（1）从刑事实体法的角度分析，没有任何酒精测试结果仅仅根据旁证定罪，违背了罪刑法定原则。

《修（八）》第 22 条对于醉驾型危险驾驶罪规定的构成要件是“醉酒驾驶机动车”，而“醉酒驾驶”的成立标准又是《国家标准》中规定的血液酒精含量大于或者等于 80mg/100ml。在没有酒精测试结果的情况下，根本无法得知驾驶人员的血液酒精含量，此时，即或其他旁证再充分，也不能证明醉驾行为的成立。如果仅仅依靠旁证定罪，则等于将醉驾成立标准即血液酒精浓度大于或等于 80mg/100ml 虚置，也等于变相修改了刑法对“醉酒驾驶”的规定。[④] 在缺乏酒精含

①② 杨涛. 分局长酒驾后逃跑给立法者出难题. 新京报，2011-12-26（A3）.

③ 王威，郭鼎. 妻子顶罪逃避酒精测试被揭穿“酒驾”没商量. 检察日报，2012-05-02（7）.

④ 前已述及，血液酒精含量立案标准目前是由《国家标准》规定的。有观点认为：“该标准的法律位阶仅属于部门规章，作为行政处罚的依据并无不当，但现在却直接导致犯罪构成要件的认定，其合法性与正当性有待完善。”（张屹. 关于醉酒驾驶案件相关问题的研究. 2012 年江苏省全省法院重点调研课题，2013：19.）这一看法值得商榷。不同于故意杀人罪等自然犯，醉驾型危险驾驶罪是国家出于行政管理目的而设立的行政犯，行政犯是违反行政法各种取缔罚则情节严重的行为，而行政法的内容又不是刑法本身所规定的，这决定了行政刑法规范都是空白刑法规范。在空白刑法规范中，刑法只规定了罪名或部分构成要件及法定刑，而将犯罪构成要件的一部分或全部委诸行政管理法规，被委托、指明参照的行政管理法规对犯罪构成要件起补充说明作用。《国家标准》作为与《道路交通安全法》配套实施的行政规章，其所规定的醉酒驾驶标准，正是填补“醉酒驾驶”这一空白刑法规范的行政规范。当行政犯采用空白刑法规范这一立法方式时，将犯罪构成要件的一部分或全部委托给行政管理法规来补充，可以克服成文法典的稳定性与社会生活的变化所导致的行政管理法规及行政违法之间的矛盾，这种立法模式与现代法治国思想及罪刑法定原则是相一致的。刘艳红. 空白刑法规范的罪刑法定机能. 中国法学，2004（4）.

量测试结果的前提下，从实体法角度分析，不宜仅根据旁证定罪，否则，就是变相修改了刑法对该罪之成立要件的规定，并违背了罪刑法定原则。同时，在缺乏酒精测试结果的情况下主张仅仅依照旁证认定醉驾犯罪成立，也许与我国历来重视严密刑事法网以保护社会的理念有关。但是，面对醉驾犯罪这种并未设立情节而仅依“醉酒驾驶”即可认定犯罪成立的罪名而言，与其重复在理论上争论可否将《刑法》第13条犯罪概念中的但书适用于该罪，莫如严把证据关，从而严把入罪关。将事实存疑的此类案件一律不作犯罪处理，反而是更宜为理论和实务工作者所接受的方式。

（2）从刑事程序法的角度分析，没有酒精测试结果仅仅根据旁证定罪，违背了无罪推定原则。

“无罪推定原则是现代法治国家刑事司法通行的一项重要原则。尽管‘排除合理怀疑’并没有直接表达出无罪推定，但它隐含了这样的理念：只有所有的合理怀疑已经被排除，被告人才应当被认定有罪。”[①] 这意味着，在醉驾中，在事实存疑的情况下，如果不能排除合理怀疑，则不能认定驾驶人员有罪。血液酒精测试结果在客观性与合法性上排除合理怀疑后可以作为定罪证据使用，盖因醉驾犯罪本属于依赖血液酒精含量定罪的罪名。在缺乏任何酒精测试结果的前提下，即使其他证据再详细，驾驶人员是否实施了醉酒驾驶行为仍属争议事实，而“如果是否实施犯罪属于争议事实，则对该事实应当证明到排除合理怀疑的程度”[②]。如果无法达到排除合理怀疑的程度，就应该适用无罪推定原则。

无罪推定是对犯罪嫌疑人和刑事被告人的一种程序保障，其核心内容是强调未经证明有罪即应当视为无罪。它贯穿于刑事诉讼的始终。2018年《刑事诉讼法》第175条第4款规定：“对于二次补充侦查的案件，人民检察院仍然认为证据不足，不符合起诉条件的，应当作出不起

① 王凤翔．也谈“排除合理怀疑”证明标准．检察日报，2013-05-03（3）．

② James Fitzjames Stephen，A Digest of the Law of Evidence，second edition reprint，ST. Louis F. H. Thoma and Company（1879），p. 115；转引自易延友．论无罪推定的涵义与刑事诉讼法的完善．政法论坛，2012（1）。

诉的决定。”第 51 条规定，“公诉案件中被告人有罪的举证责任由人民检察院承担”。据此，就醉驾案而言，在侦查起诉阶段，如果没有酒精测试结果，公诉机关应当退回公安机关要求补充侦查；如果经过补充侦查后仍然无法解决没有酒精测试结果这一证据问题，则不应作为醉驾犯罪起诉。如果无法获取驾驶人员的血液酒精测试结果，则意味着控诉方所承担的证明犯罪嫌疑人有罪的责任未能完成，也无法排除法官对所指控事实的合理怀疑。此时如若仅凭其他旁证对驾驶人员定罪，实为有罪推定。如果案件仍然进入审判阶段，“只要审理结果是法院未能形成有罪判决的心证，即法院依法调查证据后，对于被告犯罪事实的心证未能达到确信无疑的有罪判决门槛时，被告受无罪推定原则之保护，法院应为被告无罪的判决”①。换言之，对于缺乏酒精测试结果的醉驾案，由于缺乏直接证明犯罪成立的定罪证据，因而即或案件进入审判阶段，也只能根据无罪推定原则判定驾驶人员无罪。

案例 7 是深圳市南山区的酒后驾车“顶包”案：犯罪嫌疑人孔某酒后驾驶车辆与电动自行车相撞，造成两人轻伤。事故发生后，孔某弃车逃逸，由另一同伴“顶包”。事隔 4 天后，孔某被抓获归案。但由于错过了进行血液酒精测试的时间，已经无法补充进行酒精含量鉴定。本案中，孔某在案发后时隔 4 天也就是案发后的第五天才归案，此时已经测试不出孔某体内的血液酒精含量，即使有大量相关人员的证言，也不应据此认定孔某成立醉驾型危险驾驶罪。② 我国长期以来刑事立法与司法秉持法网恢恢疏而不漏的惩罚犯罪理念。在 2018 年《刑事诉讼法》第 2 条将“尊重和保障人权”的价值理念写入法典之后，在刑事法理论上与司法实务中就应逐步“消除必罚主义的影响，沿着法律正当程序的要求严格依法收集和审查判断证据，以实现相对的实体真实为归宿，完成证明的任务”③。因此，必须明确实体真实是相对的，而且发现“实体

① 林钰雄. 严格证明与刑事证据. 北京：法律出版社，2008：167.

② 游春亮，程海龙. 深圳办理醉驾案件半年面临多重法律难题. 法制日报，2011-12-06 (4).

③ 樊崇义. 从“排除合理怀疑”看实体真实相对性. 检察日报，2013-05-03 (3).

真实”，“既不是刑事诉讼法的唯一目的，更不等于‘有罪必罚’或‘不计代价穷追猛打被告’。刑事程序同受其他刑事诉讼目的的支配，其中又以法治国原则及其衍生的诸多原则为要。发现实体真实，也只能在法治国的界限之内而为之，法律保留原则、比例原则及证据禁止（证据排除）法则等不论，无罪推定更是其中的核心原则”①。缺乏任何酒精测试结果，意味着案件事实并没有得到有效揭示。仅仅根据相关旁证定罪，无法排除对醉驾犯罪可能不成立的合理怀疑。

事实上，在无任何酒精测试结果而导致醉驾事实存疑的情况下，根据无罪推定原则对犯罪嫌疑人不以犯罪论处，虽然看似不利于保护道路交通安全和打击治理醉驾犯罪，但从法治国人权保障的根本理念出发，这样做利大于弊。在刑事司法领域，从任意司法到程序司法的演进被认为是法律史上的重大变革，无罪推定原则为刑事诉讼中针对犯罪嫌疑人、被告人的各项人权保障制度提供了依据，国家刑罚权的实现必须建立在正当法律程序的基础之上。② 其实，整个英美法系国家（地区）对醉酒驾驶的鉴定实际上是国家追求最大化减少醉驾犯罪、维护公共社会安全的利益和以驾驶人员为代表的公民全力维护自身合法权益尤其是宪法权益之间的博弈，而且在这个博弈的过程中还有律师和司法机关的参与。比如，一方面，律师根据科学研究和从业经验，对各种醉驾测试进行质疑，并孜孜不倦地宣传这些质疑，以期从根本上动摇醉驾指控依据；另一方面，政府为了应对这些质疑，想方设法为执法人员提供各种培训，以确保其正确执行各种醉驾测试。③ 又比如美国联邦最高法院和各州法院法官在司法审判中通过对每个程序合宪性的细致审查和质疑来要求政府通过侵犯性更小的程序来保证公路的安全和公民权利的实现。正是这些主体的参与使国家和公民之间的博弈得以尽量保持平衡，从而既最大限度地减少了醉驾，又保障了公民的宪法权利。在缺乏犯罪嫌疑人的酒精测试结果之时，仅仅根据相关旁证定罪，不但会

① 林钰雄．严格证明与刑事证据．北京：法律出版社，2008：167.

② 熊秋红．人、人权与刑事法．人民检察，2007（23）.

③ 杨志琼．美国醉驾犯罪的法律规制、争议及启示．法学，2011（2）.

导致醉驾犯罪范围无限扩大，而且会松弛刑事诉讼法上的“犯罪事实清楚，证据确实、充分”之定罪标准，最终会导致入罪扩大化和醉驾犯罪处罚范围宽泛化，从而不利于保障公民人权。

（三）小　结

为了深入理解倚重酒精测试结果以解决醉驾犯罪的实体定罪问题，采用刑事一体化的研究方法，不但如前述为醉驾案自身特性所决定，而且能够吸纳刑事程序法上的证据理论来构建严格的入罪证据规则，从而真正实现刑事法的人权保障精神。“尊重和保障人权”写入刑事诉讼法，既给“惩罚犯罪”划定了一个清晰的界限，又给刑事诉讼中的公权力系了一个安全带①；它对于理解我国《刑法》第 1 条规定的“惩罚犯罪”刑法任务具有重要的指示意义，即国家刑罚权的发动、对犯罪的惩罚及对国家和人民利益的保护，不得以牺牲公民的人权保障为代价。本章确立醉驾案件的证据规则，正是为了实现罪刑法定原则的实质侧面即刑罚法规的妥当性，以充分实现罪刑法定原则的保障机能以及刑事程序法尊重和保障人权的任务。根据驾驶人员血液酒精含量是“构成危险驾驶罪的唯一标准”的制度设计，针对醉驾案实体要件的认定取决于程序鉴定意见的独特性，基于司法实务对于解决醉驾犯罪证据问题的需求——“法院还及时与公安部门进行座谈，形成危险驾驶案件证据体系和标准”②，确立以上醉驾案证据规则，可以为司法实务办案提供具有操作性的经验法则，并建立起醉驾行为的出罪机制。与其仅仅停留于实体法层面，在刑法逻辑理论层次上分析犯罪概念中的但书可否适用于醉驾案，或更为抽象地从刑事政策的角度宽泛性地讨论“毁其一生不如宽严相济”③，莫如结合醉驾犯罪的独特性，从刑事程序法的层面建立具体的醉驾案件证据规则体系，严把入罪关。我们应尝试建立醉驾案证据规则来反思《醉驾解释》仅仅根据呼气酒精测试结果定罪的规定，警惕理论上与实务中仅仅根据呼气酒精测试结果，甚至仅仅根据旁证定罪可能

---

① 卞建林，褚宁. 刑诉法学研究七大看点引人关注. 检察日报，2012-12-25（3）.
② 周斌，黄洁. 尽快出台司法解释统一醉驾量刑. 法制日报，2012-10-20（4）.
③ 张维. 应提倡堵疏结合宽严相济酒驾治理方式. 法制日报，2012-04-06（6）.

导致入罪扩大化的不妥做法，对于缺乏血液酒精测试结果的醉驾案件力主根据刑事诉讼法中的无罪推定原则，将对醉驾犯罪嫌疑人或者刑事被告人的人权保障落到实处。

某类或某种刑事案件证据规则的内容往往繁杂，但考虑到"传统证据法从其理论根基到制度安排都将定罪权的滥用视为主要的假想敌，证据在不同程度上被塑造成防止法院任意定罪的制度保障"①，本章所确立的证据规则，主要针对司法实践中比较突出的呼气酒精测试结果与血液酒精测试结果的证明能力及与其他证据材料之间的关系等，从如何防止醉驾案的任意定罪以严格限制其入罪范围的角度进行探讨，因而难免挂一漏万，且不够细致和严格。但是，过分严格而细致的证据规则，也许会导致"理论上的高标准、执行中的低标准"②，难以操作，并损害醉驾案刑事诉讼制度运行的整体效益；同时，这也表明了今后理论与实践对此问题进行进一步探讨的必要性。

二、证据如何排除客观性与合法性以实现实体出罪

（一）案例引发的思考

案例 8：孔某远与张某红等四人喝酒，共喝了 2 瓶 52 度 500ml 装的小糊涂仙白酒和 2 瓶 13.5 度 750ml 装的红酒。其中，孔某远喝了 11 杯白酒和 2 杯红酒。酒后，孔某远驾车撞倒了一对母女，下车后几人不但不救人，反而围殴伤者丈夫，然后逃逸。次日，孔某志"顶包"，至公安机关"自首"。专案组经调查确认，孔某远承认自己喝酒之后驾驶，撞人逃逸，孔某志替自己"顶包"。本案没有造成 1 人以上重伤的结果，因而与交通肇事罪无涉。但是，司法机关对于本案嫌疑人之行为是否构成危险驾驶罪存在分歧。一种意见认为，任何一个案件现场都是无法恢复的，都是要以证据来推定的。虽无直接证据，但如果间接证据可形成

---

① 陈瑞华．量刑程序中的理论问题．北京：北京大学出版社，2011：76.

② 熊秋红．对刑事证明标准的思考．法商研究，2003（1）.

完整的证据链条，依然可以入罪。司法实践中，凭间接证据入罪的也不乏案例。本案中，对于犯罪嫌疑人孔某远驾驶车辆时是否达到醉酒的标准，目前没有直接的鉴定予以证实，但如果现有证据，例如证人证言、自身陈述、常识判断等间接证据，可以形成完整的证据链条，依然可以认定其达到醉酒标准，触犯危险驾驶罪。另一种意见则认为，危险驾驶罪的构成要件明确要求嫌疑人达到醉酒标准，本案中，并无直接证据可以证实嫌疑人当时血液的酒精含量达到了相关标准，因此不能推定其行为构成犯罪。①

案例 9：2011 年 8 月 24 日晚，李某酒后无证驾驶普通二轮摩托车，载其妻子杜某，从 R 市塘下镇鲍田鲍六村商业街 149 号驶往鲍七村方向。19 时 30 分许，途经上述商业街 142 号前地段时，李某所骑的摩托车与一辆普通二轮摩托车发生碰撞，造成车辆轻微受损的道路交通事故。双方调解不成后，被害人报警。李某为制造事故后才饮酒的假象，遂离开现场到余某家，于 20 时左右喝下 1 瓶青岛啤酒，后被交警查获。当日 21 时 20 分，李某被提取血样，经检测，其血液中酒精浓度为 165.4mg/100ml。

对于本案的测试结果是否可以作为李某犯危险驾驶罪的定罪证据而使用存在分歧。分歧意见一认为该测试结果符合证据的“三性”，能够认定李某犯危险驾驶罪。分歧意见二则认为，该测试结果并不是李某在驾驶机动车辆时血液酒精浓度的真实反映，而是在交通事故发生后其喝下 1 瓶啤酒数个小时后体内的血液酒精浓度，因此不能认定李某犯危险驾驶罪。②

案例 10：2009 年 8 月 9 日，王某与朋友聚餐时喝了约半斤白酒，后开车送朋友回家。途中，王某与行人张某发生交通事故。交警接到报案后赶到现场，发现王某有酒后驾车嫌疑，遂准备对王某进行抽血检

---

① 王纳. 司机醉驾伤人逃逸又找人“顶包”如何入刑惹争议. http：//news. 163. com/11/0604/07/75MIM0LN0001124J. html. [2019-08-07].

② 佚名. 温州十大醉驾典型案例. http://news. 66wz. com/system/2012/05/11/103164400. shtml. [2019-08-07].

测。王某拒绝配合，并辱骂交警。交警在对王某使用警绳后，强制抽取了王某的血液，经鉴定发现其血液酒精浓度已经超过 80mg/100ml。王某认为交警强制抽取血液的行为侵犯了他的人身权，向法院提起行政赔偿诉讼。

对于本案王某的行为是否构成危险驾驶罪有两种处理意见：第一种意见认为，既然已经获取了血液酒精浓度证据，且血液酒精浓度也达到了危险驾驶罪的入罪标准，则应当认定王某的行为构成危险驾驶罪。第二种意见则认为，交警对王某的抽血检测是强制进行的，说明其证据是通过暴力强制获取的，违背了证据取得的合法性原则，因此该证据不得作为定罪证据使用，故应当认定王某的行为不构成危险驾驶罪。①

由此可见，尽管危险驾驶罪已经入刑多年，相关的程序性规定也在不断地补充和完善，然而，由于危险驾驶罪的定罪对证据的特殊需求，实践中对于该罪所需证据的证明力的判断仍然争议不断。因此亟须对该罪在证据的证明力方面出现的问题进行精致的梳理，以解决前述的争议难题。

根据 2011 年 4 月公布的《程序规定》第 3 条的规定，醉驾案是指在道路上醉酒驾驶机动车构成危险驾驶罪的案件。当前我国醉驾案的立案标准是驾驶人员的血液中酒精含量达到一定数值。2013 年 12 月 18 日公布的《醉驾解释》第 1 条规定，“在道路上驾驶机动车，血液酒精含量达到 80mg/100ml 以上的，属于醉酒驾驶机动车，依照刑法第一百三十三条之一第一款的规定，以危险驾驶罪定罪处罚”。同时，《醉驾解释》第 6 条明确指出：“血液酒精含量检验鉴定意见是认定犯罪嫌疑人是否醉酒的依据。”这些规定既明确了醉驾型危险驾驶罪的定罪标准，同时也是对根据《刑法》第 13 条但书对醉驾型危险驾驶罪出罪的间接否定。这表明，醉驾案的审判主要是依靠对驾驶人员的血液酒精测试结

① 李慧杰. 醉驾肇事遇交警强制抽血，提起行政赔偿被判驳回. http://bjgy.chinacourt.org/article/detail/2009/11/id/872429.shtml. [2019-08-07].

果，因此，血液酒精测试结果，是认定醉驾案最重要的定罪证据。无论血液酒精测试结果能否与呼气酒精测试结果或其他旁证相互印证，还是只有血液酒精测试结果这一项证据，只要该证据达到了刑事诉讼法所要求的证明标准，即可作为定罪证据使用。

（二）醉驾犯罪血液酒精测试结果之客观性的判断标准：排除合理怀疑

既然在血液酒精测试结果之客观性存疑时，经排除合理怀疑后，其才能作为定罪证据使用，那么，必须仔细分析如何排除合理怀疑以确保血液酒精测试结果的客观性。

要确定血液酒精测试结果的客观性，必须明确排除合理怀疑所要达到的标准。“一般情况下证据并不能以真或假来评判，也就是既不能完全肯定证据为真，也不能完全肯定证据为假。证据的真实与虚假性表现为真假之间的‘度’，即证据的可信度。证据的疑点是得到合理排除，而不是绝对排除，也就是说证据的真实程度比证据的虚假程度要大。”① 据此，只要血液酒精测试结果的真实程度高于其虚假程度，即可认定其为客观真实。血液酒精测试结果的客观性依赖于一系列的条件，“主要在于在其形成过程中应遵循一些基本原则。这些原则对于鉴定证据具有普遍适用的意义，属于公理化的原则”。这些原则主要包括：所要证明的事实必须根据专门的知识和经验判断的必要事实原则；鉴定人立场中立、鉴定活动实事求是的客观中立原则；鉴定必须由具有鉴定资质与鉴定能力的人运用可靠的知识进行的科学可靠原则；得出结论的鉴定材料应具有真实性的来源真实原则等。② 只要血液酒精测试结果是依照上述原则取得的，其中不存在无法排除的怀疑，则其客观性即可得到证明。

① 林世雄，常新征．“确实、充分”标准与公诉证据体系要求//第八届国家高级检察官论坛论文集：证据制度的完善及新要求，2012：183.

② 黄维智．鉴定证据客观性保障．社会科学研究，2005（5）．除此之外，还有双方平等原则和意见公开原则，前者是指诉讼双方当事人在诉讼过程中对启动鉴定有平等的请求权，后者是指应当及时将鉴定意见向双方当事人公开。这两项原则所涉及的内容，在《刑事诉讼法》第148条、第192条以及《程序规定》中均有明确规定，同时亦为我国鉴定证据所遵循的原则。

醉驾案必须依照血液酒精测试结果，此项结果所要证明的事实属于必须根据专门的知识和经验才能进行判断的事实，符合必要事实原则。进行血液酒精测试时，依照2011年《指导意见》的规定，是由“县级以上公安机关检验鉴定机构或者经公安机关认可的其他具备资格的检验鉴定机构进行”的，具有资质的鉴定机构中的鉴定人员一般都是与醉驾当事人及交警并不熟悉的人，可以保证他们在鉴定立场的中立。这些鉴定人员当然也属于可以运用可靠的科学知识真实、准确地对被鉴定对象进行鉴定活动的人员。因此，此项证据在客观中立原则与科学可靠原则上一般也不存在问题。

至于来源真实原则，则可能出现的问题会多一些。对于醉驾案来说，得出测试结果的鉴定材料不是指纹、工具或其他物证，而是涉嫌醉驾的驾驶人员。醉驾案中血液酒精测试结果是否准确，受驾驶人员设置的障碍或者自身体质等因素影响，常见的因素主要有犯罪嫌疑人逃跑、驾驶人员遇警察查车时现场喝水或者饮酒、“顶包”、拒不配合抽血等。实务中，有的驾驶人员“在远处看到交警弃车而逃”①，“等体内酒精挥发了，再来接受处理”②；有的驾驶人员拒绝进行血液酒精测试，“醉驾行为人如对测试持抗拒态度，到医院后不配合进行血液酒精浓度测试，执勤交警会在确保其人身安全的前提下对涉嫌醉驾的犯罪嫌疑人用强制手段带到医院进行血液酒精测试，但是如果碰到暴力抗拒测试的会给交警执法造成很大阻碍”③；有的驾驶人员与其近亲属或者朋友“共同参与策划‘顶包’把戏，导致公安机关未能及时对”犯罪嫌疑人“进行酒精测试”④；有的驾驶人员“事先在车内准备好酒，一旦遇到交警查醉驾，以蒙混过关，对于此情形，虽然公安部下文要求同样立案侦查，但事实上，在法庭上如何来认定其体内酒精标准，进而追究其刑事责任仍

① 米娜．“醉驾入刑”还需增强威慑力．黑龙江日报，2012-05-15 (3).

② 杨涛．分局长酒驾后逃跑给立法者出难题．新京报，2011-12-26 (A3).

③ 罗意欢．危险驾驶罪法律适用之惑．检察日报，2013-02-26 (3).

④ 王威，郭鼎．妻子顶罪逃避酒精测试被揭穿“酒驾”没商量．检察日报，2012-05-02 (7).

然是一个问题”[①]；等等。对于上述种种情况，应具体问题具体分析。

如果驾驶人员逃跑而无法进行血液酒精测试，前文已述及，此类案件缺乏直接的定罪证据，即或有其他人证明驾驶人员系醉酒驾车，也只能依照无罪推定原则不以犯罪论处。《醉驾解释》第6条规定：“犯罪嫌疑人经呼气酒精含量检验达到本意见第一条规定的醉酒标准，在抽取血样之前脱逃的，可以以呼气酒精含量检验结果作为认定其醉酒的依据。”可见，如果在血液酒精测试之前已经对驾驶人员做过呼气酒精测试的，即便驾驶人员逃脱，法院也可以其呼气酒精测试结果作为定罪依据。

如果驾驶人员对测试持抗拒态度，即“暴力抗拒测试”，其所涉及的问题是，警察可否“用强制手段带到医院进行血液酒精测试”。这涉及强制抽血是否程序合法的问题。对此，将在下文血液酒精测试结果的合法性问题中述及。

如果驾驶人员找人“顶包”，由于“顶包”案中血液酒精浓度在不同主体之间存在差异，处理时宜慎重。如果道路上相关录像资料显示，驾驶人员是在交警查处之前临时替换的，且之前驾驶人员血液酒精测试结果已到达立案标准，则此类“顶包”案可以醉驾型危险驾驶罪论处；如果没有明确的证据表明交警查处之前驾驶人员已经被“顶包”，即使被“顶包”驾驶人员的血液酒精浓度已达到立案标准，也不能据此对此类案件以犯罪论处；如果“顶包”案案情明确，比如甲确系“顶包”了乙，但甲的血液酒精测试结果没有达到80mg/100ml，而乙已逃跑，则此时案件宜按前述“驾驶人员逃跑而无法进行血液酒精测试”的情况处理，不能以犯罪论处。总之，醉驾型危险驾驶罪的特点是必须是饮酒后驾车，只有在有证据证明饮酒主体与驾车主体同一且其血液酒精浓度达到醉驾案的定罪标准时，才能以犯罪论处。

如果交警查车之时驾驶人员当场喝水或者当场饮酒，则分两种不同情况进行处理。第一种，驾驶人员当场喝水或者饮料意图稀释体内酒精的，则此时对驾驶人员抽血测试，无论其结果达到或者未达到立案标

① 杨涛. 分局长酒驾后逃跑给立法者出难题. 新京报，2011-12-26（A3）.

准，均存在测试结果是否客观地反映其之前的体内酒精含量的问题，亦即鉴定证据证明力问题。即使稀释后，如果测试结果显示驾驶人员的血液酒精含量已达到定罪标准，当然可以定罪；没有达到的，不能依照"如果没有稀释则一定会达到"的逻辑认定犯罪成立，换言之，对此类案件宜根据血液酒精测试结果定性，而不宜使用不利于犯罪嫌疑人的推论。

第二种，驾驶人员当场饮酒以混淆案情的，需具体情况具体分析。A 饮酒后驾车，在通过某路段十字路口时，恰遇交警查车并对驾驶人员进行呼气酒精测试。A 紧锁车门拒不出来，交警敲窗，A 突然拿出事先准备好的一瓶白酒，咕咚喝下近半瓶。随后，A 摇下车窗并声明："酒是刚才喝的。"交警验血后，A 的血液酒精浓度为 102mg/100ml。事后交警以此为依据对 A 以涉嫌醉驾立案侦查，但在侦查过程中，未能找到有关 A 喝酒的有力证据。此案中，A 的血液酒精浓度达到了醉驾犯罪的立案标准，可否直接以该罪论处，则取决于证据的证明力。对于醉驾型危险驾驶罪这样的新型犯罪来说，目前立法或司法解释并没有对此类问题进行明确规定，司法实践中，"对当事人有在呼气测试或者抽血检验前饮酒的以及在抽血前脱逃等阻碍执法工作的，一律以实际测试的酒精测试作为立案侦查（条件）"①。问题是，以实际的酒精测试作为立案侦查的标准，并不意味着就能以之为据予以定罪。立案侦查过程中，显然存在着进一步查明"实际测试的酒精含量"作为证据是否"确实充分"的问题。醉驾入刑后，学者与实务工作者对于驾驶人员的血液酒精测试何时鉴定最为准确的问题进行了研究试验与关注，结果显示，"一般在酒后 1 个小时至 90 分钟内可以测出酒精含量的最高点"②。根据国内某大型报纸媒体所组织的一次志愿者"酒驾标准"的测试试验可知，人体喝酒之后 10 分钟内，均不会达到醉驾标准，连酒驾的成立标准 20mg/100ml 也不能达到；但是，在志愿者"停喝一小时后酒精含量最

① 丁国锋，陈卫. 绝大多数醉驾案法院判了实刑. 法制日报，2012-01-18（5）.
② 陈霞. 醉驾入刑，证据体系最关键. 兰州晨报，2011-05-09（A9）.

高”，随后体内酒精含量呈下降趋势。[1] 可见，当场饮酒以混淆视听，并非不能对其体内酒精含量的真伪进行鉴别，血液酒精含量并非简单的“血液+酒精”，因为在人饮酒后酒精融入血液之中需要一个时间过程。如果饮酒后不久即对驾驶人员进行血液酒精测试，如对上述案例中的A的测试结果的准确性一般不会受刚刚饮酒这一事实的影响，该结果显示的基本上是A当着交警的面饮酒之前的血液酒精含量；如果结果显示已达到立案标准，一般而言，可以以之定罪量刑。如果当场饮酒混淆视听，但随后并未进行血液酒精测试，例如假设前述案例中的A饮酒后紧闭车窗达至一小时左右才开门，交警若对其进行血液酒精测试，则极有可能显示的是其在交警面前饮酒之后血液内的酒精含量。此时，测试结果的证明力明显弱于当面饮酒后马上进行测试所形成的结果的证明力。如果没有足够的鉴定技术表明该结果是验证之前的体内血液酒精含量，则不能据此认定驾驶人员成立醉驾型危险驾驶罪。可见，驾驶人员当着交警的面饮酒后，其血液酒精测试结果的证明力与其当面饮酒至血液酒精测试之间的时间间隔成反比：时间间隔越短，其证明力越高；时间间隔越长，其证明力越低。从证据学的角度，究竟可否明确饮酒与血液酒精测试之间间隔多久取得的证据为定罪证据，以及如何处理处在中间时间即间隔既不太短也不太长的时间取得的血液酒精测试结果，均要求理论与实务进一步围绕“以固定驾驶人的血液酒精含量为重点，进一步规范证据收集”[2] 的课题予以精细化研究。

总之，血液酒精测试结果的客观性，只要达到排除合理怀疑的标准即可；在其客观性存疑时，不妨按照刑事诉讼法中的无罪推定原则，对驾驶人员不作犯罪处理，“在无罪推定原则之下，只要法院最后未能就被告的犯罪事实形成确信无疑的有罪心证，应判处被告无罪”[3]。当然，从确保血液酒精测试结果的客观性出发，如能“建立一套区别于传统取

① 钱卫华．停喝一小时后酒精含量最高．京华时报，2012-06-27（A13）．

② 刘海东，曾凯．县域醉驾重点要查二轮摩托．检察日报，2013-03-26（3）．

③ 林钰雄．严格证明与刑事证据．北京：法律出版社，2008：182．

证程序的特殊采集程序”[1]，则对于推动醉驾案证据规则的形成有直接作用。但是，在当前我国司法鉴定法尚未出台的情况之下，仅仅有前述《司法鉴定决定》抽象的规定，根本“不足以对复杂的司法鉴定问题作出科学的、严格的、全面的规范”[2]，更谈不上对醉驾案中血液样本证据的采集制定有针对性的规定。

（三）强制截停和强制测试时证据的合法性判断：基于驾驶权非自然权利观之分析

如果血液酒精测试结果的合法性存疑，经排除合理怀疑后，其才能作为定罪证据使用，那么，排除合理怀疑必须结合实践中醉驾案中血液样本的采集等程序分析。血液酒精测试结果证据收集中涉及的最根本程序问题是：犯罪嫌疑人拒不配合交警测试时，交警可否采取强制手段进行证据收集？根据醉驾案的特性，交警在证据收集中常采用的强制手段是强制截停和强制测试，因此，以下探讨主要围绕采取这两种强制手段取得的证据是否合法而进行。

首先，关于强制截停驾驶人员车辆后取得的血液酒精测试结果的合法性问题。交警强行拦截他人车辆进行酒后驾车检查，这种强制截停行为是否属于程序违法行为？其所取得的血液酒精测试结果是否无效？回答是否定的。基于合理怀疑的强制截停在程序上是符合我国法律规定的，在法理上符合“驾驶是特别权利而非自然权利”观之内涵，强制截停后所取得的血液酒精测试结果在证据的合法性上不存在疑问。

《程序规定》第 8 条规定：“交通警察在道路执勤执法中发现机动车驾驶人有酒后驾驶嫌疑的，应当对其进行呼气酒精测试。”第 9 条则规定，如果当事人涉嫌酒后驾驶机动车的，应当抽取血样，检验体内酒精含量。显然，“交通警察在道路执勤执法中发现机动车驾驶人有酒后驾驶嫌疑的”，有权对当事人进行酒驾的测试。既然要进行酒驾测试，当然需要驾驶人员的配合，其首要配合是停驶车辆，以便下车接受交警的

① 王志刚．论血液样本证据的特性及其采集司法程序的完善．政治与法律，2012（3）．
② 熊秋红．司法鉴定制度改革有待深化．中国司法鉴定，2010（6）．

检查。当遇到驾驶人员拒不停车，甚至意图强行闯关或者逃跑时，交警有权予以强制截停。刑法中的其他犯罪在查处之时往往已出现犯罪行为和被害人，随后基于已发生的客观行为或被害人的报案在锁定了犯罪嫌疑人后才进行抓捕等查处工作。但是，酒后驾车不同，在没有发生交通事故和被确定为醉驾之前，它看起来既没有所谓的犯罪行为，没有任何直接的被害人，也没有明显的证据表明其系酒后驾车，因而强制截停而查处酒驾的程序正当性尤受质疑；更何况交警的强制截停很可能会侵犯到那些根本没有酒后驾车的当事人的行路权利，它似乎会使“公民的自主性受到影响”①。然而，强制截停行为是交警行使交通管理和犯罪查处的权力使然。驾驶人员在道路上行车是一种行路的权利，此种权利在行使过程中可否受交警的“干涉”，要联系相关法律的规定分析。2011年4月22日修正的《道路交通安全法》第83条规定，“交通警察调查处理道路交通安全违法行为”是其权力；第115条规定交警“违反规定拦截、检查正常行驶的车辆的”，要给予“行政处分”。这些规定表明，交警强制截停车辆的权力并非可以随意行使，而是应符合法律的规定。对于查处酒驾行为而言，强制截停必须是因为“发现机动车驾驶人有酒后驾驶嫌疑”。换言之，正因为如此，在极为重视程序法的英美法系国家，对于交警的强制截停也是认可的，只不过，它们所认可的强制截停是“基于合理的怀疑（reasonable suspicion）”的强制截停，交警“强制截停汽车需要一个合理的理由”，以免交警随意截停车辆。② 这与我国《道路交通安全法》的前述规定相似。可见，只要强制截停不是随意进行，而是基于合理怀疑进行的，那么，其在程序上就是正当的。

在法理上，一方面，强制截停看似涉及权力与权利之间的博弈，侵犯了驾驶人员的驾驶权利，但实际上，强制截停是为了更好地保护道路

① Jeff Swain, Blood Search Warrant Program Successful with Juries Too, 38 The Prosecutor 2 (2008).

② Thomas M. LocKney, Mark A. Friese, Constitutional Roadkill in The Courts: Looking to The Legislature to Protect North Dakota Motorists Against Almost Unlimited Police Power to Stop and Investigate Crime, 86 North Dakota Law Review 1 (2010).

行驶者的权利：通过基于合理怀疑的强制截停，排除不安全驾驶的隐患或者现实危害，确保道路上其他行车人的驾驶权利正常行使。我国《道路交通安全法》第1条明确规定，“为了维护道路交通秩序，预防和减少交通事故，保护人身安全，保护公民、法人和其他组织的财产安全及其他合法权益”特制定本法。这正表明，交警强制截停而行使查处违法车辆的权力，正是为了更好地保护驾驶人员的驾驶权。“当酒驾者已对公共安全构成严重危害时，其行为便不再属于纯粹的私人行为。作为行政执法部门，可以从有益于公众利益的角度出发”①，对行驶车辆及驾驶人员行使适当的查处权力。

另一方面，虽然驾驶人员的驾驶权是一种权利，但它不是自然权利，而是行政法律赋予的特别权利。驾驶权显然不同于生命、健康、平等自由等天赋人权，后者被作为自然权利对待。驾驶权是一种发展性授益权利②，即由国家向符合机动车管理办法规定的经考试合格后申请机动车驾驶证的人核发驾驶证，并提供相应的道路条件，从而发展公民自身利益的权利。在法理上，相对于生命权、健康权这类人人与生俱来的天赋人权，诸如驾驶权这类经由法律赋予某人或某类人的权利也往往被称为特别权利。正因如此，“驾驶是一种特别权利（privilege）而不是自然权利（nature right）的原理已经被英美法系国家法院认可将近100年”③。更确切地说，驾驶权是一种 qualified privilege，即有资格条件要求的限制性特别权利。既然“在公路上驾驶车辆不是自然权利，而是一种特别权利，那么需要服从因公共利益的合理管制”④。驾驶权是国家允许个人从事某种活动并经行政许可之后所赋予的授益权利，而“行政许可的实质是行政权力对私人权利进行的一种干预或限制”⑤，交警为了维护公共安全和交通秩序而采取必要的强制手段查处酒后驾车，正是

① 余东明，王家梁．交警详解出台酒驾新规台前幕后．法制日报，2012-02-28（4）.
② 方世荣．论行政相对人．北京：中国政法大学出版社，2000：92.
③ People v. Rosenheimer 102 N. E. 530，532（N. Y. 1913）.
④ Standish v. Dep't. of Revenue，683 P. 2d 1276，1281（Kan. 1984）.
⑤ 周佑勇．行政法原论（第二版）．北京：中国方正出版社，2005：275.

为了实现行政许可背后的国家管理这一行政目的。正因如此，交警基于合理怀疑的强制截停是完全合法的，采取此种强制措施后所取得的血液酒精测试结果具有合法性。

实务中交警强制截停车辆所基于的合理怀疑的主要来源有：交警自己的发现和他人的举报。

第一，交警自己的发现。道路上的异常行驶一般能够引起交警的察觉，比如，车辆 S 状行驶，在道路上摇摆迂回，大幅度拐弯或频繁变道；对交通信号灯视而不见；超速行驶或者速度时快时慢变化极大；突然紧急制动，无理由加速或减速或停车；等等。这些异常行驶现象往往能引起交警的关注，成为认为“机动车驾驶人有酒后驾驶嫌疑”的根据。在此情况下，交警为了“调查处理道路交通安全违法行为”，当然可以而且应该对车辆进行查处，如遇驾驶人员拒不停车，则交警可以强制截停。例如，C 于某夜晚 8 点左右驾驶标致车通行于某路口时，恰遇红绿灯跳转，标致车强行左转逆行。正在路口检查酒后驾车的交警朱某发现该车举动异常，马上通过对讲机与同事联系，要求叫停该车。标致车无视交警的停车手势，强行闯过。朱某立即跨上摩托车直追而去，在某店附近，强行将该车截下。经血液酒精测试，C 体内的酒精浓度已达到 130mg/100ml。该案中的 C 在路遇红灯后即转入左道逆行，随后又对交警叫停车辆拒不执行，此时如不对 C 驾驶的车辆强制截停，则无异于放纵犯罪。因此，本案中强制截停后对 C 进行血液酒精测试是合法的，所得结果可以作为定罪证据使用。

第二，他人的举报。在他人举报后，交警根据举报主动查处，对被举报车辆强制截停后予以血液酒精测试。某检察院的调查报告表明，醉驾案案发绝大多数都不是由于交警主动查获发现，而是由于事故一方当事人举报。“通过他人报警发现的较多，而通过交警巡查发现的比例较低，某种程度上说明交警夜间的执法检查力度还是相对较弱。”[①] 醉驾举报可分为两种，一种是实名举报，另一种是匿名举报。对于举报者身

① 吴贻伙. 醉驾入刑后，缓刑适用率居高不下. 检察日报，2012-02-14 (4).

份明确、所举报内容事实清楚的，交警接到这样的醉驾举报后进行查处的过程中驾驶人员拒不停车的，交警当然有权力截停。此时实名举报者的举报即可被认为是“合理怀疑”的来源。匿名举报决定了举报内容的真实程度要低于实名举报的，据此举报进行强制截停显然难以一律被认为是“基于合理怀疑”而进行的，否则，有侵犯人权之虞。举报不但是我国司法实务中醉驾案的主要信息来源，而且也是我国实务所大力倡导的。如前述，某市“通过他人报警发现的较多，而通过交警巡查发现的比例较低”；某省会城市交警“倡导餐饮娱乐经营者的社会责任，同时在餐饮业发展几万名酒驾信息员，对违法行为进行监督和举报”①。同时，实务中还普遍认同“广泛发动群众，鼓励及时举报，营造强大声势，形成全社会共同抵制醉驾的良好局面”②。我国这种倚重举报的现状，决定了实践中难以避免交警依据匿名举报而对驾驶人员强制截停的现象。对于匿名举报的醉驾案，我国可援引美国理论上与实务界的做法，即只要该举报是“足够具体并且能够被简单地证实的信息”③，同时交警在根据这一信息进行截停之前“通过亲自观察而观测到驾驶人员以异常方式驾驶的”④，此时对车辆进行强制截停就可以被认为是基于合理怀疑的强制截停，因而是合法的。美国司法实务中即发生过仅仅依靠匿名举报、在没有证实任何可疑行为的基础上截停他人汽车并查处了驾驶人员的醉驾案件，但弗吉尼亚州最高法院推翻了醉驾犯罪的定性。⑤

总之，无论交警是基于自己观察到的异常驾驶行为而进行强制截停，还是基于他人的举报而进行强制截停，均需所观察的事实或举报的

① 余东明，王家梁. 交警详解出台酒驾新规台前幕后. 法制日报，2012-02-28 (4).

② 高晓军. 醉驾：争议中前行. http://www.jsfy.gov.cn/llyj/xslw/2012/10/31164349681.html. [2013-03-13].

③ Denise N. Trauth. Requiring Independent Police Corroboration of Anonymous Tips Reporting Drunk Drivers: How Several States Courts are Endangering the Safety of Motorists, 76 The University of Cincinnati Law Review 323 (2007).

④ Harris v. Commonwealth 668 S. E. 2d 147 (Va. 2008).

⑤ Harris v. Commonwealth 668 S. E. 2d 141, 147 (Va. 2008), cert. denied, 130 U. S. 10 (2009) (mem.).

事实达到使人排除对醉驾行为的合理怀疑的程度，否则，强制截停就是违法的，其所取得的证据也是不能作为定罪证据被采信的。

其次，关于强制驾驶人员进行测试所取得的血液酒精测试结果的合法性问题。

实务中，驾驶人员拒不配合呼气或者血液酒精测试的现象时有发生。有的驾驶人员醉酒后沉沉入睡而不出车，此时可否强行砸开车门并抽血测试？有的驾驶人员紧闭车窗拒不出来，此即实务中广泛发生的“醉酒司机躲车内避查怎么办”的问题，此时可否“通过破拆车窗等方式，强制驾驶人下车接受酒精含量测试”①？有的驾驶人员下车后拒不配合呼气或血液酒精测试，此时可否“用强制手段带到医院进行血液酒精测试”②？种种问题都有关在驾驶人员拒绝配合酒精测试的情况下可否由交警强制进行测试的问题。

目前在理论上和实务中，对于是否可以强制测试，有观点认为，可以采取强行破窗等强制措施检验驾驶人员的血液酒精含量。清华大学“醉驾和超速司法解释及相关问题研究”课题组的专家就认为：“在这种情况下，经合理劝说之后仍拒不打开车窗或车门接受体内酒精含量测试的，可以按照驾驶人具有醉酒驾驶的重大嫌疑，立即进行刑事立案，并运用开锁等技术手段打开车锁。必要时，可以通过破拆车窗等方式，强制驾驶人下车接受酒精含量测试。如果驾驶人未达到饮酒驾车标准，也没有其他违法行为，警方应当对因强制打开车窗、车门造成的损失，给驾驶人予以合理补偿。”③ 这种观点基本合理，但同强制截停一样，交警采取强制手段要求驾驶人员接受血液酒精测试必须是基于合理的怀疑。

强制截停与强制测试一样，属于强制性的取证手段，其所涉及的是取证手段、方式是否合法的问题。因此，前述有关交警可以强制截停的分析理由同样适用于强制测试，此不赘述。需要注意的是，强制测试也

---

① 王彬．醉酒司机躲车内避查怎么办．北京晨报，2012-10-29（A15）．

② 罗意欢．危险驾驶罪：法律适用之惑．检察日报，2013-02-26（3）．

③ 王彬．醉酒司机躲车内避查怎么办．北京晨报，2012-10-29（A15）．

必须和强制截停一样，以交警有合理怀疑为前提，交警只有在合理地怀疑驾驶人员的驾驶行为可能系酒后驾车行为时，才可以强制驾驶人员接受血液酒精测试。一般而言，驾驶人员有诸如紧闭车门拒不出来，或者弃车而逃，拒不配合测试等情况，往往正是由于其可能系酒后驾车。在美国某州，“对每位拒绝进行呼气或者血液测试的嫌疑人”进行强制测试，“最终导致的定罪率竟然为100%”[①]。因此，面对车内酣睡或车窗紧闭等拒绝配合测试的异常举动，交警可以合理地相信，驾驶人员很可能是酒后驾车；其所进行的强制测试当然可以被认为是基于合理怀疑而进行的，所取得的血液酒精测试结果当然也是合法的。

虽然强制测试在程序法上的合法性可以得到确认，但我国关于是否可采用强制测试手段侦查醉驾案的制度设计依然是有极大的改进空间的。在英国，驾驶人员如果没有合理的理由拒绝配合初步路边呼气测试，则被视为有罪，将被判处罚款、罚分或者酌情驾驶禁令，还可能被逮捕，进而被要求提供证据性的样本以作分析。[②] 在中国香港地区，《香港道路条例》第39B条第5款和第6款也有类似规定，任何警务人员在根据该条向任何人要求提供样本以作呼气酒精测试时，须警告该人没有提供该样本可遭检控。任何人无合理辩解，在根据该条被要求时，没有提供呼气样本，即属犯罪。在美国，存在着默示同意法（implied consent statute），该法规定，所有驾驶人员如果被合理地相信在受影响时进行了驾驶行为，则被认为已经同意进行证据性血液样本测试，否则警察即可采取法定的可惩处措施：暂扣驾驶证。该法的目的是通过鼓励驾驶人员进行证据性血液样本的化学测试来减少醉酒驾驶以及保护公共安全。[③] 相对于醉驾案的处理手段而言，默示同意法规定的惩罚手段并

---

① Dennis R. Cook，Ouch! Blood Search Warrants After Beeman V. State：An End-Run Around The Texas Legislature Resulting In Judicially Sanctioned Batteries，42 Texas Tech Law Review 93 (2009).

② Police Breathalyser Procedure，http://www.drinkdriving.org/police_breath_alcohol_test_preliminary.php.［2013-05-02］.

③ Tina Wescott Cafaro，Fixing The Fatal Flaws In OUI Implied Consent Laws，34 Journal of Legislation 13 (2008).

不严厉，因此默示同意法目前在美国的作用已被大大弱化。为此，美国一些州又设计了血液搜查证制度，比如得克萨斯州通过血液搜查证，授予警察“可以使用必要的暴力手段去收集嫌疑驾驶人员的血液样本的权力”①。在这些国家和地区，醉驾案的查处相对容易，实务中警察采取强制测试措施也不会引发什么争议。这些国家和地区针对拒绝酒精测试所作的制度设计，虽然并非完美无缺，但至少从理念上体现了对公民人权保障的重视，从程序上减少了警察取证可能遭受的质疑，从而在事前就避免或者解决了诸如强制测试手段及相关证据的合法性问题。我国今后在面对醉驾案这种以鉴定证据作为认定实体要件及犯罪成立与否关键证据的特殊罪名时，因其取证的独特性，应该通过制度设计直接赋予警察采取强制测试等手段的权力，从而既保证警察取证工作的顺利进行，又合理规定公民配合取证的义务，从而更好地保护公民的权利。

如果驾驶人员以强制截停或者强制测试违反了程序法的规定为由申请重新鉴定，该如何处理？此时，除非有证据证明“抽样程序中存在明显违背或确定违背了相关程序的情形”，否则“对当事人提出的鉴定申请，不是都会像二审案件的二审一样，一一地进行鉴定程序，是要司法人员，尤其是法院认为确实存在或者可能存在的情况、有必要进行鉴定才去做”②。重新鉴定与首次鉴定之间往往有一定的时间间隔，而人体内的酒精具有挥发性，故而首次鉴定意见的准确性无疑高于重新鉴定意见的准确性。“证据资源有限，是证据法的基本规律和出发点。”③ 从有效地打击醉驾型危险驾驶罪出发，应该极为珍视来之不易的血液酒精测试结果证据，除非当事人有明确证据证明在抽样测试程序中存在着明显违反程序法的情形，否则一般不应支持重新鉴定。这也是司法实务中并不支持所有重新鉴定申请之原因所在。

---

① Jeff Swain，Blood Search Warrant Program Successful with Juries Too，38 The Prosecutor 2 (2008).

② 赵丽，朱婷. 专家称醉驾案件取证鉴定环节仍需明确标准. 法制日报，2011-05-09 (4).

③ 龙宗智. 两个证据规定的规范与执行若干问题研究. 中国法学，2010 (6).

比如，甲与朋友喝酒后驾车回家，经过某路段时适逢交警查车。甲拒绝进行呼气酒精测试，交警便决定对甲抽取血样，甲殴打交警拒绝抽血。两位交警强行将甲带至医院进行了抽血测试。经测试，甲血液中酒精含量为87mg/100ml。甲拒绝承认自己酒后驾车。本案中，交警对甲采取强制手段取得的血液酒精测试结果是客观而合法的，该证据具有客观性与合法性，且是证明案件事实的直接证据，也具有定罪证据的关联性。本案中即使没有甲的供述或旁证，也没有甲的呼气酒精测试结果，依照该证据依然可以认定甲的醉驾型危险驾驶罪成立。至于甲的重新鉴定申请，由于甲只是空泛地认为测试结果不准确但未提供明确理由，故不应予以支持。但是，如果甲对先前的血液酒精测试结果的质疑有合理的根据，该鉴定符合重新鉴定的条件，需要重新鉴定，那么如何保证重新鉴定时血液样本和醉驾时的血液样本一致?《程序规定》第32条对重新鉴定只是作了权利设计上的抽象规定，对于重新鉴定的具体问题，比如提出重新鉴定申请的次数，提出申请的期限、机关及理由，重新检测的仪器与机构，尤其是重新鉴定时所使用的血液样本的保全与固定这一核心问题，均没有涉及。其他行政性法规对此亦没有规定。笔者以为，如何固定血液样本以确保重新鉴定的准确性，与其说是刑事法上的问题，莫如说是一个医疗科学技术上的问题。“血液样本是一种典型的‘科学检验型’证据”，“离开了科学技术的支撑，血液样本就难以发挥它应有的证明作用”①。如果“犯罪嫌疑人对鉴定结论提出异议申请重新鉴定，如何保证血液样本不挥发，如何对证据进行保全等问题，需在技术上解决”②。这也是醉驾案今后需要进一步探索的问题。

总之，驾驶人员的驾驶权是行政许可法所特许的一种权利，而不是自然权利。配合交警为了道路交通安全而进行酒驾检测行为，是驾驶人员的义务；在驾驶人员拒不配合的情况下，交警有权采取强制截停与强制检测手段，二者是交警依据《道路交通安全法》和《程序规

① 王志刚. 论血液样本证据的特性及其采集司法程序的完善. 政治与法律，2012 (3).

② 游春亮，程海龙. 深圳办理醉驾案件半年面临多重法律难题. 法制日报，2011-12-06 (4).

定》进行的合法的取证行为，据此取得的证据当然既不是类似于《刑事诉讼法》第56条规定的“采用暴力、威胁等非法方法收集”的非法证据，也不属于“通过不规范的取证方法所获取的……瑕疵证据”[①]，因此，对于采取这两种方式所取得的血液酒精测试结果，既无须排除也无须补正，可以直接作为定罪证据使用。

（四）小　结

从证明标准角度分析，单独呼气酒精测试结果不应作为定罪证据使用。《醉驾解释》第6条关于可以将呼气酒精测试结果作为定罪证据的规定，只适用于驾驶人员逃脱，拒绝进行血液酒精测试的情况，这绝不意味着呼气酒精测试结果在醉驾案中具有普遍性的定罪证据的地位和价值。在我国当前情况下，由于呼气酒精测试的主体不具备合法的司法鉴定人资格，测试仪器的精准性也值得怀疑，导致测试结果的准确性、可靠性与权威性无法保证，因此，呼气酒精测试结果可以作为醉驾案的立案侦查依据而非定罪证据。[②] 在一般情况下，呼气酒精测试结果只有达到可以与血液酒精测试结果相互印证的程度，才能作为定罪证据使用。因此，一方面，应该反对理论上和实务中在一定范围内存在的“呼气酒精含量测试的结果也适用于脱逃的犯罪嫌疑人，法院可以以此结果，追究其刑事责任”的不妥看法[③]；另一方面，单独血液酒精测试结果只要具有能够达到排除合理怀疑程度的客观性与合法性，即可作为定罪证据使用。基于驾驶权是一种法律许可的特别权利而非自然权利的观念，在驾驶人员拒不配合查验血液酒精浓度的情况下，交警可以基于合理怀疑而采取必要的强制手段如强制截停与强制测试等，采取类似强制手段取得的证据，其合法性不存在疑问。在既无呼气酒精测试结果也无血液酒精测试结果的情况下，仅仅根据被害人陈述、证人证言等旁证，不能推定醉驾案犯罪成立，此时应按无罪推定原则对驾驶人员不以犯罪论处。

---

① 陈瑞华．刑事证据学．北京：北京大学出版社，2012：88．

② 刘艳红．醉驾型危险驾驶罪刑事证据规则研究．法律科学，2014（2）．

③ 王彬．醉酒司机躲车内避查怎么办．北京晨报，2012-10-29（A15）．

三、刑事被告人对质权的出罪作用

刑事审判中，科学而特定的司法鉴定证据发挥着越来越重要的作用。现代法治理念主要通过诉讼程序的正义而彰显，司法鉴定程序的合法性与鉴定证据的可靠性直接影响到鉴定意见的准确性，并进而影响到程序正义能否实现。司法鉴定证据经常是通过由硬件和软件组成的仪器产生出来的，比如证据性酒精呼气测试仪器——通过呼出的气体来测量酒精的浓度，以及用于制作 DNA 基因图的设备。[①] 根据现行的法律，对于犯罪嫌疑人是可以仅仅依据单个证据便定罪的。一旦犯罪嫌疑人被认定犯有严重的犯罪比如谋杀罪或者抢劫罪，其可能会被判处终极刑罚，比如终身监禁甚至死刑。过去几十年的很多文献已经揭示了一个重要的现象——无辜的人因为单个鉴定证据而被错误定罪。[②] 因此，对于如何避免司法鉴定设备的不准确或者不可靠对司法鉴定证据之证明效力的消极影响，以及单个司法鉴定证据如何有效地为入罪发挥作用，必须予以重视和研究。目前我国对于醉驾型危险驾驶罪仅以驾驶人员的血液酒精含量为标准来认定犯罪之有无，它是典型的仅凭单个证据定罪的罪名。为了确保醉驾型危险驾驶罪定罪的准确性，须尽量保证血液酒精测试结果的准确性。综观世界各国，美国的醉驾犯罪程序性立法相对完善，实务中亦通过判例确立了对鉴定人的对质权，这对于保障被告人获得准确定罪和量刑有着极为重要的意义。为此，下文拟借鉴美国经验，尝试构建醉驾犯罪中被告人对鉴定人的对质权，以对抗国家权力机关可能进行的出入人罪，确保控辩双方地位的平等，最终实现刑法的人权保障机能。

（一）对质权产生的域外根基：美国理论界和实务界对司法鉴定证据的质疑

对质权，即被告人与证人面对面就不利于自己的证言进行质疑的权

---

① William C. Thompson et al，Evaluating Forensic DNA Evidence：Essential Elements of a Competent Defense Review：Part 1，27 Champion 16-18 (2003).

② Boaz Sangero，Miranda is not Enough：A New Justification for Demanding “Strong Corroboration” to a Confession，28 Cardozo Law Review 62-63 (2007).

利。它是英美及欧洲大陆长期存在的一种司法制度，其意在于防止国家权力的滥用，通过程序正义来实现司法公平，最终确保被告人的人权。然而，随着一些新型犯罪如醉驾犯罪等的大量出现，司法鉴定证据在刑事犯罪中被作为定罪证据而广泛使用，刑事被告人可否如同在其他并非根据司法鉴定证据定罪的案件中一样享有对质权，日益成为刑事程序法与实体法所关注的问题。以美国为例，随着美国司法实务中越来越多地倚重司法鉴定证据定罪，人们对司法鉴定证据理解的不断深入和加强，美国法学理论界对司法鉴定证据的科学性和准确性也日益产生怀疑，导致美国宪法修正案所规定的对质权开始被适用于司法鉴定证据。

美国宪法第六修正案即对质权条款（Confrontation Clause）规定：在所有的刑事控诉中……被告人都享有与对他们不利的证人对质的权利。[①] 第六修正案的对质权条款被视为对刑事被告人亲自与控方证人进行交叉询问之权利的保障，该条款规定了法官和陪审团评估证人陈述是否可靠的方法。但是，美国司法界普遍认为，不提倡对所有刑事案件中的证据都适用对质权，因为“如果对于对质权条款的解释没有必要的限制性条件的话就会导致过于极端”[②]，会将所有传闻证据的例外（Hearsay Exception）予以排除。[③] 换言之，刑事被告人并非对所有和证据有关的人都享有对质权，其只可以与言词证据的证人进行对质。而司法鉴定证据是科学性证据，不属于言词证据，故鉴定人可以不出庭接受对质。在第六修正案刚出台的时期，美国没有司法鉴定人员，但是那时候有抄写员（Copyist）这种非传统形式的证人。抄写员的作用是对用于刑事控诉以及准备证明事实的准确性的宣誓书进行复制和记录[④]，其作

① U. S. CONST. amend. VI.

② Ohio v. Roberts，448 U. S. 56，63 (1980).

③ 约书亚·德雷斯勒，艾伦·C. 迈克尔斯. 美国刑事诉讼法精解：第 2 卷. 魏晓娜，译. 北京：北京大学出版社，2009：222－224.

④ Bradley W. Hines，Melendez-Diaz v. Massachusetts：Forcing America to Pay the Premium Price for the Nation's New Confrontation Clause，21 George Mason University Civil Rights Law Journal 123 (2010).

用类似于现在的司法鉴定人，但是即使抄写员不出庭，其所作的证据仍然可以被美国法院毫不犹豫地予以采纳。然而，随着美国理论及实务界对司法鉴定证据的可采性产生质疑，司法界对于司法鉴定人是否需要接受对质的态度也发生根本转变。

质疑首先来源于美国学术界。在美国醉驾案中，证据性酒精呼气测试器①是用以证明醉酒的重要司法鉴定仪器之一。由于被测试者口中残留的酒精以及呼吸污染物等会影响证据性酒精呼气测试器，因而这种鉴定设备无法准确鉴定被测试者血液中的酒精浓度。与此同时，美国学术界指出，司法鉴定设备也未达到系统安全工程标准。② 系统安全工程以工程设计、安全原理和系统分析方法为基础，去预测、评价系统的安全性，以控制系统内各种因素，防止事故发生。③ 它的检测结果更为合理、可靠，并因此被广泛用于计算机、食品药品及汽车生产等领域。然而，对美国司法鉴定设备的安全性进行检测所使用的却是终端测试法，它仅对终端产品进行检测，测试结果只能证明产品是否存在瑕疵，而不能证明产品是否是安全的。而大量研究亦表明，不可靠的司法鉴定设备常常导致对无辜者的错误定罪。④ 尽管如此，美国国家公路交通安全管理局（NHTSA）有关证据性酒精呼气测试器的管理和许可的诸多法规、条例都没有要求该司法鉴定设备必须经过系统安全工程的安全监测。相关条文只要求司法鉴定设备能通过终端测试。刑事司法实践中，由于证据性酒精呼气测试器未经系统安全工程监测，可能作出错误的鉴定结果，但是这种错误被法院和被告人发现的概率非常小，因而可能增

---

① 在美国，酒精呼吸测试器分警察使用的初步酒精呼吸测试器和司法鉴定实验室使用的证据性酒精呼吸测试器，以后者所测结果为依据的司法鉴定证据可以作为控诉证据被法院采纳。

② Mordechai Halpert，Boaz Sangero，From a Plane Crash to the Conviction of an Innocent Person：Why Forensic Science Evidence Should be Inadmissible Unless it has been Developed as a Safety-Critical System，32 Hamline Law Review 65 (2009).

③ 白勤虎，吴子稳. 系统安全·系统安全工程·系统安全分析及评价. 华东经济管理，1994 (6).

④ William C. Thompson et al，How the Probability of a False Positive Affects the Value of DNA Evidence，48 Journal of Forensic Sciences 47-48 (2003).

加对无辜之人定罪的可能性。有时，尽管已经发现了这些错误，但是法院坚持依赖这些司法鉴定证据，甚至将其作为定罪的唯一证据。[①]

鉴于以上情况，美国国会于 2005 年授权国家科学院（the National Academy of Sciences）对美国的司法鉴定证据的准确性和可靠性进行大范围的研究。国家科学院于 2006 年组成了调查委员会，调查委员会经过 26 个月的工作，在 2009 年形成了最终的报告：《强化美国的司法鉴定证据：一个推进计划》(Strengthening Forensic Science in the United States：A Path Forward)。该报告对司法鉴定证据的准确性和可靠性进行了质疑。该报告针对司法鉴定界存在的影响鉴定证据之准确性和可靠性的几个主要问题提出了疑问，诸如缺乏可以证实司法鉴定之有效性和可靠性的科学性研究[②]、鉴定过程中存在着观察者偏见[③]、刑事司法鉴定实验室往往受制于执法部门而缺少自主权、司法鉴定实验室和鉴定人员缺乏统一的、强制的资格认证制度[④]，等等。鉴于学术界对司法鉴定设备以及司法鉴定证据的质疑，美国联邦最高法院迅速作出了反应，于 2009 年以梅伦德斯-迪亚兹诉马萨诸塞州案[⑤]为契机表达了对司法鉴定证据的质疑，并由此确定了被告人对司法鉴定人的对质权。该案在司法鉴定人是否需要出庭接受质证的问题上具有转折性的意义，其判决要求

---

① 关于 DNA 证据参见 Armstead v. State，673 A. 2d 221，245 (Md. 1996)，关于醉酒驾驶测试参见 State v. Chun，943 A. 2d. 114 (N. J. 2008).

② Committee on Identifying the Needs of the Forensic Science Community of the National Research Council，Strengthening Forensic Science in the United States：A Path forward (2009).

③ D. Michael Risinger et al，The Daubert/Kumho Implications of Observer Effects in Forensic Science. Hidden Problems of Expectation and Suggestion，90 California Law Review 1 (2002).

④ Paul C. Giannelli，The 2009 NAS Forensic Science Report：A Literature Review，48 Criminal Law Bulletin 439 (2012).

⑤ 该案的基本案情是：2001 年，波士顿警察接到举报称一个名叫凯马特（Kmart）的员工参与疑似的犯罪活动，警察对该名员工进行了监视并发现了同样的可疑行为。警察对该员工进行了羁押和搜查，发现了含有类似可卡因物质的数个透明的白色塑料袋；警察接着逮捕了另外两名嫌疑人，其中一个就是梅伦德斯-迪亚兹。警察将这些塑料袋和其中的物质送到司法实验室进行鉴定，结果为可卡因。梅伦德斯-迪亚兹被指控违反《马萨诸塞州受控制药物法案》(Massachusetts Controlled Substances Act) 中的分配和非法交易可卡因罪。See Melendez-Diaz v. Massachusetts，129 S. Ct. 2527，2530 (2009).

控诉方在没有司法鉴定人出庭的情况下不得再将司法鉴定报告作为证据予以提交。这一判决颠覆了在美国实行了九十年的判例，在该判决之前，控诉方在司法鉴定人不出庭的情况下可将司法鉴定证据作为证据来控诉被告人。①

在该案判决中，多数派意见认为，司法鉴定报告是证言性陈述，鉴定人是受宪法第六修正案规制的证人，且被告人在审前往往没有机会与鉴定人进行交叉询问，如果不存在司法鉴定人无法出庭作证的情况，一般来说，被告人有权在案件审理过程中和司法鉴定人进行对质。② 虽然对于上述意见不乏反对者，但美国联邦最高法院最终以 5 比 4 的表决结果，判决凡是控诉方将司法鉴定报告作为控诉证据在庭审中予以使用的，必须让司法鉴定人出庭作证，接受被告人及其辩护人的质证，方可确定该证据的可采纳性。③ 自此，被告人对司法鉴定人的对质权确定。

然而，虽然严格按照梅伦德斯-迪亚兹诉马萨诸塞州案的判决能够通过被告人与鉴定人的对质而最大限度避免因错误的司法鉴定证据而错判，但是现实的操作受到了财政压力、鉴定人员数量紧张和时间限制等问题的制约。为此，美国司法界和理论界开始寻找相应的应对策略，其中效果比较好的主要是弗吉尼亚州所适用的《告知和要求条例》(Notice And Demand Statute)，以及学术界正在大力提倡的远程双向视频技术。

梅伦德斯-迪亚兹案中持多数意见的法官已经认可了《告知和要求条例》，认为其和该案判决并不产生冲突。美国很多州，比如佐治亚州④、得克萨斯州⑤、俄亥俄州⑥和弗吉尼亚州等都有含有《告知和要求

---

① Amy Ma, Mitigating the Prosecutors' Dilemma in Light of Melendez-Diaz: Live Two-Way Videoconferencing for Analyst Testimony Regarding Chemical Analysis, 11 Nevada Law Journal 793 (2011).

② Davis v. Washington, 547 U. S. 813, 830 (2006).

③ Brooke Edenfield, Who Ya Gonna Call? Confusion Reigns after the Supreme Court's Failure to Define Testimonial and Analyst in Melendez-Diaz v. Massachusetts, 59 Kansas Law Review 137-138 (2012).

④ GA. CODE ANN. § 35-3-154.1 (2006).

⑤ TEX. CODE CRIM. PROC. ANN. art. 38.41 § 4 (West 2005).

⑥ OHIO REV. CODE ANN. § 2925.51 (West 2006).

条例》之内容的法典，其中以弗吉尼亚州的法典最为典型。为了应对梅伦德斯-迪亚兹案判决所引发的难题，2009 年 8 月 19 日，美国弗吉尼亚州议会对 1979 年的《告知和要求条例》进行了修正，新修正的条例有很多显著特点。[①] 首先，新条例明确地规定了被告人行使拒绝权的期限，从而有助于控诉方和司法鉴定机场进行协调以确保司法鉴定人能够出庭接受对质，并防止了被告人在开庭当天行使拒绝权导致的控诉方的被动局面。其次，新条例明确规定如果被告人没有在规定的时间内拒绝将化验证明书（鉴定报告）作为证据被采纳，则视为被告人放弃要求司法鉴定人出庭的权利。要求权一旦被放弃，被告人就丧失了和不利证人对质的权利。这避免了没有行使拒绝权的被告人日后再次申诉。

而在理论界，更多的人呼吁使用远程双向视频技术来实现对质权，以缓解上述的困境。在美国有很多州已经开始或者正在考虑在法庭中使用远程双向视频技术。使用远程双向视频技术可能是解决上述问题最为可行的方案。远程双向视频系统由可便于交流的视频和声频通讯的电子设备构成，能够连接在实验室中的司法鉴定人和在庭审中的法官、陪审团和当事人。司法鉴定人可以看见法庭中的成员和听见他们说话，且在法庭中的人也可以同时看见实验室中的司法鉴定人和听见他们说话。通过这种方式可以实现拟制的面对面的对质。使用这种技术可以使司法鉴定人远程接受对质且完全避免因前往法庭作证而消耗的时间和费用。司法鉴定人因此也可以自由地进行他们自己的工作，需要作证的时候只需要耗费很少的时间成本和经济成本。

美国理论界与实务界对司法鉴定证据的怀疑，以及通过梅伦德斯-迪亚兹诉马萨诸塞州案创立的被告人对司法鉴定人的对质权，冲破了以往美国理论界与司法界对对质权含义的理解，扩大了对质权的适用范围，提高了司法鉴定证据的可采纳性，有力保障了被告人的人权。因而自上述案例之后，在诸如醉驾犯罪等以司法鉴定证据作为定罪依据的刑

---

① Anne Hampton Andrews，The Melendez-Diaz Dilemma：Virginia's Response，a Model to Follow，19 William & Mary Bill Of Rights Journal 420 (2010).

事案件中，被告人对司法鉴定人的对质权得到广泛确立和运用。

（二）对质权的缺失：我国醉驾案中对司法鉴定证据的倚重

反观我国的立法和司法现状，在对质权严重缺失的情况下，司法鉴定证据的不准确性、不科学性加上我国醉驾案中对司法鉴定证据的倚重性，使我国必须反思在该类案件中司法鉴定证据的使用规则。

自《修（八）》将醉驾纳入危险驾驶罪的规制范围之后，大量的醉驾案进入刑事司法程序之中。刑法明确规定“在道路上醉酒驾驶机动车”为本罪的成立要件，但被告人是否属于“醉酒驾驶”的实体问题最终取决于程序上的认定。虽然目前我国关于醉驾的程序性立法尚处在初步阶段，零散而不统一，但是现有的法律法规、规章以及相关的指导意见已经给出了认定醉驾的依据。根据《车辆驾驶人员血液、呼吸酒精含量阈值与检验》的规定，车辆驾驶人员血液中的酒精浓度大于或者等于80mg/100ml的驾驶行为即为醉酒驾车。《指导意见》规定：发现有醉驾嫌疑的，首先进行呼气酒精测试，如果当事人对该测试结果有异议、不配合进行该测试或者因涉嫌醉驾而发生交通事故的，应当进行血液样本的化学测试。另外《程序规定》第34条进一步规定：血液酒精测试结果与呼气酒精测试结果不一致的，应当以血液酒精测试结果为准。通过这些零散的规定可以看出针对血液样本的司法鉴定报告在醉驾案认定中的重要地位。“血液酒精含量检查结果几乎成了判断司机是否醉酒驾驶唯一而‘充分’的依据。”[①]

在司法实践中，针对血液样本的司法鉴定报告也因此几乎成为铁打不动的核心证据。笔者随机调取了50份因醉驾而被指控危险驾驶罪的案件的判决书[②]，这些判决书分别来自河南省（30份）、重庆市（11份）、陕西省（3份）、湖南省（3份）、湖北省（1份）、福建省（1份）和广西壮族自治区（1份）。

① 赵丽．醉驾案件取证鉴定环节仍需明确标准．法制日报，2011-05-09（4）．

② 为确保统计的准确性，尽量减少主观因素的介入，该50份判决书为笔者以每20份中调取1份的方式随机在中国法院网裁判文书库中抽取所得。

笔者对上述50份判决书进行统计发现，在醉驾案中，检察机关最常使用的指控证据除了接受刑事案件登记表、立案决定书、查获经过、户口信息①以及证明被告人达到刑事责任年龄的证据，主要是血液样本司法鉴定报告、证人证言、被告人供述、呼吸测试结果单以及被害人陈述。在这50份判决书中，这些证据的使用次数如表一所示。

表一　检察机关使用证据的次数情况

证据种类	检察机关的使用次数
血液样本司法鉴定报告	50次
证人证言	36次
被告人供述	24次
呼吸测试结果单	12次
被害人陈述	8次

在醉驾案中，证人证言在控诉中主要起到证明交通事故的发生经过或者执法过程的作用，比如在被告人李某锤危险驾驶案中，证人牛某证实2011年9月19日21时许李某锤驾驶小型轿车在兰考某中学门前与一辆摩托车相撞的事实。② 再比如在姚某标危险驾驶案中，证人田某、周某的证言证实了2011年5月15日18时许姚某标喝了0.5瓶白酒的事实。③ 这些证据均属于间接证据，无法对刑事被告人的定罪和量刑产生直接有效的影响。被害人陈述仅在有被害人的案件中才会存在，故具有一定的局限性，另外，其起到的作用也仅仅是证明交通事故的发生经过以及警察执法的过程，对于被告人的定罪也产生不了实质有效的影响。比如在邹某危险驾驶案中，被害人陈某的陈述只能证明邹某驾驶两轮摩托车在重庆市巴南区东温泉镇将自己撞伤，后被公安机关查获。④ 而呼气测试结果单由于其结果往往和针对血液样本的司法鉴定报告有差

① 这些证据主要用来证明案件来源及被告人的身份情况，对于对被告人是否定罪及量刑并不起到实质作用。

② 河南省开封市兰考县人民法院（2012）兰刑初字第12号刑事判决书。

③ 湖南省怀化市新晃侗族自治县人民法院（2011）晃法刑初字第91号刑事判决书。

④ 重庆市巫山县人民法院（2011）山法刑初字第265号刑事判决书。

异，在审判中也无法成为对被告人最终定罪和量刑的依据。相对而言，被告人供述对于证实犯罪成立与否具有直接的证明作用，因为“作为案件的当事人，他对自己是否犯罪、为何犯罪、怎样犯罪比其他任何人都清楚”①。尽管如此，被告人也无法准确地感知自己血液内的酒精浓度，法院在没有针对血液样本的司法鉴定报告的情况下也不会仅仅依据被告人供述即行定罪和量刑。由此可见针对血液样本的司法鉴定报告是醉驾案中被告人被定罪的充分必要条件。

笔者另统计发现，上述50份判决书中均有“被告人在开庭审理过程中对所指控事实（供认不讳）和对公诉方所提交的证据均无异议”的表述。换言之，在所有的50起醉驾案中，被告人及其辩护人无罪辩护的次数为0次。在这50起案件中，被告人及其辩护人举出最多的辩护理由是：自愿如实（坦白）认罪，认罪态度好；主动缴纳罚金，有悔罪表现；积极赔偿受害人损失；初犯；犯罪情节较轻以及犯罪情节轻微。在这50份判决书中这些辩护理由的使用次数如表二所示。

表二　被告人及其辩护人辩护情况

辩护理由	被告人及其辩护人使用该理由的次数
自愿如实（坦白）认罪，认罪态度好	44次
主动缴纳罚金，有悔罪表现	15次
积极赔偿受害人损失	15次
初犯	5次
犯罪情节较轻	2次
犯罪情节轻微	2次

通过上表可以看出，被告人及其辩护人所进行的辩护均是量刑辩护，而没有进行任何无罪辩护。因此在笔者所随机调取的醉驾案中，被告人均被判处有罪。而被告人及其辩护人关于量刑的辩护却产生了极好的法律效果。在该50起案件中，法院虽然都作出了有罪判决，但是在

① 龙宗智，杨建广．刑事诉讼法．北京：高等教育出版社，2007：134.

量刑上却作出了6种不同的判决或表达：从轻处罚、从轻处罚兼缓刑、缓刑、免予刑事处罚、未明确表示有从轻或缓刑情节（一般表述为综合被告人的犯罪性质、情节及归案后的认罪态度进行判决）以及明确表示没有从轻或者缓刑情节。这如表三所示。

表三　法院判决情况

量刑判决	法院使用的次数
从轻处罚	35次
从轻处罚兼缓刑	7次
缓刑	2次
免予刑事处罚	2次
未明确表示有从轻或缓刑情节	3次
明确表示没有从轻或者缓刑情节	1次

综上所述，在醉驾案中，一旦检察机关出示针对被告人的血液样本的司法鉴定报告，则被告人必然将被认定为触犯危险驾驶罪，没有任何无罪辩护的余地。一般认为，在“现行的定罪与量刑一体化的诉讼模式”中，定罪问题成为刑事诉讼中的主要程序和中心问题，“而被告人、辩护人对于法院的量刑决策过程参与不足、影响力不充分”①。在醉驾案中表现恰恰相反，所谓的辩护已经演变为量刑辩护“一枝独秀”的态势。众所周知，辩护权在刑事诉讼程序中占有极其重要的地位，从某种意义上说，“刑事诉讼进化的历史，也可以说是辩护权发展的历史”②。“辩护权是刑事诉讼中人权的重要组成部分，对于被指控人辩护权的保障则是刑事程序中人权保障体系的核心和关键。”③ 我国2018年《刑事诉讼法》第37条规定：“辩护人的责任是根据事实和法律，提出犯罪嫌疑人、被告人无罪、罪轻或者减轻、免除其刑事责任的材料和意见，维护犯罪嫌疑人、被告人的诉讼权利和其他合法权益。”任何刑事诉讼程

① 陈瑞华. 定罪与量刑的程序分离——中国刑事审判制度改革的另一种思路. 法学，2008（6）.

② 西原春夫. 日本刑事法的形成与特色——日本法学家论日本刑事法. 北京：法律出版社，东京，成文堂，1997：432.

③ 柯葛壮. 刑事诉讼中的人权保障制度. 上海：上海交通大学出版社，2006：48.

序中的辩护必然包含无罪辩护和量刑辩护，无罪辩护相较于量刑辩护而言，由于其直接关乎犯罪嫌疑人、被告人的行为是否构成犯罪，在个案中直接体现为生命权、人身自由权是否将会被剥夺，因而显得尤为重要。无论无罪辩护成功的概率有多大，只要有辩护成功的可能即可认为被告人享有完全的辩护权。无罪辩护和量刑辩护两者缺一不可，缺乏任何一种辩护，尤其是缺乏无罪辩护，辩护权就变得不完整。

有学者认为，在有些案件中，之所以辩护律师对指控的犯罪事实和罪名没有提出任何的异议或辩护意见，是因为典型的无罪辩护由于被告人自愿认罪而丧失了存在的空间，律师之主要职责即转为了量刑辩护。[①] 这种将无罪辩护的丧失归因于被告人自愿认罪的观点不能解释醉驾案中零无罪辩护率的原因。作为唯一能够认定被告人是否有罪的依据，针对血液样本的司法鉴定报告被立法者、控诉方和裁判者过度信任和倚重，导致该司法鉴定报告在整个诉讼程序中的地位畸高。需要强调的是，尽管最高人民法院《关于适用〈中华人民共和国刑事诉讼法〉的解释》(以下简称《解释》)[②] 和我国《司法鉴定程序通则》(2016 年修订)[③] 等相关法律法规均有司法鉴定人出庭作证接受询问的规定，但是在上述 50 起案件中司法鉴定人出庭的次数也为零，出庭率为 0%。[④] 同样，尽管我国《刑事诉讼法》和《解释》[⑤] 都规定了被告人及其辩护人有申请重新鉴定的权利，且在针对血液样本的司法鉴定报告对定罪如此重要的情况下，这 50 起案件中，被告人及其辩护人申请重新鉴定的次数也竟然为零。究其原因，司法鉴定人无强制义务接受对质，造成被告人及其辩护人对针对血液样本的司法鉴定报告的产生过程——包括进行

① 牟绿叶．论无罪辩护与量刑辩护的关系．当代法学，2012 (1).

② 详见《最高人民法院关于适用〈中华人民共和国刑事诉讼法〉的解释》(以下简称《解释》) 第 86 至第 87 条。

③ 详见《司法鉴定程序通则》第 43～46 条。

④ 实际上这并不仅仅是醉酒驾驶案件中独有的问题，有调查研究表明，在北京进行鉴定的案件中，鉴定人的出庭率仅为 4.8%。(北京大学法学院人权研究中心．刑事辩护制度的实证考察．北京：北京大学出版社，2005：71.)

⑤ 详见《解释》第 193 条。

司法鉴定的设备是否合格、司法鉴定程序是否符合标准、司法鉴定报告是否有效和准确，均无法提出质疑，因此申请重新鉴定比较困难且作用小。可以说被告人及其辩护人在鉴定人不出庭接受对质的情况下只能被动接受司法鉴定报告中的结论。

（三）对质权的运用：利用申请制和远程双向视频技术实现对司法鉴定人的对质

1. 我国刑事程序法中设置了对质权

正如前文所述，在我国在醉驾案中，法院过度依赖司法鉴定报告，而在司法鉴定报告的准确性确实受到诸多质疑的情况下，我国立法机关、司法机关和学术界不能置若罔闻。美国解决该问题的方法是对宪法第六修正案中的对质权进行全面解释，进而要求保障被告人的对质权。与控诉者进行对质的权利可以追溯到古罗马时期。[①] 根据《圣经》记载，讨论如何适当地处置囚犯时，保罗（Paul）说道：在古罗马统治者菲斯缇斯（Festus）将任何人处死之前不给他们面对面地和控诉者对质以及不给他们对自己的罪行进行辩护的机会，这不是罗马的惯例。在英格兰，对质条款的历史要比陪审团审理的权利的历史还要久。[②] 那么何为对质？对质，“又称对质询问（我国台湾学者称‘对质诘问’），是指让二人同时在场，面对面进行质问。对质询问既是查明事实的一种方法，又涉及当事人的一种基本权利即对质权”[③]。对质权是国际人权公约所保障刑事案件中被告人的基本权利，该项基本权利的内容主要包括被告人出席法庭与不利于自己的证人面对面的权利和交叉询问的权利。[④] 有学者形象地将该权利称为“眼球对眼球的权利”[⑤]。由此可见，构成对质最基本的要素是两点，即“面对面”（face to face）和“质询”（Examine）。[⑥]

---

① Coy v. Iowa，487 U.S. 1012，1015 (1988).

② Texas v. Pointer，380 U.S. 400，404 (1965).

③ 龙宗智．论刑事对质制度及其改革完善．法学，2008 (5).

④ 高长见．证人保护与被告人权利保障．西南政法大学学报，2012 (2).

⑤ 易延友．眼球对眼球的权利——对质权制度比较研究．比较法研究，2010 (1).

⑥ 龙宗智．论刑事对质制度及其改革完善．法学，2008 (5).

通过交叉询问所留出的空间，有助于保障对抗式刑事诉讼，能够防止被告人受到匿名控告者的侵害。① 从发现真实的角度来说，对质权的意义在于保证证人提供的是宣誓证言，防止证人作伪证，迫使证人接受交叉询问，为陪审团提供对证人察言观色的机会等。② 这是为发现真相而发明的迄今最大的法律引擎。③ 另外，对对质权的保障还有利于“防止政府权力的滥用”，有利于“增进社会公众对案件裁判、作出裁判的程序以及法律的信任”④。

尽管对质权在保证诉讼公正进行和维护被告人合法权益等问题上都具有极为重要的作用，但是在我国，刑事诉讼中证人的出庭率极其低下。根据最高人民法院综合统计得出的数据，“全国法院一审刑事案件中，证人出庭率不超过 10%；二审刑事案件中，证人出庭率不超过 5%”。宁夏高级人民法院有关统计数字显示，“2002 年至 2007 年，在一审刑事案件中，证人出庭率分别为 11.24%、3.15%、6.7%、5.68%、5.07%、5.57%。在刑事案件审判中，证人出庭率呈现出逐年下降的趋势，证人出庭率年均仅为 5%。但就是这样一个低比率，也高于全国平均水平”⑤。在以法律手段促使证人出庭并且赋予刑事被告人对质权的做法在法治国家已经十分普遍的情况下，我国法律既没有规定证人必须出庭的具体情形，也没有赋予被告人与不利于己的证人当庭对质的权利。在我国，证人是否出庭、是否保证被告人对质的机会完全委诸法官的自由裁量和检察官指控犯罪的需要。⑥ 这些都表明，在我国，被告人的对质权被“虚置化”⑦。

① 樊崇义，王国忠. 刑事被告质证权简要探析. 河南省政法管理干部学院学报，2006 (5).

② Cornelius M. Murphy，Justice Scalia and the Confrontation Clause：A Case Study in Originalist Adjudication of Individual Rights，34 American Criminal Law Review 1245 (1997).

③ California v. Green，399 U. S. 158 (1970).

④ 陈永生. 论辩护方当庭质证的权利. 法商研究，2005 (5).

⑤ 熊秋红. 刑事证人作证制度之反思——以对质权为中心的分析. 中国政法大学学报，2009 (5).

⑥ 易延友. 中国刑诉与中国社会. 北京：北京大学出版社，2010：168-172.

⑦ 熊秋红. 从保障对质权出发研究证人出庭作证. 人民检察，2008 (24).

这种无对质权情形下的刑事审判会产生诸多不良后果：诸如因为证人不出庭而使被告人无法拥有与证人对质的机会时，无辜者被错误定罪的可能性会增加；不利于保障对被告人定罪的准确性和量刑的公正性；使程序公正受到极大的伤害，从而使法院的裁判单独建立在实体真实的基础之上，而没有程序公正作为支撑。①

因此，我国诸多学者建议在我国程序法中设置对质权，有学者认为，在我国可"以立法解释或者司法解释的方式来确立对质权制度，并设置和完善相应的保障机制"，具体而言包括："设置庭前证据开示制度，即控辩双方在法庭开庭审判前都应当向法庭提交相应的证据目录和证人名单以及证人拟作证的内容，以便双方对对方的证据进行质证，并决定是否要求对方提供的证人出庭作证。设置强制传唤作证机制及证人拒绝作证的惩罚机制。对侵犯对质权的审判设置无效制度，即侵犯对质权而进行的审判应当认定为无效。"② 另有学者认为在我国的刑事诉讼理念和文化中，需要首先建立"对质权"的概念，"赋予对质一种权利属性"。其次，在"建立'对质权'的理念与制度的基础上"③，促使和保证证人出庭。还有学者认为：首先要建立"多层次的刑事被告人对质权权利体系"，将对案件基本事实有争议作为所有刑事案件中被告人行使对质权的启动条件。其次，"建立刑事诉讼分流机制"以保证重大疑难案件被告人的对质权。④

在这样的理论背景下，2018 年 10 月 26 日全国人大常委会发布的《中华人民共和国刑法诉讼法》（2018 年修正）［以下简称《刑诉法》（2018）］中明确规定了对质权。《刑诉法》（2018）第 61 条规定："证人证言必须在法庭上经过公诉人、被害人和被告人、辩护人双方质证并且查实以后，才能作为定案的根据。法庭查明证人有意作伪证或者隐匿罪证的时候，应当依法处理。"第 192 条除了继续对第 61 条规定的证人证言的质证加以了进一步明确外，专门针对鉴定人就鉴定意见出庭质证进

①② 易延友．证人出庭与刑事被告人对质权的保障．中国社会科学，2010（2）．

③ 龙宗智．论刑事对质制度及其改革完善．法学，2008（5）．

④ 郭天武．论我国刑事被告人的对质权．政治与法律，2010（7）．

行了规定，“公诉人、当事人或者辩护人、诉讼处理人对鉴定意见有异议，人民法院认为鉴定人有必要出庭的，鉴定人应当出庭作证。经人民法院通知，鉴定人拒不出庭作证的，鉴定意见不得作为定案的根据”。第194条规定：“证人作证，审判人员应当告知他要如实地提供证言和有意作伪证或者隐匿罪证要负的法律责任。公诉人、当事人和辩护人、诉讼处理人经审判长许可，可以对证人、鉴定人发问。审判长认为发问的内容与案件无关的时候，应当制止。审判人员可以询问证人、鉴定人。”以上规定，不仅意味着我国刑事诉讼法中正式确立了对质权，而且既解决了证人（主要是不利证人）接受对质的问题，还解决了其他对证据起到关键作用的主体尤其是司法鉴定人是否需要接受质证以及对质权是否一定要求出庭接受对质的问题。对质权的以上理论与立法规定，为醉驾案件中利用申请制和远程双向视频技术实现对醉驾鉴定人的对质提供了理论与立法支撑。那么，在醉驾案的认定中如何进一步将《刑诉法》（2018）规定的对质权付诸实施？

2. 鉴定人纳入受对质的范畴及其出庭接受对质的分析

通过《刑诉法》（2018）的上述规定设置对质权，不但对于普通证人来说具有合理性和可行性，对于司法鉴定人来说，实现对质权同样具有可行性。首先司法鉴定人在我国刑事诉讼法中属于广义证人的范畴，广义的证人包括一般的证人和鉴定人、有专门知识的人，醉驾案件的司法鉴定人就属于有专门知识的专家证人，因此，对质权的约束对象除了狭义证人之外还包括鉴定人这样的广义证人。因此，涉司法鉴定证据的案件的被告人尤其是醉酒驾驶案件中的被告人就可以申请鉴定人接受对质。当然，如果将鉴定人纳入对质权制约的对象中，即如果所有的鉴定人都必须接受质证，那么在醉酒驾驶这种高发案件以及对鉴定证据过于依赖的案件类型中，让鉴定人均出庭接受质证是否可行也就成为疑问。

正如前文所述，虽然我国目前有相关的法律法规规定了司法鉴定人出庭作证的制度，但是在司法实践中鉴定人出庭的概率微乎其微。据不完全统计，“在2000年前刑事案件的审理中，鉴定人的平均出庭率不足5%”。另据有关部门统计，“2003年吉林省的高级和中级法院进行司法鉴定的案件共有 2 153 件，其中鉴定人出庭参与质证的仅为 17 件，出庭率仅为 0.8%”[①]。“2008 年度，以江苏省苏州市为例，在苏州市两级法院审理的案件中，司法鉴定部门受托鉴定 6 009 件，法医、物证及声像资料的‘三大类’鉴定 2 831 件，占 47%，其中当事人申请鉴定的案件 5 480 件，法院依职权（申请）鉴定的案件 529 件，其中因案件需要通知鉴定人出庭 86 件，实际出庭 33 件，可以说，绝大部分的鉴定人都不出庭。”[②] 最近十年来，鉴定人出庭的概率仍然较低。2016—2018 年山东法院审结的刑事案件中，证人、鉴定人出庭案件共 693 件，庭证人、鉴定 1 255 人，其中证人 1 026 人，鉴定人 229 人。证人、鉴定人出庭率仅为 0.32%。[③] 可以说，虽然目前没有《刑诉法》（2018）有关对质权的规定施行以后鉴定人出庭的统计数据，但根据之前的这些数据显示，这一概率似乎也很难得到有效提高。

在司法实践中，司法鉴定报告素有“证据之王”的美誉，在刑事诉讼中的地位举足轻重。一般来说，司法鉴定人出庭参加质证，对其出具的鉴定意见的合法性、科学性和可靠性等问题接受被告人的对质和公诉人员、审判人员的询问，不仅是司法鉴定人的法定义务，也是实现刑事审判程序正义、保证审判结果公正的需要和必然要求。具体而言，“从科学性的角度，司法鉴定活动所依据的材料和信息是有限的，且作出判断的时间也是有限制的，不可能像科学研究一样能作出绝对客观的结论”[④]。司法鉴定活动本身存在缺陷的可能导致法官或者当事人很难通过文书中的内容发现错误，“在中国，因为鉴定人不出庭作证而得不到纠正的鉴定错误，成为产生冤假错案的主要原因之一”[⑤]。只有让司法鉴定人出庭接受对质，才可能发现司法鉴定过程中可能存在的缺陷和错误。另外“从法律性的角度而言，要求鉴定人出庭接受质证不仅是司法

① 刘建伟. 论我国司法鉴定人出庭作证制度的完善. 中国司法鉴定，2010（5）.

② 施晓玲. 鉴定人出庭质证的相关法律问题. 中国司法鉴定，2010（3）.

③ 山东省高级人民法院课题组，刑事案件证人、鉴定人出庭实证分析，山东法官培训学院学报，2019（3）.

④ 杜志淳，廖根为. 论我国司法鉴定人出庭质证制度的完善. 法学，2011（7）.

⑤ 陈瑞华. 刑事诉讼的前沿问题. 北京：中国人民大学出版社，2000：562.

鉴定人应尽的法律义务，也是当事人实现平等诉讼权利的需要，且是法官审查司法鉴定意见的必然要求”①。正因为司法鉴定报告本身存在缺陷以及程序正义的要求，所以需要将司法鉴定人纳入对质权规制的对象范围之内，而不应将对质权仅设置为针对不利证人的权利。

在一般案件中，由于使用司法鉴定报告的频率较低且案件对司法鉴定报告的依赖不具有唯一性，要求司法鉴定人出庭接受对质不会对检察机关、司法鉴定人和鉴定机构产生过多的压力。但是醉驾这样的案件存在案件数量过大的问题，据公安部交通管理局提供的消息，在《修(八)》和修改后的《道路交通安全法》实施的7个月中，全国公安机关共查处醉驾案33 183起，全国公安机关已侦查终结并向人民检察院移送审查起诉的案件19 836起。② 按照这一统计保守推算，一年内将要起诉的醉驾案将会达到34 000余起。如前文所述，虽然醉驾案对司法鉴定报告的依赖性畸重，但是司法鉴定人数量上的限制和工作要求的制约，导致在醉驾案中司法鉴定人无法轻易地出庭接受对质。如果盲目地要求司法鉴定人针对每一起醉驾案的司法鉴定报告都出庭接受对质，则公诉机关和司法鉴定机构会面临很大的经济上和时间上的压力。

司法鉴定人出庭接受质证在我国也会产生经济上和时间上的压力。尤其是“一些偏远地区法院委托省会城市甚至北京、上海等大城市的权威鉴定机构进行鉴定时，因出庭的路途遥远，花时长，费用大，使鉴定人出庭的可能性很小。加之鉴定人出庭作证的合理费用支出如何负担缺乏统一的法律规定，也严重影响了鉴定人出庭作证的积极性”③。

因此在醉驾案中要求所有的司法鉴定人出庭接受对质就存在很多难以克服的困难，无法要求立法作客观不能的规定。

3. 实现醉驾案件的被告人对与司法鉴定人对质的可行路径

既然《刑诉法》(2018) 规定了司法鉴定人需要接受被告人的对质，

① 杜志淳，廖根为. 论我国司法鉴定人出庭质证制度的完善. 法学，2011 (7).

② 公安部交管局. 醉驾入刑七个月全国查获酒驾20万起. [2012-08-23]. http://www.mps.gov.cn/n16/n1252/n1837/n2557/3038365.html.

③ 施晓玲. 鉴定人出庭质证的相关法律问题. 中国司法鉴定，2010 (3).

尤其在醉驾案中，司法鉴定报告地位畸重，司法鉴定人不接受对质可能导致错判，而醉驾案又无法要求司法鉴定人对每一起案件都出庭接受对质，那么如何解决这个矛盾？需要寻求相关的措施。笔者认为，既然对质权属于被告人享有的一种权利，则可以由被告人进行选择。首先，可以借鉴美国的《告知和要求条例》的经验规定，由被告人申请醉驾案的鉴定人出庭。其次，可以借鉴美国为应对梅伦德斯-迪亚兹诉马萨诸塞州案的判决而使用的远程双向视频技术，实现对醉驾案被告人的对质权的保障。

（1）规定被告人要求司法鉴定人出庭接受对质的申请制。

因为并非所有的被告人及其辩护人都对司法鉴定报告的准确性持有质疑，所以很多被告人在接到控诉机关使用司法鉴定报告的通知后会放弃要求司法鉴定人出庭的权利。这样不仅没有侵害被告人的对质权，而且也不会浪费司法资源。这样就可以借鉴美国的《告知和要求条例》的经验，即法律并不预先强制所有的醉驾案的检察机关必须提供司法鉴定人出庭接受对质，而是规定由检察机关在开庭前 30 日将关于血液酒精浓度的司法鉴定报告的复印件送达被告人及其辩护律师以及法院，并告知他们检察机关将在法庭上使用该司法鉴定报告作为控诉证据。被告人在收到该司法鉴定报告的复印件之日起 10 日内向法院表明是否申请司法鉴定人出庭接受对质并提出合理的理由。若被告人提交申请，法院在收到申请后的 5 日内审查被告人所提出的理由是否合理，并作出是否同意被告人的申请的答复并通知检察机关。如果法院同意被告人的申请，则检察机关必须提供司法鉴定人出庭接受对质。

就我国的醉驾案而言，很多醉驾确实发生在驾驶人员摄入大量酒精之后，比如驾驶人员在喝了一整瓶 500ml 的酒精度为 50 度以上的白酒即行驾驶车辆，后被警察以醉驾的名义逮捕，最终经司法鉴定确定为醉驾。对于这样的案件如果仍然任由被告人不受限制地要求司法鉴定人出庭接受对质，无疑会导致司法资源的浪费。因此，被告人在向法院提出申请的时候须陈述其对司法鉴定报告所认定的事实有怀疑的合理的理由。这种合理的理由包括：被告人能够提供相关的人证或者物证证明自已没有摄入任何酒精，或者摄入的酒精微量，不足以使体内酒精浓度超过法定标准，等等。另外，申请司法鉴定人出庭接受对质的被告人还必须承担司法鉴定人出庭的必要的费用。这在国外已有相关的立法例。如德国刑事诉讼法典第 71 条、第 72 条规定：对鉴定人要依照《证人、鉴定人补偿法》予以补偿。日本刑事诉讼法典第 173 条规定："鉴定人可以请求交通费、日津贴费、住宿费、鉴定费，接受因鉴定而需要的费用的支付或者偿还。"[①] 这可以缓解司法鉴定人出庭接受对质的财政压力。被告人如果确实摄入大量酒精后进行驾驶，对自己的醉驾行为没有任何异议，且需要承担司法鉴定人出庭的交通费用、食宿费用和误工补贴等负担，就会理性进行选择，不会没有任何顾虑地申请司法鉴定人出庭而导致司法资源的浪费。这样同时也会缓解鉴定人出庭产生的诸多压力。

（2）有条件地使用远程双向视频技术。

即便申请制可以过滤一部分无必要的司法鉴定人出庭，但是由于醉驾案的基数较大，单一地采用申请制仍然无法彻底地缓解司法鉴定人出庭接受对质的压力，因而还必须结合使用相应的技术手段——远程双向视频技术来实现保障被告人对质权和缓解司法机关压力的双重目标。

远程双向视频技术的使用减轻了需要司法鉴定的案件的积压，并且使用该技术的司法鉴定实验室已经注意到它们为刑事司法体系提供有价值的科学分析的能力正在上升。这些司法鉴定实验室在更高的效率下运转，司法鉴定人的宝贵时间没有浪费在公路上意味着他们的时间就可以花在实验室中其他对侦查有重要意义的鉴定工作上。

通过远程双向视频技术作证和物理出庭作证没有什么差别。该技术对证据并不会产生不利影响，鼓励它的实施对控诉方和被告人都有好处。

使用远程双向视频技术能够满足对质的两个关键要件——"面对面"和"质询"。虽然这种面对面不是物理上的近距离，而是通过远程

① 申柳华. 对我国鉴定人不出庭现象的反思. 云南大学学报（法学版），2004（3）.

双向视频技术来控制实现被告人、辩护人、检察官和法官等都能够清晰地听见和看见远在司法实验室的司法鉴定人员的言行举止的近距离，但是通过清晰的图像和声音传播系统，能够产生司法鉴定人出庭的质询效果。

通过远程双向视频技术，被告人及其辩护律师可以就司法鉴定人是否受过相应专业训练、是否具有鉴定所需要的专业知识、是否拥有从事司法鉴定业务的职业资格进行发问，同时可以对鉴定意见所依据的科学原理与技术方法是否是可靠的、成熟的进行质疑，还可以对鉴定过程中司法鉴定人是否遵照正确的实验步骤进行操作、试剂是否有效、技术设备是否足够精密、先进等等一系列关乎司法鉴定意见的准确性和可靠性的问题进行质询。同时法官也可以对被告人与司法鉴定人的对质过程进行观察，并就相关的疑问对司法鉴定人进行远程询问，并最终对司法鉴定报告是否可被采纳作出判断。

因此我国相关的程序性法规和司法解释可以规定要求有条件的地区的法院和司法鉴定机构采用远程双向视频技术。在醉驾案中，被告人可以选择或者要求司法鉴定人出庭接受对质，或者申请通过远程双向视频技术进行对质。如果司法鉴定人有合理的理由无法亲自出庭，则只能采用远程双向视频技术进行对质。

（四）小　结

我国关于醉驾案的立法和司法过度依赖关于血液酒精浓度的司法鉴定报告，但在司法鉴定人出庭接受对质的概率几乎为零的情况下，被告人及其辩护人无法就可能存在瑕疵和问题的司法鉴定报告进行质疑，从而陷入零无罪辩护的困境，被告人无法享有完整的辩护权，最终可能导致冤假错案。《刑诉法》（2018）在我国确立了对质权，将鉴定人纳入对质权的规制范畴，这一规定有效弥补了以往我国刑事诉讼法中对质权相关制度的缺少。在醉酒驾驶案件中，在贯彻落实对质权的问题上，可以采纳申请制，过滤不必要的鉴定人出庭的申请，并在有条件的地区的法院系统和司法鉴定实验室系统内采用远程双向视频技术。如此一来，不仅能够解决在司法鉴定人员短缺的情况下被告人与司法鉴定人对质的难题，还能够解决在其他情况下，证人无法出庭侵害被告人对质权的问题。在醉驾案中，司法鉴定报告对被告人的定罪和量刑有着重要的作用，而采用申请制和远程双向视频技术可以促使被告人及其辩护律师在庭审过程中就对血液酒精含量进行司法鉴定的设备、司法鉴定人的资格、司法鉴定的程序、司法鉴定意见的科学性和准确性等等相关问题向司法鉴定人进行质询，便于被告人及其辩护人及时发现司法鉴定过程中存在的瑕疵和问题，并及时提出质疑，进而进行无罪辩护或者量刑辩护。这能够在形式上和实质上保障醉驾案的被告人的合法权利，让正义真正能够以看得见的方式实现。

四、结　语

结合犯罪实体要件取决于程序鉴定结果之特性，出罪研究应跳出刑事实体法，结合刑事程序法中刑事证据证明标准有关理论，围绕如何判断证据的证明力问题建立相应的证据规则，以严把入罪关。醉酒型危险驾驶罪类似于国外违警罪的特性，决定了该罪的司法出罪通道不应通过《刑法》第 13 条犯罪概念中的但书建立。根据醉驾案中证据的证明力大小不同，可建立如下证据规则：单独呼气酒精测试结果只能作为醉驾案的立案侦查依据而非定罪证据使用；单独血液酒精测试结果经查证属实后可以作为定罪证据使用，且不违反刑事诉讼法中孤证不立原则，但其客观性与合法性必须排除合理怀疑；既无呼气酒精测试结果也无血液酒精测试结果时，仅凭旁证不能认定醉驾犯罪成立。通过尝试建立醉驾案证据规则，反思醉驾司法解释仅仅根据呼气酒精测试结果定罪的规定，警惕理论与实务仅仅根据呼气酒精测试结果，甚至仅凭旁证定罪的扩大化倾向，严格把握醉驾型危险驾驶罪的证据标准，以充分实现刑事法的人权保障机能。

针对血液酒精含量的司法鉴定报告：一方面，关于血液酒精含量的司法鉴定报告证明力只有经过排除合理怀疑之后才能确定。如果关于血液酒精含量的司法鉴定意见的形成过程中司法鉴定人遵循了鉴定意见作出所应遵循的必要事实、客观中立、科学可靠等原则，且其中不存在无法排除的合理怀疑时，其客观性即可得到证明。基于驾驶权是一种法律许可的特别权利而非自然权利的观念，在驾驶人员拒不配合查验血液酒精含量的情况下，交警可以基于合理怀疑而采取必要的强制手段如强制截停与强制测试等。采取类似强制手段取得的证据，其合法性不存在疑问。当关于血液酒精含量司法鉴定意见的客观性与合法性存疑时，宜按照刑事诉讼法中的无罪推定原则，对驾驶人员不作犯罪处理。另一方面，美国对于事关醉驾认定的司法鉴定报告保持着谨慎、怀疑的态度，刑事法理论界对于司法鉴定设备未达到系统安全工程标准而表示担忧，国家科学院亦就司法鉴定报告的准确性进行专门研究并提出质疑，联邦最高法院因此在程序上赋予被告人与司法鉴定人对质的权利。我国醉驾犯罪认定程序应适时引入对质权，将司法鉴定人纳入对质权的规制对象范围之内，并采用申请制和远程双向视频技术实现对质权的可操作性，以此保证醉驾案定罪的准确性，确保被告人享有实质而完整的辩护权，最终实现对被告人的人权保障。

参考文献

一、中文文献

（一）中文著作

1. 马克昌. 外国刑法学总论（大陆法系）. 北京：中国人民大学出版社，2009.

2. 马克昌. 犯罪通论. 武汉：武汉大学出版社，1999.

3. 高铭暄，马克昌. 刑法学：5 版. 北京：北京大学出版社，高等教育出版社，2011.

4. 高铭暄，马克昌，高格. 刑法学：修订版. 北京：法律出版社，1984.

5. 高铭暄. 新中国刑法学研究综述（1949 年—1985 年）. 郑州：河南人民出版社，1986.

6. 王作富. 中国刑法研究. 北京：中国人民大学出版社，1988.

7. 陈兴良. 刑法学：3 版. 上海：复旦大学出版社，2016.

8. 钟宏彬. 法益理论的宪法基础. 台北：元照出版有限公司，2012.

9. 甘添贵. 体系刑法各论：第 1 卷. 自版，2001.

10. 弓永钦. 个人信息保护问题研究——基于跨境电子商务. 北京：人民日报出版社，2018.

11. 周汉华. 中华人民共和国个人信息保护法（专家建议稿）及立法研究报告. 北京：法律出版社，2006.

12. 黎宏. 刑法学总论：2 版. 北京：法律出版社，2016.

13. 黎宏. 刑法学分论：2 版. 北京：法律出版社，2016.

14. 许福生. 刑事政策学. 北京：中国法制出版社，2006.

15. 王利明. 中华人民共和国民法总则详解（上册）. 北京：中国法制出版社，2017.

16. 阮齐林. 刑法学：3 版. 北京：中国政法大学出版社，2011.

17. 郭明瑞. 民法总则通义. 北京：商务印书馆，2018.

18. 薛晓源，周战超. 全球化与风险社会. 北京：社会科学文献出版社，2005.

19. 陈兴良. 刑事法评论（2008 年第 1 卷·总第 22 卷）. 北京：北京大学出版社，2008.

20. 李宜琛. 日耳曼法概说. 北京：商务印书馆，1944.

21. 陈瑞华. 刑事证据法学. 北京：北京大学出版社，2012.

22. 全国人大常委会法制工作委员会刑法室编.《中华人民共和国刑法修正案（八）》条文说明、立法理由及相关规定. 北京：北京大学出版社，2011.

23. 陈兴良. 本体刑法学. 北京：商务印书馆，2001.

24. 张明楷. 刑法学：5 版. 北京：法律出版社，2016.

25. 房保国. 刑事证据规则实证研究. 北京：中国人民大学出版社，2010.

26. 宋英辉. 刑事诉讼学研究述评. 北京：北京师范大学出版社，2009.

27. 刘艳红. 刑法学：上　2 版. 北京：北京大学出版社，2016.

28. 刘艳红. 刑法学：下　2 版. 北京：北京大学出版社，2016.

29. 许玉秀. 主观与客观之间——主观理论与客观归责. 北京：法律出版社，2008.

30. 陈兴良. 刑法哲学：6 版. 北京：中国人民大学出版社，2017.

31. 崔会如. 社区矫正实现研究. 北京：中国长安出版社，2010.

32. 高铭暄，赵秉志. 犯罪总论比较研究. 北京：北京大学出版社，2008.

33. 韩忠谟. 刑法原理. 北京：中国政法大学出版社，2002.

34. 靳宗立. 刑法总论Ⅰ——刑法基础理论暨犯罪论. 自版，2010.

35. 林东茂. 刑法综览：修订5版. 北京：中国人民大学出版社，2009.

36. 张明楷. 外国刑法纲要：3版. 北京：法律出版社，2020.

37. 何跃军. 风险社会立法机制研究. 北京：中国社会科学出版社，2013.

38. 林山田. 刑法通论. 台北：三民书局，1990.

39. 胡康生，李福成. 中华人民共和国刑法释义. 北京：法律出版社，1997.

40. 黎宏. 日本刑法精义：2版. 北京：法律出版社，2008.

41. 刘明祥. 财产罪比较研究. 北京：中国政法大学出版社，2001.

42. 李小波. 应急反恐法规适用全书. 北京：法律出版社，2014.

43. 王世洲. 德国经济犯罪与经济刑法研究. 北京：北京大学出版社，1999.

44. 陈志龙. 法益与刑事立法. 台湾大学丛书编辑委员会，1992.

45. 余振华. 刑法违法性理论. 台北：元照出版有限公司，2001.

46. 杨春洗，等. 刑法总论. 北京：北京大学出版社，1981.

47. 林山田. 刑法通论：上册　增订10版. 自版，2008.

48. 陈子平. 刑法总论：4版. 台北：元照出版有限公司，2017.

49. 孙笑侠. 司法的特性. 北京：法律出版社，2016.

50. 赵秉志. 刑法论丛（2010年第4卷·总第24卷）. 北京：法律出版社，2010.

51. 左坚卫. 缓刑制度比较研究. 北京：中国人民公安大学出版社，2004.

52. 许育典. 从法治国家到人权保障的希望工程. 台北：元照出版

有限公司，2010.

53. 陈兴良. 刑事法评论（2007 年第 2 卷・总第 21 卷）. 北京：北京大学出版社，2007.

54. 梁治平. 法治十年观察. 上海：上海人民出版社，2009.

55. 杨春洗，等. 刑法总论. 北京：北京大学出版社，1981.

56. 陈兴良. 罪刑法定主义. 北京：中国法制出版社，2010.

57. 张明楷. 犯罪构成体系与构成要件要素. 北京：北京大学出版社，2010.

58. 苏力. 法治及其本土资源：3 版. 北京：北京大学出版社，2015.

59. 钱穆. 文化学大义. 台北：正中书局，1981.

60. 郑逸哲. 法学三段论法下的刑法与刑法基本句型（一）——刑法初探：增修 4 版. 自版，2009.

61. 胡康生，李福成. 中华人民共和国刑法释义. 北京：法律出版社，1997.

62. 冯亚东，等. 中国犯罪构成体系完善研究. 北京：法律出版社，2010.

63. 柯葛壮. 刑事诉讼中的人权保障制度. 上海：上海交通大学出版社，2006.

64. 张军，姜伟，郎胜，陈兴良. 刑法纵横谈：总则部分. 北京：北京大学出版社，2008.

65. 张明楷. 犯罪论的基础问题. 北京：法律出版社，2017.

66. 周佑勇. 行政法原论：3 版. 北京：北京大学出版社，2018.

67. 王利明. 合同法研究：第 1 卷. 北京：中国人民大学出版社，2002.

68. 马强. 合同法总则. 北京：法律出版社，2007.

69. 林钰雄. 严格证明与刑事证据. 北京：法律出版社，2008.

70. 林诚二. 民法总则：上册. 北京：法律出版社，2008.

71. 梁慧星. 中国民法典草案建议稿附理由・总则篇. 北京：法律

出版社，2004.

72. 廖正豪. 过失犯论. 台北：三民书局，1994.

73. 林钰雄. 新刑法总则. 自版，2006.

74. 刘维新. 医事刑事法初论. 北京：中国人民公安大学出版社，2009.

75. 吕立秋. 行政诉讼举证责任. 北京：中国政法大学出版社，2001.

76. 王利明. 侵权行为法归责原则研究. 北京：中国政法大学出版社，1992.

77. 张明楷. 刑法格言的展开：3 版. 北京：北京大学出版社，2013.

78. 刘艳红. 开放的犯罪构成要件理论研究. 北京：中国政法大学出版社，2002.

79. 赵秉志. 中韩刑法基本问题研讨. 北京：中国人民公安大学出版社，2005.

80. 但未丽. 社区矫正：立法基础与制度构建. 北京：中国人民公安大学出版社，2008.

81. 夏勇. 公法：第 2 卷. 北京：法律出版社，2000.

82. 陈朴生. 刑法专题研究. 台北：三民书局，1988.

83. 陈兴良. 刑事法判解：第 1 卷. 北京：法律出版社，2000.

84. 许玉秀. 当代刑法思潮. 北京：中国法制出版社，2005.

85. 高铭暄. 中华人民共和国刑法的孕育诞生和发展完善. 北京：北京大学出版社，2012.

86. 陈忠林. 意大利刑法纲要. 北京：中国人民大学出版社，1999.

87. 储槐植. 刑事一体化论要. 北京：北京大学出版社，2007.

88. 林丹. 乌尔里希·贝克. 风险社会理论及其对中国的影响. 北京：人民出版社，2013.

89. 张明楷. 法益初论. 北京：中国政法大学出版社，2000.

90. 张明楷. 诈骗罪与金融诈骗罪研究. 北京：清华大学出版社，2006.

91. 李希慧. 刑法解释论. 北京：中国人民公安大学出版社，1995.

92. 陈兴良. 刑法知识论. 北京：中国人民大学出版社，2007.

93. 何秉松. 犯罪构成系统论. 北京：中国法制出版社，1995.

94. 刘艳红，周佑勇. 行政刑法的一般理论：2版. 北京：北京大学出版社，2020.

95. 方世荣. 论行政相对人. 北京：中国政法大学，2000.

96. 龙宗智，杨建广. 刑事诉讼法. 北京：高等教育出版社，2007.

97. 张宏生. 西方法律思想史资料选编. 北京：北京大学出版社，1983.

98. 储槐植. 刑事一体化. 北京：法律出版社，2004.

99. 赵秉志，张军. 中国刑法学年会文集：2003 年度(第一卷). 北京：中国人民公安大学出版社，2003.

100. 何怀宏. 良心论. 北京：北京大学出版社，2009.

101. 王阳明. 传习录全译. 贵阳：贵州人民出版社，1998.

102. 张志铭. 法律解释操作分析. 北京：中国政法大学出版社，1999.

103. 贺思聪. 爬虫实战：从数据到产品. 北京：电子工业出版社，2019.

104. 曹诗权. 2017 年新型网络犯罪研究报告. 北京：中国人民公安大学出版社，2018.

105. 刘艳红. 实质犯罪论. 北京：中国人民大学出版社，2014.

106. 刘艳红. 实质刑法观：2 版. 北京：中国人民大学出版社，2019.

107. 刘善春，毕玉谦，郑旭. 诉讼证据规则研究. 北京：中国法制出版社，2000.

108. 卞建林. 证据法学. 北京：中国政法大学出版社，2002.

109. 陈瑞华. 刑事证据法学. 北京：北京大学出版社，2012.

110. 陈瑞华. 刑事诉讼法的前沿问题. 北京：中国人民大学出版社，2000.

111. 易延友. 中国刑诉与中国社会. 北京：北京大学出版社，2010.

112. 陈兴良. 刑事法评论（2010 年第 1 卷·总第 26 卷）. 北京：北京大学出版社，2010.

113. 郑永流. 德国“法治国”思想和制度的起源与变迁. 夏勇. 公法：第 2 卷. 北京：法律出版社，2000.

114. 许玉秀，陈志辉. 不移不惑现身法与正义——许迺曼教授六十寿辰. 台北：新学林出版股份有限公司，2006.

（二）中文期刊

1. 李扬. 论影响我国无罪判决的关键性因素——对百例无罪判决的实证分析. 政法论坛，2013（4）.

2. 易延友. 论无罪推定的涵义与刑事诉讼法的完善. 政法论坛，2012（1）.

3. 崔敏. 怎样看待刑事证据的客观性?. 法学杂志，1984（5）.

4. 熊秋红. 对刑事证明标准的思考. 法商研究，2003（1）.

5. 熊秋红. 人、人权与刑事法. 人民检察，2007（23）.

6. 申柳华. 对我国鉴定人不出庭现象的反思. 云南大学学报（法学版），2004（3）.

7. 刘岩. 技术升级与传媒变革：从 Web1.0 到 Web3.0 之路. 电视工程，2019（1）.

8. 汤维建. 关于证据属性的若干思考和讨论. 政法论坛，2000（6）.

9. 闫珍珍. 网络爬虫，凶猛来袭. 方圆，2018（3）.

10. 杨志琼. 美国醉驾犯罪的法律规制、争议及启示. 法学，2011（2）.

11. 李勇. 互殴与防卫关系之检讨. 中国刑事法杂志，2019 (4).

12. 刘艳红. 法益性的欠缺与法定犯的出罪. 比较法研究，2019 (1).

13. 王良顺. 论参与实施纯正自然人犯罪的单位成员的刑事责任. 法商研究，2013 (2).

14. 陈永生. 论辩护方当庭质证的权利. 法商研究，2005 (5).

15. 熊秋红. 刑事证人作证制度之反思——以对质权为中心的分析. 中国政法大学学报，2009 (5).

16. 熊秋红. 从保障对质权出发研究证人出庭作证. 人民检察，2008 (24).

17. 易延友. 证人出庭与刑事被告人对质权的保障. 中国社会科学，2010 (2).

18. 马克昌. 论宽严相济刑事政策的定位. 中国法学，2007 (4).

19. 高铭暄. 论四要件犯罪构成理论的合理性暨对中国刑法学体系的坚持. 中国法学，2009 (2).

20. 龙宗智. 论刑事对质制度及其改革完善. 法学，2008 (5).

21. 郭天武. 论我国刑事被告人的对质权. 政治与法律，2010 (7).

22. 刘建伟. 论我国司法鉴定人出庭作证制度的完善. 中国司法鉴定，2010 (5).

23. 施晓玲. 鉴定人出庭质证的相关法律问题. 中国司法鉴定，2010 (3).

24. 杜志淳，廖根为. 论我国司法鉴定人出庭质证制度的完善. 法学，2011 (7).

25. 王立达. 法释义学研究取向初探：一个方法论的反省. 法令月刊，2000 (9).

26. 杨兴培，田然. 刑法介入刑民交叉案件的条件. 人民检察，2015 (15).

27. 蔡道通. 特别法条优于普通法条适用. 法学家，2015 (5).

28. 喻海松. 侵犯公民个人信息罪的司法适用态势与争议焦点探析. 法律适用，2018（7）.

29. 黄文彬，等. 数据驱动的移动用户行为研究框架与方法分析. 情报科学，2016（7）.

30. 薛虹. 民事行为之目的刍议. 法律科学，1994（3）.

31. 赵宏. 从信息公开到信息保护：公法上信息权保护研究的风向流转与核心问题. 比较法研究，2017（2）.

32. 王利明. 论个人信息权的法律保护——以个人信息权与隐私权的界分为中心. 现代法学，2013（4）.

33. 宋亚辉. 个人信息的私法保护模式研究. 比较法研究，2019（2）.

34. 刘鹏. 移动 Web3.0 时代 AJAX 技术在个性化开发中的作用. 电子技术与软件工程，2018（22）.

35. 宋希孟. 走在哲学的林中小路上. 读书，2001（6）.

36. 白建军. 司法潜见对定罪过程的影响. 中国社会科学，2013（1）.

37. 高通. 论无罪判决及其消解程序——基于无罪判决率低的实证分析. 法制与社会发展，2013（4）.

38. 冯亚东. 中德（日）犯罪成立体系比较分析. 法学家，2009（2）.

39. 吴宗宪. 论社区矫正立法与刑法修正案. 中国司法，2009（3）.

40. 梁治平. “法”辨. 中国社会科学，1986（4）.

41. 张明楷. 违法阻却事由与犯罪构成体系. 法学家，2010（1）.

42. 张明楷. 刑法理论与刑事立法. 法学论坛，2017（6）.

43. 陈兴良. 违法性理论：一个反思性检讨. 中国法学，2007（3）.

44. 张波. 刑法学的若干基本理论探讨. 现代法学，2004（6）.

45. 黄维智. 鉴定证据客观性保障. 社会科学研究，2005（5）.

46. 蔡军. 论我国刑法解释的目标和原则. 河南大学学报（社会科学版），2004（1）.

47. 周光权. 犯罪构成理论与价值评价的关系. 环球法律评论，2003年秋季号.

48. 齐文远，周详. 论刑法解释的基本原则. 中国法学，2004（2）.

49. 张明楷. 司法上的犯罪化与非犯罪化. 法学家，2008（4）.

50. 陈兴良. 社会危害性理论：进一步的批判性清理. 中国法学，2006（4）.

51. 刘艳红. 象征性立法对刑法功能的损害. 政治与法律，2017（3）.

52. 杨宏亮. 老年人犯罪情况调查与法律机制完善研究. 犯罪研究，2009（4）.

53. 陈兴良. 入罪与出罪：罪刑法定司法化的双重考察. 法学，2002（12）.

54. 崔志伟. “但书”出罪的学理争议、实证分析与教义学解构. 中国刑事法杂志，2018（2）.

55. 刘涛. 美国紧急状态下的刑事司法：历史、述评与启示. 环球法律评论，2014（3）.

56. 高长见. 证人保护与被告人权利保障. 西南政法大学学报，2012（2）.

57. 易延友. 眼球对眼球的权利——对质权制度比较研究. 比较法研究，2010（1）.

58. 樊崇义，王国忠. 刑事被告质证权简要探析. 河南省政法管理干部学院学报，2006（5）.

59. 储陈城. “但书”出罪适用的基础和规范. 当代法学，2017（1）.

60. 李翔. 论我国《刑法》第13条“但书”司法化之非. 东方法学，2016（2）.

61. 王昭武. 犯罪的本质特征与但书的机能及其适用. 法学家，2014 (4).

62. 张明楷. 刑事立法的发展方向. 中国法学，2006 (4).

63. 陈瑞华. 义务本位主义的刑事诉讼模式——论“坦白从宽、抗拒从严”政策的程序. 清华法学，2008 (1).

64. 陈兴良. 正当防卫如何才能避免沦为僵尸条款——以于欢故意伤害案一审判决为例的刑法教义学分析. 法学家，2017 (5).

65. 周光权. 正当防卫的司法异化与纠偏思路. 法学评论，2017 (5).

66. 李刚，姚利. 枪弹痕迹的法庭科学鉴定现状与未来. 警察技术，2008 (1).

67. 冯军. 犯罪化的思考. 法学研究，2008 (3).

68. 张明楷. 日本刑法的发展及启示. 当代法学，2006 (1).

69. 陈兴良. 犯罪范围的合理定义. 法学研究，2008 (3).

70. 陈璇. 侵害人视角下的正当防卫论. 法学研究，2015 (3).

71. 周佑勇. 五大发展理念与法治中国建设. 法制与社会发展，2018 (3).

72. 陈兴良. 但书规定的法理考察. 法学家，2014 (4).

73. 付子堂，汤博为. 改革开放以来人权理论研究中“平等问题”的变与常. 人权，2018 (4).

74. 薛晓源，刘国良. 法治时代的危险、风险与和谐——德国著名法学家、波恩大学法学院院长乌·金德霍伊泽尔教授访谈录. 马克思主义与现实，2005 (3).

75. 王昭振. 刑法解释立场之疑问：知识谱系及其法治局限. 环球法律评论，2010 (5).

76. 许发民. 风险社会的价值选择与客观归责论. 刑事法学，2009 (1).

77. 王振. 坚守与超越：风险社会中的刑法理论之流变. 刑事法学，2010 (11).

78. 刘艳红. “风险刑法”理论不能动摇刑法谦抑主义. 法商研究，2011 (4).

79. 陈瑞华. 脱缰的野马. 中外法学，2009 (1).

80. 刘艳红. 社会危害性理论之辩正. 中国法学，2002 (2).

81. 刘艳红. 目的二阶层体系与“但书”出罪功能的自洽性. 法学评论，2002 (6).

82. 张明楷. 司法上的犯罪化与非犯罪化. 法学家，2008 (4).

83. 黎宏. 日本刑事立法犯罪化与重刑化研究. 人民检察，2014 (21).

84. 黎宏. 法益论的研究现状和展望. 人民检察，2013 (7).

85. 刘艳红. 我国应该停止犯罪化的刑事立法. 法学，2011 (11).

86. 张铎. 污染环境罪罪过形式探究. 湖北警官学院学报，2014 (1).

87. 王勇. 环境犯罪立法：理念转换与趋势前瞻. 当代法学，2014 (3).

88. 刘艳红. 刑法的目的与犯罪论的实质化. 环球法律评论，2008 (1).

89. 郭世杰. 从重大环境污染事故罪到污染环境罪的理念嬗递. 中国刑事法杂志，2013 (8).

90. 钱小平. 环境刑法立法的西方经验与中国借鉴. 政治与法律，2014 (3).

91. 薛晓源，刘国良. 法治时代的危险、风险与和谐——德国名法学家、波恩大学法学院院长乌·金德霍伊泽尔教授访谈录. 马克思主义与现实，2005 (3).

92. 利子平，石聚航. 我国风险刑法理论研究中的三大理论误区. 北京理工大学学报（社会科学版），2013 (4).

93. 倪梁康. 译者的尴尬. 读书，2004 (11).

94. 张翔. 基本权利冲突的规范结构与解决模式. 法商研究，2006 (4).

95. 刘艳红. 当下中国刑事立法应当如何谦抑?——以恶意欠薪行为入罪为例之批判性分析. 环球法律评论，2012 (2).

96. 苗连营. 宪法解释的功能、原则及其中国图景. 法律科学，2004 (1).

97. 谢立斌. 论法院对基本权利的保护. 法学家，2012 (2).

98. 龙宗智. 中国法语境中的“排除合理怀疑”. 中外法学，2012 (6).

99. 张明楷. 网络时代的刑法理念——以刑法的谦抑性为中心. 人民检察，2014 (9).

100. 刘鹏. 利用网络爬虫技术获取他人数据行为的法律性质分析. 信息安全研究，2019 (6).

101. 陈金钊. 法律人思维中的规范隐退. 中国法学，2012 (1).

102. 喻海松. 侵犯公民个人信息罪的司法适用态势与争议焦点探析. 法律适用，2018 (7).

103. 陈瑞华. 论证据相互印证规则. 法商研究，2012 (1).

104. 刁胜先. 论个人信息权的权利结构——以“控制权”为束点和视角. 北京理工大学学报（社会科学版），2011 (3).

105. 王利明. 论合同的相对性. 中国法学，1996 (4).

106. 胡锦光，王锴. 论我国宪法中“公共利益”的界定. 中国法学，2005 (1).

107. 陈妙芬. Rechtsdogmatik——法律解释学，还是法律信条论?. 月旦法学杂志，2000 (3).

108. 王轶，董文军. 论国家利益——兼论我国民法典中民事权利的边界. 吉林大学社会科学学报，2008 (3).

109. 李慧敏，孙佳亮. 论爬虫抓取数据行为的法律边界. 电子知识产权，2018 (12).

110. 周光权. 违法性认识不是故意的要素. 中国法学，2006 (1).

111. 欧阳本祺. 犯罪构成体系的价值评价：从存在论走向规范论. 法学研究，2011 (1).

112. 杨华权，曲三强. 论爬虫协议的法律性质. 法律适用，2013 (4).

113. 刘艳红. 空白刑法规范的罪刑法定机能. 中国法学，2004 (4).

114. 张文. 坚持“刑事一体化”，协力推进刑事科学研究. 中国检察官，2018 (2).

115. 张翔. 形式法治与法教义学. 法学研究，2012 (6).

116. 龙宗智. 论坦白从宽. 法学研究，1998 (1).

117. 张进德. 德国的协商性司法——兼与美国辩诉交易的比较. 人民检察，2010 (17).

118. 马克昌. 宽严相济刑事政策刍议. 人民检察，2006 (19).

119. 唐长国. 论我国刑事简易程序的正当性改造. 政治与法律，2009 (6).

120. 朱苏力. 中国司法的规律. 国家检察官学院学报，2009 (1).

121. 刘艳红. 中国反腐败立法的战略转型及其体系化构建. 中国法学，2016 (4).

122. 焦艳鹏. 生态文明视野下生态环境法益的刑事法律保护. 法学评论，2013 (3).

123. 梁云宝. 论相对负刑事责任能力人责任范围的限缩. 政治与法律，2010 (11).

124. 陈忠林. “常识、常理、常情”：一种法治观与法学教育观. 太平洋学报，2007 (6).

125. 陈晓明. 风险社会之刑法应对. 法学研究，2009 (6).

126. 刘艳红. 观念误区与适用障碍：新刑法施行以来司法解释总置评. 中外法学，2002 (5).

127. 刘泽鑫. 论我国环境刑法与德日环境刑法的法益比较. 人民司法，2013 (15).

128. 林文肯.《联合国少年司法最低限度标准规则》在中国的贯彻. 中外法学，1991 (1).

129. 赵国玲，李强. 我国未成年人前科消灭制度实证研究. 青少年犯罪研究，2010（1）.

130. 陈瑞华. 定罪与量刑的程序分离——中国刑事审判制度改革的另一种思路. 法学，2008（6）.

131. 胡满子. 立法的非法学化与法学的非学术化——从人生如戏说起. 比较法研究，2010（6）.

132. 刘仁文. 对《中华人民共和国刑法修正案（八）（草案）》的几点意见. 法学杂志，2010（12）.

133. 王世洲. 刑法的辅助原则与谦抑原则的概念. 河北法学，2008（10）.

134. 黎宏. 日本近年来的刑事实体立法动向及其评价. 中国刑事法杂志，2006（6）.

135. 全总建议立法机关将“恶意欠薪罪纳入刑法”. 民主与法制，2010（19）.

136. 张伟玉.“恶意欠薪”入罪有坚实的民意基础. 时代风采，2010（4）.

137. 张文，刘艳红.《公民权利与政治权利公约》对中国死刑立法的影响（下）. 中国青年政治学院学报，2000（2）.

138. 樊文. 罪刑法定与社会危害性的冲突. 法律科学，1998（1）.

139. 庞礴，翁倩. 穆斯林男孩的铅笔盒. 南方人物周刊，2015（32）.

140. 周贤日. 我国港台地区欠薪保障基金制度比较研究. 比较法研究，2010（6）.

141. 习近平. 在全国党校工作会议上的讲话. 求是，2016（9）.

142. 刘艳红. 社会危害性理论之辨正. 中国法学，2002（2）.

143. 刘艳红.《刑法修正案（八）》的三大特点——与前七部刑法修正案相比较. 法学论坛，2011（3）.

144. 郎胜. 在构建和谐社会的语境下谈我国刑法立法的积极与谨慎. 法学家，2007（5）.

145. 熊秋红. 对刑事证明标准的思考——以刑事证明中的可能性和确定性为视角. 法商研究，2003（1）.

146. 储槐植，张永红. 刑法第13条但书的价值蕴涵. 江苏警官学院学报，2003（2）.

147. 王世洲. 中国刑法理论中犯罪概念的双重结构和功能. 法学研究，1998（5）.

148. 魏振瀛，王小能. 论构成民事责任条件中的过错. 中国法学，1986（5）.

149. 陈兴良. 违法性认识研究. 中国法学，2005（4）.

150. 何家弘. 论推定规则适用中的证明责任和证明标准. 中外法学，2008（6）.

151. 周佑勇. 新时代中国法学研究及学科发展的新任务. 武汉大学学报（哲学社会科学版），2019（2）.

152. 郑雅芳，周国均，张永坡. 论因果关系理论在交通事故责任认定中的应用. 中国人民公安大学学报（社会科学版），2007（6）.

153. 陈金钊. 法律人思维中的规范隐退. 中国法学，2012（1）.

154. 张明楷. 也论刑法教义学的立场. 中外法学，2014（2）.

155. 焦宝乾. 法教义学的观念及其演变. 法商研究，2006（4）.

156. 赵秉志. 我国刑事立法领域的若干重大现实问题探讨. 求是学刊，2009（3）.

157. 朱楠. 推动“废除死刑”之新契机. 月旦法学杂志・法学新论，2010（19）.

158. 邱兴隆. 怎么看待死刑存废?. 南方人物周刊，2010（33）.

159. 刘忠. 被识别的几率：非法取证程序性制裁的构成性前提. 中外法学，2011（2）.

160. 张里. 惩治网络谣言需审慎循法依法. IT时代周刊，2013（18）.

161. 陈志军. 枪支认定标准剧变的刑法分析. 北京：国家检察官学院学报，2013（5）.

162. 王志刚. 论血液样本证据的特性及其采集司法程序的完善. 政治与法律，2012 (3).

163. 殷慧霞. Web3.0 及其教育应用探究. 信息技术与信息化，2018 (6).

164. 薛丽敏，吴琦，李骏. 面向专用信息获取的用户定制主题网络爬虫技术研究. 信息网络安全，2017 (2).

165. 刘琼，任树怀. 论 Web3.0 下的信息共享空间. 图书馆，2011 (2).

166. 崔建远. 我国《民法总则》的制度创新及历史意义. 比较法研究，2017 (3).

167. 刘艳红. 中国法学流派化志趣下刑法学的发展方向：教义学化. 政治与法律，2018 (7).

168. 黎宏. 近年来国外法人刑事责任理论的若干特点. 比较法研究，2002 (4).

169. 陈辉. 德国法教义学的结构与演变. 环球法律评论，2017 (1).

170. 刘婵秀，邓世坤. 负事故主要责任的陈某是否构成交通肇事罪. 刑事法学，2006 (5).

171. 张翔. 形式法治与法教义学. 法学研究，2012 (6).

172. 刘艳红. 醉驾型危险驾驶罪刑事证据规则研究. 法律科学，2014 (2).

173. 龙宗智. 两个证据规定的规范与执行若干问题研究. 中国法学，2010 (6).

174. 王利明，周友军. 我国《民法总则》的成功与不足. 比较法研究，2017 (4).

175. 王利明. 论个人信息权在人格权法中的地位. 苏州大学学报（哲学社会科学版），2012 (6).

（三）报刊文献

1. 宋识径. 恶意欠薪拟入罪引发热议可能造成刑法和民法冲突.

检察日报，2010-08-27（3）.

2. 杜晓. 恶意欠薪追刑责能否根治拖欠工资痼疾. 法制日报，2011-02-25（4）.

3. 王彬. 醉酒司机躲车内避查怎么办. 北京晨报，2012-10-29（A15）.

4. 李涪燕. 超车发生事故车主是否构罪——关键看超车与危害结果是否有因果关系. 检察日报，2009-03-04（3）.

5. 刘海东，曾凯. 县域醉驾重点要查二轮摩托. 检察日报，2013-03-26（4）.

6. 陈兴良. 刑法教义学彰显对法条的尊崇. 检察日报，2014-07-01（3）.

7. 付黎明. 被害人承诺能否阻却拐卖妇女罪成立. 检察日报，2010-07-06.

8. 郭国松. 恪守法官的良知究竟有多难?. 南方周末，2002-12-05（5）.

9. 张文显. 创新发展中国特色社会主义法治理论的四点认识. 法制日报，2018-05-09（13）.

10. 吴贻伙. 醉驾入刑后，缓刑适用率居高不下. 检察日报，2012-02-14（4）.

11. 冯军. 刑法功能责任论的理论与现实之惑. 检察日报，2011-06-16（2）.

12. 张晶. 完善话语体系坚定法治理论自信. 学习时报，2017-09-25（A3）.

13. 余东明，王家梁. 交警详解出台酒驾新规台前幕后. 法制日报，2012-02-28（4）.

14. 米娜. “醉驾入刑”还需增强威慑力. 黑龙江日报，2012-05-15（3）.

15. 杨涛. 分局长酒驾后逃跑给立法者出难题. 新京报，2011-12-26（A3）.

16. 罗意欢. 危险驾驶罪法律适用之惑. 检察日报，2013-02-26（3）.

17. 王威，郭鼎. 妻子顶罪逃避酒精测试被揭穿“酒驾”没商量. 检察日报，2012-05-02（7）.

18. 游春亮，程海龙. 深圳办理醉驾案件半年面临多重法律难题. 法制日报，2011-12-06（4）.

19. 丁国锋，陈卫. 绝大多数醉驾案法院判了实刑. 法制日报，2012-01-18（5）.

20. 陈霞. 醉驾入刑，证据体系最关键. 兰州晨报，2011-05-09（A9）.

21. 钱卫华. 停喝一小时后酒精含量最高. 京华时报，2012-06-27（A13）.

22. 吴少华. 中石油兰州石化公司屡次违法排污社会责任何在. 科技鑫报，2015-01-10（A1）.

23. 梁冠华. 打击环境污染犯罪守住生态文明底线. 南方法治报，2014-03-07（3）.

24. 郑赫南. 刑法拟“75岁免死”引争议委员称或导致老年人犯罪上升. 检察日报，2010-08-26.

25. 肖建国. 环保审判的贵阳模式. 人民法院报，2011-07-07（5）.

26. 郄建荣. 环境犯罪为何游离于刑事处罚之外. 法制日报，2010-05-27（11）.

27. 赵秉志. 关注老年人犯罪应否免死问题. 法制日报，2010-10-27（12）.

28. 姜明安. 用法治平衡原则规范拆迁行为. 法制日报，2010-10-20（10）.

29. 黄秀丽. 刑法能治职业病?. 南方周末，2011-06-02（A3）.

30. 沈海平. 认定枪支，司法标准应具有独立性. 检察日报，2016-08-17（5）.

31. 孙瑞丽，赵明. 气球射击摊撞上“治枪患”，摆摊老太非法持有枪支获刑. 新京报，2017-01-07（A12）.

32. 朱宁宁. 刷脸时代拿什么保护公民生物信息. 法制日报，2019-04-16（6）.

33. 常慧忠. 农民工讨薪路上我们齐努力. 山西晚报，2006-01-24.

34. 杨东，吴之洲. 数据抓取行为的法律性质——“马蜂窝事件”案例分析. 中国社会科学报，2018-12-05（5）.

35. 杨帆. “恶意欠薪”入刑：能否一劳永逸. 人民法院报，2011-01-09（7）.

36. 刘自强. 性贿赂纳入贿赂罪的必要性和可行性. 检察日报，2006-06-16（3）.

37. 张辉. 吸毒行为是否“入罪”再成关注焦点. 检察日报，2010-06-26（3）.

38. 吴革. 全国律师协会提议刑法增设奴役罪. 检察日报，2007-07-09（3）.

39. 杜晓. 预防青少年犯罪心理因素不容忽视. 法制日报，2011-10-31（4）.

40. 唐姗姗. 张少康代表建议刑法增设偷逃收费公路通行贷罪. 检察日报，2011-03-09（3）.

41. 徐日丹，徐伯黎. 袁汉民委员：建议刑法增设“债务人拒不申报财产罪”. 检察日报，2011-03-07（3）.

42. 骆倩雯. 百度诉 360 案索赔亿元判赔 70 万元. 北京日报，2014-08-08.

43. 岳德亮，黄深钢. 周晓光代表建议刑法增设侵害环境罪. 检察日报，2011-03-06（3）.

44. 勇涛. 史贻云：建议增设虐待儿童罪保护流浪儿童. 检察日报，2011-03-05（3）.

45. 潘海军. 建议增设“民事诉讼欺诈罪”. 检察日报，2001-06-05（3）.

46. 谢志强. 刑法要不要地设诉讼欺诈罪. 检察日报，2007-03-13 (3).

47. 孙桂华. 建议刑法增设“袭警罪”. 检察日报，2004-12-20 (3).

48. 严夏晖. 刑法宜单独设立教唆贿赂罪. 检察日报，2007-08-14 (3).

49. 刘丽荣. 鲁尔区如何实现华丽转身?. 中国环境报，2013-07-02 (6).

50. 卢杰. 恶意欠薪入罪或因劳动者举证难打折. 法制日报，2011-10-29 (5).

51. 赵凌，林战. 错案密集平反最高法的想法和办法. 南方周末，2013-06-13 (1).

52. 何勤华，齐恺锐. 司法良知：法律与道德的完美结合. 人民法院报，2016-01-15 (2).

53. 刘长. 新刑诉法“体检”：小心旧病＋后遗症. 南方周末，2013-05-09 (A8).

54. 鲁春雅. 谁来拯救你，我的信息?. 法制日报，2011-06-13 (7).

55. 周之南. 单靠刑法保护个人信息无异“牛栏关猫”. 检察日报，2010-01-06 (6).

56. 张飚. “包青天”难不难. 南方周末，2013-05-16 (A1).

57. 樊崇义. 从“排除合理怀疑”看实体真实相对性. 检察日报，2013-05-03 (3).

58. 赵秉志，杜邈. 刑法修正案（九）：法益保护前置织密反恐法网. 检察日报，2015-09-28 (3).

59. 徐盈雁. 曹建明作最高人民检察院工作报告. 检察日报，2016-03-14 (4).

60. 中共中央关于全面推进依法治国若干重大问题的决定. 人民日报，2014-10-24 (1).

61. 习近平. 完善法治建设规划提高立法工作质量效率 为推进改革发展稳定工作营造良好法治环境. 人民日报，2019-02-26 (1).

62. 习近平. 加强党对全面依法治国的集中统一领导更好发挥法治固根本稳预期利长远的保障作用. 人民日报，2018-08-25 (1).

63. 习近平. 决胜全面建成小康社会夺取新时代中国特色社会主义伟大胜利. 人民日报，2017-10-28 (1).

64. 张维. 应提倡堵疏结合宽严相济酒驾治理方式. 法制日报，2012-04-06 (6).

65. 最高人民法院审判监督庭. 在减刑、假释工作中贯彻宽严相济刑事政策. 人民法院报，2010-05-05 (6).

66. 邹云翔. 刑法没有暴行罪壮施暴者的胆. 检察日报，2005-07-27 (3).

67. 2013 年中国十大影响性诉讼. 南方周末，2014-01-09 (1).

68. 赵蕾. 醉驾入罪起争议最高法院的菩萨心肠. 南方周末，2011-05-19 (A4).

69. 祝建军. 利用爬虫技术盗用他人数据构成不正当竞争. 人民法院报，2019-05-23 (7).

70. 周浩杰. "假枪真罪首案"当事人：如果大妈摆摊违法，做枪的厂要不要查. 华西都市报，2017-01-05 (A5).

71. 游涛，计莉卉. 北京海淀法院审结全国首例"爬虫"技术侵入计算机系统犯罪案. 人民法院报，2019-01-01 (3).

72. 陈国庆，韩耀元，宋丹. 解读"两高"关于办理盗窃刑事案件司法解释. 检察日报，2013-06-05 (3).

73. 丁栋生，张达伟. 碰撞致他人被后面车辆碾死如何定性. 检察日报，2005-03-04 (3).

74. 曹晶晶. 广州卖仿真枪小贩为求无罪终得到"不构成犯罪"说法. 南方都市报，2016-01-27 (AA16).

75. 唐金龙. "网购"来的无期徒刑. 华西都市报，2016-05-05 (A05).

76. 嵇石. 网购 24 支仿真枪少年终审被判无期. 南方都市报, 2015-09-22 (15).

77. 吴贻伙. 醉驾入刑后，缓刑适用率居高不下. 检察日报，2012-02-14 (4).

78. 李娜. 酒驾案移送检察后强制措施迥异. 法制日报，2012-05-02 (5).

79. 吴贻伙. 醉驾入刑后，缓刑适用率居高不下. 检察日报，2012-02-14 (4).

80. 王威，郭鼎. 妻子顶罪逃避酒精测试被揭穿“酒驾”没商量. 检察日报，2012-05-02 (7).

81. 李森. 认定醉酒驾驶的几个难点. 检察日报，2012-05-18 (3).

82. 卞建林，褚宁. 刑诉法学研究七大看点引人关注. 检察日报，2012-12-25 (3).

83. 周斌，黄洁. 尽快出台司法解释统一醉驾量刑. 法制日报，2012-10-20 (4).

84. 张维. 应提倡堵疏结合宽严相济酒驾治理方式. 法制日报，2012-04-06 (6).

85. 刘婷，胡振艺，等. 醉驾案审判面临 7 个“模糊地带”. 新法制报，2012-05-23 (2).

86. 单思敬，王鹏飞. 吃蛋黄派会酒驾？血检为准!. 东亚经贸新闻，2012-07-15 (3).

87. 陈立新. 酒驾. 法制日报，2013-01-13 (8).

88. 黄祥青. 对刑法修正案（八）中盗窃罪与危险驾驶罪相关问题的理解与适用. 人民法院报，2011-05-04 (6).

89. 朱俊俊. 想逃逸躲酒精检测？没用了。证据一锁定，就可按“醉驾”处理. 现代快报，2011-09-28 (F11).

90. 吴伯初. 应完善醉驾行为定罪的证据收集. 江苏法制报，2011-05-09 (6).

91. 余东明，王家梁. 交警详解出台酒驾新规台前幕后. 法制日报，2012-02-28（4）.

92. 赵丽，朱婷. 专家称醉驾案件取证鉴定环节仍需明确标准. 法制日报，2011-05-09（4）.

93. 赵丽. 醉驾案件取证鉴定环节仍需明确标准. 法制日报，2011-05-09（4）.

（四）电子文献

1. 中国式金融垄断致温州中小企业“跑路潮”. http://msn.ynet.com/5.61/1110/6346108.html.

2. 应不应该将欠薪罪写入刑法. http://www.shxb.net/html/20100313-231119.html.

3. 顾鲁晓，魏杰. 守护正义当有司法良知. http://www.chinacourt.org/article/detail/2014/02/id/1218880.html.

4. 黎宏. 欠薪行为入罪应当慎重. http://www.legalinfo.gov.cn/index/content/2010-03/18/content_2088706.html.

5. 侯宇等. 多位代表称恶意欠薪不道德 欠薪入“刑”存争议. http://news.xinhuanet.com/politics/2010-03/11/content_13145070_2.html.

6. 刑法拟规定醉驾可拘役被指缺乏可操作性. http://news.jcrb.com/jxsw/201008/t20100827-408087.html.

7. 崔聪聪，许智鑫. 网络爬虫的法律规制. http://www.cac.gov.cn/2019-06/16/c_1124630015.html.

8. 利用网络爬虫获取数据，就一定构成犯罪吗？http://www.ccw.com.cn/industry/2019-03-11/6679.html.

9. 高晓军. 醉驾：争议中前行. http://www.jsfy.gov.cn/llyj/xslw/2012/10/31164349681.html.

10. 王纳. 司机醉驾伤人逃逸又找人“顶包”如何入刑惹争议. http://news.163.com/11/0604/07/75MIM0LN0001124J.html.

11. 李慧杰. 醉驾肇事遇交警强制抽血，提起行政赔偿被判驳回. http://bjgy.chinacourt.org/article/detail/2009/11/id/872429.html.

12. 周凌如. 男子网购火柴枪给孩子当玩具被提起公诉. http://news.163.com/17/0110/12/CAE036R4000187VG.html.

二、外文文献

(一) 外文原作

1. In the Name of Counter-Terrorism: Human Rights Abuses Worldwide, Human Rights Watch, 350 Fifth Avenue, 34th Floor New York, NY 10118-3299.

2. Kimmel-Smith S. Robot-generated databases on the World Wide Web. Database, 1996, 19 (1): N/A.

3. Cornelius M. Murphy, Justice Scalia and the Confrontation Clause: A Case Study in Originalist Adjudication of Individual Rights, 34 American Criminal Law Review 1245 (1997).

4. William C. Thompson et al, Evaluating Forensic DNA Evidence: Essential Elements of a Competent Defense Review: Part 1, 27 Champion 16-18 (2003).

5. Boaz Sangero, Miranda Is Not Enough: A New Justification for Demanding "Strong Corroboration" to a Confession, 28 Cardozo Law Review 62-63 (2007).

6. Harris v. Commonwealth 668 S. E. 2d 141, 147 (Va. 2008), cert. denied, 130 U. S. 10 (2009) (mem.)

7. Tina Wescott Cafaro, Fixing The Fatal Flaws In OUI Implied Consent Laws, 34 Journal of Legislation 13 (2008).

8. Jeff Swain, Blood Search Warrant Program Successful with Juries Too, 38 The Prosecutor 2 (2008).

9. Committee on Identifying the Needs of the Forensic Science Community of the National Research Council, Strengthening Forensic Science in the United States: A Path forward (2009).

10. D. Michael Risinger et al，The Daubert/Kumho Implications of Observer Effects in Forensic Science.

11. Hidden Problems of Expectation and Suggestion，90 California Law Review 1 (2002).

12. Paul C. Giannelli，The 2009 NAS Forensic Science Report：A Literature Review，48 Criminal Law Bulletin 439 (2012).

13. Bradley W. Hines，Melendez-Diaz v. Massachusetts：Forcing America to Pay the Premium Price for the Nation's New Confrontation Clause，21 George Mason University Civil Rights Law Journal 123 (2010).

14. Mordechai Halpert，Boaz Sangero，From a Plane Crash to the Conviction of an Innocent Person：Why Forensic Science Evidence Should be Inadmissible Unless it has been Developed as a Safety-Critical System，32 Hamline Law Review 65 (2009).

15. Denise N. Trauth. Requiring Independent Police Corroboration of Anonymous Tips Reporting Drunk Drivers：How Several States Courts are Endangering the Safety of Motorists，76 The University of Cincinnati Law Review 323 (2007).

16. Thomas M. LocKney，Mark A. Friese，Constitutional Roadkill In The Courts：Looking To The Legislature To Protect North Dakota Motorists Against Almost Unlimited Police Power To Stop And Investigate Crime，86 North Dakota Law Review 1 (2010).

17. People v. Rosenheimer 102 N. E. 530，532 (N. Y. 1913).

18. Standish v. Dep't. of Revenue，683 P. 2d 1276，1281 (Kan. 1984).

19. Eichmann D. The RBSE Spider—Balancing Effective Search Against Web Load. Computer Networks & Isdn Systems，1994，27 (2).

20. Hosseinkhani J，Taherdoost H，Keikhaee S. ANTON Frame-

work Based on Semantic Focused Crawler to Support Web Crime Mining Using SVM. Annals of Data Science，2019.

21. Boaz Sangero，Mordechai Halpert，Why a Conviction Should Not Be Based on a Single Piece of Evidence：A Proposal for Reform，48 Jurimetrics Journal 62－63 (2007).

22. Pannu M，Kay I，Harris D. Using Dark Web Crawler to Uncover Suspicious and Malicious Websites. International Conference on Applied Human Factors & Ergonomics. Springer，Cham，2018.

23. Human Rights Committee，Consideration of reports submitted by States parties under article 40 of the Covenant，Concluding observations of the Human Rights Committee：New Zealand，07/08/2002，U. N. Doc，CCPR/CO/75/NZL，p1；Sweden.

24. Human Rights Watch interviews with attorneys for both the defendants，Tbilisi，April 2002.

25. Road Traffic Act 1988，http://www. legislation. gov. uk/ukpga/1988/52#commentary-c1397107，last visited on Feburary 1，2012.

26. Robert Solomon et al，Random Breath Testing In Canada：Evidence And Challenges，49 Alberta Law Review 37 (2011).

27. Joseph Tacopina，Chad Seigel，Strategies For Defending DWI Cases In New York 2011 Edition，Aspatore，April，2011.

28. Emanuel Antonio Lebron，Understanding Field Sobriety And Breath Testing Procedures，Aspatore，September，2009.

29. Leonard Stamm，The Top 20 Myths of Breath，Blood，and Urine Tests，29 Champion 44，45－46 (2005).

30. Christopher W. Nicholson，Maryland's Drunk Driving Laws：An Overview，11 Baltimore Law Review 357 (1982).

31. Peter-Alexis Albrecht，Das nach-präventive Strafrecht，in：Institut für Kriminalwissenschaften und Rechtsphilosophie Frankfurt a. M. (Hrsg.)，Jenseit des rechtsstaatlichen Strafrechts，2007.

32. Amy Ma, Mitigating the Prosecutors' Dilemma in Light of Melendez-Diaz: Live Two-Way Videoconferencing fo r Analyst Testimony Regarding Chemical Analysis, 11 Nevada Law Journal 793 (2011).

33. Anne Hampton Andrews, The Melendez-Diaz Dilemma: Virginia's Response, a Model to Follow, 19 William & Mary Bill Of Rights Journal 420 (2010).

34. Brooke Edenfield, Who Ya Gonna Call? Confusion Reigns after the Supreme Court's Failure to Define Testimonial and Analyst in Melendez-Diaz v. Massachusetts, 59 Kansas Law Review 137 – 138 (2012).

35. Whalen v. Roe, 429 U. S. 589, 1977.

36. Samuel D. Warren/Louis D. Brandeis: The right to Privacy, Harvard Law Review 1890, volume 4.

37. BGHZ 169, 193, 199; BGHZ 164, 203, 209.

38. Hubmann, Das Persönlichkeitsrecht, 2. Aufl., 1967.

39. Steinmüller, Lutterbeck, Mallmann, Harbort, Kob, Schneider: Grundfragen des Datenschutzes, Gutachten im Auftrag des Bundesministeriums des Inneren, 1972.

40. Jan Hildebrandt, Informationelle Selbstbestimmung und Medienfreiheit: Wie viel Datenschutz muss sein, 2013.

41. Herbert Meister, Datenschutz und Privatrechtsordnung, BB 1976, 1584, 1587 ff; Walter Knabben, Datenhaftung, 1979.

42. Spiros Sitimis, Kommentar zum Bundesdatenschutzgesetz, 4. Aufl., 1993.

43. 大谷实. 刑法总论：3版. 东京：成文堂，2010.

44. 福田平. 刑法解释学的诸问题. 东京：有斐阁，2007.

45. 香川达夫. 刑法解释的理论. 东京：有斐阁，1989.

46. 萩原滋. 罪刑法定主义和刑法解释. 东京：成文堂，

1998.

47. 桥爪隆. 正当防卫论的基础. 东京：有斐阁，2007.

48. 井上宜裕. 紧急行为论. 东京：成文堂，2007.

49. 安田拓人. 刑事责任能力的本质及其判断. 东京：弘文堂，2007.

50. 龟井源太郎. 刑事立法と刑事法学. 东京：弘文堂，2010.

51. 曾根威彦. 刑法总论：3版. 东京：弘文堂，2007.

52. 铃木茂嗣. 刑法总论（犯罪论）. 东京：成文堂，2001.

53. 团藤重光. 法学の基础. 东京：有斐阁，1996.

(二) 外文译作

1. 松原芳博. 刑法总论重要问题. 王昭武，译. 北京：中国政法大学出版社，2014.

2. 韦恩·莫里桑. 法理学. 李桂林，等译. 武汉：武汉大学出版社，2003.

3. 霍布斯. 利维坦. 黎思复，黎廷弼，译. 武汉：商务印书馆，1985.

4. 史蒂文·瓦戈. 法律与社会. 梁坤，邢朝国，郭星华，译. 北京：中国人民大学出版社，2011.

5. 西原春夫. 刑法的根基与哲学. 顾肖荣，等译. 北京：法律出版社，2017.

6. 安塞尔姆·里特尔·冯·费尔巴哈. 德国刑法教科书：14版. 徐久生，译. 北京：中国方正出版社，2010.

7. 西田典之. 日本刑法各论：6版. 王昭武，刘明祥，译. 北京：法律出版社，2013.

8. 迈克尔·戈特弗里德森，特拉维斯·赫希. 犯罪的一般理论. 吴宗宪，苏明月，译. 北京：中国人民公安大学出版社，2009.

9. 铃木敬夫. 相对主义法哲学与东亚法研究：一位日本拉德布鲁赫主义者的理论追求. 北京：法律出版社，2012.

10. 大谷实. 刑法讲义总论：新版2版. 黎宏，译. 北京：中国人民大学出版社，2008.

11. 本德·吕特斯，阿斯特丽德·施塔德勒. 德国民法总论：18版. 于馨淼，张姝，译. 北京：法律出版社，2017.

12. 冯·李斯特. 论犯罪、刑罚与刑事政策. 徐久生，译. 北京：北京大学出版社，2016.

13. 西原春夫. 日本刑事法的形成与特色——日本法学家日本刑事法. 李海东，等译. 北京：法律出版社，成文堂，1997.

14. 帕特·法雷，马克·斯派塞. 狙击的历史：从朝鲜战争至反恐战争. 张卫东，译. 北京：中国市场出版社，2015.

15. P. 诺内特，P. 塞尔兹尼克. 转变中的法律与社会——迈向回应型法. 张志铭，译. 北京：中国政法大学出版社，2004.

16. A. H. 特拉伊宁. 犯罪构成的一般学说. 薛秉忠，等译. 北京：中国人民大学出版社，1958.

17. 威廉姆·威尔逊. 刑法理论的核心问题. 谢望原，等译. 北京：中国人民大学出版社，2014.

18. G. 拉德布鲁赫. 法哲学. 王朴，译. 北京：法律出版社，2005.

19. 马克思恩格斯全集：第1卷. 北京：人民出版社，1956.

20. 拉德布鲁赫. 法学导论. 米健，朱林，译. 北京：中国大百科全书出版社，1997.

21. 涂尔干. 社会分工论. 渠东，译. 北京：生活·读书·新知三联书店，2000.

22. 罗斯科·庞德. 普通法的精神. 唐前宏，等译. 北京：法律出版社，2001.

23. 埃德温·萨瑟兰，唐纳德·克雷西，戴维·卢肯比尔. 犯罪学原理：11版. 吴宗宪，译. 北京：中国人民公安大学出版社，2009.

24. 加罗法洛. 犯罪学. 耿伟，王新，译. 北京：中国大百科全书出版社，1996.

25. 罗素. 西方哲学史. 张作成，译. 北京：北京出版社，2017.

26. 山口厚. 刑法总论：3版. 付立庆，译. 北京：中国人民大学出版社，2018.

27. 亚里士多德. 政治学. 吴寿鹏，译. 北京：商务印书馆，1965.

28. 弗兰茨·冯·李斯特. 德国刑法教科书. 徐久生，译. 北京：法律出版社，2000.

29. 克劳斯·罗克辛. 刑事政策与刑法体系. 蔡桂生，译. 北京：中国人民大学出版社，2013.

30. 鲁道夫·冯·耶林. 为权利而斗争. 胡宝海，译. 北京：中国法制出版社，2004.

31. 艾哈迈德·拉希德. 塔利班. 钟鹰翔，译. 重庆：重庆出版社，2015.

32. 孟德斯鸠. 论法的精神. 张雁深译. 北京：商务印书馆，1961.

33. 乌尔里希·贝克. 风险社会再思考. 郗卫东，编译//薛晓源，周战超. 全球化与风险社会. 北京：社会科学文献出版社，2005.

34. 汉斯·海因里希·耶赛克，托马斯·魏根特. 德国刑法教科书：上. 徐久生，译. 北京：中国法制出版社，2017.

35. 汉斯·海因里希·耶赛克，托马斯·魏根特. 德国刑法教科书：下. 徐久生，译. 北京：中国法制出版社，2017.

36. 恩吉施. 法律思维导论. 郑永流，译. 北京：法律出版社，2004.

37. 韦恩·莫里森. 全球语境下的刑罚反思. 刘仁文，张晓艳，译//陈兴良. 刑事法评论（2007年第2卷·总第21卷）. 北京：北京大学出版社，2007.

38. 乌尔里希·齐白. 刑法的边界——马普外国与国际刑法研究所最新刑法研究项目的基础和挑战. 周遵友，译//赵秉志. 刑法论丛（2008年第4卷·总第16卷）. 北京：法律出版社，2008.

39. 阿图尔·考夫曼，温弗里德·哈斯默尔. 当代法哲学和法律理论导论．郑永流，译．北京：法律出版社，2002.

40．罗宾逊．刑法的分配原则．沙丽金，译．北京：中国人民公安大学出版社，2009.

41．罗吉尔·胡德．废止死刑：从全球视角看中国．苗苗，赵远，译//赵秉志．刑法论丛（2010 年第 2 卷·总第 22 卷）．北京：法律出版社，2010.

42．努德·哈孔森．立法者的科学——大卫·休谟和亚当·斯密的自然法理学．赵立岩，译．杭州：浙江大学出版社，2010.

43．Robert J. Fischer，Edward Halibozek，Gion Green，等．安全导论：8 版．任骥，赵兴涛，等译．北京：电子工业出版社，2012.

44．保罗·利科．论公正．程春明，译．北京：法律出版社，2007.

45．山口厚．从新判例看刑法．付立庆，刘隽，译．北京：中国人民大学出版社，2009.

46．韦恩·曼塞尔，贝琳达·梅特亚德．别样的法律导论．孟庆友，李锦，译．北京：北京大学出版社，2011.

47．小暮得雄．刑法入门//李海东．日本刑事法学者：下．北京：法律出版社，东京：成文堂出版社，1999.

48．关哲夫．现代社会中法益论的课题．王充，译//赵秉志主编．刑法论丛（2007 年第 2 卷·总第 12 卷）．北京：法律出版社，2007.

49．约翰·密尔．论自由．程崇华，译．北京：商务印书馆，1996.

50．约瑟夫·拉兹．人权无需根基．岳林，章永乐，译．中外法学，2010（3）.

51．乌尔里希·贝克．“9·11”事件后全球风险社会．王武龙，编译．马克思主义与现实，2004（2）.

52．凯斯·R. 孙斯坦．风险与理性——安全、法律及环境．师帅，译．北京：中国政法大学出版社，2005.

53．哈塞默尔．面对各种新型犯罪的刑法．冯军，译//中国人民大学刑事法律科学研究中心. 刑事法学的当代展开：上. 北京：中国检察出版社，2008.

54. 苏力.《波斯纳文丛》总译序//波斯纳. 超越法律. 苏力，译. 北京：中国政法大学出版社，2001.

55. 西奥多·齐奥科斯基. 正义之镜——法律危机的文学省思. 李晟，译. 北京：北京大学出版社，2011.

56. 西田典之. 日本刑法总论：2 版. 王昭武，刘明祥，译. 北京：法律出版社，2013.

57. 大塚仁. 犯罪论的基本问题. 冯军，译. 北京：中国政法大学出版社，1993.

58. 汉斯·舍格伦，约兰·斯科格. 经济犯罪的新视角. 陈晓芳，廖志敏，译. 北京：北京大学出版社，2006.

59. 乔恩·R. 华尔兹. 刑事证据大全. 何家弘，等译. 北京：中国人民公安大学出版社，1993.

60. 贝卡里亚. 论犯罪与刑罚. 黄风，译. 北京：中国大百科全书出版社，1993.

61. 平野龙一. 刑法的基础. 黎宏，译. 北京：中国政法大学出版社，2016.

62. 贝卡里亚. 论犯罪与刑罚. 黄风，译. 北京：中国法制出版社，2005.

63. 乌尔斯·金德霍伊泽尔. 犯罪构造中的主观构成要件——及对客观归属学说的批判. 蔡桂生，译//陈兴良. 刑事法评论（2012 年第 1 卷·总第 30 卷）. 北京：北京大学出版社，2012.

64. 皮埃罗·斯加鲁菲. 智能的本质. 任莉，张建宇，译. 北京：人民邮电出版社，2019.

65. 凯斯·R. 桑斯坦. 恐惧的规则：超越预防原则. 张延祥，王爱民，译. 北京：北京大学出版社，2011.

66. 杜里奥·帕多瓦尼. 意大利刑法学原理：注评版. 陈忠林，译评. 北京：中国人民大学出版社，2004.

67. 约翰内斯·韦塞尔斯. 德国刑法总论. 李昌珂，译. 北京：法律出版社，2008.

68. A.H. 特拉伊宁. 犯罪概念和犯罪构成//中国人民大学刑法教研室，编译. 苏维埃刑法论文选译. 北京：中国人民大学出版社，1955.

69. 北川佳世子. 交通事故和过失论. 黎宏，译//高铭暄，赵秉志. 过失犯罪的基础理论. 北京：法律出版社，2002.

70. 松宫孝明. 刑法总论讲义. 钱叶六，译. 北京：中国人民大学出版社，2013.

71. Ingeborg Puppe. 规范保护目的理论. 李圣杰，译//国际刑法学会台湾分会. 民主·人权·正义——苏俊雄教授七十华诞祝寿论文集. 台北：元照出版有限公司，2005.

72. 菲利. 犯罪社会学. 郭建安，译. 北京：中国人民公安大学出版社，1990.

73. 哈特. 惩罚与责任//王勇，张志铭，等译. 惩罚与责任. 北京：华夏出版社，1989.

74. 哈特. 惩罚原理导论. 邱兴隆，译//邱兴隆. 比较刑法：第2卷. 北京：中国检察出版社，2004.

75. 埃里克·希尔根多夫. 德国刑法学：从传统到现代. 江溯，黄笑岩，等译. 北京：北京大学出版社，2015.

76. 乌尔里希·齐白. 全球风险社会与信息社会中的刑法——二十一世纪刑法模式的转换. 周遵友，江溯，等译. 北京：中国法制出版社，2012.

77. 卡尔·拉伦茨. 德国民法通论. 王晓晔，等译. 北京：法律出版社，2013.

78. 小野清一郎. 犯罪构成要件理论. 王泰，译. 北京：中国人民公安大学出版社，1991.

79. 哈罗德·J. 伯尔曼. 法律与革命. 贺卫方，等译. 北京：中国大百科全书出版社，1993.

80. 理查德·A. 波斯纳. 法理学问题. 苏力，译. 北京：中国政法大学出版社，1994.

81. 奥托·迈耶. 德国行政法. 刘飞，译. 北京：商务印书馆，2002.

82. 哈伯特·L. 帕克. 刑事制裁的界限. 梁根林，等译. 北京：法律出版社，2008.

83. 弗里德里希·卡尔·冯·萨维尼. 论立法与法学的当代使命. 许章润，译. 北京：中国法制出版社，2001.

84. 克劳斯·罗克辛. 德国刑法学总论：第1卷——犯罪原理的基础构造. 王世洲，译. 北京：法律出版社，2005.

85. 西奥多·齐奥科斯基. 正义之镜. 李晟，译. 北京：北京大学出版社，2011.

86. 施塔姆勒. 正义法的理论. 夏彦才，译. 北京：商务印书馆，2012.

87. 弗里德里希·卡尔·冯 ·萨维尼著，艾里克·沃尔夫编. 历史法学派的基本思想（1814—1840年）. 郑永流，译. 北京：法律出版社，2009 .

88. E. 博登海默. 法理学：法律哲学与法律方法. 邓正来，译. 北京：中国政法大学出版社，1998.

89. R. 胡德. 关于犯罪学在社会政策中的地位的若干思考//当代国外犯罪学研究：第1集. 杜强，陆永康，译. 北京：中国人民公安大学出版社，1991.

90. 西原春夫. 刑法·儒学与亚洲和平——西原春久教授在华演讲集. 济南：山东大学出版社，2008.

91. 汉斯·海因里希·耶赛克，托马斯·魏根特. 德国刑法教科书. 徐久生，译. 北京：中国法制出版社，2001.

92. 松原芳博. 刑法总论的重要问题. 王昭武，译. 北京：中国政法大学出版社，2014.

93. 西原春夫. 犯罪实行行为论. 戴波，江溯，译. 北京：中国检察出版社，2006.

94. 乌尔里希·贝克. 世界主义的观点：战争即和平. 杨祖群，译. 上海：华东师范大学出版社，2008.

95. 萨维尼，格林. 萨维尼法学方法论讲义与格林笔记. 杨代雄，译. 北京：法律出版社，2008.

96. 亨利·J. 亚伯拉罕. 司法的过程——美国、英国和法国法院评介. 泮伟江，等译. 北京：北京大学出版社，2009.

97. 小奥利弗·温德尔·霍姆斯. 普通法. 冉昊，姚中秋，译. 北京：中国政法大学出版社，2006.

98. 迈克尔·桑德尔. 公正——该如何做是好?. 朱慧玲，译. 北京：中信出版社，2011.

99. 马克西米利安·福克斯. 侵权行为法. 齐晓琨，译. 北京：法律出版社，2006.

100. A. A. 皮昂特科夫斯基，等. 苏联刑法科学史. 曹子丹，等，译. 北京：法律出版社，1984.

101. 琳恩·斯托特. 培育良知——良法如何造就好人. 李心白，译. 北京：商务印书馆，2015.

102. 斯蒂芬诺斯·毕贝斯. 刑事司法机器. 姜敏，译. 北京：北京大学出版社，2015.

103. 冈特·施特拉腾韦特，洛特尔·库伦. 刑法总论Ⅰ——犯罪论. 杨萌，译. 北京：法律出版社，2006.

104. 卢梭. 社会契约论：修订3版. 何兆武，译. 北京：商务印书馆，2003.

105. 托马斯·维滕贝尔格. 德国视角下的基础研究与教义学. 查云飞，张小丹，译//李昊，明辉. 北航法律评论，2015 (1).

106. 乌尔斯·金德霍伊泽尔. 安全刑法：风险社会的刑法危险. 刘国良，编译. 马克思主义与现实，2005 (3).

107. 松原方博. 刑法总论专题研究：一. 王昭武，译. 河南省政法管理干部学院学报，2010 (3).

108. J. H. 冯·基尔希曼. 作为科学的法学的无价值性——在柏林法学会的演讲. 赵阳，译. 比较法研究，2004（1）.

109. 曾根威彦. 交通事犯与不作为犯. 黄河，译. 当代法学，2007（6）.

110. 沃尔福冈·弗里希. 法教义学对刑法发展的意义. 赵书鸿，译. 比较法研究，2012（1）.

111. Claus Roxin，Die Lehre von der objektiven Zurechnung，许玉秀，译. 政大法学评论，1994（50）.

112. 罗宾德·辛格. 法律究竟是规范还是价值. 齐玎，译. 人民法院报，2014-08-15（6）.

代后记：形式入罪实质出罪

如何准确理解刑法中的罪刑规范、进而准确认定犯罪，是刑法学中的“好望角”。形式刑法观与实质刑法观正是围绕这一难题所展开的基于不同学派的探讨，前者主张形式化地理解犯罪构成，亦即形式解释论，后者主张实质化地评价犯罪是否成立，亦即实质解释论。经过长时间的争论，形式刑法阵营与实质刑法阵营的学者仍各执一词未有定论。我一贯秉持实质刑法立场，主张对犯罪进行实质的解释，亦即对刑法罪刑规范以及个罪犯罪构成要件的解释，应该在坚持法益侵害说背景之下，根据是否达到了值得处罚的法益侵害程度来实质性地评价犯罪是否成立。然而，根据实质评价也可能将刑法所没有规定但是具有严重程度的法益侵害性的行为入罪，为了减少实质解释容易为权力所滥用以及擅入人罪的风险，必须对实质刑法解释加以限定，那就是：形式入罪，实质出罪。形式入罪是指，认定犯罪的成立必须要有刑法的明文规定作为根据，因此文义解释与平义解释应该是形式解释论最常用的解释方法，符合刑法规定的行为才能被定罪量刑。实质出罪是指，行为虽然形式上符合犯罪构成要件，但如果实质上并没有达到应受刑罚处罚程度的法益侵害性，或者用我国刑法的“但书”话语——“但是情节显著轻微危害不大的”，则不认定为犯罪。

形式入罪与实质出罪，对于中国刑事法治具有重要意义。从立法层面分析，我国刑法之罪刑法定原则需要通过实质解释论构建出罪渠道，以充分实现罪刑法定原则本该具有的人权保障机能。“无法无罪无刑”的西方经典罪刑法定原则体现了入罪禁止机能，因此它亦可被称为出罪原则；“有法有罪有刑”的我国《刑法》第 3 条规定的罪刑法定原则体现的是出罪禁止机能，因此它亦可被称为入罪原则。为了弥补中国特色罪刑法定原则所欠缺的出罪机能，我认为，认定犯罪的成立，除却形式上的法律依据，是否具备内在的处罚必要性和合理性，是否处罚了实质上不该处罚的行为，是检验其实质上是否合法的关键。实质解释论将不值得刑罚处罚的法益侵害行为排除在犯罪圈外，建立“有罪不一定罚”的出罪机制。从理论层面分析，“实质”二字对中国学者具有独特的吸引力。中国文化本身就是一种偏爱实质价值评判、偏爱对事情的是非善恶进行评判的文化，这导致相当部分持实质解释论的学者主张从技术上运用实质解释论，但并不关心是实质入罪还是实质出罪。而一旦将实质解释论作为入罪的工具，对法治而言就是一种灾难，因为这将意味着形式法治会被突破，形式入罪会成为梦想而非现实；形式法治一旦被突破，也就意味着刑法失去了“法无明文规定不为罪、不为刑”的法治底线，法治也将走向它的反面。从司法层面分析，中国的司法观念是宁枉勿纵，可以说聂树斌、赵作海案等冤假错案正是这种理念影响之下的产物，疑罪从无和无罪推定理念与制度在司法实践中的运用效果并不佳。我主张将实质解释论限定于出罪领域，并非因为出罪论一定优越于入罪论，而是根植于中国刑事法治的立法、理论与司法现状，实质解释论是而且只应该是被限定于出罪领域。

形式入罪，可以使定罪量刑恪守罪刑法定原则的法治标准之底线；实质出罪，可以构建中国特色罪刑法定原则所缺乏的出罪渠道。唯有如此，入罪与出罪、形式与实质，才能互为辅佐，发挥准确定罪量刑以及刑法之社会保护与人权保障的重要机能。正如德国洛克辛教授所言：“正确的解释，必须同时兼顾法律的文意与法律的目的，仅仅满足其中一个标准是不够的。”符合文意的解释，就是形式解释；符合法律（刑法法益保护）目的的解释，就是实质解释。形式解释论与实质解释论在刑法解释中能够相互重合，也能够相互分离；入罪和出罪，正是它们分离的两个不同场景。出罪层面的实质解释论，其实是帮助实现入罪层面形式解释论的最佳效果，使入罪更有说服力，出罪更有合理性。

在《实质刑法观》（中国人民大学出版社 2009 年版）一书之后记中

我曾说，“实质刑法观—实质犯罪论—实质刑法解释论，这三部曲，也因此将成为我的实质刑法立场研究系列”。而今，实质刑法研究系列已出了两部，即《实质刑法观》《实质犯罪论》，前者出版于2009年，后者出版于2014年。2019年，毫无疑问，在我的学术历程中是值得记忆的一年。2019年离我第一本以“实质”命名的著作出版已过去整整十年；2019年我对《实质刑法观》一书作了修订，该书的第二版已于2019年面世；2019年我的实质刑法系列的第三部曲也终于画上了句号，即将出版和读者诸君见面。不过，三部曲中第三部的书名并非之前预定的实质刑法解释论，而是《实质出罪论》。原因是，“实质”二字即可代表我的实质解释论的主张，再用实质解释论作为书名，似有叠床架屋之嫌；同时，既然我将实质解释运用的领域限定在出罪，莫如直接将原定为实质刑法解释论的书名命名为实质出罪论；如此一来，本书的问题意识也更为突出。《实质刑法观》《实质犯罪论》《实质出罪论》，构成了我实质刑法研究系列的三部曲，《实质出罪论》是我实质刑法研究系列的最后一部。其中，《实质刑法观》是从法哲学层面对刑法基本立场的思考，它是形而上的成果；《实质犯罪论》是从法学理论层面对刑法基本教义犯罪论体系的思考，它是形而中的结晶；《实质出罪论》是从刑法实践层面对实质解释论的展开，它是形而下的收获。形而上者谓之道，形而中者谓之心，形而下者谓之器，道器兼备，践心立行，或许才能窥得学术堂奥之一二。

对于本书中可能存在的失误，也可能是错误或者其他种种不足，欢迎读者诸君不吝批评指正。特别需要说明的是，我的实质刑法立场研究三部曲系列，都是在中国人民大学出版社的大力支持下先后出版的，衷心感谢人大社的厚爱。对于拙著编辑老师们认真而辛苦的审校工作，在此也表示由衷的感谢。

刘艳红

2020年6月20日

江苏南京

图书在版编目（CIP）数据

实质出罪论/刘艳红著．--北京：中国人民大学出版社，2020.10
（中国当代青年法学家文库．刘艳红刑法学研究系列）
ISBN 978-7-300-28537-5

Ⅰ.①实… Ⅱ.①刘… Ⅲ.①刑事犯罪-研究-中国 Ⅳ.①D924.114

中国版本图书馆 CIP 数据核字（2020）第 171033 号

中国当代青年法学家文库·刘艳红刑法学研究系列
实质出罪论
刘艳红　著
Shizhi Chuzuilun

出版发行	中国人民大学出版社		
社　　址	北京中关村大街 31 号	**邮政编码**	100080
电　　话	010－62511242（总编室）		010－62511770（质管部）
	010－82501766（邮购部）		010－62514148（门市部）
	010－62515195（发行公司）		010－62515275（盗版举报）
网　　址	http://www.crup.com.cn		
经　　销	新华书店		
印　　刷	北京宏伟双华印刷有限公司		
规　　格	165 mm×238 mm　16 开本	**版　　次**	2020 年 10 月第 1 版
印　　张	27.75 插页 2	**印　　次**	2024 年 5 月第 4 次印刷
字　　数	399 000	**定　　价**	98.00 元